임자헌
이화여자대학교에서 심리학을 공부하고 잠시 미술 잡지 기자로 일하던 중, 우연히 접한 한학의 매력에 빠져 진로를 바꾸었다. 한국고전번역원 부설 고전번역교육원 상임연구부를 거쳐 한국고전번역원에서 번역위원으로 활동하고 있다. 『일성록』 번역을 시작으로 전문 번역가의 길로 들어섰으며 『조선왕조실록』 현대화 사업에 참여하여 『정조실록』 『세종실록』 『세조실록』 등을 번역했다. 옛 문헌 속에서 지내면서 자연스레 과거와 현재의 공통점과 차이점을 읽게 되었고, 옛 글들이 그 외투가 낡았을 뿐 내용은 얼마든지 오늘과 소통할 수 있는 생기발랄한 것들임을 발견했다. 그리하여 '지금-여기'의 문제에 대해 과거가 줄 수 있는 지혜의 가능성을 열심히 모색하는 중이다. 지은 책으로 『공자의 말들: 군자를 버린 논어』 『하루 한문 공부』 『나의 첫 한문 수업』 『마음챙김의 인문학』 『괜찮은 사람이 되고 싶어서』 『10가지 키워드로 읽는 시민을 위한 조선사』 『銘, 물에 새긴 선비의 마음』 『맹랑 언니의 명랑 고전 탐닉』이 있다.

맹자의 말들

맹자의 말들
내일을 밝히는 난세의 철학

임자헌 옮김

재출간에 부쳐

『맹자』는 『논어』의 단짝이다. 유교적 전통을 가진 우리나라에서는 『논어』를 말하면 『맹자』가 저절로 따라 나오고 '공자'가 일컬어지는 곳에서는 '맹자'도 늘 함께 호명되는 형편이다. 그래서 『논어』를 과감하게 현대 한국어로, 그것도 입말로 번역하는 작업을 시도한 후 독자들의 반응이 괜찮은 것을 보고 이와 같은 번역작업을 이어가는 것이 해볼 만한 시도라 판단했을 때, 다음 책으로 주저 없이 선택한 것이 바로 『맹자』였다. 이렇게 번역된 맹자는 『오늘을 읽는 맹자』라는 제목으로 처음 세상에 선을 보였는데, 이번에 유유라는 새로운 둥지에서 『맹자의 말들』로 다시 태어나게 되었다. 애써 번역하고 출간한 책이 그 가치를 인정받아 다시 빛을 보게 되다니, 정말로 이보다 더 기쁠 수 없다.

재출간이 임박해서 저자 검토를 하며 이전 출간본을 꺼내보았다. 출간으로부터 시간이 좀 지났으니 별 생각 없이 꺼내든 것인데 그 표지를 보고 역사의 얄궂음이랄까 시기의 얄궂음이랄까 모종의 묘한 느낌을 받았다. 이전 책 표지의 맹자는 촛불집회의 촛불을 들고 있다. 그리고 띠지에는 '국정농단은 없었다, 맹자를 읽었더라면!'이라는 구절이 굵은 글씨로 쓰여 있었다. 나의 첫 맹자는 2019년 1월에 출간되었다. 모두가 기억하겠지만 2016년 가을에 최순실 국정농단 사건이 터져 국민들의 대대적인 촛불집회가 시작되었고, 박근혜 대통령은 그해 12월 탄핵되고 이듬해 헌법재판소에서 탄핵이 인용되면서 구속되고 수사 받았으며 결국 2021년 대법원에서 최종 형량을 확정 받고 복역했다. 즉, 이 모든 혼란 속에서 『맹자』 번역이 이루어졌고, 대통령을 위시한 국정농단 사건 관련자들이 한창 수사 받고 구속되어 형이 집행되는 등의 일로 나라가 시끄러울 때 『오늘을 읽는 맹자』가 출간되었던 것이다.

그리고 재출간이 되려는 지금은 다시 현 대통령이었던 윤석열이 비상계엄을 선포하는 내란을 일으켜 탄핵되고 헌법재판소의 판결을 기다리고 있는 중이다. 『맹자』를 읽었더라면 국정농단이 없었을 텐데 그때도 지금도 위정자들은 『맹자』를 읽지 않았고, 그래서 국정농단보다 훨씬 수위가 높은, 내란 사태를 일으킨 지경에 이르렀다.

첫 출간에서 재출간에 이르기까지 불과 6년, 고작 6년 만에 나라의 정치가 어떻게 이 지경까지 무너질 수 있을까? 국민의 한 사람으로 이 일을 겪고 있으면서도 뭐라 표현할 말이 없을 정도로 놀라울 뿐이다. 정말로 『맹자』를 읽었더라면 국정농단이 없을 수 있었을까?('농단'이라는 말의 출전 자체가 『맹자』이기도 하다) 더 나아가 대통령의 내란이라는 이런 어처구니없는 사태에 이르지 않을 수 있었을까?

『맹자』를 읽은, 그것도 여러 번 읽은 나로서는 '그렇다!'고 감히 답할 수 있다.

우리나라 사람들은 정치에 대해 말하는 것을 아주 좋아하면서 반면에 정치색을 드러내는 것을 꺼려하고, 특히나 삶의 평안과 지혜를 얻고자 하는 책에서 정치에 대한 이야기를 만나는 것에 대한 거부감을 갖고 있기도 하다. 그러나 맹자는 무엇보다 정치철학자이다. 맹자에 대해 말하면서 정치를 말하지 않을 수 없다. 그는 혼란한 세상, 전쟁으로 죽고 죽이는 참혹한 세상을 바른 정치를 통해 바로잡고자 했던 학자이기 때문이다. 『맹자』를 유의미하게 읽으려면 무엇보다 내가 발 딛고 서 있는 세상을 두 눈 크게 뜨고 뜨거운 가슴으로 아파하며 바라보고 있어야 한다. 혼란하고 시끄러운 세상, 정쟁으로 보이는 정치현상에 혐오를 느끼며 '정치는 보지도 말고 말하지도 말자'는 정치에 대한 외면으로도, 이쪽이나 저쪽이나 다 제 욕심만 차리기에 급급하니 이쪽도 틀리고 저쪽도 틀렸다는 양비론으로도 세상은 평화로워지지 않는다. 심지어 나 하나의 삶조차도 평화로워지지 못한다. 개인 삶의 안전이 나라 전체의 정치와 정책에 깊은 영향을 받기 때문이다.

먼저 물어야 할 질문은 '과연 정치란 무엇인가?'라는 근본적인 질문이다. 숱한 사람들이 저마다의 입장과 안목을 가지고 현 정치상황의 시시비비를 가리지만 근본적으로 정치란 무엇인지 진지하고 묻고 고민하고 공부하는 일은 사실 드물다. 근본적인 질문이 중요한 이유는 근본적인 질문을 던져야 국가와 사회의 가치와 방향을 설정할 수 있게 되기 때문이다. 자잘한 시시비비가 제대로 가려지지 않은 이유는 시시비비의 준거 틀이 갖추어져 있지 않기 때문이다. 내 소견에 옳은 대로만 판단하는 것은 진짜 옳은 판단이 될 수 없다. 맹자가 바로 세우고자 했던 정치는 바로 그 궁극의 틀을 바로잡는 일이었다.

『맹자』의 맨 처음, 1장의 첫 부분 양 혜왕과의 대화는 바로 이 때문에 매우 중요하다. 전국시대, 즉 나라와 나라가 서로 전쟁을 거듭하며 천하통일의 주인을 가리고 있던 시기, 그래서 각 나라는 자기 나라를 부국강병하게 해줄 책략이 있는 책사들을 찾고 또 찾았다. 뛰어난 책사들을 두 팔 벌려 환영하고 크게 대우했다. 책사, 즉 유세객들은 유세객들대로 자기만의 전략을 가지고 각국을 돌며 지도자를 만나 자신의 이론을 선보였다. 맹자도 그런 사람들 중 하나였다. 당연히 부국강병 때문에 유세객들을 만나는 것이므로 양 혜왕은 맹자를 만나자마자 물었다. "어르신께서 이 먼 길 마다 않고 찾아주셨으니 내 나라 국익에 도움이 될 계책을 가지고 있으시겠지요?" 이 질문에 대한 맹자의 첫 반응은 꾸짖음이었다. "왜 하필 이익의 관점에서 말씀하십니까? 사람이 사람답게 사는 도리나 정의를 말씀하셔야죠! 위아래로 하나같이 이익만 생각하면 결과적으로 나라에 이익은커녕 위기가 닥칠 것입니다."

혹자는 이런 맹자의 일성에 대해 너무 현실을 모른다고, 현실과 동떨어진 말이라고 평가하기도 한다. 그러나 앞서 말했듯 맹자가 말하고자 하는 정치의 방법은 '기술'로 이루어지는 잔다란 방법, 일단 이겨놓고 다음 일은 다음에 결정하자는 식의 임시방편의 정치가 아니었다. 그렇다고 '힘'으로 이루어지는 무력으로 통일부터 하고보자는 패도정치도 아니었다. 그가 주장한 정치는 '술'術이 아니라 '도'道, 즉 한 나라의 앞으로의 역사 방향을 결정하는 '틀'을 제대로 확립하자는 것이었다. 그래서 이익이 아니라 정치는 누구를 위해 존재해야 하는가? 정치는 어떤 마음을 품고 어떻게 펼쳐가야 하는가에 대해 말했던 것이다.

우리나라가 현재 겪고 있는 혼란이 바로 양 혜왕의 질문이 일상화되면서 펼쳐진 것 아닌가? 너무나 가난했던 나라가 먹고 사는 것, 살아남는 것만으로도 힘들어 종종거리며 살다가 어느 날 문득 선진국에까지 이르게 되었다. 그러나 가난을 극복해낸 것은 정말로 세계 역사에 다시없는 위대한 성과이다. 그러나 그 과정에서 우리는 '가치'라는 것을 돌아볼 여유가 없었다. 빈곤한 정신이, 그 어떤 국가 정신의 틀도 가지지 못한 채 마냥 부국만 추구한 결과가 무엇인지가 만천하에 드러난 것이 오늘 우리가 맞이한 정치적 혼란이 아닐까 한다. 가난이라면 치를 떨다가 황금만능주의가 이 나라의 유일한 방향이 되어버렸다. 유전무죄 무전유죄에 피눈물을 흘리면서도 우리는 이 돈을 향해 달리는 나라를 어떻게 멈춰 세워야 하나 토론하지 못했다. 가난을 떨칠 수 있는 방법으로 명문대, 소위 '사'자가 붙은 직업을 선호하고 아이들에게 강요하다가 우리는 직업윤리를 잃어버린 나라가 되었다. 내가 아플 때는 돈이 아닌 환자를 돌보는 명의를 찾으면서 내 자식은 돈을 위해 의사를 만들었고, 내가 억울할 때는 돈이 아닌 신념과 정의를 아는 검사·변호사·판사를 찾으면서 내 자식은 부와 명예를 위해 검사·변호사·판사를 만들었다. 국민일 때는 국민의 이로움을 위해 복무하는 공직자를 찾으면서 내 자식은 '철 밥통' 공무원을 만들었다. 맹자는 말한다. 정의와 같은 철학적 가치를 뒷전에 놓고 이익을 앞세우면, 서로 싸워서 빼앗지 않고서는 성에 차지 않는다고. 맹자 제1장에서 벌써 우리는 우리의 정치가 왜 이런지, 무엇이 문제였는지 답을 찾을 수 있다.

현재 우리는 국민이 주인인 민주民主의 시대를 살고 있다. 그렇다면 정치의 핵심, 정치의 주인은 두 말 할 것도 없이 바로 '나' 자신이다. 이는 정치적 혼란을 종식시키고 바른 정치를 세우는 것이 곧 나 자신, 우리 개개인의 몫, 평범한 한 사람 한 사람의 책임이라는 말이기도 하다. 여기서 가장 위험한 것은 "내 생각에는", 즉 내 소견에 옳은 대로 판단해 버리는 자세이다. 민주제 국가에서 정치 주체로서의 국민의 책임을 다하자면 무엇보다 먼저 정치에 대한 철학을 가져야 한다. 우리가 가진 정치에 대한 철학이 이 나라를 틀 잡을 것이고, 그 틀이 이 나라의 방향과 미래가 될 것이기 때문이다. 정치인들은 바로 우리가 결정한 이 틀에 따라 움직인다. 현재 우리가 가졌던 기준인 '이익'에 입각한 틀이 더 이상 이 나라를 끌고 나갈 수 없는 잘못된 것이란 증거가 온 사방에서 적나라하게 드러났다면, 더 이상 늦치고 있을 수는 없다. 더는 반복되지 않도록 우리의 틀을 과감히 개혁해야 할 것이다. 여기에 『맹자』가 크게 도움이 될 수 있다 믿는다. 맹자는 어떤 탁견을 던져주고 있을까? 맹자의 말들에, 우리 비장한 마음으로 치열하게 귀 기울여보자.

머리말

『맹자』를 읽지 않았더라면 한문에 이렇게까지 빠져들진 않았을 것이다. 그저 제2외국어 정도로 익혀 둘까 싶어 손을 댔던 한문에 내 삶 전체를 적시고 이것을 새로운 전공으로까지 선택하게 된 건 8할이 '맹자' 탓이다. 『맹자』는 한문을 익히려는 이에게 첫 번째로 권해지는 책이다. 문장이 길고 완결성이 있어서 한문의 문장 구조를 익히는 데, 그러니까 소위 '문리'文理을 내는 데 아주 유용하기 때문이다. 내가 처음 이 책을 펼쳤던 이유도 문리를 내기 위한 것 그 이상도 그 이하도 아니었다. 그러나 예습이나 해 볼 겸 가벼운 마음으로 책장을 펼쳤던 그 어느 밤, 맹자는 예고도 없이 내 마음속으로 뛰어 들어와 내 앞길을 대책도 없이 흔들어 놓았다.

『논어』는 대학 시절 과제 때문에 한 번 읽어 본 적이 있었지만 『맹자』는 한문 공부를 시작하기 전까지는 손도 대 본 적이 없었다. '동양고전' 하면 『논어』 다음으로 호명되는, 공자와 늘 세트로 엮히는 인물이고 책이니, 그 내용도 『논어』처럼 잔잔하고 단정한 시작과 함께 제자들과의 대화 속에서 점잖은 지혜를 풀어내는 것 아니겠는가 막연하게 생각했더랬다. 그러나 막상 책장을 열어 보니 내 예상과는 전혀 다른 풍경이 펼쳐지고 있었다. 등장부터가 예상과 빗나갔다. 제자가 아닌 왕과 만나는 것으로 이야기가 시작되었다. 화법은 더욱 크게 예상을 빗나갔다. 처음 만난 그에게 인사를 건네며 국익에 대해 묻는 왕에게 그는 대뜸 "그런 생각은 잘못됐는데요!"라며 대놓고 직설법을 구사했다. '호오, 센데?' 예상과 달리 거침없고 시원시원한 모습이 매력적이었다. 구미가 당겼고 흥미가 솟았다.

이후로도 맹자의 직설 화법은 멈출 줄을 몰랐다. 왕이 "내가 이웃 나라들보다 훨씬 정치를 잘하고 있는 것 같은데 왜 내 나라가 더 부강해지지 않는 거죠?"라고 묻자 그는 "오십 보 도망친 놈이 백 보 도망친 놈을 보고 비웃으면 말이 되겠습니까? 똑같이 도망친 건데 그거나 그거나죠"라고 대답했다. 그래도 왕인데……. 이 사람은 목숨이 몇 개쯤 되는 건가? 민주주의 사회에서도 권력 앞에서 사람들은 곧장 주눅이 들어 몸을 사리며 말을 가리는데, 왕정 체제를 살면서 왕 앞에서 이렇게 대담하게 말하는 그를 보고 있자니 매력을 넘어 신기하게 느껴질 정도였다. 한문 공부는 됐고 그의 생각이 훨씬 더 궁금해졌다. 그가 하는 말 자체가 듣고 싶어졌다.

당시의 잘못된 정치에 대한 지적이 계속 이어졌다. "당신과 귀족들의 집에서는 가축도 살이 올라 피둥피둥한데 백성은 굶어 죽은 시체가 거리에 즐비합니다. 그런데도 당신은 그걸 단속할 줄도 모르고 나라의 창고를 열 줄도 모르죠. 그리고 그저 흉년이 들어 그런 걸 나보고 어떡하라는 거냐며 '흉년' 핑계만 대고 있죠. 당신의 이런 핑계는 사람을 칼로 찔러 죽이고선 이건 내가 죽인 게 아니라 칼이 죽인 거라고 말하는 것이나 같은 겁니다. 사람을 죽일 때 몽둥이로 죽이든 칼로 죽이든 아무 차이가 없는 것처럼, 칼로 죽이든 정치와 행정으로 죽이든 사람을 죽이는 건 매일반이니 둘은 아무 차이가 없는 것입니다."

단호하고 명쾌했다. 그리고 신선했다. 인권과 평등을 말하는 요즘 세상에도 "한 명을 죽이면 살인자이지만 수백·수천 명을 죽이면 영웅이 된다"라는 말이 공공연히 떠돈다. 어떤 영화에서는 "한 명을 죽이면 살인자가 되지만 백만 명을 죽이면 정복자가 되지!"라는 대사가 나오기도 했다. 사실 민주주의 시대를 살고 있는 우리도 정치적인 이유로 공권력을 이용해 사람을 폭행하거나 죽인 경우를 잘못이라고 보기는 하지만 그것이 직접 사람을 죽인 살인죄와 같다고까지는 쉽게 생각하지 못한다. 마찬가지로 잘못된 경제조치로 벼랑 끝에 몰린 사람이 스스로 생명을 끊어도 제도가 잘못되었다고 판단하기는 하지만 그 죽음을 자살이 아닌 타살이라고 생각하지는 않는다. 물론 사회적 타살이라고 부르기는 한다. 그러나 그 타살을 만들어 낸 사회와 정책의 책임자에게 살인죄를 적용해야 한다고 여기지는 않는다. 하지만 맹자는 둘을 다르게 보지 않았다. 이나저나 다 살인이라고 보았다.

문득 이 명료한 맹자의 시선 속에 비친 내가 사는 시대가 부끄럽게 느껴졌다. 그저 그 옛날 살았던 어떤 현자의 교훈을 좀 얻어 가겠지 생각하며 펼친 책이었다. 그러나 맹자는 날카로운 시선으로 되레 나의 오늘을, 우리의 오늘을 읽어 내리고 있었다. 그는 물었다. 내가 옛사람이고 내 생각이 낡은 것이냐고. 사회는 정말 '발전'한 것이 맞느냐고. 그렇다면 왜 나의 눈에는 인간 사회의 모습이 그다지 달라진 것처럼 보이지 않느냐고. 그의 질문에 답할 만한 말이 떠오르질 않았다. 사회적 모순은 2,300여 년 전이나 별반 다를 것 없는데 책임 소재는 오히려 이전보다 훨씬 교묘하게 흐릿해져만 가는, 그러면서도 오늘이 그 옛날에 비해 '발전'했다 철석같이 믿고 있는 우리의 어긋난 기대와 현실이 그의 눈에도 나의 눈에도 여지없이 드러나 보였기 때문이다. 분명 대한민국은 세계적으로 꽤 부유한 나라에 속하고 평범한 국민 한 사람 한 사람이 나라의 주인인 민주주의 국가이기도 한데, 뉴스에서는 하루가 멀다 하고 돈과 권력에 망가진 정치·경제 현실과 인간성의 부패, 평범한 이의 망가진 일상이 보도된다. 돈 없고 힘없어 부당한 대우를 받고, 교육의 기회를 박탈당하고, 인간으로서의 권리를 무시당하고, 차별에 익숙해지고, 억울함을 멍에처럼 지고 가면서도 제대로 소리 한번 지르지 못하고……. 정치인과 고위 공직자는 말로는 자신이 국민의 종이라 하지만 서민보다는 지배층의 이득을 챙겨 주는 데 더 익숙하고, 국민의 원성이 높아지면 반대 정당이나 세계 경제 불황 핑계를 대기 일쑤다. 자신들도 최선을 다해 노력하고 있지만 이런저런 사정에 막혀 있으니 어떡하면 좋으냐고 지치지도 않고 열심히 변명한다. 그러면서 끝내 평범한 국민이 겪는 고통과 위기를 함께하지는 않는다. 그들 대부분이 정치적 지위와 경제적 풍요를 누리며 자기 자녀에게만은 아낌없이 교육의 기회를 제공해서 엘리트로 키워 내 지위부터 재산까지 모든 것을 대물림하려 애쓰고 있다는 걸 모르는 국민은 거의 없다.

대체 우리는 무엇을 보고 과거에 비해 오늘의 우리가 발전했다고 믿는 것일까? 인공지능AI이 못하는 게 없는 것 같으니까? 인터넷으로 지구가 동시에 연결이 되어서? 국민소득이 높아졌고 도시가 발달한 산업사회를 이루었으니까? 사회의 불합리와 불평등이 과거와 달라진 게 없는데 어떤 환상이 우리의 눈을 가린 것일까? 고루하고 답답한 교훈적 이야기에 곧잘 '공자 왈 맹자 왈'이란 수식어를 붙이곤 했는데 직접 읽어 본 『맹자』에서 나는 그 어떤 고루함도 느낄 수 없었다. 오히려 혁신적이었고 진취적이었고 진보적이었다. 아무리 오래되어도 '지혜'는 낡는 것이 아니라고, 유치해지거나 무용해지는 것이 아니라고, 그러니 나를 더 읽어 보라고 나의 말에 더 귀 기울여 보라고 맹자는 나를 계속 유혹했다.

돌직구 직설화법의 시원스러움 너머로 맹자는 새로운 모습을 하나 더 보여 준다. 어쩌면 이것이 그의 진짜 매력이다. 인간의 선함을 믿고 긍정하는 모습이 바로 그것이다. 그는 거침없이 현실의 문제를 질타하면서도 냉소나 비관으로 흐르지도 않았고 인간을 포기하지도 않았다. 전쟁이 일상인 전국 시대戰國時代, 무려 200년에 걸친 전쟁의 한복판, 탐욕으로 망가진 세상을 통과하면서도 그는 인간성의 희망을 말했다. 인간의 본성이 선하다고 선언했다. 인생을 살며 뼈

저리게 깨닫는 사실이 하나 있다. 살아간다는 것은 상처 주고 상처 입는 일이라는 것. 조용한 일상에도 서로의 욕망이 부딪히며 만들어 내는 허다한 상처가 있다. 그 상처들은 때로 너무 치명적이어서 사람을 죽음으로까지 내몰기도 한다. 전시가 아닌 평시에도 삶에서는 인간에 대한 희망보다 인간에 의한 절망이 더 많이 느껴지는데, 인간의 욕망 때문에 죽음이 도처에 있던 극한의 시대를 살아가면서도 맹자는 인간의 선함을 말했고 인간을 긍정했던 것이다. 『맹자』의 사상 중 가장 놀라운 점이다. 이 미친 세상을 정리하는 것은 모든 인간의 선함을 다시 세우는 데서부터 시작해야 한다는 원칙을 세우고 그는 조금도 타협하지 않았다. 그의 이런 모습을 보고 있노라면 박노해 시인의 「그러니 그대 사라지지 말아라」라는 시가 떠오르곤 했다.

> …… 최후의 한 사람은 최초의 한 사람이기에
> 희망은 단 한 사람이면 충분한 것이다
> 세계의 모든 어둠과 악이 총동원되었어도
> 결코 굴복시킬 수 없는 한 사람이 살아 있다면
> 저들은 총체적으로 실패하고 패배한 것이다 ……

인간이면 누구나 내면에 아름다운 본성이 있으니 마음만 먹으면 누구나 성인聖人이 될 수 있다고 그는 말했다. 작은 싹이라도 내 안에서 다른 생명을 향한 측은한 마음을 발견한다면 그것을 잘 붙들어 키우고, 사는 데 급급해 돌보지 못하고 놓아 버린 선한 마음이 있다면 도로 찾고, 인간다움을 알고 그렇게 살기 위해 최선을 다해서 선택의 순간마다 '옳음'을 선택하는 횟수를 늘려 간다면 우리 안에 크고 강한 기운이 가득해질 것이라고, 그러면 세상 전체가 선하고 아름다워지게 되는 것이라고.

맹자가 전쟁의 한복판에서 인간의 본성은 원래 선한 것이라고 말할 수 있었던 까닭은 백성의 목숨을 그저 자기 욕심을 채우는 수단으로밖에 여기지 않았던 지배층을 본 것이 아니라 내일이 없는 삶을 살아가면서도 살아 있는 한 묵묵히 삶을 돌보는 평범한 백성들을 보았기 때문이다. 그래서 그는 그 옛날에 이미 나라의 뿌리는 백성이라는 '민본'民本을 말했다. 아무리 강해도 권력자들은 사라져 갔지만 아무리 약해도 백성은 뿌리 뽑히는 법이 없었다. 다시 태어나고 또 태어나 나라를 덮고 역사를 이어 갔다. 그래서 맹자는 권력자들에게 말했다. 생명을 차마 모질게 대하지 못하는 마음으로 백성을 대하면 굳이 기괴하게 욕심부리지 않아도 통치권이 그대 손에 절로 쥐어질 것이라고. 나라의 근본인 백성이 자진해서 통치권을 손에 쥐여 주면 피 흘리는 일 없이도 나라의 지도자가 될 수 있다. 평범한 백성이 강한 자에게 착취당하지 않고 하고 싶은 일을 하며 자신의 삶의 자리를 안정되고 평화롭게 지켜 나갈 수 있도록 해 주는 이에게 백성은 기꺼이 통치권을 내어 줄 것이다. 맹자는 힘의 과시와 전쟁이라는 역리逆理가 아니라 사람을 최우선의 가치로 두는 정치라는 순리順理로도 얼마든지 지도자의 위치를 가질 수 있으며, 오히려 순리로 접근해야만 더 강하고 더 지속적인 위치를 누릴 수 있다는 정치 원리를 역설했다.

『맹자』 전편에 걸쳐 인간 중심의 바른 정치가 갖는 힘에 대해 논리적이고 단호하면서도 간절한 진심을 담아 풀어놓는 그의 주장을 들으면서, 오늘날 우리의 정치인이 대체 한 번이라도 『맹자』를 제대로 읽어 본 적이 있을까 생각했다. 삶도 내가 원하는 것이고 올바름도 내가 원하는 것이지만 둘 다를 가질 수 없다면 삶 말고 올바름을 선택하겠다는 맹자를 단 한 번만이라도 제대로 들여다보았다면 우리나라 정치인과 지도층이 저지르는 죄와 잘못이 반 이상은 줄어들지 않았을까?

종종 눈시울을 적시며 종내 뜨거운 가슴으로 읽어 내렸던 『맹자』의 마지막 책장을 덮고 나니 이 마음과 이 감동 그대로 다른 사람과 나누고 싶다는 생각이 들었다. 맹자는 고루하지 않았다. 고루하지 않은 정도가 아니라 우리의 오늘과 미래에 필요한 지혜를 넉넉히 내어 주고도 남을 정도였다. 마음을 열기만 한다면 어느새 그가 먼저 다가와 우리의 오늘을 읽고 우리가 걸어야 할 내일을 말해 줄 것이었다. 다만 지금과 너무 멀리 떨어진, 아주 오래된 책이라는 편견 어린 시선이 장애물이었다. 책 위에 내려앉은 세월의 더께를 털어 내는 것이 급선무였다. 낡고 오래되었다 혹은 고색창연하다는 느낌이 여전하면 내용에 접근하기도 전에 지레 거부감부터 들 수도 있기 때문이었다. 그래서 『공자의 말들』과 마찬가지로 21세기 한국어로, 그것도 실생활에서 사용하는 친숙한 말로 번역을 시도했다.

이 책에서 채택한 몇 가지 번역 방침을 정리해 본다. 전통적으로 써 오던 추상적인 개념어 중 평소 잘 쓰이지 않는 말은 최대한 현대적 용어나 일상적 표현으로 풀어 썼다. 원문의 취지나 상황을 이해하는 데 필수적인 내용은 과도하지 않은 범위에서 몇 마디씩 더하여 번역했다. 원문의 맥락이 이상하거나 묘사가 생략되어 있는 부분은 역대 학자들의 주석 중 폭넓게 받아들여지는 부분을 본문 번역에 가미하여 의미를 명확히 하고 흐름을 자연스럽게 했다. 사실을 서술하는 것이 아닌 비유적 표현은 철저히 공감이 쉬운 쪽을 택했고, 더러 현대의 물건이나 상황을 가져와 비유에 활용하기도 했다. 말투도 상황에 맞게 존댓말, 반말을 구사하게 했다. 해석이 분분한 부분에 대해서는 과감히 한 해석을 택했다. 해설은 한문 자구 분석이나 사소한 사실에 대한 장황한 언급을 피하고 의미를 이해하는 데 꼭 필요한 정보만 전하고 가능하면 우리의 현실을 비추어 볼 수 있는 설명을 위주로 했다.

새로운 번역을 내놓으며 갖는 기대와 걱정은 『공자의 말들』 때와 같다. 『맹자』를 처음 읽을 젊은 독자를 가장 크게 염두에 두고 작업했으니 부디 그런 독자가 편안하고 재밌게 읽을 수 있길 바란다. 혹시 기존의 번역을 많이 접했던 독자가 있다면 부디 색다른 흥미로 읽어 주시기를 바란다. 무엇보다 맹자가 말하고자 했던 그의 생각을 전달하는 데 첫 번째 의미를 두었으니, 이 번역을 통해 맹자가 꾸었던 아름다운 세상을 향한 꿈이 독자에게 편안하고 순하게 다가가면 좋겠다. 그래서 우리와 우리 아이들이 걸어갈 세상은 인간에 대한 희망으로 가득한 선하고 밝은 곳이 되는 데에 조금이라도 도움이 되길 소망해 본다.

1. 양 혜왕 상

2. 양 혜왕 하

3. 공손추 상

4. 공손추 하

7. 이루 상

8. 이루 하

9. 만장 상

10. 만장 하

11. 고자 상

12. 고자 하

13. 진심 상

14. 진심 하

간추린 맹자의 생애와 사상

1. 맹자는 누구인가?

맹자孟子의 이름은 가軻이고, 자字는 자여子輿·자거子車 (또는 자거子居)이며, 중국의 전국 시대戰國時代 추鄒나라에서 태어났다. 추나라는 공자孔子의 고향인 노魯나라 근처에 있는 작은 나라이다. 흔히 유교 사상을 '공맹사상'孔孟思想이라 부를 정도로 맹자는 공자의 학문을 제대로 이어받아 발전시켜 정통 유학의 토대를 닦은 인물로 인정받고 있다. 이 공으로 인해 공자 다음가는 성인이란 의미의 '아성'亞聖이라 불리기도 한다. 그러나 그의 생애에 대해서는 기록이 거의 없고, 그나마 가장 중요한 기록인 『사기』史記의 「맹자순경열전」孟子荀卿列傳의 내용도 너무 간략해서 자세히 알 길이 없다. 대체로 주周나라 열왕烈王 4년인 기원전 372년에 태어나 난왕赧王 26년인 기원전 289년에 84세의 나이로 사망한 것으로 추정되며, 아버지가 매우 일찍 세상을 떠나 홀어머니 슬하에서 매우 가난하게 성장했던 것으로 보인다. 학통은 공자의 손자인 자사子思에게서 직접 배웠다고도 하고, 자사의 제자에게서 배웠다고도 하며, 직접은 아니고 마음에 품고 공자의 가르침을 본으로 삼아 스스로 공부했다고도 한다. 그의 생애를 간단히 살펴보면 젊어서는 학문에 매진했고, 40세 이전까지는 제자 양성에 몰두했으며, 그 이후로는 천하를 두루 다니며 자신의 정치철학과 사상을 웅변했으나, 천하에 뜻을 펼칠 기회를 끝내 얻지 못하고 노년에 이른 70세 이후에는 고향으로 돌아와 책을 쓰며 생애를 정리한 것으로 보인다.

재미있는 점은, 그의 어머니가 매우 유명하다는 것이다. 아들에게 적합한 교육 환경을 찾아주고자 세 번 이사했다는 '맹모삼천지교'孟母三遷之敎, 맹자가 공부를 하다가 중간에 그만두고 집에 돌아오자 한창 짜고 있던 베를 끊어 버리고는 학문을 하다가 중간에 그만두는 것은 이렇게 베를 중간에서 잘라 버리는 것과 같다는 따끔한 교훈으로 그가 다시 학문에 매진하게 했다는 '단기지교'斷機之敎, 옆집에서 돼지 잡는 것을 보고 어디에 쓰려고 잡느냐 묻는 아들에게 너 주려고 잡는다는 실없는 농담을 던졌다가 아이에게 농담이라도 거짓말을 가르쳐서는 안 된다는 각성을 하고 돼지고기를 사서 먹였다는 일화 등등 맹자의 성장에 대한 부족한 기록의 빈 자리를 그 어머니의 이야기가 메우고 있다. 이런 기록이 신뢰할 수 있는 정설은 아니지만 맹자 어머니의 교육열이 대단했던 것만은 사실 같다. 그리고 가난한 중에도 이렇게 자녀 교육에 열과 성을 다했던 것은 아마도 맹자가 아주 귀족도 아닌, 그렇다고 서인도 아닌 하급 사족士族 출신이기 때문으로 보인다. 사족으로서 교양을 갖추어야 하기도 했고, 운명을 선택할 수 있는, 혹은 선택해야 하는 갈림길에 있는 형편에서 생계인보다 지성인이 되길 바랐던 것이 아닐까?

맹자는 어머니의 바람대로 훌륭히 성장해서 제齊나라라는 강대국에서 뛰어난 인재를 유치하기 위해 학자를 지원해서 성장시키는 직하稷下의 일원이 되어 지원을 받기도 했고, 수십 대의 수레와 수백 명의 종자를 거느리고 각국에 유세를 다니기도 했다. 그는 전국 시대에 분명 이름을 떨쳤다. 그러나 전쟁의 시대에 당장 힘을 키워 천하를 제패할 수 있는 방법이 아닌 인간이 인간으로 사는 것에 대해, 그리고 지위가 아니라 인간으로서 인간을 인간답게 다스려야 한다는 원칙을 주장했기 때문에 그의 학설은 어느 나라에서도 채용되지 못했다. 그래서 이후 역사에서는 내내 크게 인정받지 못했다. 지금 우리가 아는 것처럼 '공자' 하면 바로 이어 나오는 '맹자'가 아니었던 것이다. 그러다가 송宋 왕조에 들어서서 유학이 신新유학으로 다시 한 번 크게 흥기하는 때에 와서야 공자에서 맹자로 이어지는 계보가 도통의 정통으로 확실히 정립되고 『맹자』가 사서四書의 하나로 자리매김하면서 위치가 크게 격상되어 오늘 우리가 아는 그 유명한 '맹자'가 되었다.

2. 맹자의 시대

맹자가 태어나 살던 시대는 중국 역사상 '전국 시대'라 불리는 시기이다. 대체로 진晉나라가 한韓·위魏·조趙 세 나라로 나누어진 기원전 403년부터 진秦나라가 천하를 통일하는 기원전 221년까지의 기간을 가리킨다. 공자는 이 앞 시대인 춘추 시대春秋時代를 살았는데, 이때는 그래도 질서라는 게 있었던 시대였다. 주나라가 힘을 잃고 왕실이 휘청거리기는 했지만 주나라라는 천자국을 중심으로 하는 질서를 아주 무시해서는 안 된다는 생각이 제후들 사이에 자리하고 있었다. 게임의 규칙이 있었던 것이다. 그러나 시간이 흐르면서 '주나라 중심의 질서는 개뿔' 하는 생각이 커지고 게임의 규칙은 사라졌다. 맹렬한 전쟁의 시대, 규칙이야 어떻든 이기기만 하면 되는 시대가 열린 것이다. 그렇게 힘과 힘의 충돌로 인해 잗다랗게 분포되어 있던 제후국들이 모두 정리되어 최종적으로 7개의 강대국이 남았다. 이들이 소위 전국칠웅戰國七雄이라 불리던 나라로, 진나라·초나라·제나라·연나라·조나라·위나라·한나라가 이들이다. 잔혹한 전쟁의 시대가 열리는 데는 춘추 시대 후반부터 철기가 등장한 철기의 보급도 한몫을 했다. 철기의 보급이 진척되어 갈수록 무기 수준이라든가 무장 수준의 급이 달라졌다. 무기와 무장이 확대되니 전쟁의 형태가 소규모 귀족들이 맞붙던 전차전에서 사람 수로 밀어붙이는 백병전으로 바뀌게 되었다. 이에 따라 전쟁은 규모가 훨씬 더 커지고 잔인해졌다. 전쟁에 드는 비용도 늘어나 더 큰 땅을 차지하려는 욕망을 부채질했고 더 많은 전쟁으로 이어졌다. 잗다란 제후국이 정리되고 7개의 강대국만 남게 된 데는 이런 배경이 있었다. 백성이 받는 피해도 자연히 커질 수밖에 없었다. 천하에 대한 최종 승자가 정해질 때까지 무려 200년 동안 백성은 전쟁의 참화를 일상으로 살아 내야 했다.

3. 맹자의 사상

1) 윤리 사상: 사람다움(仁)과 옳음의 실천(義)

공자의 사상을 한마디로 말한다면 '사람다움'仁이라 할 수 있다. 물론 이 공자의 사람다움 안에는 옳음의 실천이 포함되어 있다. 그러나 맹자는 이 실천을 바깥으로 끌어내 더 잘 보이도록 배치했다. 공자는 『논어』「위정」爲政 편에서 "마땅히 해야 할 것을 보고서도 달려들지 않는 건 비겁한 것"見義不爲, 無勇也이라고 했다. 전국 시대는 마땅히 해야 할 것을 당연히 하지 않는 시대였다. 그래서 맹자는 '실천'의 덕목을 더욱 강조해야만 했다.

욕망의 시대, 폭력과 유혈의 시대, 생生이 존중받지 못하고 사死가 일상이 된 시대, 인간이란 존재의 바닥이 훤히 드러난 시대를 살아가게 되자 사람들은 당연스레 가깝게는 혼란의 종식에 대해, 멀리는 인간이란 존재의 본질에 대해 고민하게 되었다. 수많은 이론이 터져 나와 제각각 목소리를 높였다. 맹자는 그러한 제자백가諸子百家의 틈바구니에서 인간 안에 원천적으로 내재한 '선함'에 대해 외쳤다. 그 선함을 발견하고 되찾아 잘 길러서 사람이 사람다워지면 사람이 만들어 가는 세상도 변화할 것이라고 본 것이다. "사람과 동물이 별다를 것 없다. 그래서 일반 사람은 그냥 지나쳐 버리고 깨달음이 있는 지성인만이 그 차이점을 인식하고 보존한다"라면서 그 차이점을 '사람에 대한 사랑과 그 사랑의 현실적 실천', 즉 인仁과 의義라고 보았다. 사람이 인과 의를 간직하고 발휘할 수 있는 존재로 살아갈 수 있는 이유는 인간 안에 타인에게 공감할 수 있는 측은惻隱의 마음과 옳지 않은 행동을 부끄러워할 줄 아는 수오羞惡의 마음, 자기에게 합당한 것이 아니면 거절할 줄 아는 사양辭讓의 마음, 이런 옳고 그름을 판단할 줄 아는 시비是非의 마음이 내재되어 있기 때문이다. 이 네 가지 단서를 확충하면 사람은 사람을 사람답게 하는 인·의·예·지의 네 가지 덕을 삶에 드러내어 사람답게 살 수 있다. 인간은 태어나면서부터 원래 이 모든 가능성을 가지고 태어난다. 관건은 이 가능성을 잃어버리지 않고 제대로 가꾸고 성장시킬 수 있느냐의 여부에 달려 있다. 이 가능성의 싹을 밟아 버리는 것이 바로 '이익'利에 대한 추구이다. 이익으로 유인하면 당장은 인간이 능력을 발휘하는 것 같지만 그 이익이 사라지면 더 이상의 동인이 없으므로 그것으로 인해 했던 행동을 멈추게 된다. 그래서 맹자는 악한 목적은 더 말할 필요도 없거니와 선한 목적을 위해서도 이익으로 유인해서는 절대 안 된다고 보았다.

2) 정치사상

맹자는 사람이면 누구나 불쌍하고 안타까운 것을 보면 측은해하는 마음을 가지고 있으니, 이 차마 모질게 대하지 못하는 마음을 정치에 적용하면 정치를 바로 세울 수 있다고 주장했다. 이 마음을 기반으로 해서 사람을 최우선에 둔 정치를 펼치는 것을 '인정'仁政이라고 한다. 이렇게 사람을 최우선에 둔 정치를 펼치면 전쟁의 시대로 삶이 피폐해진 사람들이 모두 당연히 그 정치를 펼치는 나라의 국민이 되기 위해 기를 쓸 것이고, 그렇게 되면 피를 흘리지 않고도 천하를 자연스레 통일할 수 있게 될 것이며, 그렇게 얻은 천하는 백성이 마음으로 준 것이니 그 자리가 흔들림 없이 안정적으로 유지될 것이라고 보았다.

힘과 힘이 충돌하며 나라를 확장하던 시대에 맹자의 이러한 정치철학은 매우 현실감 없는 것으로 받아들여져 어느 나라에서도 실제 정치에 도입되지 않았다. 어쩌면 당연한 일이었다. 지금 전쟁이 한창인데 어느 세월에 지도자가 욕망을 이겨 내며 스스로 수양해서 인격을 쌓고, 백성에게 사람다움에 대해 교육해서 스스로를 다잡아 윤리적인 사회를 구현하게 할 수 있겠는가? 그러나 전쟁이 끝나고 나면 사정이 달라진다. 이미 통일제국이 완성된 후에는 혼란해진 사회를 수습하고 장기적인 질서를 만들어 갈 이론이 필요해진다. 그렇게 유학은 한漢나라의 주요 정치이념이 되었다. 이때는 긴 혼란 끝에 질서를 수습하는 것이 먼저였으므로 공자의 학파 중에서 인성보다는 시스템 쪽에 크게 비중을 둔 순자荀子의 이론이 중용되었다. 하지만 인간 내부의 가능성 자체에 동력을 두지 않고 외부의 시스템만으로 사회를 정리하는 것은 한계에 부딪히게 마련이다. 인간 자신의 가능성과 그것을 기반으로 한 사회의 질서가 조화를 이뤄야 하는 시대적 요구에 직면했을 때 자기 수양과 이를 토대로 한 사회적 실천이라는 '내성외왕'內聖外王을 말하는 맹자의 사상이 부활했다.

4. 언어의 달인, 맹자

『맹자』 읽기의 또 다른 즐거움은 '달변가'로서의 맹자를 만나 보는 데에 있다. 맹자는 정말 말을 잘한다. 처음 읽을 땐 직설화법의 대가라는 느낌이 강하지만, 몇 번 더 읽다 보면 그의 화려한 설득의 기술이 눈에 들어온다. 대쪽같이 말하는 것 같아도 상대에게 동조하기도 하고 먼저 마음을 알아주기도 하면서 상대를 달래서 자기 쪽으로 끌어온다. 주로 현재 일선에서 정치를 하고 있는 왕을 만날 때 이런 화법을 사용한다. 자신의 이론이 당장의 이익을 안겨 줄 수 있는 이론을 말하는 유세객에 비해 받아들여질 가능성이 낮다는 것을 너무 잘 알고 있는 상태에서, 그런 얕은 방법 말고 백성을 위한 진짜 정치를 펼치게 하려면 어떻게든 설득해야 한다는 절박함이 있었기 때문일 것이다. 맹자는 왕이 지닌 가능성을 기어이 발견해서, 그것이 아무리 작거나 어쩌면 단점처럼 보이는 것이라 해도 선으로 이어질 수 있다면 칭찬하고 격려해 마음을 열도록 유도했다. 맹자를 만난 양 혜왕은 자신이 비난받던 일에 대해 맹자가 되레 자신도 몰랐던 면을 들어 자신을 이해해 주고 칭찬해 주자 내심 기뻐하면서 "그대가 내 마음을 알아주는구려" 하며 그의 말에 귀를 열기도 했다.

다른 학파 학설을 상대할 때는 언변이 더 화려해지지만 가차 없는 느낌이 강하다. 그는 횡행하는 이단의 학설로부터 공자의 사상을 지켜 내는 것을 자신의 의무로 자임했기 때문이다. 맹자가 힘껏 싸웠던 이단으로는 맹자 당시 가장 인기 있었던 양주楊朱와 묵적墨翟이 대표적이다. 양주는 극단적으로 사람은 자기 자신만 위하면 된다는 '나 중심' 이론, 즉 위아주의爲我主義를 내세웠고, 묵적은 모든 사람을 동등하게 사랑하며 남을 이롭게 해 주어야 한다는 동등한 사랑' 이론, 즉 겸애주의兼愛主義를 내세웠다. 맹자가 보기에 양주는 군주의 존재를 무시하고 있었고, 묵적은 부모의 존재를 무시하고 있었다. 부자의 인륜과 군신의 윤리를 무시하는데도 천하를 휩쓸고 있는 두 학파 모두 맹자가 그냥 지나칠 수 없는 이론이었다. 이 외에 왕도 직접 농사지어 먹고 살아야 한다고 주장하는 농가農家 허행許行에 대해서는 분업과 협업의 이치도 모르면서 형식상의 동일만을 주장한다고 그 이론의 규모 없음을 들어 비판했고, 묵가墨家에 속하는 이지夷之를 통해 묵가에게 쓸데없이 화려하다고 비판받던 유가의 장례를 화려한 것이 아니라 인정에 당연한 것이라고 설명했다. 또한 고자告子라는 인물과의 논변을 통해 당시 유행하던 인성론을 비판하고 자신의 성선性善 이론을 전개했다. 이러한 논변 때마다 맹자는 정말 많은 비유로 자신의 주장을 전개하는데, 이 비유들은 대개 모두 실제 생활과 일상에서 가져온 예시라는 특징이 있어서 그의 이론이 현실과 직결된 문제이며 곧장 현실에 적용해서 활용하는 것을 목적으로 한 이론이라는 것을 곧장 느낄 수 있게 해 준다.

이러한 화려한 논변을 담고 있는 문장이기 때문에 『맹자』는 읽는 맛이 있다. 첫 등장부터 명쾌하고 유려한 대화가 막힘없이 펼쳐져 혹해서 읽어 나가게 된다. 맹자의 사상을 알고 이해하는 것도 물론 중요하겠지만 책을 읽어 나가며 놓치지 않고 설득의 기술을 익히는 것도 못지않게 중요한 소득으로 남을 것이다.

양혜왕 상

1

梁惠王上

양 혜왕(梁惠王)과의 대화: 지도자는 이익이 아닌 도리를 말해야

양 혜왕 어르신, 이 먼 나라까지 기꺼이 와 주셨군요. 그렇다면 분명 어르신께도 다른 부국강병 이론가처럼 앞으로 우리나라를 얼른 부강하게 만들 묘책이 있는 것이겠죠?

맹자 (아……. 이런! 정색을 하며) 국익이라니, 어째서 왕께서는 하필이면 '이익'이라는 관점에서 말씀하십니까? 사람이 사람답게 사는 도리나 정의를 말씀하셔야죠. 만약 임금이 어떻게 하면 자기 나라에 이익이 될까 하는 생각에 몰두하면, 세력가는 세력가대로 어떻게 하면 자기 세력에 이익이 될까 하는 생각에 몰두할 겁니다. 민중은 민중대로 어떻게 하면 자기 한 몸에 이익이 될까 하는 생각에 몰두할 거고요. 이렇게 위아래로 하나같이 이익만 생각하면 결과적으로 나라에 이익은커녕 위기가 닥칠 것입니다.

그런 이익 중심의 세계에서 어떤 일이 벌어지는지 한번 보십시오. 한 조직의 보스가 누구에게 칼을 맞습니까? 중간 보스에게 당합니다. 크면 큰 대로, 작으면 작은 대로, 어떤 조직이든 마찬가지입니다. 중간 보스에게 한 10퍼센트 정도의 이권을 챙겨 주고 있어도 그렇게 됩니다. 10퍼센트면 결코 적은 게 아닌데도 말입니다. 정의와 같은 철학적 가치를 뒷전에 놓고 이익을 앞세우면, 서로 싸워서 빼앗지 않고는 성에 차지 않는 거죠.

사람이 사람답게 사는 도리란 사람을 사랑할 줄 아는 마음을 갖는 것이고, 해야 할 일과 해서는 안 될 일을 판단해서 옳은 대로 행동할 줄 아는 것입니다. 사람을 사랑할 줄 아는 사람이 제 부모를 버리는 경우는 없어요. 옳은 것을 판단해서 실행할 줄 아는 사람이 자신의 공동체와 그 수장을 배신하고 제 이익을 앞세우는 경우도 없지요. 왕께서는 다만 사람의 도리를 중심에 둔 정책을 말씀하시면 충분하고도 남는데, 왜 하필 '힘'을 말씀하신답니까?

양梁나라 혜왕惠王의 이름은 앵罃이다. 양나라는 바로 위魏나라로, 원래 이곳은 주周나라 제후국 중 하나인데, 혜왕 때 수도를 대량大梁으로 옮기고서 그 아버지 대까지 사용해 오던 '후'侯라는 작위를 버리고 스스로 '왕'王이라 불렀으므로 흔히 '양 혜왕'이라고 일컬어졌다. '혜'惠는 시호諡號이다.

『맹자』가 양 혜왕과의 만남으로 시작하는 것이 상당히 재미있다. 맹자가 자기 정치철학의 대체를 말한 것이 이 대목이기 때문에 책의 맨 앞장에 둔 것이겠지만, 위나라의 탄생도 꽤 상징적이기 때문이다. 위나라는 전국 시대戰國時代를 주름잡던 막강한 7개 나라 중 하나이지만, 이 나라는 전국 시대 직전인 춘추 시대春秋時代에는 존재하지도 않았던 나라였다. 춘추 시대 진晉나라는 문공文公이라는 걸출한 패자霸者를 배출했던 제후국이었으나, 어쩌다 군주의 힘이 약해지고 그 아래 대부들의 힘이 강해져 위씨魏氏, 한씨韓氏, 조씨趙氏 세 집안이 결국 막강한 힘으로 나라를 셋으로 쪼개 갖게 되었다. 이들이 나라를 삼등분해서는 주나라 '왕'을 찾아가 자기들을 제후로 인정해 달라고 요구했는데, 주 왕실이 얼마나 나약했는지 하극상을 벌이고 나라를 쪼갠 이 대부들을 벌하기는커녕 그들의 요구대로 정식 제후로 인정해 주었다. 위나라(아울러 한나라와 조나라)의 탄생은 주나라 왕실이 완전히 복구불능이 되었으며, 힘만 있다면 누구의 눈치도 볼 것 없이 나라를 세울 수도 있고 남의 나라를 먹을 수도 있는 시대가 열렸음을 상징한다. 그래서 이 세 제후국의 탄생을 '전국 시대'의 시작점으로 잡는다. 위나라는 전국 시대의 상징과 같은 나라였던 것이다.

孟子見梁惠王.

王曰: 叟不遠千里而來, 亦將有以利吾國乎?

孟子對曰: 王何必曰利? 亦有仁義而已矣. 王曰, 何以利吾國? 大夫曰, 何以利吾家? 士庶人曰, 何以利吾身? 上下交征利而國危矣. 萬乘之國弒其君者, 必千乘之家, 千乘之國弒其君者, 必百乘之家. 萬取千焉, 千取百焉, 不爲不多矣, 苟爲後義而先利, 不奪不饜. 未有仁而遺其親者也, 未有義而後其君者也. 王亦曰仁義而已矣, 何必曰利?

(1 - 2)

양 혜왕과의 대화: 함께 즐겨야 비로소 제대로 즐기는 것

맹자가 다시 양 혜왕을 뵈러 갔을 때 양 혜왕은 왕실 공원의 큰 연못가에서 풍광을 즐기고 있었다. 왕이 연못가에서 노니는 각양각색의 물새와 사슴을 한참이나 흐뭇하게 바라보더니 맹자를 향해 입을 열었다.

양 혜왕 나는 이런 것들을 소유하고 즐기는 게 좋습니다. 인품이 대단한 사람들도 이런 것을 좋아하고 즐기나요?

맹자 그럼요. 아니 오히려 대단한 인품을 지닌 사람이라야 이런 것들을 '제대로' 즐길 수 있어요. 수양이 덜 된, 그러니까 인격의 수준이 낮은 사람은 이런 걸 소유하고 있어도 제대로는 즐길 줄 모르는 법이지요. 『시경』詩經에 보면 왜 이런 시가 있지요?

왕이 영대靈臺를 짓기 시작하여
이를 헤아리고 도모하시니
백성들이 달려와 일해 주는지라
며칠이 안 되어 완성되었도다
착공할 때 서두르지 말라 하였으나
백성들은 아비 돕는 자식처럼 몰려와 도왔네

왕이 영대의 동산에 계시는데
암사슴 수사슴 편안히 엎드려 있네
암사슴 수사슴 살져 윤기 흐르고
백조는 깨끗하고 눈부시게 희도다
왕이 영대의 연못에 계시는데
야아, 연못 가득 물고기 뛰노는구나

이것은 주周나라 성군 문왕文王이 영대라는 건축물을 지을 때의 이야기랍니다. 문왕이 백성의 노동력으로 누각과 누각에 딸린 연못을 지었어요. 그런데 백성들이 그걸 어찌나 좋아했는지 존경의 의미로 그 건축물 이름을 '신령스러운 누각'이란 뜻의 '영대'로 하고 거기 딸린 연못 이름은 '영소'靈沼라고 붙였답니다. 거기에 각종 동물이 사는 것도 좋아했어요. 옛날 지도자들은 백성과 함께 즐겼기 때문에 '제대로' 즐길 수가 있었던 것이지요.

이것과 정반대의 예도 있어요. 『서경』書經 상서商書 「탕서」湯誓에 등장하는 하夏나라의 마지막 왕인 걸왕桀王이 그 사람이죠. 이 사람이 되게 폭군이었거든요. 이 사람 때문에 하나라가 망했죠. 백성들은 이 왕의 학정을 아주 지긋지긋해했어요. "이놈의 태양은 어느 때나 좀 없어지려나? 너 죽고 나 죽고 아주 다 같이 죽자, 죽어!"라고 말하곤 했죠.

사람들이 이렇게 자기 지도자와 함께 차라리 같이 죽고 말자 하는 심정이면, 멋들어진 공원에 동물원까지 갖춰 놓고 혼자서 그거 다 끌어안고 있은들 무슨 의미가 있겠습니까?

'오호! 함께 이야기를 나눠 볼 만하군!' '도리'니 '옳음'이니 '백성'이니 하는 것을 말하는 맹자니까 양 혜왕은 맹자가 자신의 사치스러운 정원과 그것을 누리고 즐기는 자신의 취미에 대해 그래서는 안 된다고 막아설 줄 알았다. 그런데 안 될 것 없다고, 바르게 즐기면 그뿐이라고 말하다니! 맹자를 탐색한 양 혜왕은 그에게 나라의 현안을 해결하고 나라를 정비할 방법에 대해 물어볼 만하겠다고 생각했다. 본론 1단계에 들어갔다.

孟子見梁惠王, 王立於沼上, 顧鴻鴈麋鹿.

曰: 賢者亦樂此乎?

孟子對曰: 賢者而後樂此, 不賢者雖有此, 不樂也. 詩云, 經始靈臺, 經之營之, 庶民攻之, 不日成之. 經始勿亟, 庶民子來. 王在靈囿, 麀鹿攸伏, 麀鹿濯濯, 白鳥鶴鶴. 王在靈沼, 於牣魚躍.

文王以民力爲臺爲沼, 而民歡樂之, 謂其臺曰靈臺, 謂其沼曰靈沼, 樂其有麋鹿魚鼈. 古之人與民偕樂, 故能樂也. 湯誓曰, 時日害喪? 予及女偕亡. 民欲與之偕亡, 雖有臺池鳥獸, 豈能獨樂哉?

(1-3)

양 혜왕과의 대화: 원칙이 틀려 있다면 무얼 하든 오십보백보

양 혜왕 나는 나라를 다스리는 데에 온 마음을 다 쏟고 있어요. 하내河內 지방에 흉년이 들면 그곳 백성을 형편이 좀 더 나은 하동河東 지방으로 옮겨 주고, 반대로 곡식은 하내 지방으로 옮겨 주지요. 하동 지방에 흉년이 들면 또 이 반대로 해 주고요. 이웃 나라의 행정을 살펴보아도 나처럼 마음을 쓰는 왕이 없더군요. 그렇다면 이웃 나라의 백성이 왕이 이렇게 마음을 써 주는 우리나라로 이주해 올 법하거든요. 그런데 이웃 나라 인구가 줄지 않고 우리나라 인구가 늘지 않아요. 무엇 때문인가요?

맹자 이런 문제라면……. 왕이 전쟁을 좋아하시니 전쟁으로 예를 한번 들어 보겠습니다. '둥둥둥' 진격을 알리는 북이 울려 퍼지고 양측의 군사들이 한 판 크게 붙었습니다. 각종 무기가 부딪치고 굉음이 한참 이어지더니 힘이 부치는 쪽에서 슬슬 무기를 버리고 도망치는 놈들이 나오기 시작했어요. 누구는 백 보를 도망갔고, 또 누구는 오십 보를 도망갔죠. 그런데 오십 보 도망간 놈이 자기는 최소한 백 보는 아니라며 백 보 도망간 놈을 비웃는다면 어떻겠습니까?

양 혜왕 무슨! 당연히 안 되죠. 둘 다 도망친 건데 몇 걸음 차인지 세면 뭐합니까?

맹자 그렇죠. 이 '오십보백보'의 이치를 아신다면 인구수가 이웃 나라보다 많아지기를 바라셔서는 안 되지 싶습니다.

제대로 다스린다는 건 이런 겁니다. 일단 민생을 안정시키는 것. 그러니까 먹고사는 문제를 안정적으로 해결해 줘야 하는 겁니다. 농사철을 놓치지 않고 농사를 지을 수 있게 하면 가을 수확이 얼마나 풍요롭겠습니까? 그물코를 촘촘하게 하지 않아서 어린 물고기가 충분히 성장할 수 있게 해 주면 연못의 물고기는 끊이지 않겠지요? 나무할 때도 마찬가지입니다. 나무가 다 자란 뒤에 벌목하면 목재는 차고 넘치게 됩니다. 농산물과 수산물, 산림 자원을 제대로 보호하고 가꾸어서 풍성하게 하면 백성이 살아 있는 가족을 원 없이 부양하고 돌아가신 부모님을 원 없이 장례 지낼 수 있어요. 그저 이렇게 백성이 사나 죽으나 가족과 함께 원 없이 지낼 수 있게 하는 것, 이것이 덕으로 올바르게 나라를 다스리는 다스림의 시작입니다.

주업이 정비되었으면 부업도 살펴야죠. 뽕나무를 심어 누에를 치게 하면 나이 지긋한 어른이 보드랍고 따스한 비단옷을 입을 수 있어요. 가축을 길러 새끼를 잘 치게 하면 기운이 쇠약한 노인이 고기를 먹어 영양을 보충할 수 있고요. 농사지을 일정한 땅뙈기를 주고 나라에서 부역이다 뭐다 해서 농사철을 빼앗지 않는다면 식구가 몇이든 모두가 굶주리지 않을 수 있습니다. 그리고 학교 교육을 바르게 행해서 어버이를 사랑하고 연장자를 공경할 줄 알게 하면 초로의 늙은이가 길에서 짐을 이고 지고 낑낑거리며 가는 일 따위는 없게 되겠죠. 쇠약한 늙은이가 넉넉한 삶을 누리게 해 주고, 청장년이 삶을 지탱해 나갈 수 있게 만들어 주고서도 왕 노릇 하지 못하는 자는 유사 이래 없었습니다.

현재 왕께서는 국민의 삶을 제대로 돌보지 않아서, 상류층의 집에서는 가축이 사람도 못 먹는 양식을 먹고 살이 오르고 있는데도 단속할 줄 모르고, 일반 국민은 입에 풀칠도 제대로 하지 못해 주려 죽은 시체가 거리에 널려 있는데도 나라의 창고를 열 줄 모르시죠. 그러고는 사람이 굶어 죽으면 이렇게 말씀하십니다.

"내 탓이 아니야. 흉년이 들어 그런 걸 나보고 어쩌라고!"

이것이 사람을 칼로 찔러서 죽여 놓고는, "내 탓이 아니야. 무기가 찔러 그런 걸 나보고 어쩌라고!"라고 말하는 것이나 뭐가 다릅니까? 왕께서 흉년 탓을 하지 않으시면 온 세상 사람이 모두 왕께로 올 것입니다.

그 유명한 '오십보백보'五十步百步가 등장하는 대목이다. 양 혜왕이 마음을 빼꼼 열자마자 맹자가 곧바로 한 방 먹였다. 맹자는 양 혜왕에게 오십보백보의 행정을 펼친 것을 가지고 유세 떨지 말라면서, 백성들이 굶주려 죽는 현상이 과연 흉년 때문에 발생하는 것이냐고 묻는다. 기본적으로 나라의 책임자라면 외부적으로 통제할 수 없는 현상을 탓하기 전에 내부적으로 나라의 모든 자원과 그것을 기르는 방법을 알아, 있는 것부터 윤택하고 풍성하게 가꾸어 놓아야 한다. 사전에 관리가 잘되어 있으면 한두 번 닥치는 위기 상황이 나라를 흔들어 놓을 수 없는 법이다. 맹자는 넉넉한 나라를 만들고 싶으면 장기적 안목을 가지고 생장과 소멸의 '시기'時를 파악해서 '때'에 맞게 나라를 운영해야 한다고 말한다. 세상 만물은 다 성장한 채로 하늘에서 뚝 떨어지지 않는다. 모든 것은 태어나고 성장하고 번식하고 소멸하는 시간의 흐름을 갖는다. 그 시기를 잘 알아서 가꾸어 성장시켜 주고 적절한 때에 취해야 필요에 따라 자원을 가져다 쓰더라도 마냥 소진되는 것이 아니라 생명의 풍요가 유지될 수 있다.

맹자의 말은 이론적으로 이해하기 어려운 말이 아니다. 그러나 실제 사회를 살펴보면 시간의 흐름 가운데 생명의 순환이 있는 것이 아니라 마구잡이 착취가 있을 뿐이다. 흉년이 든 나라에서 많은 사람이 죽어 갈 때 그 나라 지도자가 "흉년이 들어 먹을 게 없어서 사람들이 굶어 죽어 가고 있다"라고 설명한다면 그 말은 꽤 합리적인 설명처럼 들린다. 해명하는 쪽이나 듣는 쪽이나 그러려니 하는 상황에 맹자는 의문을 제기한다. '일단 원래 있는 자원을 제대로 관리하고서 하는 변명입니까? 부는 공평하게 흘러가고 있습니까?'

나라의 어려움에 대해 흉년 탓을 하는 것은, 오늘날로 옮겨 오면 '경기가 불황이라 일자리가 없어서 사람들의 삶이 힘겹다'라는 말과 비슷할 것이다. "경기가 불황인데, 심지어 세계 경제가 불황인데 난들 무슨 수가 있나?"라는 말이 정치인의 입에서도 기업인의 입에서도 어렵잖게 쏟아져 나온다. 그 와중에 이웃 나라나 이웃 기업과 비교하며 알량하게 나은 점들을 부각시키기도 한다. 이런 해명을 듣는 국민은 또 아쉽지만 어쩔 수 없다는 듯이 받아들인다. 그러나 오늘 이 시대를 맹자가 보았다면 이렇게 말하지 않았을까? "야근을 밥 먹듯이 시키는데 무슨 힘이 남아 창의며 능률이 있겠습니까? 평범한 사람은 십 년을 일해도 내 집

하나 제대로 마련할 수 없는데 무슨 마음의 여유가 있겠습니까? 가족끼리 얼굴 볼 시간도 없는데 어떻게 인륜을 깨치겠습니까? 상류층은 반려동물도 사료에 미용에 병원에 호텔까지 누리는데 이것이 문제인 줄 모르고, 평범한 사람은 제대로 된 일자리와 연봉이 없어 냉장고조차 파먹을 수 없는데 지배층은 경제를 재편할 줄 모르죠. 경기 불황 탓을 멈추면 국민의 마음이 다시 이 나라로 모여들 것입니다." 한 나라의 지도자와 지배층이 알고 있어야 하는 것은 그때그때의 미봉책도 아니고, 남의 나라 것을 빼앗아 오는 것도 아니고, 내 나라의 인人과 물物을 '길러 내는' 방법이다. 나라의 인재와 나라의 자원을 장기적인 안목으로 제대로 길러 내기만 한다면 한때의 어려움이 나라의 모든 것을 절대 소진시킬 수 없을 것이다.

梁惠王曰: 寡人之於國也, 盡心焉耳矣. 河內凶, 則移其民於河東, 移其粟於河內. 河東凶亦然. 察鄰國之政, 無如寡人之用心者, 鄰國之民不加少, 寡人之民不加多, 何也?

孟子對曰: 王好戰, 請以戰喻. 塡然鼓之, 兵刃旣接, 棄甲曳兵而走, 或百步而後止, 或五十步而後止. 以五十步笑百步, 則何如?

曰: 不可, 直不百步耳, 是亦走也.

曰: 王如知此, 則無望民之多於鄰國也. 不違農時, 穀不可勝食也. 數罟不入洿池, 魚鼈不可勝食也. 斧斤以時入山林, 材木不可勝用也. 穀與魚鼈不可勝食, 材木不可勝用, 是使民養生喪死無憾也. 養生喪死無憾, 王道之始也. 五畝之宅, 樹之以桑, 五十者可以衣帛矣. 雞豚狗彘之畜, 無失其時, 七十者可以食肉矣. 百畝之田, 勿奪其時, 數口之家可以無飢矣. 謹庠序之敎, 申之以孝悌之義, 頒白者不負戴於道路矣. 七十者衣帛食肉, 黎民不飢不寒, 然而不王者, 未之有也.

狗彘食人食而不知檢, 塗有餓莩而不知發. 人死, 則曰, 非我也, 歲也. 是何異於刺人而殺之, 曰, 非我也, 兵也. 王無罪歲, 斯天下之民至焉.

(1 - 4)

양 혜왕과의 대화: 칼로 죽이는 것과 정치로 죽이는 것이 다른가

양 혜왕 좀 더 말씀해 주시겠습니까? 마음을 가다듬고 듣겠습니다.

맹자 사람을 죽일 때 몽둥이로 죽이는 것과 칼로 죽이는 것이 다릅니까?

양 혜왕 다르지 않습니다.

맹자 그렇다면 칼로 죽이는 것과 정치로 죽이는 것은 차이가 있습니까?

양 혜왕 없습니다.

맹자 당신의 식탁에는 끼니마다 살이 잘 오른 고기가 올라오고, 당신의 마구간에는 윤기 흐르는 말이 가득한데, 국민은 굶주려서 얼굴은 누렇게 뜨고 눈은 퀭하기 그지없으며, 성 밖 교외에는 굶어 죽은 시체가 뒹굴고 있다……. 그렇다면 이것은 짐승에게 사람을 먹여 기른 것이죠. 약육강식의 생태계에서 짐승끼리 서로 먹고 먹히는 것도 사람들이 질색하는데, 나라의 지도자가 되어서는 국민을 지배층이 키우는 동물의 먹잇감이나 진배없는 처지로 내모는 지경이라면 어딜 봐서 지도자라 할 수 있겠습니까?
공자는 이런 말을 했습니다.

"처음 인형이란 것을 만든 사람은 후손이 없을 것이다!" 인형이란 게 무엇입니까? 지배층이 죽었을 때 그 부인이나 하인을 함께 매장하던 순장殉葬 풍습을 좀 개선해 볼 요량으로 만든 것 아닙니까? 그러나 사람을 본떠서 만든 것이니 심리적으로는 산 사람을 묻는 것이나 마찬가지죠. 그 내면에 깔린 마음이 참으로 잔인한 풍습입니다. 그래서 공자는 심각하게 우려했던 것이에요. 사람 모습을 본뜬 인형을 매장하는 것도 잔인해서 차마 해서는 안 되는 짓인데, 어떻게 멀쩡히 살아 있는 사람을 굶겨 죽일 수 있단 말입니까?

맹자가 한순간 본질로 훅 들어왔다. 양 혜왕은 그가 말랑말랑하거나 붕 뜬 이야기를 늘어놓는 사람이 전혀 아님을 알아차리고는 비로소 옷매무새를 바로하고 반듯하게 앉아 그에게 가르침을 청했다.

사람들이 흔히 하는 말 중에 이런 말이 있다. "사람 몇 명을 죽이면 살인자이지만 수백 수천 수만을 죽이면 영웅으로 불린다." 정치 지도자에 의해 숱한 전쟁과 학살이 일어나지만 그 지도자들이 살인죄로 처벌받았다는 말을 거의 들려오지 않는다. 그러나 맹자는 말한다, 다 똑같은 살인이라고. 몽둥이로 죽이나 칼로 죽이나 사람을 죽였다는 사실은 똑같은 것처럼 칼로 죽이나 정치로 죽이나 사람을 죽였다는 것은 똑같다고. 생명을 죽이는 것이 아니라 살리는 것이 정치라는 맹자의 원칙은 오늘 우리의 정치 현실에도 절실하다.

梁惠王曰: 寡人願安承教.

孟子對曰: 殺人以梃與刃, 有以異乎?

曰: 無以異也.

以刃與政, 有以異乎?

曰: 無以異也.

曰: 庖有肥肉, 廐有肥馬, 民有飢色, 野有餓莩, 此率獸而食人也. 獸相食, 且人惡之, 爲民父母, 行政, 不免於率獸而食人, 惡在其爲民父母也? 仲尼曰, 始作俑者, 其無後乎! 爲其象人而用之也. 如之何其使斯民飢而死也?

(1-5)

양 혜왕과의 대화: 나라의 부강은 지도자의 인품이 결정하나니

양 혜왕 진晉나라가 강대국인 것은 어르신께서도 잘 알고 계실 것입니다. 그런데 내가 즉위한 뒤로 동쪽으로 제齊나라와의 전쟁에서 패하고 그 전쟁에서 큰아들을 잃었어요. 서쪽으로는 진秦나라와의 전쟁에서 패해서 우리 국토 700리를 잃었고요. 그리고 남쪽으로 초楚나라에 침략을 당하는 모욕을 겪었습니다. 아, 이런 부끄러운 일이! 이들 전쟁에서 전사한 자들을 위해 한번 제대로 설욕하고 싶은데, 어떡하면 좋을까요?

맹자 영토의 크기는 제대로 된 나라를 세우는 데 아무런 문제가 되지 않습니다. 지도자가 사람을 최우선의 가치로 두는 정치를 베푸시면 됩니다. 우선 법치를 핑계로 공포정치를 하지 말고, 세금을 가볍게 해 주며, 생업에 몰두할 수 있게 해 주세요. 여가 시간에는 젊은이를 교육해서 부모나 어른을 대하는 방법, 타인과 공동체를 돌아보는 방법을 배우게 하시고요. 그러면 집안에서는 부모와 손윗사람을, 사회에서는 연장자를 소중히 여기고 잘 대할 줄 알게 될 것입니다. 이런 나라의 국민은 진나라든 초나라든 제아무리 뛰어난 군사력을 지닌 강대국이 쳐들어온다 해도 나라를 지키기 위해 무기를 만들어 대항할 마음을 스스로 갖습니다. 저 강대국들은 전쟁을 하려고 국민을 동원하니 그 국민은 생업도 삶도 잃어 가족을 돌볼 수 없게 되죠. 이에 힘이 없는 늙은 부모는 헐벗고 굶주리며, 형제와 처자식은 살기 위해 뿔뿔이 흩어집니다. 저들이 제 국민을 도대체 살 수 없게 만들었을 때 당신께서 가서 그 지도자들을 치고 바로잡으시면 그 누가 당신께 맞서겠습니까? 그래서 '인자무적'仁者無敵, 즉 '사람을 아끼고 사랑해서 공동체를 평화롭게 만드는 사람에게는 대적하는 자가 없다!'라고 하는 것이니, 부디 제 말을 믿으십시오.

여기서 말한 진晉나라란 양梁나라, 즉 위魏나라를 가리킨다. 양 혜왕은 진나라 대부였던 위사魏斯의 자손으로, 위사는 한韓씨, 조趙씨와 함께 나라를 셋으로 나누어 위·한·조의 삼진三晉으로 만들었다. 양 혜왕은 스스로 '왕'이라 불렀으니 위세당당할 것 같지만 사실 어려움을 많이 겪었다. 할아버지인 문후文侯와 아버지인 무후武侯 때만 해도 상당히 막강한 힘을 자랑했고, 혜왕 그 자신 때도 초기에는 전쟁에서 꽤 많이 이겨 이웃 나라에서 국교 맺기를 청하기도 했지만, 후에는 본문의 하소연처럼 제나라와 진나라 등 강대국에 대패하면서 나라가 많이 힘들어졌다. 혜왕 17년에 진나라 침공으로 소량少梁 땅을 뺏겼고, 30년에는 제나라와의 전쟁에서 태자 신申이 포로로 잡혀가는 수모를 겪었다. 대량으로 도읍을 이전한 것도 진나라와의 전쟁에서 패해 하내의 땅을 떼어 진나라에 바치면서 어쩔 수 없이 옮긴 것이다. 양 혜왕은 급박한 처지에 몰려 있었고, 그래서 많은 책사를 청해 조언을 들었다. 맹자도 그중 한 명이었다. 그러나 맹자와 양 혜왕의 만남은 여기까지이고, 맹자의 조언은 양나라에서 실행되지 못했다. 양 혜왕이 늙었기 때문이기도 하려니와 동, 서, 남으로 욱여싸임을 당하고 있던 그 나라 현실에서, 장기적 안목으로 나라를 기본부터 바로잡아 정비한다는 것은 거의 불가능한 도전에 가까웠기 때문일 것이다.

그러나 맹자가 이런 양나라의 현실을 몰라서 장기 계획을 운운했던 것일까? 그는 다만 급하지 않은 현실이란 어느 때도 존재하지 않는다는 걸 알았을 뿐이다. 우리의 삶도 세상도 늘 급한 일로 쫓긴다. 중요한 일을 해야 결국 모든 것이 바로잡히는 걸 모르는 건 아니지만 미뤄 두기엔 너무나 급한 일이 있다. '우선 이것만 처리하고, 우선 여기까진 해 놓고…….' 그렇게 늘 허덕인다. 급한 일은 언제쯤 끝이 날까? 이렇게 상황에 끌려다닌다면 어쩌면 죽는 날까지도 중요한 일에는 손도 대 보지 못할 수 있다. 미봉책에 미봉책이 더해지면 바탕은 누더기가 된다. 누더기 위에는 어떤 건실한 것도 세울 수 없다. 미봉책을 선택하는 순간 우리의 다음 선택도 미봉책이 된다. 어쩌면 맹자는 용기勇를 말하고 있는 것인지도 모른다. '어쩔 수 없는 건 없습니다. 다만 당신이 선택할 뿐입니다.'

梁惠王曰: 晉國, 天下莫強焉, 叟之所知也. 及寡人之身, 東敗於齊, 長子死焉. 西喪地於秦七百里, 南辱於楚. 寡人恥之, 願比死者一洒之, 如之何則可?

孟子對曰: 地方百里而可以王. 王如施仁政於民, 省刑罰, 薄稅斂, 深耕易耨. 壯者以暇日修其孝悌忠信, 入以事其父兄, 出以事其長上, 可使制梃以撻秦楚之堅甲利兵矣. 彼奪其民時, 使不得耕耨以養其父母, 父母凍餓, 兄弟妻子離散. 彼陷溺其民, 王往而征之, 夫誰與王敵? 故曰, 仁者無敵. 王請勿疑!

(1-6)

양 양왕(梁襄王)과의 만남: 사람을 살리고자 하면 백성이 따른다

맹자가 양 양왕을 만나고 나와서는 사람들에게 이렇게 말했다. "멀리서 바라보는데 도무지 지도자 같지가 않더라고. 가까이서 보아도 위엄 같은 것은 전혀 안 보이고……. 근데 질문도 참…… 느닷없이 하더구먼."

양 양왕 천하가 어떻게 될까요?

맹자 하나로 통일될 것입니다.

양 양왕 누가 통일하는데요?

맹자 사람 죽이는 것을 좋아하지 않는 사람이 통일할 수 있습니다.

양 양왕 누가 그에게 가죠? 각자 속한 나라가 있는데 말이죠.

맹자 아니요. 세상 사람치고 그에게 가지 않는 사람이 없을 겁니다. 이건 거의 섭리인데……. 혹시 벼 싹 아십니까? 음력으로 오뉴월엔 날씨가 가물어서 벼 싹이 마릅니다. 이렇게 한창 말라 가는데 하늘에서 뭉게뭉게 먹구름이 피어나더니 한순간 쏴아아 비가 쏟아지는 거죠. 그러면 말랐던 벼 싹이 다시 생생하게 벌떡 일어납니다. 자연의 섭리로 이렇게 되니, 이걸 누가 막겠습니까?

지금 세상을 보세요. 전쟁에 혈안이 되어서는 세상의 지도자란 자들이 모두 사람 죽이는 것을 좋아해요. 이런 상황에 만약 사람 죽이는 것을 좋아하지 않는 사람이 나타난다면 온 세상 사람이 모두 목을 길게 빼고서 그 사람 하나를 바라보겠죠. 정말로 이렇게 되면 물이 아래로 흐르는 자연현상처럼 사람들이 그에게로 흘러갈 것입니다. 물이 콸콸 쏟아지듯 그에게 우르르 민심이 쏠리는데 그걸 누가 막을 수 있겠습니까?

양 혜왕의 아들인 양 양왕의 등장. 그의 이름은 혁赫이다. 양 혜왕에게 맹자는 약간의 희망을 발견하고 무언가 해 보려 했지만 끝내 양 혜왕은 맹자의 정치 이론을 채택하지 않았다. 그리고 오래지 않아 사망하고 말았다. 그 뒤를 이어 왕위에 오른 양 양왕은 이 글에서 보이는 것처럼 왕다운 기품이나 깊이가 없었다. 맹자를 그다지 신경 써서 대우하지도 않았다. 그래서 맹자는 양나라를 떠나 제나라로 발길을 옮겼다.

孟子見梁襄王. 出語人曰: 望之不似人君, 就之而不見所畏焉. 卒然問曰天下惡乎定?

吾對曰: 定于一.

孰能一之?

對曰: 不嗜殺人者能一之.

孰能與之?

對曰: 天下莫不與也. 王知夫苗乎? 七八月之間旱, 則苗槁矣. 天油然作雲, 沛然下雨, 則苗浡然興之矣. 其如是, 孰能禦之? 今夫天下之人牧, 未有不嗜殺人者也. 如有不嗜殺人者, 則天下之民皆引領而望之矣. 誠如是也, 民歸之, 由水之就下, 沛然誰能禦之?

(1 - 7)

제 선왕(齊宣王)과의 대화: 차마 모질게 대하지 못하는 마음

제 선왕 춘추 시대에 강력한 힘으로 세상에 이름을 떨친 지도자들의 업적에 대해 좀 들려주겠습니까?

맹자 공자학당에서는 힘으로 세상에 이름을 남긴 지도자의 사례나 그 방법에 대해서는 공부하지 않습니다. 그래서 그 방면으로는 자료가 없어 저도 아는 게 없습니다. 그래도 기왕 온 김에 뭐라도 말해 보라 하시면 '평화로운 방법으로 세상을 통일할 진짜 지도자의 길'에 대해 말씀드리고 싶은데, 괜찮을까요?

제 선왕 어떤 가치나 자질을 지니면 그런 지도자가 될 수 있는 건가요?

맹자 사람을 아끼고 보호하면서 세상을 수습해서 천하를 통일한다면 아무도 막을 수 없죠.

제 선왕 나 같은 사람도 사람을 아끼고 보호할 수 있을까요?

맹자 물론입니다.

제 선왕 예? 무슨 근거로 그렇게 분명하게 내가 할 수 있다고 하시는 건가요?

맹자 제가 임금님의 신하인 호흘胡齕에게 전해 들은 이야기가 있어서 그렇습니다. 종을 새로 주조하면 소를 잡아 그 피를 종의 틈에 발라 완성을 고하는 의식인 흔종釁鐘 사건 말입니다. 소를 보시고는 양으로 바꾸어 하라 명하신 일이 정말 있었습니까?

흔종 사건의 전말 —
왕이 대청에 앉아 있었다. 때마침 어떤 신하가 소를 끌고 그 아래를 지나갔다. 왕이 보니, 끌고 가고 끌려가는 분위기가 심상치 않았다. 왕이 물었다.
"소를 어디로 데려가는 겐가?"
"종을 새로 주조했기 때문에 소를 잡아 그 피를 종의 틈에 바르는 의식이 있는데, 그 의식에 쓰려고 데려가고 있습니다."
"그 소, 놔줘라. 두려워 덜덜 떨면서 죄도 없이 죽을 곳으로 끌려가는 모습을 차마 못 보겠다."
"그럼 종 틈에 피 바르는 의식을 하지 말까요?"
"아서라. 으레 해 오던 의식인데 어떻게 없앨 수 있겠느냐? 양으로 대신 행하거라."
그래서 의식에 쓸 희생이 소에서 양으로 바뀌었다.

제 선왕 네, 이런 일이 있었습니다.

맹자 이 마음이면 국민을 아끼고 보호하는 진짜 지도자가 될 수 있습니다. 국민은 이 사건을 놓고 우리 지도자가 쩨쩨해서 그깟 재물 좀 아끼려고 바꿔치기한 거라고들 하지만 저는 왕께서 차마 볼 수 없어서 그렇게 했다는 것을 압니다.

제 선왕 그러게요. 정말로 국민 중에는 그렇게 비난하는 자가 있기도 합니다. 제나라가 아무리 좁고 작다 해도 내 어찌 소 한 마리를 아끼겠습니까? 그저 소가 두려워 떨면서 죄도 없이 죽을 곳으로 끌려가는 모습을 차마 볼 수가 없었어요. 그래서 양으로 바꾸게 한 거였죠.

맹자 백성이야 우리 지도자가 쩨쩨해서 재물을 아낀다고 말할 법하죠. 딱 보기엔 큰 소를 작은 양으로 바꾼 것이니까요. 저들이 왕의 진심까지 어떻게 알 수 있겠습니까? 이 사건의 핵심이 죄 없이 죽을 곳으로 끌려가고 있다는 것을 불쌍하게 여겼다는 점이라면 그 동물이 양이든 소든 무얼 가리셨겠습니까?

제 선왕 (맹자의 설명을 따라 그때를 떠올려 보니 심각하게 따져 보지 않았던 자기 마음이 문득 궁금해져 혼잣말이 터져 나온다.) 허허, 참……! 정말이지 내가 왜 그랬을까? 무슨 마음이었던 걸까? (맹자를 보며) 내가 재물을 아껴서 소를 양으로 바꾸게 한 것이 아니었지만 백성 입장에서는 충분히 나더러 쩨쩨하게 재물이나 아낀다고 할 만하긴 하죠.

맹자 비난에는 신경 쓰실 것 없습니다. 이것이 바로 사람을 사랑하는 방법이고 바른 정치를 하는 방법이라는 점을 눈치채는 게 중요하지요. 소는 이미 보았고 양은 아직 보지 못했기 때문에 그렇게 하신 것 아닙니까? 생명의 감수성을 배우고 체득한 자는 짐승이 살아 있는 것을 보고는 그것이 죽는 것을 차마 보지 못하고 그 울음소리를 듣고는 그 고기를 차마 먹지 못하죠. 그래서 지도자나 지식인은 생명을 잡는 것이 일상이 되어 버리는 푸줏간을 멀리하는 것입니다.

제 선왕 (자기도 몰랐던 마음이 심지어 인정까지 받게 되자 한껏 기분 좋아져 절로 웃음이 새어 나온다.) 『시경』 소아小雅의 「깜찍한 말」巧言이란 시에 보면, "남의 마음을 내가 알아준다"라는 구절이 있잖습니까? 이 시구가 딱 선생님을 두고 한 말이네요! 내가 그때 그런 행동을 하긴 했는데 왜 그랬는지 혼자 가만히 생각을 해 봐도 도통 모르겠더라고요. 그런데 지금 선생님께서 말씀해 주시니 내 마음이 시원스레 뚫리는 것이 뭉클한 감동이 있네요. 이 마음이면 진짜 지도자가 될 수 있다니, 왜죠? 그 이유가 궁금합니다.

맹자 예를 들어…… 왕께 이렇게 말하는 사람이 있어요.

"저는 뭐 한 1.5톤 정도는 너끈히 들 수 있는 힘을 가지고 있어요. 근데 이상하게 깃털 하나는 못 들겠더라고요."

또 이렇게 말하는 사람도 있죠.

"저는 100미터 전방에서 오는 사람이 들고 있는 소설책의 제목을 볼 수 있을 정도의 시력을 가지고 있어요. 근데 이상하게 트럭에 실려 있는 채소 더미는 안 보이더라고요."

왕께 이렇게 말하는 사람들 말을 믿고 그럴 수 있겠다고 인정해 주시겠어요?

제 선왕 인정 못하죠.

맹자 지금 왕의 은혜가 동물에게도 충분히 베풀어지는데 국민에게는 가닿지 않는 것은 왜인가요? 특별히 무슨 까닭이 있으신가요? 깃털 하나를 들지 못하는 것은 힘을 안 써서 그런 것이고, 트럭에 실린 채소 더미를 보지 못하는 것은 시력을 안 써서 그런 것이죠. 마찬가지로 국민이 아낌과 보호를 받지 못하는 까닭은 은혜를 베풀 수 있는 마음을 안 써서 그런 것입니다. 그러니까 왕께서 진짜 제대로 된 지도자다운 정치를 하지 못하는 것은, 하지 않는 것이지 하지 못하는 것이 아니라고 말씀드릴 수 있겠습니다.

제 선왕 (못하는 게 아니라 내가 '안' 하는 거라고? 내가 왕위에 있으면서 제나라를 이만한 강대국으로 유지하고 있는데 내가 '안' 하는 거라고?) 하지 않는 것과 하지 못하는 것은 어떻게 다릅니까?

맹자 이를테면, 태산을 옆에 끼고 동중국해를 뛰어넘어 건너는 일에 대해 "어휴, 난 못해"라고 말한다면, 그건 정말로 못하는 겁니다. 하지만 어르신께 안마해 드리는 일에 대해 "어휴, 난 못해"라고 한다면, 그건 안 하는 거지 못 하는 게 아니죠. 왕께서 진짜 제대로 된 지도자다운 정치를 하는 것은 태산을 옆에 끼고 동중국해를 뛰어넘는 것과 같은 일이 아니라 그저 어르신께 안마해 드리는 것과 같은 종류의 일입니다. 그러니 못 하시는 게 아니라 안 하시는 것이지요. 우리 집 어른을 바르게 공경하고 그 공경 그대로 다른 어른을 공경하고, 우리 집 아이를 바르게 사랑하고 그 사랑 그대로 남의 아이도 사랑한다면, 정치는 순식간에 바로잡히고 민심은 순식간에 환호합니다. 『시경』 대아大雅에 있는 「가지런히 할 것을 생각하다」思齊라는 시에 보면, "먼저 아내에게 모범이 되어서 형제자매에게 이르고, 이렇게 점점 확장해 집안과 나라를 다스린다"라는 구절이 있는데, 이런 정치 원리를 잘 표현해 주고 있다고 할 수 있어요. 각각을 향해 다른 마음이 필요한 것이 아니라 이 마음을 들어 저기에 놓기만 하면 될 뿐임을 말하고 있는 거죠. 은혜를 베풀 수 있는 마음 하나를 제대로 확장하면 지도자로서 온 세상도 지켜낼 수 있지만, 방치하고 버려 둔다면 가장으로서 처자식도 제대로 보호할 수 없습니다. 그 옛날 성군이라 일컬어지던 대단한 지도자들도 일반인에게 없는 무슨 대단한 능력이 있어서 그렇게 된 것이 아니라 그저 이 마음 하나를 잘 확장했을 뿐이죠. 지금 왕의 은혜로운 마음이 동물에게도 넉넉히 가닿았는데 정작 국민은 그 마음의 덕을 보고 있지 못하니…… 알다가도 모를 일입니다. 어째서인가요?

세상에는 자와 저울이라는 게 있습니다. 이것들이 왜 만들어졌을까요? 사물의 길이와 무게 같은 것은 아무리 감이 좋은 사람이라 해도 눈대중이나 어림짐작으로 정확히 알아낼 수 없기 때문입니다. 저울에 올려놔야 무엇이 더 무겁고 가벼운지 알 수 있고, 자로 재야 무엇이 더 길고 짧은지 알 수 있죠. 마음도 이와 그렇습니다. 아니 마음은 이보다 더 측정하기 어려워요. 어떤 것이 더 중요한 마음인지 어떤 것이 더 긴요한 마음인지 바른 기준대 위에 올려놓고 잘 헤아려 보지 않으면, 덜 중요한 동물에게는 은혜를 베풀면서 더 중요한 사람에게는 함부로 대하는 일이 발생할 수 있는 것입니다. 그러니 부디 잘 헤아리셔야 합니다. 아니면 왕께서는 설마 전쟁을 일으켜 나라의 군사와 관료를 위험에 내몰고 국제 사회에 긴장을 조성해야 속이 후련한, 그런 마음이신 건가요?

제 선왕 아뇨. 전혀요. 그럴 리가요! 그저 나에게는 커다란 소원이 하나 있는데, 그것을 이루고 싶을 뿐입니다.

맹자 괜찮으시다면 그 커다란 소원의 내용을 들어 볼 수 있을까요?

제 선왕 (알 수 없는 웃음과 미소 그리고 침묵)

맹자 (말씀을 안 해 주시겠다. 그렇다고 제가 모르는 건 아니지요.) 나라의 산해진미가 성에 차지 않는다거나, 한다하는 패션도 모두 지루해졌거나, 미술품이나 건축물 혹은 공연이나 음악이 지겨워져서 새로운 것을 찾고 싶으신 겁니까, 아니면 옆에 두고 부리는 사람이 부족해서? 물론 아니시겠죠. 온 나라 관리가 입의 혀처럼 온갖 필요한 것을 다 해 바치고 있는데, 왕께서 어찌 이런 것을 욕심내시겠습니까?

제 선왕 그렇죠. 내가 이런 것을 욕심내지는 않죠.

맹자 그렇다면 왕의 커다란 소원이 뭔지 알 것도 같습니다. 영토를 넓히고, 주변 강대국을 굴복시키고, 결국 전 중국을 통일해서 다스리는 통일 군주가 되고 싶으신 것입니다. 그런데…… 왕께서 지금 하시고 있는 방법으로 그런 소원을 추구하신다면 이건 연목구어緣木求魚, 즉 나무에 올라가 물고기를 잡으려는 것이나 마찬가지라 하겠습니다.

제 선왕 아, 그렇게나 잘못된 겁니까?

맹자 잘못된 정도가 아니라 거의 최악이지요. 나무에서 물고기를 잡으려는 것은 물고기만 못 얻을 뿐, 그렇게 했다 해서 큰 탈이 생기지는 않습니다. 그렇지만 왕께서 지금 하시고 있는 방법으로 그런 소원을 추구하신다면 온 마음과 온 힘을 다해서 애쓰더라도 반드시 재앙급 뒤탈이 생기게 됩니다.

제 선왕 어떤……?

맹자 일개 도시만 한 약소국과 거의 대륙만 한 강대국이 전쟁으로 맞붙으면 누가 이길까요?

제 선왕 커다란 강대국이 이깁니다.

맹자 물론 그렇습니다. 땅덩어리가 작은 나라는 땅덩어리가 큰 나라를 이길 수 없고, 인구가 적은 나라는 인구가 많은 나라를 이길 수 없으며, 군사력이 약한 나라는 군사력이 강한 나라를 이길 수 없는 법입니다. 지금 중국 전체 영토를 아홉으로 나눈다면 제나라는 그중 하나, 그러니까 9분의 1을 차지하고 있습니다. 그런데 그 하나를 가지고 나머지 여덟을 복종시키려고 한다면, 일개 도시만 한 나라가 대륙만 한 나라와 전쟁을 하는 것이나 무엇이 다르겠습니까? 역시 국민을 돌보는 것이 지도자의 첫째 임무라는 정치의 기본으로 돌아가는 것이 최선입니다.

이제 왕께서 사람을 아끼고 사랑하는 정치를 행해서 관료든, 일반 직장인이든, 무역상이든, 여행객이든, 사람이면 누구나 당신의 나라를 꿈꾸고 당신의 나라에서 살고 일하고 인생을 경험하기를 원하게 된다면, 폭정에 시달리는 다른 나라 국민의 이민이 빗발칠 것입니다. 사람 마음이 그렇다는데 이걸 누가 막을 수 있겠습니까?

제 선왕 내가 부족해서 이런 정치에 능하질 못해요. 선생께서 나를 도와 분명하게 가르쳐 주시면 어떨까요? 내가 좀 아둔하지만 한번 해 보겠습니다.

맹자 일정한 소득이 보장된 생업, 즉 항산恒産이 없어도 상황에 휘둘리지 않고 바른 마음을 한결같이 유지하는 것, 즉 항심恒心은 제대로 배운 지식인이라야 가능합니다. 평범한 사람은 삶을 안정시켜 줄 일정한 생업이나 소득이 없으면 변치 않는 바른 마음을 가지지 못하죠. 그런데 이런 변치 않는 바른 마음이 없으면 마음에 중심이 없어 상황에 따라 되는대로 살기도 하고 잘못된 짓도 거침없이 행하며 부끄러움도 명예도 아랑곳하지 않고 갑질과 아첨 사이를 기꺼이 넘나들게 됩니다. 지도자가 먼저 일정한 소득으로 안정되게 살 수 있는 사회를 만들어 주지 않아 국민이 돈이면 못할 짓이 없게 해 놓고서는 범죄를 저질렀다고 처벌하면 그것은 법이라는 그물을 몰래 쳐 놓고 국민이 걸려들기만을 기다린 것이나 똑같습니다. 사람을 아끼고 사랑하는 지도자라면 어떻게 그물을 쳐 놓고 물고기가 걸리기를 기다리듯 법망으로 국민을 그물질할 수 있겠습니까?

그렇기 때문에 현명한 지도자는 걱정 없이 부모를 봉양하고 처자식을 충분히 먹여 살릴 수 있을 정도의 안정된 생업을 국민에게 제공해 경기가 좋을 때는 말할 것도 없거니와 경기가 나쁠 때에도 최소한 삶이 위협받는 일은 없게 합니다. 이렇게 일단 삶을 보장해 준 뒤에 윤리와 도덕을 가르쳐 행하게 하기 때문에 국민이 쉽게 따라옵니다. 그런데 보십시오. 지금은 국민의 생업과 소득 상태가 어떻습니까? 부모도 처자식도 먹여 살리기 어려워 경기가 좋을 때도 손에 쥐어지는 것이 없고 경기가 나쁠 때는 아예 거리로 내몰립니다. 당장 내일의 집세와 생활비도 막막한 판에 사람의 도리니 함께 사는 삶이니 하는 세월 좋은 소리가 귀에 들어오기나 하겠습니까? 왕께서 제대로 된 정치를 해 보고자 하신다면 국민의 삶을 먼저 보장해 주어야 나라가 선다는 정치의 기본 원칙으로 돌아가시는 것이 최선입니다.

나라에 가장 적합한 경제 형태를 살펴 국민의 생업과 소득을 보장해 한 가정이 최소한 부모를 봉양하고 처자식과 무난히 먹고살 수 있게 해 줍니다. 더 나아가 그 개인들이 효율적으로 가정 경제를 운용한다면 부모의 의료비를 걱정하지 않아도 되고 의식주 생활에 조금은 넉넉하게 여유도 누릴 수 있게 해 줍니다. 이렇게 하고서 학교를 설립해 국민 한 사람 한 사람에게 사람답게 사는 삶에 대해 교육한다면, 노약자가 사회에서 학대당하는 일이 없어질 것입니다. 무기력한 늙은이와 힘없는 어린이가 보호받고, 청장년이 능력껏 일하고 미래를 꿈꿀 수 있는 사회를 만들고도 민심의 추대로 지도자의 자리에 오르지 못한 사람은 유사 이래 없었습니다.

맹자가 제나라 선왕宣王을 만나 나눈 이 대화는 무척이나 긴데, 여기에는 여러 중요한 단어와 맹자의 정치이론 개념이 등장하고 있다. 특히 맹자의 아주 중요한 정치사상인 '사람을 아끼고 사랑하는 정치', 즉 인정仁政의 방법이 제시되고 있다. 어려울 것도 대단할 것도 없는 방법이다. 죄 없이 죽을 곳으로 끌려가는 소를 차마 보지 못한 그 마음, 그러니까 '모질게 대하지 못하는 마음' 하나 확장하면 될 뿐이다. 이 마음으로 살기 좋은 나라를 만들어, 힘으로 백성 위에 군림하고 전쟁으로 주변국을 병합해서 통일을 이루는 것이 아니라 민심을 얻어 천하를 통일하는 방법을 맹자는 제시하고 있다. 그 구체적인 방법으로 등장하는 것이 백성에게 '항산'恒産, 즉 일정한 소득이 보장된 생업을 제공하는 것이다. 먹고사는 것에 위협을 느끼지 않아야 백성은 상황에 휘둘리지 않고 바른 마음을 한결같이 유지하는 '항심'恒心을 지닐 수 있기 때문이다. 맹자가 경제 정책으로 중농주의를 선택한 것은 안정된 생업과 정착을 동시에 보장할 수 있는 방법으로 당시에 농경보다 더 나은 방법은 없었기 때문이다.

전국 시대 7개 나라 중 상당히 강대한 힘으로 주변을 제압하고 있던 제나라 군주가 힘이 아닌 마음의 정치에 구미가 당겼을까? 흥미가 아주 없었던 것 같진 않지만 그렇다고 이 정책을 채택할 만큼 혹하지도 않았다. 그러나 분명 이 긴 대화 속에서 제 선왕은 맹자에게 무엇보다 마음을 위로받고 있는 듯한 느낌을 준다. 뺏고 뺏기는 현실 속에서, 삭막한 힘의 각축전 속에서 맹자는 문득 '당신의 따뜻한 마음, 아직 온기가 남아 있는 그 마음을 제가 압니다'라고 말해 준다. 제 선왕이 맹자의 이론을 현실에 당장 사용하기엔 너무 이상적이라고 생각했으면서도 이렇게 긴 대화를 나누었던 것은, 그리고 이후로도 아주 손을 놓지 못하고 늘 조금 흔들렸던 것은 위로받았던 그 마음 때문이 아니었을까 생각한다. '사람을 아끼고 사랑하는 정치'를 말하는 변설의 달인 맹자는 그 자신이 먼저 타인의 마음을 읽어 줄 줄 아는 사람이었다. 위로와 공감 속에서 가능성을 찾아내는 사람, 맹자의 가장 큰 매력은 바로 이 점이 아닐까 싶다.

마지막 문단은 1-3장(53쪽)에서 양 혜왕에게 오십보백보의 정책 대신 제대로 나라를 살리는 정책을 시행하라고 권하면서 제시했던 정책과 원문이 거의 같다.

齊宣王問曰: 齊桓晉文之事, 可得聞乎?

孟子對曰: 仲尼之徒無道桓文之事者, 是以後世無傳焉. 臣未之聞也. 無以則王乎?

曰: 德何如, 則可以王矣?

曰: 保民而王, 莫之能禦也.

曰: 若寡人者, 可以保民乎哉?

曰: 可.

曰: 何由知吾可也?

曰: 臣聞之胡齕曰, 王坐於堂上, 有牽牛而過堂下者. 王見之, 曰, 牛何之? 對曰, 將以釁鐘. 王曰, 舍之! 吾不忍其觳觫若無罪而就死地. 對曰, 然則廢釁鐘與? 曰, 何可廢也? 以羊易之! 不識有諸?

曰: 有之.

曰: 是心足以王矣. 百姓皆以王爲愛也, 臣固知王之不忍也.

王曰: 然. 誠有百姓者. 齊國雖褊小, 吾何愛一牛? 卽不忍其觳觫若無罪而就死地, 故以羊易之也.

曰: 王無異於百姓之以王爲愛也. 以小易大, 彼惡知之? 王若隱其無罪而就死地, 則牛羊何擇焉?

王笑曰: 是誠何心哉? 我非愛其財而易之以羊也, 宜乎百姓之謂我愛也.

曰: 無傷也. 是乃仁術也, 見牛未見羊也. 君子之於禽獸也, 見其生, 不忍見其死, 聞其聲, 不忍食其肉. 是以君子遠庖廚也.

王說曰: 詩云, 他人有心, 予忖度之. 夫子之謂也. 夫我乃行之, 反而求之, 不得吾心. 夫子言之, 於我心有戚戚焉. 此心之所以合於王者, 何也?

曰: 有復於王者曰, 吾力足以擧百鈞, 而不足以擧一羽, 明足以察秋毫之末, 而不見輿薪, 則王許之乎?

曰: 否.

今恩足以及禽獸, 而功不至於百姓者, 獨何與? 然則一羽之不擧, 爲不用力焉, 輿薪之不見, 爲不用明焉, 百姓之不見保, 爲不用恩焉. 故王之不王, 不爲也, 非不能也.

曰: 不爲者與不能者之形, 何以異?

曰: 挾太山以超北海, 語人曰, 我不能, 是誠不能也. 爲長者折枝, 語人曰, 我不能, 是不爲也, 非不能也. 故王之不王, 非挾太山以超北海之類也. 王之不王, 是折枝之類也. 老吾老, 以及人之老, 幼吾幼, 以及人之幼, 天下可運於掌.

詩云, 刑于寡妻, 至于兄弟, 以御于家邦. 言擧斯心加諸彼而已. 故推恩足以保四海, 不推恩無以保妻子. 古之人所以大過人者, 無他焉, 善推其所爲而已矣. 今恩足以及禽獸, 而功不至於百姓者, 獨何與? 權, 然後知輕重, 度, 然後知長短. 物皆然, 心爲甚. 王請度之! 抑王興甲兵, 危士臣, 構怨於諸侯, 然後快於心與?

王曰: 否. 吾何快於是? 將以求吾所大欲也.

曰: 王之所大欲可得聞與?

王笑而不言.

曰: 爲肥甘不足於口與? 輕煖不足於體與? 抑爲采色不足視於目與? 聲音不足聽於耳與? 便嬖不足使令於前與? 王之諸臣皆足以供之, 而王豈爲是哉?

曰: 否. 吾不爲是也.

曰: 然則王之所大欲可知已. 欲辟土地, 朝秦楚, 莅中國而撫四夷也. 以若所爲求若所欲, 猶緣木而求魚也.

王曰: 若是其甚與?

曰: 殆有甚焉. 緣木求魚, 雖不得魚, 無後災. 以若所爲, 求若所欲, 盡心力而爲之, 後必有災.

曰: 可得聞與?

曰: 鄒人與楚人戰, 則王以爲孰勝?

曰: 楚人勝.

曰: 然則小固不可以敵大, 寡固不可以敵衆, 弱固不可以敵彊. 海內之地方千里者九, 齊集有其一. 以一服八, 何以異於鄒敵楚哉? 蓋亦反其本矣. 今王發政施仁, 使天下仕者皆欲立於王之朝, 耕者皆欲耕於王之野, 商賈皆欲藏於王之市, 行旅皆欲出於王之塗, 天下之欲疾其君者皆欲赴愬於王. 其若是, 孰能禦之?

王曰: 吾惛, 不能進於是矣. 願夫子輔吾志, 明以教我. 我雖不敏, 請嘗試之.

曰: 無恒産而有恒心者, 惟士爲能. 若民, 則無恒産, 因無恒心. 苟無恒心, 放辟邪侈, 無不爲已. 及陷於罪, 然後從而刑之, 是罔民也. 焉有仁人在位, 罔民而可爲也? 是故明君制民之産, 必使仰足以事父母, 俯足以畜妻子, 樂歲終身飽, 凶年免於死亡. 然後驅而之善, 故民之從之也輕. 今也制民之産, 仰不足以事父母, 俯不足以畜妻子, 樂歲終身苦, 凶年不免於死亡. 此惟救死而恐不贍, 奚暇治禮義哉? 王欲行之, 則盍反其本矣?

五畝之宅, 樹之以桑, 五十者可以衣帛矣. 雞豚狗彘之畜, 無失其時, 七十者可以食肉矣. 百畝之田, 勿奪其時, 八口之家可以無飢矣. 謹庠序之敎, 申之以孝悌之義, 頒白者不負戴於道路矣. 老者衣帛食肉, 黎民不飢不寒, 然而不王者, 未之有也.

양혜왕 하

2

梁惠王下

(2-1)

제나라 관료 장포(莊暴)·제 선왕과의 대화: 지도자가 음악을 좋아한다는 것

제나라 관료인 장포가 맹자를 만났다.

장포 제가 왕을 뵈었는데, 왕께서 제게 "난 요즘 음악에 푹 빠졌네"라고 하시더군요. 지도자가 음악 같은 오락에 푹 빠져도 좋은지 어떤지 대체 뭐라 답해 드려야 할지 몰라서 결국 아무 말도 하지 못하고 말았습니다. 지도자가 음악에 빠져 있어도 괜찮은 걸까요?

맹자 음악에 아주 푹 빠졌다면 괜찮은 정도가 아니라 나라가 곧 잘 다스려지죠!

이 일이 있고 얼마 뒤에 맹자가 제 선왕을 만나게 되었다.

맹자 지난번에 장포에게 요즘 음악에 빠졌다고 말씀하셨다고 들었습니다만…….

제 선왕 (얼굴빛이 굳어지며) 예……. 그렇긴 합니다만 고전음악을 좋아하는 게 아니라 대중음악 정도에 취미가 있는 것이죠.

맹자 무슨 상관입니까? 왕께서 음악에 빠지셨다면 이 나라는 곧 제대로 다스려질 겁니다. 고전음악이나 대중음악이나 일단 다 같은 '음악'이니까요.

제 선왕 (오호!) 무슨 말씀이신지요?

맹자 음악을 혼자 즐기는 것과 다른 사람과 함께 즐기는 것 중에서 무엇이 더 즐겁습니까?

제 선왕 아무래도 다른 사람과 함께 즐기는 것이 더 낫죠.

맹자 그럼 소수와 함께 즐기는 것과 다수와 함께 열광하는 것 중에서 무엇이 더 즐겁습니까?

제 선왕 아무래도 다수와 함께 열광하는 게 더 신나죠.

맹자 그렇다면 제가 당신을 위해 '음악'이란 것에 대해 말씀드리겠습니다. 지금 만약 왕께서 대형 콘서트를 열었다고 생각해 봅시다. 빵빵한 음향에 음악 소리가 울려 퍼지겠죠. 그러자 국민이 죄 이마를 찌푸리면서 이런 반응을 보여요. "뭐야? 또 콘서트야? 아, 열받네. 정치를 이따위로 해서 사람 다 죽어 가게 만들어 놓고 자기는 세월 좋게 뭐 음악? 에잇, 니미럴!" 또 혹은 왕께서 축제를 여셨다고 생각해 봅시다. 화려한 깃발과 장식, 각종 멋진 퍼레이드가 펼쳐집니다. 그러자 국민이 또 죄 이마를 찌푸리면서 이렇게 말하죠. "뭐야, 또 축제야? 아, 열받아. 이 따위 정치로 사람 다 죽게 만들어 놓고서는 뭘 잘했다고 축제야? 에잇, 젠장!" 지도자의 오락에 대해 국민이 이렇게 나온다면 이건 지도자가 자기만 알고 국민의 어려움을 돌보지 않아 즐거움을 함께 하지 않았기 때문입니다.

반대의 경우도 생각해 볼 수 있어요. 만약 왕께서 대형 콘서트를 열었는데, 국민이 빵빵한 음향에 실려 나오는 그 흥겨운 음악 소리를 듣고 함께 신나하면서 "어, 우리 임금이 요즘 건강하신가 봐, 이렇게 콘서트도 열고 즐기시는 걸 보면. 다행이네!"라는 반응을 보여요. 또 마찬가지로 큰 축제를 열었는데, 국민이 그 화려한 깃발과 장식, 각종 퍼레이드 행사를 보고는 함께 신나하면서 "어, 우리 임금이 요즘 건강하신가 봐, 이렇게 축제도 열고 즐기시는 걸 보면. 좋아라!" 이렇게 기뻐해 주는 거예요. 왜 이런 반응이 일어나는 걸까요? 다름 아니라 그간 지도자가 국민이 편안한 것이 곧 자신이 편안한 것임을 알고 국민의 어려움을 살펴 즐거움을 함께해 왔기 때문입니다. 이제 당신께서 국민과 즐거움을 함께하신다면 국민의 마음을 얻는 진짜 지도자가 되실 것입니다.

'백성과 즐거움을 함께한다'라는 뜻의 '여민동락'與民同樂이 등장하는 부분이다. 『세종실록』에 그 악보가 실려 있는 조선 초기 향악정재鄕樂呈才인 「여민락」與民樂은 바로 이 구절에서 제목을 따온 것이다.

莊暴見孟子曰: 暴見於王, 王語暴以好樂, 暴未有以對也. 曰好樂何如?

孟子曰: 王之好樂甚, 則齊國其庶幾乎!

他日, 見於王曰: 王嘗語莊子以好樂, 有諸?

王變乎色, 曰: 寡人非能好先王之樂也, 直好世俗之樂耳.

曰: 王之好樂甚, 則齊其庶幾乎! 今之樂猶古之樂也.

曰: 可得聞與?

曰: 獨樂樂, 與人樂樂, 孰樂?

曰: 不若與人.

曰: 與少樂樂, 與衆樂樂, 孰樂?

曰: 不若與衆.

臣請爲王言樂. 今王鼓樂於此, 百姓聞王鐘鼓之聲, 管籥之音, 擧疾首蹙頞而相告曰, 吾王之好鼓樂! 夫何使我至於此極也, 父子不相見, 兄弟妻子離散? 今王田獵於此, 百姓聞王車馬之音, 見羽旄之美, 擧疾首蹙頞而相告曰, 吾王之好田獵! 夫何使我至於此極也, 父子不相見, 兄弟妻子離散? 此無他, 不與民同樂也.

今王鼓樂於此, 百姓聞王鐘鼓之聲, 管籥之音, 擧欣欣然有喜色而相告曰, 吾王庶幾無疾病與? 何以能鼓樂也? 今王田獵於此, 百姓聞王車馬之音, 見羽旄之美, 擧欣欣然有喜色而相告曰, 吾王庶幾無疾病與? 何以能田獵也? 此無他, 與民同樂也. 今王與百姓同樂, 則王矣.

(2 - 2)

제 선왕과의 대화: 왕의 재산이 공적으로 활용된다면

제 선왕 성군이라 일컬어지는 문왕文王은 왕실 정원을 거의 도시 하나만 한 크기로 가지고 있었다고 하는데 정말 그렇습니까?

맹자 네, 전해지는 바에 의하면 그렇습니다.

제 선왕 어휴, 어마어마했네요.

맹자 국민은 그것도 되레 작다고 생각했습니다만…….

제 선왕 내 왕실 정원은 문왕의 정원 절반 정도밖에 안 되는데 국민은 이게 크다고 생각해요. 왜 그럴까요?

맹자 문왕의 정원은 도시 하나만 했지만 사실 그건 '공원'이나 마찬가지였어요. 국민이 맘껏 사용했거든요. 관리는 왕실이 하고 이용은 국민이 하게 했죠. 거기서 나무도 해 가게 하고, 먹을 게 없으면 사냥해 가도 되고……. 그래서 관리가 안 된 천연의 숲이나 들보다 국민에게 훨씬 편리한 공간이었죠. 이렇게 국민과 함께 사용했으니, 국민이 작다고 느낀 게 당연하지 않겠습니까? 제가 처음 이 나라에 올 때 중요한 국법이나 주의점 등을 먼저 듣고 들어왔어요. 그때 왕의 정원에 대해 듣게 되었죠. 먹을 것이 아무리 없어도 그 정원의 살진 동물을 해치면 살인죄를 적용한다고 하더군요. 이건 엄청난 크기의 함정을 나라에 파 놓은 것이나 마찬가지입니다. 그러니 국민은 이걸 당연히 크다고 느끼겠지요.

齊宣王問曰: 文王之囿方七十里, 有諸?

孟子對曰: 於傳, 有之.

曰: 若是其大乎?

曰: 民猶以爲小也.

曰: 寡人之囿方四十里, 民猶以爲大, 何也?

曰: 文王之囿方七十里, 芻蕘者往焉, 雉兔者往焉, 與民同之. 民以爲小, 不亦宜乎? 臣始至於境, 問國之大禁, 然後敢入. 臣聞郊關之內有囿方四十里, 殺其麋鹿者, 如殺人之罪. 則是方四十里, 爲阱於國中, 民以爲大, 不亦宜乎?

(2-3)

제 선왕과의 대화: 외교에 관하여

제 선왕 이웃 나라와 관계를 맺는 바른 방법이 있습니까?

맹자 있습니다. 정치의 목적이 사람이라는 것을 철저히 아는 지도자만이 힘으로 상대를 충분히 제압할 수 있는 강대국이어도 약소국에 예를 다해 공손하게 대할 수 있습니다. 상대 국가가 경제 규모가 작고 문화나 군사력이 열등

해도 일단 국가 대 국가로서 대등한 위치라는 것을 인정할 줄 알고, 괜한 힘겨루기가 국민만 힘겹게 할 뿐임을 알기 때문입니다.

현명하고 지혜로운 지도자만이 약소국으로서 강대국에 위협과 모욕을 당하더라도 참고 강대국에 예를 다해 존중하는 자세를 유지할 수 있습니다. 객관적으로 자국의 힘이 현격히 떨어지는데 당장의 치욕을 설욕하겠다고 전면전을 벌여 봤자 국민만 더 피폐해질 뿐 아무것도 이룰 수 없다는 것을 알기 때문에 순복하는 것입니다. 그리고 강대국에 일단 복종해야 내정을 가다듬을 시간을 얻어 후일을 도모할 수 있는 것입니다.

강대국이면서 약소국을 존중하는 자는 생명을 낳고 품고 키우는 하늘의 덕을 알고 감화되어 기꺼이 그에 맞게 행하는 사람이고, 약소국으로서 강대국을 섬기는 자는 그런 하늘의 이치를 알고 두려워해서 겁 없이 나대다가 실수하는 일이 없는 사람입니다. 그래서 생명을 살리는 하늘의 덕을 기꺼이 행하는 자는 온 세상을 편안하게 하고, 그런 하늘의 이치를 두려워하는 자는 자기 나라를 지켜 냅니다. 『시경』 주송周頌의 「앞으로 내가」我將라는 시를 보면, "하늘의 위엄을 두려워하니, 이 마음으로 나라를 편안히 한다"라는 구절이 있는데, 바로 이런 이치를 읊은 것이지요.

조선의 외교 정책인 '사대교린'事大交隣 정책의 이론적 근거가 되는 부분이다. 오늘날 우리나라에서 '사대주의'라고 하면 비굴하기 그지없는 용어로 받아들여진다. 그러나 전국 시대는 강대국이든 약소국이든 힘이면 전부였던 시대였다. 예의나 공존, 평화 따위는 오간 데 없이 폭력만이 난무했으므로 맹자는 예와 존중을 갖춘 외교로 전쟁 없이 평화로운 세상을 이루는 게 이치에도 맞고 실리에도 맞는 지혜로운 자세라는 의미로 이 말을 했다. 그래서 "정치의 목적이 사람이라는 것을 철저히 아는 지도자만이" "현명하고 지혜로운 지도자만이"라며 '만'이란 한정 보조사를 썼다.

오늘날 우리나라의 국제 관계는 직접적인 관계를 맺고 있는 곳이 중국과 만주, 일본 정도에 불과했던 조선과 크게 달라졌다. 현대의 외교란 세계 모든 나라와 관계를 맺는 것이기 때문에 놀랍도록 복잡하다. 우리나라는 기존의 강대국에 비해서는 약소국에 가깝지만, 놀라운 경제 성장 덕분에 어떤 나라에 비해서는 강대국이 되기도 하는 이중적 위치에 놓여 있다. 그러나 우리의 역사적 경험은 사대에 익숙하고 강대국이었던 적이 없어, 우리에 비해 힘이 약한 나라에 예와 존중을 다하는 자세에 익숙하지 못하다. 맹자는 여기서 외교를 말했지, 정신적 복속을 말하지 않았다. 힘이 아닌 합리적 존중으로 상대국을 대할 것을 말했지, 내정 정비 여부와 사대의 관계성에 대해 말하지 않았다. 조선의 사대 외교가 외면적 사대에서 내면적 사대로 탈바꿈했던 건 맹자 탓이 아니라 그저 조선 관료의 선택이었지 않을까? 큰 나라에 기대 안일에 빠져 내정을 다지지 않고 의리만 운운하는 것은 그저 그 나라 관료의 변명과 합리화일 뿐이다.

원문에서는 강대국이면서 약소국을 존중했던 예로, 은殷나라의 탕湯임금이 갈葛나라를, 주나라 문왕文王이 곤이昆夷를 예를 다해 존중했던 사례를 들고 있고, 약소국으로서 강대국을 섬겼던 예

로, 주나라 태왕太王이 훈육獯鬻(흉노)을, 월越나라 왕 구천句踐이 오吳나라 왕 부차夫差를 섬겼던 사례를 들고 있다.

제 선왕 와, 정말 훌륭한 말씀입니다! 그런데 이렇게 하기에는 내게 사소한 문제가 하나 있어요. 내가 '용기', '용맹', 이렇게 기세 넘치는 걸 너무 좋아한다는 거에요.

맹자 물론 기세 넘치셔야죠. 다만 시시한 싸움꾼은 되지 마시란 말씀입니다. 연장을 손에 들고 노려보면서 '붙어 보게? 한주먹 거리도 안 되는 게, 어딜!'이라고 하는 건 동네 건달에게서나 볼 수 있는 용기죠. 지도자라면 이렇게 한 사람 때려눕히는 용기가 아니라 아주 큰 용기를 가져야 합니다.

주나라 시조인 문왕이나 무왕武王의 넘치는 기세는 세상을 안정시켰지요. 정의로운 분노, 즉 의분義憤이었던 거예요. 『시경』 대아大雅의 「황제이시로다」皇矣라는 시를 보면, "왕께서 불끈 노하시어 이에 군대를 정돈하여 침략하러 가는 무리를 막으셨도다. 주나라의 복을 돈독히 하고 온 세상의 바람에 부응하셨다네"라는 구절이 있어요. 여기에서의 왕은 문왕을 가리켜요. 밀密나라 사람이 완阮나라를 침략하러 가니까 문왕이 그걸 알고 자기 일도 아닌데 나서서 전쟁을 막고 주민의 삶을 안정시킨 사건이 있었죠. 불필요한 전쟁에 대한 문왕의 분노와 용기가 세상의 평화를 가져온 셈이죠.

무왕의 이야기는 『서경』 주서周書 「태서」泰誓 편에 있어요. "하늘이 이 땅에 사람을 내려 군주를 세워 주고 스승을 세워 준 것은 군주와 스승 된 자가 하늘 상제의 뜻을 도와 세상 모든 이를 편안하게 하기 때문이다. 이 때문에 그들이 세상에서 사랑받고 대우받게 하셨다. 내가 이제 하늘의 명을 받아 그런 존재가 되어 죄 있는 자를 처벌하고 죄 없는 자를 편안케 할 책임이 오직 내게 있으니, 세상 그 누가 감히 제멋대로 혼란을 일으킬 수 있겠는가?" 무왕은 누구든 세상을 어지럽게 하면 그것을 자신의 책임으로 알고 부끄러워하며 제압했습니다. 이것이 무왕의 용기였죠. 그래서 무왕이 한번 분노하면 세상이 시끄러워지는 것이 아니라 세상이 편안해졌습니다.

이제 왕께서도 제대로 기세 넘치는 분노로 모든 국민을 편안하게 해 줘 보십시오. 그러면 국민은 지도자가 혹시 결연한 용기를 좋아하지 않을까 걱정할 것입니다.

그 어떤 싸움에도 눈을 내리깔지 못하고 건건이 맞붙는 것도 용기이고, 약자가 당하는 핍박을 그냥 지나치지 못하는 것도 용기이다. 그런데 두 용기가 항상 함께하지 않는다는 것을 우리는 일상에서 아주 잘 경험한다. 이기적 분노와 이타적 의분은 다른 것이기 때문이다. 강대국의 지도자가 건달 같은 '나' 중심, '우리 식구' 중심의 용기를 가지고 있으면 어떨까? 세계는 지옥 같은 전쟁을 거듭 경험해야 할 것이다. 역사는 잘못된 용맹이 얼마나 많은 인명을 해쳤는지 너무나 잘 보여 주고 있다. 지도자의 용기와 용맹은 정의와 평화에 대한 감수성과 철저히 결합되어 있어야 한다. 모욕을 참지 못하는 지도자나 힘 과시를 참지 못하는 강대국은 그 자체로 너무나 위험하다. 이들의 용기는 수많은 사람의 삶과 생명을 산산이 망가뜨린 뒤에야 진화될 것이기 때문이다.

본문에서 인용한 『서경』 주서 「태서」의 구절은 지금 우리에게 전하는 「태서」의 구절과 다르다. 그래서 학자 중에는 지금의 『서경』에서 따로 빠져나와 전하는 글이라 하기도 한다. 또 이런 이유로 원문의 해석도 학자마다 조금씩 차이가 있다.

齊宣王問曰: 交鄰國有道乎?

孟子對曰: 有. 惟仁者, 爲能以大事小, 是故湯事葛, 文王事昆夷. 惟智者, 爲能以小事大, 故大王事獯鬻, 句踐事吳. 以大事小者, 樂天者也. 以小事大者, 畏天者也. 樂天者保天下, 畏天者保其國. 詩云, 畏天之威, 于時保之.

王曰: 大哉言矣! 寡人有疾, 寡人好勇.

對曰: 王請無好小勇. 夫撫劍疾視曰, 彼惡敢當我哉! 此匹夫之勇, 敵一人者也. 王請大之! 詩云, 王赫斯怒, 爰整其旅, 以遏徂莒, 以篤周祜, 以對于天下. 此文王之勇也. 文王一怒而安天下之民. 書曰, 天降下民, 作之君, 作之師. 惟曰其助上帝, 寵之四方. 有罪無罪, 惟我在, 天下曷敢有越厥志? 一人衡行於天下, 武王恥之. 此武王之勇也. 而武王亦一怒而安天下之民. 今王亦一怒而安天下之民, 民惟恐王之不好勇也.

(2 - 4)

제 선왕과의 대화: 즐거움도 근심도 백성과 함께하는 지도자

제 선왕이 맹자를 제나라의 별궁인 설궁雪宮에서 만났다.

제 선왕 인격과 지혜가 뛰어난 사람도 이런 편안하고 멋진 곳에서 지내는 걸 좋아하나요?

맹자 좋아하죠. 사람은 이런 즐거움을 다 좋아하죠. 이런 즐거움을 얻지 못하면 사람들은 그 윗사람을 비난합니다. 이런 즐거움을 얻지 못했다고 윗사람을 비난하는 것도 잘못이지만 윗사람이 되어 아랫사람과 즐거움을 함께하지 않는 것도 잘못입니다.

국민이 즐거워하는 것을 자기도 즐거워하는 지도자에 대해서는 국민도 그의 즐거움을 함께 즐거워해 주고, 국민이 근심하는 것을 자기도 근심하는 지도자에 대해서는 국민도 그의 근심을 함께 근심해 주지요. 즐거움도 온 세상과 함께하고 근심도 온 세상과 함께하고도 진짜 지도자로 인정받지 못한 사람은 아직까지 없었습니다.

예를 하나 들어 볼게요. 옛날 춘추 시대 때 제나라의 군주였던 경공景公은 재상이었던 안영晏嬰에게 "내가 전부산轉附山과 조무산朝儛山을 구경하고 바닷가를 따라 남쪽으로 가서 낭야琅邪 고을까지 가 보려고 해요. 내가 어떤 방식으로 이 일을 진행해야 예전 훌륭한 군주들의 여행처럼 좋은 결과를 낳을 수 있을까요?"라고 질문한 적이 있었어요. 그때 안영이 이렇게 대답했지요.

"와! 이렇게 멋진 질문을 해 주시다니요! 천자가 제후들의 관할 지역을 돌아보는 것을 '순수'巡狩라고 합니다. 제후의 책임하에 있는 지역을 돌아본다는 뜻이죠. 그리고 제후들이 천자를 정기적으로 만나러 오는 것을 '술직'述職이라고 해요. 그 지역 제반 업무 처리 현황을 보고한다는 뜻이지요. 그러니까 중앙에서 지방을 가든, 지방에서 중앙으로 올라오든 그런 여행 모두가 정치 행정에 해당되는 공적인 일인 셈이지요. 부족한 시절에도 넉넉한 시절에도 각 지역을 돌아다니면서 민정을 살피는 거예요. 그렇게 직접 보고 부족한 부분을 보태 주고 도움을 주는 거죠. 그래서 옛날 속담에 이런 말이 있었어요. '우리 임금이 여행 다니지 않으면 우리가 어떻게 여유를 가질 수 있겠어? 우리 임금이 놀지 않으면 우리가 어디서 도움을 받겠어? 여행 한 번 하는 것도 즐거움 한 번 만끽하는 것도 모두 지방관이 본받아 마땅한 모습이지!'

그런데 요즘은 이렇지가 않죠. 한번 지방으로 뜨면 경호다 뭐다 군대까지 동원해서 행렬이 어마어마합니다. 그 사람들을 다 데리고 돌아다니면서 그 지역 경기가 어떻든 접대를 거하게 받아요. 이후에 지원을 해 주는 것도 없으면서 말이죠. 그러니 지역민이 원망이나 하지 전혀 환영하질 않아요. 상다리가 부러지게 대접받고, 끝도 없이 즐겨 나중에는 내세웠던 방문 목적조차 까맣게 잊은 듯 추태를 부려 지방 지도자 사이에서도 큰 골칫거리가 되고 있죠. 예우로 받을 수 있는 접대란 접대를 다 요구하고 받고 즐기다가 그렇게 되는 거죠. 열 일 제쳐 놓고 유명 관광지 좋은 여행 코스대로 모시고 다니게 하고, 필드 나가서 골프 치고, 진탕 술 마시고……. 옛날 훌륭한 지도자는 지역을 순행할 때 이런 일을 절대 하지 않았어요. 이제 어떻게 하실지는 임금님께서 선택하실 일입니다."

이 답을 들은 제 경공은 매우 기뻐하면서 옛날 훌륭한 지도자가 했던 것처럼 하려고 나라에 대대적으로 명령을 내리고서 지역으로 나갔죠. 그렇게 지방으로 나가 머물며 백성의 삶을 살펴 부족한 부분을 중앙 재정을 풀어 보조해 주었어요. 그리고 국립국악원장을 불러 "나를 위해 군주와 신하가 서로 좋아하는 음악을 지어 주게!"라고 부탁했죠. 지금도 연주되는 「치소」徵招와 「각소」角招라는 음악이 이때 만들어진 것입니다. 이 노래 가사에 '군주의 욕심을 저지하는 것이 무에 잘못된 것이랴'라는 내용이 있어요. 지도자의 욕심을 저지하는 것이 바로 지도자를 사랑하는 것입니다.

齊宣王見孟子於雪宮. 王曰: 賢者亦有此樂乎?

孟子對曰: 有. 人不得, 則非其上矣. 不得而非其上者, 非也. 爲民上而不與民同樂者, 亦非也. 樂民之樂者, 民亦樂其樂. 憂民之憂者, 民亦憂其憂. 樂以天下, 憂以天下, 然而不王者, 未之有也.

昔者齊景公問於晏子曰, 吾欲觀於轉附朝儛, 遵海而南, 放于琅邪. 吾何脩而可以比於先王觀也? 晏子對曰, 善哉問也! 天子適諸侯曰巡狩, 巡狩者, 巡所守也. 諸侯朝於天子曰述職, 述職者, 述所職也. 無非事者. 春省耕而補不足, 秋省斂而助不給. 夏諺曰, 吾王不遊, 吾何以休? 吾王不豫, 吾何以助? 一遊一豫, 爲諸侯度. 今也不然, 師行而糧食, 飢者弗食, 勞者弗息. 睊睊胥讒, 民乃作慝. 方命虐民, 飮食若流. 流連荒亡, 爲諸侯憂. 從流下而忘反謂之流, 從流上而忘反謂之連, 從獸無厭謂之荒, 樂酒無厭謂之亡. 先王無流連之樂, 荒亡之行. 惟君所行也.

景公說, 大戒於國, 出舍於郊, 於是, 始興發補不足, 召大師曰, 爲我作君臣相說之樂! 蓋徵招角招是也. 其詩曰, 畜君何尤? 畜君者, 好君也.

제 선왕과의 대화: 백성부터 누리게 하면 탐욕도 허물이 아니다

제 선왕 사람들이 나더러 태산에 있는 '명당'明堂을 헐어 버리라고들 하네요. 진짜 부숴요? 그래도 그건 좀 아닌가요? 어떡하죠?

맹자 명당이라는 것은 주나라 천자가 동쪽 지방을 순행하면서 제후들과 공식 접견과 회의를 열던 곳이었으니, 천자의 상징적인 건물이죠. 왕께서 만약 민심을 얻어 천하를 얻는 진짜 지도자다운 정치를 할 마음이 있다면 헐지 마십시오.

제 선왕 (오호! 유명무실하긴 해도 주나라가 천자가 아주 사라진 건 아닌데 이건 그 자리를 내가 대신 차지해도 된다는 말? 이럼 내가 또 혹하지!) 진짜 지도자다운 정치라는 게 뭔지 궁금한데요?

맹자 옛날에 주나라 시조인 문왕이 기岐 지역을 다스릴 때 세금은 소득의 10분 1을 기준으로 거둬들였고, 나라의 관료로서 애국한 집안에는 국가가 그 후손의 교육과 생활비를 책임졌고, 국경과 시장에서는 그저 경비만 잘 하고 질서만 잘 잡을 뿐 통행료나 자릿세를 받지 않았으며, 물고기를 잡을 수 있는 저수지나 여울목을 백성에게 개방했고, 죄인 처벌에 연좌제를 적용하지 않았습니다.

홀아비와 과부, 무의탁자와 고아 등의 네 부류는 세상에서 제일 외롭고 고단한 사람으로서 기대고 의지할 곳이 없는 이들입니다. 문왕은 백성을 아끼고 사랑하는 정치를 시행했는데, 반드시 이 네 부류부터 정책의 최우선에 두었습니다. 『시경』 소아 「1월」正月이란 시의 "부자들은 괜찮지만 이 곤궁한 사람들이 가엾구나"라는 구절이 떠오르는군요.

제 선왕 아, 정말 멋진 말씀입니다!

맹자 멋지다고 생각하신다면 왜 그렇게 하지 않으십니까?

제 선왕 나도 하고 싶긴 합니다만……. 사실 내가 재물을 좋아해요……. (그러니 백성에게서 세금을 더 많이 걷고 싶은데 어떻게 이런 정사를 시행하겠습니까?)

맹자 아, 그 문제라면 별것 아니네요. 재물 좋아하셔도 이런 정치를 얼마든지 행하실 수 있습니다. 옛날에 주나라 시조 중 공유公劉란 분이 있었죠. 이분도 재물을 참 좋아했습니다. 이분 이름을 제목으로 한 『시경』 대아의 「공유」公劉란 시에 보면, "곡식을 마당에 쌓고 창고에 쌓아 저장하고, 마른 양식을 전대에 넣고 자루에 넣어 잘 챙겨서 백성을 편안히 하고, 이로써 나라를 빛낼 것을 생각해서 활과 화살을 준비하고 창과 방패와 도끼를 가지고서 이에 비로소 길을 떠난다"라는 내용이 있어요. 이게 무슨 말이냐면, 공유는 유목민 땅에 있다가 농사에 적합한 땅을 찾아 수도를 옮겨 농업 국가인 주나라를 일으켰거든요. 그렇게 수도를 이동하기 전에 자기와 더불어 살던 종족(백성)을 농업으로 부유하게 만들어 줬어요. 마침내 이동할 날이 되었을 때 함께 가지 않고 원래 살던 곳에 계속 살 백성에게는 풍성하게 저장해 둔 곡식이 있었고, 함께 갈 백성에게는 가지고 갈 넉넉한 양식이 있었죠. 이렇게 준비한 뒤 비로소 새 땅으로 옮기는 걸음을 뗐던 일을 노래하고 있는 겁니다. 왕께서 재물을 좋아하신다면 이렇게 공유처럼 백성도 부자로 만들어 주세요. 그러면 왕이 재물을 좋아하는 게 왕이 진정한 지도자가 되는 데 무슨 걸림돌이 되겠습니까?

공유는 주나라의 시조인 후직后稷의 증손이다. 후직은 농업을 담당했는데, 하나라 정치가 문란해지면서 이 관직을 없앴고, 이에 후직의 집안이 가업을 잃게 되었다. 직업을 잃고 유랑하던 그들은 북방 유목민의 땅에 정착해서 살게 되었는데, 바로 이 공유가 다시 가업인 농사에 관심을 기울이게 되었다. 그는 농사짓기에 적합한 땅과 종자를 찾아 거주지를 옮길 생각을 했는데 그렇게 이동하기 전에 먼저 더불어 살던 사람들에게 농사를 가르쳐 삶을 윤택하게 해 주고 함께 이동할 사람들에게도 여비를 자신이 대는 넉넉함을 보였다. 이런 넉넉함에 많은 사람이 따랐고, 이 소문을 들은 주변의 사람들까지도 공유를 찾아와 지도자로 삼았으므로 세력이 확장되었다. 농업과 덕을 기반으로 한 주나라는 공유 대에서 본격적으로 싹을 틔웠다고 할 수 있다.

재물을 좋아하거든 백성도 부유하게 해 줘서 그 즐거움을 백성과 함께하라는 맹자의 이 말은 『논어』論語 「안연」顔淵 편에서 흉년으로 재물의 부족을 걱정하는 노나라 애공에게 되레 세금을 줄이라며 "임금님, 백성이 풍족하면 왕도 풍족한 거고, 백성이 경제난을 겪는다면 왕도 가난한 거 아닙니까? 백성이 풍족한데 왕이 누구와 경제난을 겪겠습니까? 백성이 죽을 맛인데 왕이 누구와 넉넉하겠습니까?"라고 설득하던 공자 제자 유약有若의 말을 떠올리게 한다.

제 선왕 아, 그렇군요! 그렇지만 나는 이것 말고도 걸림돌이 하나 더 있는데요……. 나는 사실 여자를 너무 좋아해서…….

맹자 아, 저는 또 뭐라고. 괜찮습니다. 문제없습니다. 옛날에 주나라 시조인 태왕太王도 여자를 깨나 좋아해서 자기 왕비를 유난하게 사랑했습니다. 어느 정도였느냐면, 『시경』 대아 「면」緜이란 시에, "태왕 고공단보古公亶甫가 아침에 말을 달려와서 서쪽 물가를 따라 기산岐山 아래 이르렀다. 이에 강씨姜氏의 딸과 함께 와서 집터를 보았다"라는 내용이 있어요. 이때 태왕은 강한 오랑캐에게 쫓기고 있는 형편이었거든요. 그래서 어쩔 수 없이 수도를 옮겨야 하는 처지였어요. 그런데 아내를 너무 사랑해서 그 와중에 아내를 데리고 다닌 거였죠. 태왕은 이런 사랑꾼의 마음을 그대로 백성에게 옮겨 백성도 외로운 사람이 없게 죄다 짝을 찾아주었어요. 그래서 이때 나라에는 혼기를 넘긴 총각이나 처녀가 없었지요. 왕께서 여자를 좋아하시거든 백성도 그런 즐거움을 누리게 해 주세요. 그럼 진정한 지도자가 되는 데에 여자 좋아하는 것이 무슨 걸림돌 될 일이 있겠습니까?

태왕은 앞에서 재물을 좋아했다고 나온 공유의 9대손이고, 주나라를 세운 문왕의 할아버지이다. '고공'古公은 그가 본래 불리던 호칭이고, '단보'亶甫는 이름으로, 주나라가 설립된 뒤 추존되어 태왕이라고 불린 것이다. 공유가 농업을 통해 주나라 주요 산업의 기틀을 다졌다면, 태왕은 가정의 화목을 확장해 나라의 평안을 도모하고, 힘이 아니라 선한 마음으로 민심을 얻어 나라를 확장하는 덕치를 통해 주나라 내부 질서의 기틀을 다진 인물이다. 강씨의 딸은 태왕의 비인 태강太姜을 말한다.

지도자가 신경 써서 죄다 짝을 지어 주는 것, 캬, 기가 막히다! 그러나 당시는 나라라고 하기에는 너무 작은 부족국가였으니까 가능한 일. 오천만 대한민국에서는 상상도 할 수 없다. 다만 지도자가 아내 혹은 남편과 함께 지금 행복한데, 그래서 나라의 청년에게도 결혼을 꼭 권하고 싶은데, 국민이 지금 대한민국처럼 결혼과 출산을 거부하거든 그 이유를 따져 해결해 볼 수는 있을 것이다. 무엇이 해결되어야 청년이 결혼과 출산으로부터 도망치지 않을 것인지, '인구수는 곧 국력'을 운운하기 전에 결혼이 행복하게 유지될 수 있는 내적·외적 이유를 살펴보고, 그 이유 중에서 이 사회가 구조적으로 뺏어 가고 있는 게 있다면 일단 그것부터 되돌려줄 일이다. 그것이 어쩌면 현대 사회에서 태왕처럼 자기의 사랑을 확장해 국민을 행복하게 해 주는 일이 아닐까?

齊宣王問曰: 人皆謂我毁明堂. 毁諸? 已乎?

孟子對曰: 夫明堂者, 王者之堂也. 王欲行王政, 則勿毁之矣.

王曰: 王政可得聞與?

對曰: 昔者文王之治岐也, 耕者九一, 仕者世祿, 關市譏而不征, 澤梁無禁, 罪人不孥. 老而無妻曰鰥, 老而無夫曰寡, 老而無子曰獨, 幼而無父曰孤, 此四者, 天下之窮民而無告者. 文王發政施仁, 必先斯四者. 詩云, 哿矣富人, 哀此煢獨.

王曰: 善哉言乎!

曰: 王如善之, 則何爲不行?

王曰: 寡人有疾, 寡人好貨.

對曰: 昔者公劉好貨, 詩云, 乃積乃倉, 乃裹餱糧, 于橐于囊. 思戢用光, 弓矢斯張, 干戈戚揚, 爰方啟行. 故居者有積倉, 行者有裹糧也, 然後可以爰方啟行. 王如好貨, 與百姓同之, 於王何有?

王曰: 寡人有疾, 寡人好色.

對曰: 昔者大王好色, 愛厥妃. 詩云, 古公亶甫, 來朝走馬, 率西水滸, 至于岐下. 爰及姜女, 聿來胥宇. 當是時也, 內無怨女, 外無曠夫. 王如好色, 與百姓同之, 於王何有?

(2 - 6)

제 선왕과의 대화: 왕의 일을 해야 왕

맹자 이런 가정을 한번 해 볼게요. 왕께서 어떤 신하에게 장기적인 외교 업무를 맡겨서 그 신하가 외국에 가야 하는데 처자식은 데리고 갈 수 없는 상황이에요. 그래서 자기 식구를 어쩔 수 없이 친구에게 부탁하고 떠났어요. 그런데 일을 마치고 돌아와 보니, 이게 무슨 일입니까? 자기 아내며 자식들이 제대로 먹지도 교육받지도 못하고 학대당하며 고생스럽게 살고 있었어요. 자, 그렇다면 이 친구를 어떻게 하시겠습니까?

제 선왕 그런 놈이 무슨 친구라고! 버려야죠!

맹자 검찰총장이 검찰을 제대로 관리하지 못해 형사처벌 체계가 엉망이 돼서 사법 신뢰도가 땅에 떨어졌어요. 그렇다면 이런 검찰총장을 어떻게 하시겠어요?

제 선왕 옷을 벗게 해야죠.

맹자 온 나라 어느 한 영역, 어느 한 지방 제대로 다스려지고 있는 곳이 없다면, 그렇다면 어떡하시겠습니까?

제 선왕 어, 근데 지금 시간이……. 비서실장! 아까 내가 무슨 보고서에 서명을 안 했다고 했지?

힘에 의존해 어서 빨리 천하를 제패하고픈 제 선왕 vs. 힘으로는 진짜 지도자가 될 수 없다는 자신의 주장을 한 치도 양보하지 않는 맹자. 맹자의 말이 틀린 건 아니지만 내가 꿈꾸던 정국 구상과 너무 달라 별로 내키지는 않는데……. 요리조리 좋은 말로 피해 보는 제 선왕. 하, 맹자, 왜 이렇게 말을 잘 하지? 자꾸 말려드는 기분. 맹자는 맹자대로 슬슬 피하는 왕을 더는 두고 볼 수 없는 상황. 결국 몸 쪽 꽉 찬 스트라이크를 던져 정면 승부를 거는 맹자. 잇츠 돌직구 타임!

제 선왕은 알았다. 자기 스스로 자기 옷을 벗겨야 한다는 것을. 그래서 갑자기 좌우를 돌아보고 딴소리를 했다. 맹자에게 완벽하게 한 방 먹고, 완전히 당황한 것이다. 이제, 맹자, 완전히 주도권을 잡고 본격적으로 제나라 국정 운영의 문제점을 지적하기 시작한다.

101 孟子謂齊宣王曰: 王之臣有託其妻子於其友, 而之楚遊者. 比其反也, 則凍餒其妻子, 則如之何?

王曰: 棄之.

曰: 士師不能治士, 則如之何?

王曰: 已之.

曰: 四境之內不治, 則如之何?

王顧左右而言他.

(2 - 7)

제 선왕과의 대화: 책임 있는 인재 채용에 대하여

맹자 소위 '유구한 역사와 전통을 자랑하는 나라'라고 하면, 이것이 나라의 나이를 말해 주는 오래된 나무, 그러니까 단순히 나라의 햇수를 말하는 것이겠습니까? 조국을 위해 목숨을 아끼지 않아 국민의 귀감이 되는 애국지사 집안이 대대로 배출되어 나라의 기둥이 건실함을 말하는 것이지요. 그런데 지금 왕의 곁에는 이런 사람은커녕 신임할 만한 친한 신하도 없습니다. 어제 등용한 사람이 오늘 사직서도 없이 나가 버렸는데도 그러거나 말거나 알지도 못하십니다.

제 선왕 (췟!) 그 사람이 능력이 없어서 제풀에 나간 겁니다. 내 밑에 사람이 얼마나 많은데……. 내가 어떻게 일일이 다 확인하고 겪어 보고 그 사람이 진짜 능력이 있는지 없는지 구별해서 기용할 수 있겠습니까?

맹자 일반 채용이라면 제도가 있죠. 그러나 지도자가 특별한 인재를 특별히 발탁해서 쓸 때는 정말이지 만부득이해서 기용한다는 굉장히 신중하고 조심스러운 자세로 접근해야 합니다. 특별 채용인 만큼 승진 순서를 무시한 채 높은 자리에 앉힐 수 있고, 나이 많은 사람을 아래에 두고 지휘하게 할 수도 있으니, 그 원성을 다 감당하더라도 채용해야만 하는 인재라는 확신이 있어야 하지 않겠습니까? 가까이 있는 자들의 추천이 대단하더라도 우선 보류하셔야 합니다. 고위 관료가 다 추천하더라도 우선 보류하셔야 하고요.

온 나라 사람이 그 사람 괜찮다고 들끓거든 살펴보세요. 직접 신중하게 살펴보시고 정말로 특별하고 대단하다는 판단이 서거든 그때 가서 채용하세요.

채용이 이렇다면 채용하지 않는 경우도 마찬가지여야겠지요? 가까이 있는 자들이 다 저 사람 채용해서는 안 된다고 하더라도 우선 보류하세요. 고위 관료들이 절대 안 된다고 하더라도 우선 보류하셔야 하고요. 온 나라 사람에게서 저 사람은 안 된다는 여론이 일어나거든 살펴보세요. 직접 신중하게 살펴보시고 정말 안 되겠다는 판단이 서거든 그때 가서 채용을 없던 일로 하세요.

해임하거나 처벌하는 경우도 방법은 같습니다. 가까이 있는 자들이 권하더라도 우선 보류하세요. 고위 관료가 부추기더라도 우선 보류하시고요. 온 나라 사람이 다 들고 일어서서 저 사람은 해임시켜야 한다, 합당한 벌을 받게 해야 한다 외치거든 살펴보세요. 직접 신중하게 살펴보시고 정말 해임이나 합당한 벌을 받게 해야겠거든 그때 가서 끝장을 보세요. 이렇게 하면 국민은 당신의 인사 처벌이 개인적인 원한이 아니라 공적인 처사라고 모두 수긍하고 동의할 것입니다. 이렇게 해야 민심을 얻은 지도자라 할 수 있습니다.

孟子見齊宣王曰: 所謂故國者, 非謂有喬木之謂也, 有世臣之謂也. 王無親臣矣, 昔者所進, 今日不知其亡也.

王曰: 吾何以識其不才而舍之?

曰: 國君進賢, 如不得已, 將使卑踰尊, 疏踰戚, 可不慎與? 左右皆曰賢, 未可也. 諸大夫皆曰賢, 未可也. 國人皆曰賢, 然後察之, 見賢焉, 然後用之. 左右皆曰不可, 勿聽. 諸大夫皆曰不可, 勿聽. 國人皆曰不可, 然後察之, 見不可焉, 然後去之. 左右皆曰可殺, 勿聽. 諸大夫皆曰可殺, 勿聽. 國人皆曰可殺, 然後察之, 見可殺焉, 然後殺之. 故曰, 國人殺之也. 如此, 然後可以爲民父母.

(2 - 8)

제 선왕과의 대화: 왕이 왕답지 않은데 왕일 수 있을까?

제 선왕 탕임금이 걸桀임금을 추방하고, 무왕이 주紂임금을 정벌했다고 하는데, 그게 사실인가요?

맹자 전해 오는 기록에 그런 내용이 있죠.

제 선왕 신하가 제 주군을 죽여도 됩니까? 새 나라를 연 임금이 아니라 옛 나라의 반역자 아니냔 말씀이죠.

맹자 사람이 사람을 아끼고 사랑하는 길을 파괴하는 자를 '사람을 해치는 자'라고 하고, 사람이라면 걸어야 할 마땅한 길을 파괴하는 자를 '사람을 망가뜨리는 자'라고 합니다. 그리고 그렇게 사람을 해치고 망가뜨리는 자를 '시정잡배'라고 하죠. 주紂라는 시정잡배를 처단했다는 말은 들어 보았지만 군주를 시해했다는 말은 들어 보지 못했습니다.

맹자의 돌직구에 대한 제 선왕의 반격. 아랫사람의 미덕은 절대 충성이 아닌가요? 절대 충성하지 않는다면 어떻게 믿고 일을 맡길 수 있죠? 거기에 대해 맹자는 상상을 뛰어넘는 엄청난 답변을 내놓는다. 왕위에 올랐다고 왕이 되는 것이 아니라 왕다워야 왕이라는, 맹자의 엄청나게 파격적인 사상이 담긴 '주紂라는 시정잡배'一夫紂가 등장하는 구절이다. 맹자의 돌직구에 제 선왕도 반격을 시도했다. 바로 유가儒家에서 성군으로 떠받들어 마지않는 은나라 창건자 탕임금과 주나라 창건자 무왕에 대해 시각을 비틀어 제시한 것이다. 창건하기 전에 탕은 걸임금이 통치하던 하나라의 신하였고, 무왕은 주임금이 통치하던 은나라의 신하였으니 걸이나 주의 입장에서 보자면 그들은 군주를 시해한 반역자에 불과하다. 실패하면 역적이고 성공하면 새 왕조를 연 성군? 이건 무슨 논리?

그러나 맹자는 당황하지 않고, 이렇게 편안하게 되받아쳐도 되나 싶을 정도로 편안하게 그 질문을 상대해 준다. 왕이 먼저 '왕다워야' 한다는 것이다. 왕위에 있다고 무조건 왕은 아니라는 주장이다. 공자의 정명론正明論, 즉 '군주는 군주답고, 신하는 신하답고, 아비는 아비답고, 자식은 자식답고'에 대한 매우 엄청나게 적극적인 해석이라고 볼 수도 있겠다. 성군의 선정으로 태평한 시대를 '요순시대'라고 부른다면, 폭군의 학정으로 죽지 못지 못해 사는 시대를 '걸주시대'라고 부른다. 걸임금과 주임금이 자기 배만 불리며 나라를 돌보지 않았던 모습은 대개 '주지육림'酒池肉林이란 사자성어로 표현된다. 술로 연못을 만들고 나무에는 고기를 주렁주렁 매달아 놓은 채 좋아하는 여인을 옆에 끼고 매일 흥청망청 놀고먹었던 모습을 묘사한 말이다. 맹자는 지도자가 이렇게 자기의 힘을 잘못 이해하고 잘못 활용하고 있다면 그는 지도자 자리에 있더라도 더 이상 지도자일 수 없고 그저 시정잡배에 지나지 않는다고 보고 있다. 그러니 그를 치는 게 정당한 행위가 되는 것이다.

물론 이 논리를 잘못 활용하면 나라를 엉망진창으로 만들 수 있다. 누군가 힘을 키워 정의를 자임하고 자기 나름으로 현 지도자의 실정을 지적하며 그를 제거하고 쿠데타를 일으켜도 성공만 한다면 얼마든지 자기 행위를 합리화시킬 수 있기 때문이다. 그러므로 바로 앞 2-7(102쪽)에서 말했던 '신중성'이 중요하다. 물론 이런 상황은 채용이 아니지만, 주변에서 혹은 온 나라가 자기를 들쑤시며 대권을 쥐라고 말하더라도 우선 보류하고 신중한 자세로 살펴야 한다는 것이다. 탕임금도 무왕도 사리사욕으로 왕위에 올랐다면 그 긴 왕조를 유지할 수 없었을 것이다. 명분을 상실하고 권력을 사유화하는 순간 다른 시위 세력 혹은 쿠데타 세력이 나타났을 것이기 때문이다. 권력을 쥐는 순간 그 힘을, 그리고 자기의 사私까지도 공公으로 전환할 수 있겠는가? 이렇게 하는 것이 지도자'다움'인데, 이렇게 할 수 있겠는가? 자기를 들쑤셔 오는 모든 소리에 대해 흔들리고 있다면 스스로에게 이 질문을 던져 보아야 할 것이다. 정의를 자임했던 수많은 쿠데타 세력이 권력을 쥐는 순간 바로 이 질문에 무너져 내렸다. 그들은 마땅히 '공'이어야 하는 것까지도 사유화했고, 그렇게 국민을 학대하고 못 살게 굴며 나라의 운명과 역사를 망가뜨리다가 실각했다.

齊宣王問曰: 湯放桀, 武王伐紂, 有諸?

孟子對曰: 於傳有之.

曰: 臣弑其君可乎?

曰: 賊仁者, 謂之賊, 賊義者, 謂之殘. 殘賊之人, 謂之一夫. 聞誅一夫紂矣, 未聞弑君也.

제 선왕과의 대화: 인재라 여겨 채용했거든 그를 믿고 일을 맡길 것

맹자 이를테면 왕께서 큰 궁전을 짓는다고 가정해 볼게요. 그럼 분명 왕께서는 도목수에게 궁전의 기둥을 삼을 커다란 나무를 마련해 오게 하시겠죠? 도목수가 명을 받고 커다란 나무를 마련해 오면, 왕께서는 굉장히 기뻐하면서 일 참 잘한다고 잘 맡겼다고 생각하실 거예요, 그렇죠? 근데 목수들이 그 나무를 깎아서 작게 만들어 버린다면 어떨까요? 왕께서는 무능한 놈들이 건축 다 망쳤다고 엄청 화를 내실 거예요, 그렇죠?

생각해 보면 사람이 어려서 배우는 것은 이다음에 커서 그걸 써먹으려는 거잖아요. 그런데 왕께서 대뜸 "자네가 배운 것은 일단 놔두고 내가 시키는 대로 내 방식을 따르게"라고 하시면 어떻게 될까요? 궁전이 제대로 지어 지어질 수 있을까요?

이번에는 보석으로 예를 들어 볼게요. 여기 다듬지 않은 원석 상태의 귀한 옥돌이 있어요. 몇백 억을 호가할 정도죠. 그래도 왕께서는 분명 옥 다루는 장인을 데려다가 그 옥을 세공하게 하실 겁니다. 그런데 왜 나라를 다스리는 일에는 "일단 자네가 배운 것은 놔두고 내가 시키는 대로 내 방식을 따르게"라고 하시는지요? 이건 옥 다루는 장인을 데려다가 옥 세공하는 방법을 그에게 가르치시는 것이나 무엇이 다르겠습니까?

다시 주도권은 맹자에게로. 뛰어난 인재라고 발탁해 놓았는데, 왜들 도망을 칠까요? 인재 풀이 없는 것이 아닌데 나라 경영이 왜 나아지지 않을까요? 인재 활용법에 문제가 있는 건 아닐까요? 맹자는 사람을 뽑아 놓고 제대로 쓰지 못하는 까닭이 왕에게 있음을 지적한다.

지도자의 일 중에서 매우 중요한 부분이 각 분야의 전문가를 찾아 적절한 도움을 받는 것이다. 그러나 대개는 애써 대단하다는 인재들을 찾아 놓고서는 그 인재들의 의견을 따르기보다 그들이 자신의 주장을 따라 주길 바란다. 맹자가 보기에 그것은 시간과 노력을 낭비하는 모순일 뿐이었다. 그 분야의 전문가를 힘들게 찾아 놓고는 '내가 해 봐서 아는데' 하면서 그의 전문 지식을 뭉개고 지도자 자신의 주장을 따르게 할 거면 굳이 전문가는 왜 찾았는가? 큰 궁전 같은 건축물을 지을 때든 엄청 값비싼 원석을 세공할 때든 기획은 비전문가인 내가 해도 일 자체는 전문가에게 맡겨야 한다.

孟子見齊宣王曰: 爲巨室, 則必使工師求大木. 工師得大木, 則王喜, 以爲能勝其任也. 匠人斲而小之, 則王怒, 以爲不勝其任矣. 夫人幼而學之, 壯而欲行之. 王曰, 姑舍女所學而從我, 則何如? 今有璞玉於此, 雖萬鎰, 必使玉人彫琢之. 至於治國家, 則曰, 姑舍女所學而從我, 則何以異於敎玉人彫琢玉哉?

제 선왕과의 대화: 상대국의 국민을 위한 전쟁 (1)

제나라가 연燕나라를 쳐서 승리했다.

제 선왕 어떤 사람은 나더러 연나라를 아주 먹지는 말라고 하고, 또 어떤 사람은 기왕 승기를 잡은 거 아주 먹어 버리라고 해요. 힘이 비등한 강대국끼리 맞붙은 건데 50일 만에 완전히 함락시켰으니 인력만으로는 이렇게 안 되죠. 하늘이 준 기회인 건데 연나라를 먹지 않고 기회를 놔 버리면 하늘이 되레 벌을 내리지 않겠습니까? 그래서 먹을까 하는데 어떻게 생각하십니까?

맹자 연나라 국민이 차라리 제나라가 우리나라가 다스리는 게 좋겠다고 생각하거든 점령해 버리세요. 옛날 무왕이 바로 이런 원리로 은나라를 점령하고 주나라를 세웠던 겁니다. 연나라 국민이 그래도 미우나 고우나 우리나란데 제나라가 아주 먹어 버리는 건 좀 아닌 것 같다고 생각하거든 점령하지 마세요. 무왕의 아버지인 문왕이 바로 이런 원리로 은나라를 치지 않았던 겁니다. 한다하는 강대국끼리 맞붙어 한편이 이겼는데 패배한 나라의 국민이 음식을 싸 들고 나와 자기네 나라를 친 나라의 군대를 환영한다면 왜 그러겠습니까? 자기네 나라 정치가 개판이기 때문입니다. 도무지 사람이 살 수가 없으니 자기네 나라를 친 나라에 희망을 걸어 보는 것이죠. 그런데 점령국이 더 못 살게 군다면 마음을 주겠습니까? 이 나라도 망해 버려라 하면서 또 다른 나라에 다시 희망을 걸겠죠.

연나라는 지금의 중국 베이징 부근에 있던 나라로 전국 시대의 칠웅七雄이라는 일곱 강대국 중 하나였다. 그런데 당시 연나라 왕 자쾌子噲가 재상 자지子之에게 문득 나라를 넘겨주는 희한한 사건이 발생해 나라가 혼란을 겪게 되었다. 간신들이 연왕 쾌에게 요순처럼 대단한 군주가 되고 싶은 마음이 생기도록 들쑤셨던 것이다. 연왕 쾌 눈에 재상인 자지가 보이게 해 두고 요임금이 그랬듯이 나라를 자식에게 물려주지 말고 훌륭한 사람에게 선양禪讓한다면 당신도 요순이 될 수 있다고 꼬드기자 연왕 쾌가 여기에 그만 넘어가 나라를 자지에게 넘겨주었다. 나라는 곧 엉망이 되어 민심은 지도자를 떠났고, 느닷없이 왕위를 잃은 태자 평平이 자지에게 대항하면서 연나라는 내란으로 어지러워졌다. 이러한 상황에서 제나라가 연나라를 공격했으니 연나라가 쉽게 함락됐던 것이다.

『사기』史記에서는 이 시기를 제 선왕이 아니라 그 아들인 제 민왕湣王 때라고 하고 있으나 제 선왕 때로 보는 것이 더 보편적인 시선이다.

齊人伐燕, 勝之. 宣王問曰: 或謂寡人勿取, 或謂寡人取之. 以萬乘之國, 伐萬乘之國, 五旬而擧之, 人力不至於此. 不取, 必有天殃, 取之, 何如? 孟子對曰: 取之而燕民悅, 則取之. 古之人有行之者, 武王是也. 取之而燕民不悅, 則勿取. 古之人有行之者, 文王是也. 以萬乘之國, 伐萬乘之國, 簞食壺漿, 以迎王師, 豈有他哉? 避水火也. 如水益深, 如火益熱, 亦運而已矣.

제나라가 결국 연나라를 완전히 먹어 버렸다. 이러면 힘의 균형이 깨지는 것. 제나라가 패권을 쥐는 걸 그냥 두고 볼 수 없는 다른 나라들이 바삐 움직이기 시작했다. 연합해서 연나라를 구할 계획을 세운 것이다.

제 선왕 다른 나라들이 연합해서 나를 치려고 하네요. 어떡하죠?

맹자 제가 도시국가 규모 정도로 출발해서 중원을 제패한 지도자 얘기는 들어 봤어도 초강대국 지도자가 그 힘을 가지고 남을 두려워한다는 소리는 당최 들어 보질 못했네요.
시작은 미약했으나 끝은 창대했던 지도자가 바로 탕임금이시죠. 『서경』 상서 「중훼지고」仲虺之誥에 보면 "탕임금이 갈나라를 치는 것으로 정벌을 시작했는데 온 세상 사람이 그 정벌이 탕임금 개인의 욕망 때문이 아닌 것을 믿어 주었다. 그래서 동쪽을 정벌하러 가면 서쪽 지역의 사람들이, 남쪽을 정벌하러 가면 북쪽 지역의 사람들이 '우리부터 정벌해 주지!' 하고 서운해하면서 자기가 사는 지역부터 정벌해 주기를 바랐다. 그 모습이 마치 긴 가뭄 끝에 비구름 기다리듯 간절했다. 탕임금의 정복 전쟁은 자기네 나라만의 부강을 위한 것이 아니었으므로 가는 곳마다 백성의 삶은 건드리지 않았다. 그래서 전쟁이 일어나도 장사하는 사람은 계속 장사하고 농사짓는 사람은 계속 농사지었다. 탕임금은 다만 그 땅의 지도자만을 죽이고 처단할 뿐이었다. 그리고 그 땅 사람들을 위로하고 살펴 주니, 가뭄 끝에 기다리고 기다리던 단비를 맞은 듯 사람들이 더할 나위 없이 기뻐했다"라고 그 정복 전쟁의 일이 기록되어 있습니다. 또 이런 내용도 있죠. 탕임금을 기다리던 온 세상 사람의 말입니다. "우리 왕을 기다리니, 우리 왕이 오면 우리도 살길이 생기겠지?"
지금 연나라는 제 나라 국민을 학대하고 있었습니다. 왕께서 그런 지도부를 치셨으니, 고통에 몸부림치던 그곳 국민이 왕이 자기들을 구원해 줄 거라고 생각해 음식을 싸 들고 나와 왕의 군대를 환영한 것이지요. 그런데 만약 왕께서 도리어 그 나라 연장자를 죽이고 젊은이를 구속하며, 그 나라의 상징인 종묘를 부수고, 그 나라 국보를 탈취해 간다면 그게 가당한 일이겠습니까?
온 세상이 제나라의 부국강병을 정말로 두려워하고 있습니다. 그런데 지금 땅은 배나 더 키우고 사람을 위주로 하는 정치는 행하지 않는다면, 이는 제나라를 제외한 다른 여러 나라가 연합군을 조성하도록 부추기는 것이나 마찬가지입니다. 왕께서는 빨리 명령을 내려 포로로 잡아 오던 노약자들을 돌려보내시고, 그 나라 보물들을 수송해 오는 것을 중지하시며, 연나라 국민과 상의해서 새로운 연나라 지도자를 선발해 세우신 뒤에 그 나라에서 철수하신다면 그래도 전면전이 일어나기 전에 전쟁을 막아 볼 수 있을 것입니다.

여기까지가 제 선왕과의 이야기이다. 『사기』 「연소공세가」燕召公世家에는 연나라의 이 혼란스러운 시기에 제나라에서 연나라를 치는 것을 맹자가 "지금 연나라를 정벌하는 것은 시기상 문왕과 무왕이 은나라 폭군 주紂왕을 쳤던 것과 같으니, 놓쳐서는 안 됩니다"라고 말했다고 기록하고 있다. 전쟁을 권하는 말이므로 어세가 「공손추 하」公孫丑下 4-8(175쪽)에 나오는 제나라 신하 심동沈同과 맹자가 나눈 사적인 대화보다 강하고, 제나라 왕에게 한 말이므로 대화가 사적이지 않고 공적이다. 「공손추 하」의 말만으로도 맹자가 전쟁을 부추겼다는 혐의를 벗기 어려운데 정말 이런 말을 했다면?

그러나 '전쟁'이라는 것에 초점을 두지 말고 '어떤 의미의 정복일 것인가'에 초점을 둔다면 맹자의 말을 덜 불순하게 받아들일 수 있지 않을까 생각해 본다. 이 장에서 펼쳐지는 맹자의 말처럼 전쟁의 이유가 자기 나라 힘의 과시와 상대국에 대한 약탈과 학대가 아니라 그 나라 정치를 바로잡고 백성을 안정시켜 그 나라에 되돌려주기 위한 것이라면 조금 다른 의미의 전쟁이 아니었을까. 그런 전쟁이 있긴 어렵지만 백성의 삶은 건드릴 것 없이 혼란을 야기한 지도자만 잡으면 끝나는 전쟁 말이다. 맹자도 전국 시대를 직접 살아간, 그 살풍경을 온몸으로 경험한 사람인데 무조건 어떤 전쟁도 안 된다고 말하진 않았을 것 같다. 일어날 전쟁이라면 어떤 전쟁이어야 할 것인가에 의미를 두지 않았을까 싶다. 사실 본문의 맹자의 말처럼 전쟁 후처리를 할 거면 전쟁을 왜 하겠는가? 그렇게 하면 우리나라엔 이득도 없고 상대국만 좋은 전쟁인데……. 그래서 맹자의 꿈은 약탈 전쟁으로 눈이 벌게진 각국의 지도자에게 잘 먹혀들지 않았다. 사실 지금도 이런 말은 먹히지 않는다. 그러나 이권을 두고 싸우는 전쟁으로 인류가 내내 고통을 겪고 있는 것도 사실이다. 그래서 마치 국제연합군 참전 이

유 같은, 이상을 좇는 맹자의 말이 오늘날에도 살아 있는 것 아닐까?

齊人伐燕, 取之, 諸侯將謀救燕. 宣王曰: 諸侯多謀伐寡人者, 何以待之? 孟子對曰: 臣聞七十里爲政於天下者, 湯是也. 未聞以千里畏人者也. 書曰, 湯一征, 自葛始, 天下信之. 東面而征, 西夷怨, 南面而征, 北狄怨. 曰, 奚爲後我? 民望之, 若大旱之望雲霓也. 歸市者不止, 耕者不變. 誅其君, 而弔其民, 若時雨降, 民大悅. 書曰, 徯我后, 后來其蘇.
今燕虐其民, 王往而征之. 民以爲將拯己於水火之中也, 簞食壺漿, 以迎王師. 若殺其父兄, 係累其子弟, 毁其宗廟, 遷其重器, 如之何其可也? 天下固畏齊之彊也. 今又倍地而不行仁政, 是動天下之兵也. 王速出令, 反其旄倪, 止其重器, 謀於燕衆, 置君而後去之, 則猶可及止也.

(2 - 12)

추 목공(鄒穆公)과의 대화: 백성이 나라에 정이 없는 건 지도자 탓

맹자의 고국인 추鄒나라가 노魯나라와 한판 붙었다.

추 목공 으으으! 화가 나서 참을 수가 없네요! 이번 무력 충돌에서 사망한 내 고위 간부가 33명입니다. 그런데 이들의 관할 지역 백성은 전투에서 한 명도 안 죽었어요. 다 슬슬 뒤로 내빼 제대로 맞서 싸운 사람이 한 명도 없었거든요. 싹 다 죽이자니 너무 많고, 안 죽이고 놔두자니 자기들 윗사람과 지도자가 죽는 걸 빤히 보면서도 전투에 뛰어들지 않고 고소하다는 듯 지켜만 보고 있었던 것이 괘씸합니다. 어떡하죠?

맹자 (지도자란 사람이 생각하는 거 하고는……) 최악의 경기 불황에 당신의 백성을 보십시오. 힘없는 노약자는 죽어 나가고 청장년은 구걸하고 노숙하며 이리저리 떠도는데 그 수가 대체 얼마인지조차 모를 정도입니다. 그런데 당신의 창고에서는 음식이 썩어 나가고 당신의 잔고는 다 쓰고 죽지도 못할 정도로 차고 넘치죠. 그들 모두를 충분히 돕고도 남을 재산입니다. 하지만 당신 옆의 고위 관료들은 백성의 고통스러운 실상을 당신에게 보고하지 않았어요. 그들의 태만한 업무 태도가 그들이 돌봐야 하는 사람들을 죽음으로 내몬 것입니다. 증자曾子께서 이런 말씀을 하셨죠. "경계하고 경계하라! 네게서 나온 것이 네게로 돌아가나니!" 백성이 입때껏 관료와 지도자에게 당해 온 것을 갚아준 것입니다. 그러니 그들에게 뭐라 하지 마세요. 만약 당신께서 백성을 아끼고 보호하는 정치를 행하신다면, 이 사람들이 그 관료와 지도자를 좋아하고 친숙하게 느끼며, 위기가 닥치면 목숨도 기꺼이 바칠 것입니다.

사실 추나라는 '나라'라고 부르기에는 매우 작았고, 노나라 안에 있는 지역이었다. 그러니까 자치구 정도로 볼 수 있겠다. 그러니 둘이 한판 붙은 것은 전쟁이라기보다 무력 충돌에 가까웠다. 물론 매우 격렬한 충돌이기는 했지만 말이다.

지도자는 당연한 듯 국민에게 애국심을 요구하곤 한다. 그러나 애국심은 인간의 본능도 본성도 아니다. 나라가 나라다울 때, 나라가 나의 삶을 지키고 보호해 줄 때 국민은 나라에 애정을 갖기 시작한다. 내가 원해서 이 나라 사람이 된 것도 아닌데 권력자들이 자기 배를 채우느라 각종 세금으로, 제도로, 법으로 삶을 파괴해 놓고 국민의 의무를 들먹인다면 국민이 나라와 지도자에 애정을 가질 까닭이 무엇이겠는가? 맹자는 바로 그 점을 생각하라고 말한다. 왕이 곧 국가였던 시절에도 맹자는 논리적으로 백성에게 무턱대고 의무를 강요할 수 없다고 말했다. 그렇다면 지금, 국민이 주인이라는 시대에 애국심과 의무를 국민에게만 강요할 수 있을까?

鄒與魯鬨. 穆公問曰: 吾有司死者三十三人, 而民莫之死也. 誅之, 則不可勝誅. 不誅, 則疾視其長上之死而不救, 如之何則可也?

孟子對曰: 凶年饑歲, 君之民, 老弱轉乎溝壑, 壯者散而之四方者, 幾千人矣. 而君之倉廩實, 府庫充, 有司莫以告, 是上慢而殘下也. 曾子曰, 戒之戒之! 出乎爾者, 反乎爾者也. 夫民今而後得反之也, 君無尤焉. 君行仁政, 斯民親其上, 死其長矣.

(2 - 13)

등 문공(滕文公)과의 대화: 강대국 사이에 낀 약소국이 살 길 1

등 문공 우리나라는 매우 작은 나라입니다. 제나라와 초나라 사이에 끼어 있는데, 제나라를 섬겨야 할까요, 아니면 초나라를 섬겨야 할까요?

맹자 이런 문제라면 저도 별 뾰족한 수가 없습니다. 그래도 뭔가 말해 보라고 하신다면…… 한 가지 방법이 있긴 있습니다. 내정을 잘 다스려 완전히 민심을 얻으십시오. 국방 시설을 최선을 다해 강화하시고, 국민과 함께 지키십시오. 국민이 죽을지언정 강대국에 무기력하게 넘어가지 않겠다는 각오로 끝까지 저항한다면 한번 해볼 만합니다.

이번에는 등滕나라 문공文公이 등장한다. 등나라 역시 매우 작은 나라였다. 강대국인 제나라 아래, 역시 강대국인 초나라 위에 위치해 그 사이에서 매우 힘겨워했다. 그러나 등 문공은 맹자가 만난 군주 중 맹자의 말을 가장 적극적으로 수용해서 실천하려고 나름대로 노력했던 인물이다.

滕文公問曰: 滕, 小國也, 間於齊楚. 事齊乎? 事楚乎?

孟子對曰: 是謀非吾所能及也. 無已, 則有一焉, 鑿斯池也, 築斯城也, 與民守之, 效死而民弗去, 則是可爲也.

(2 - 14)

등 문공과의 대화: 강대국 사이에 낀 약소국이 살 길 2

등 문공 제나라가 우리와 이웃하고 있는 설薛나라를 병합해서 그곳에 군사 기지를 건설했어요. 아, 다음은 우리 차례라는 것이겠죠? 매우 두렵고 걱정스럽습니다. 어떡하면 좋을까요?

맹자 고사를 한 가지 말씀드려 볼까 해요. 옛날에 주나라 시조인 태왕이 빈邠 땅을 근거지로 해서 공동체를 꾸려 나갈 때의 이야기죠. 사납고 힘센 북방 이민족이 침략해 오자 그곳을 떠나 기산 아래로 근거지를 옮겼죠. 그러니까 기산 아래를 근거지로 삼은 것은 그 땅을 좋아서 선택한 것이 아니라 어쩔 수 없었기 때문인 셈입니다. 그러나 그는 척박한 그곳에서도 계속해서 최선을 다해 좋은 다스림을 베풀었고, 그렇게 민심을 얻어 주나라가 설립될 수 있는 토대를 마련했어요. 지금 어려운 상황에서도 좋은 다스림을 베푼다면 후세 자손 중에 나라를 반석 위에 세우는 자가 나올 것입니다. 진정한 지도자 혹은 제대로 배운 사람은 앞으로의 방향을 설정하고 전통을 만들어 물려주어서 다음 사람들이 이어 갈 수 있게 할 뿐입니다. 성공에 연연할 것 없습니다. 성공은 인간이 결정할 수 있는 게 아니라 하늘에 달려 있는 것이니까요. 제나라가 군사 기지를 건설하는 것이야 당신께서 어떡할 수 있겠습니까? 선정을 베푸는 데 힘쓰실 뿐입니다.

滕文公問曰: 齊人將築薛, 吾甚恐. 如之何則可?

孟子對曰: 昔者大王居邠, 狄人侵之, 去之岐山之下居焉. 非擇而取之, 不得已也. 苟爲善, 後世子孫必有王者矣. 君子創業垂統, 爲可繼也. 若夫成功, 則天也. 君如彼何哉? 彊爲善而已矣!

(2 - 15)

등 문공과의 대화: 강대국 사이에 낀 약소국이 살 길 3

등 문공 등나라는 작은 나라입니다. 힘을 다해서 강대국을 섬겨도 그들의 위협과 침략에서 벗어날 수 없어요. 어떡하면 좋겠습니까?

맹자 다시 또 태왕 얘기를 들려드려야겠네요. 한 번 더 들어 주세요. 옛날에 태왕이 빈 땅을 근거지로 삼고 있을 때 사납고 힘센 북방 이민족이 침략해 왔다고 말씀드렸잖아요. 싸움이 일어나면 사람들의 일상이 깨지고 고통스러움만 남게 되므로 태왕은 이런 상황을 피하고 싶어 했어요. 그래서 그들을 이 방법 저 방법으로 달래 봤어요. 입을 것, 먹을 것, 탈것, 귀중품 등 온갖 것을 다 가져다 바쳤죠. 그러나 그들의 위협과 침략은 그치지 않았어요. 고심 끝에 태왕은 자기 공동체의 연장자들을 불러 최후의 자기 뜻을 말했어요. "저들이 원하는 것은 우리의 비옥한 토지입니다. 저는 진짜 지도자는 사람을 살리고 기르는 것으로 사람을 해치지 않는다고 배웠어요. 좋은 지도잣감은 얼마든지 있으니 당장 나 같은 지도자 하나 없는 것을 여러분은 걱정할 것 없습니다. 저만 떠나면 됩니다. 이제 떠나겠습니다." 이렇게 말하고서 그는 빈 땅을 떠나 산을 넘어 기산 아래 지역에 터를 잡았습니다. 그랬더니 빈 땅 사람들이 감동을 받은 거예요. "아, 사람을 아낄 줄 아는 사람이야! 저런 지도자를 놓쳐서는 안 되지!"라면서 엄청 많은 사람이 태왕을 따라 시장에 사람 몰려들 듯이 기산 아래로 모여들었어요.

물론 다른 관점도 있어요. '토지는 대대로 지켜 오는 것이라서 당연히 잘 지켜야 하는 것이지 개인 마음대로 할 수 있는 게 아닙니다. 싸우다 죽더라도 목숨을 바쳐 지켜야 합니다'라는 관점이에요. 당신께는 이 두 가지 선택지가 있습니다. 길은 둘 중 하나입니다. 하나를 선택해 그 길을 걸으십시오.

滕文公問曰: 滕, 小國也. 竭力以事大國, 則不得免焉. 如之何則可?

孟子對曰: 昔者大王居邠, 狄人侵之. 事之以皮幣, 不得免焉, 事之以犬馬, 不得免焉, 事之以珠玉, 不得免焉. 乃屬其耆老而告之曰, 狄人之所欲者, 吾土地也. 吾聞之也, 君子不以其所以養人者害人. 二三子何患乎無君? 我將去之.

去邠, 踰梁山, 邑于岐山之下居焉. 邠人曰, 仁人也, 不可失也. 從之者如歸市. 或曰, 世守也, 非身之所能爲也. 效死勿去. 君請擇於斯二者.

(2 - 16)

노 평공(魯平公)과의 일화: 소인배의 농간으로 기회를 놓친 맹자

맹자는 다시 노나라로 발걸음을 옮겼다. 당시 노나라는 평공平公이 다스리고 있었다. 맹자의 명성을 익히 들어 아는 평공이 맹자를 만나 보고자 했다. 직접 가 보려고 출궁 준비를 하는데, 평공이 곁에 두고 예뻐하는 시종인 장창臧倉이란 자가 이 모습을 보았다.

장창 다른 때는 왕께서 출궁하실 일이 있으면 꼭 수행 보좌관에게 가는 곳을 미리 알려 주셨는데, 이번에는 의전 차량이 준비를 다 마치고 시동까지 걸었는데도 수행 보좌관이 어디 가는지 여태 모르고 있습니다. 대체 어디 가십니까?

노 평공 맹자를 만나 보려고 그런다네.

장창 왜 만나시려 하십니까? 임금께서 일반인에게 몸을 낮춰 예를 표하시는 것은 그가 학식이며 덕망이 대단한 인물이라고 여기시기 때문이지요? 그렇다면 학식과 덕망이 뛰어난 인물은 행동과 몸가짐이 예의에 합치되어야 하는 것인데, 맹자는 어머니 장례를 아버지 장례보다 훨씬 더 성대하게 치렀습니다. 부모 장례에 차별을 두다니요! 그는 예의를 아는 사람이 아닙니다. 만나지 마십시오. 그러실 필요 없습니다.

노 평공 그런가? 그렇군. 가지 말아야겠다!

그렇게 노 평공은 맹자에게로 가려던 발걸음을 거두고 말았다. 맹자 제자인 악정자樂正子가 이 소식을 듣고는 왕을 알현했다.

악정자 임금님, 왜 맹자를 만나 보지 않으셨습니까?

노 평공 맹자가 어머니 장례를 아버지 장례보다 지나치게 성대하게 치렀다고 누군가 말해 주었다네. 그 말대로라면 맹자는 예를 모르는 사람, 하여 찾아갈 필요 없다고 판단했네.

악정자 지나치게 성대했다니요. 정확히 무엇을 말씀하시는 것인지요? 아버지 상은 하급 관리의 예법으로 장례를 치르고, 어머니 상은 고급 관리의 예법으로 장례를 치른 걸 말씀하시는 것입니까? 혹은 아버지 상 때는 제물과 제물을 올리는 그릇을 하급 관리에게 해당하는 걸 사용하고 어머니 상 때는 고급 관리에게 해당하는 걸 사용한 것을 말씀하시는 것입니까?

노 평공 아닐세. 사용한 관과 그 관의 덧널, 또 사용한 수의가 화려했던 걸 말하는 걸세.

악정자 아, 그것 말씀입니까? 그건 지나치게 성대하다고 할 수 없는 문제입니다. 맹자가 재정적으로 여유가 있고 없는 상태가 달랐기 때문에 생긴 차이입니다.

노 평공의 오해를 풀고 악정자가 맹자를 찾아가 뵈었다.

악정자 제가 임금께 선생님에 대해 말씀을 드렸더니, 임금께서 만나 보러 오시려 했어요. 그런데 예쁨 좀 받는 시종 장창이란 자가 임금님 발길을 붙잡았어요. 그래서 결국 임금께서 못 오시게 된 거예요.

맹자 …… 그래, 사람이 어디 가는 걸 누가 가도록 할 수 있지. 물론 못 가게 멈추도록 할 수도 있어. 하지만 가는 것도 서는 것도 그 자체는 남이 통제할 수 있는 게 아니야. 결국은 자기 소관인 게지. 내가 노 평공을 만나지 못한 건 하늘의 뜻이야. 하늘 뜻이 아니었다면 어떻게 장씨네 아들놈 하나가 내가 노나라 임금 만나는 것을 막을 수 있었겠는가?

노 평공과 만날 기회를 놓쳐 버린 맹자의 모습이 안쓰럽다. "장씨네 아들놈 하나" 때문에 내가 기회를 잃은 것이 아니라 하늘의 뜻이 나를 향하지 않았기 때문에 기회가 내게 오지 않았다고 말하는 자존심에 흘리지 못한 속상함의 눈물이 묻어 있는 느낌이다. 이런 쓸쓸한 풍경 와중에도 눈에 들어오는 구절은, "사람이 어디 가는 걸 누가 가도록 할 수 있지. 물론 못 가게 멈추도록 할 수도 있어. 하지만 가는 것도 서는 것도 그 자체는 남이 통제할 수 있는 게 아니야. 결국은 자기 소관인 게지"라는 말이다. 나의 행동도 내게 행해지는 누군가의 행동도, 우리 모두의 행동은 결국 '자기 소관'이다. 남이 시킬 수는 있지만 움직이는 그 순간, 그 행동은 오롯이 나의 몫이 되는 것이다. 어쩔 수 없었다는 말을 우리는 종종 한다. 남 탓. 그러나 맹자는 말한다. '어쩔 수 없고 싶었던 것뿐'이라고…….

魯平公將出. 嬖人臧倉者請曰: 他日君出, 則必命有司所之. 今乘輿已駕矣, 有司未知所之. 敢請.

公曰: 將見孟子.

曰: 何哉? 君所爲輕身以先於匹夫者, 以爲賢乎? 禮義由賢者出, 而孟子之後喪踰前喪, 君無見焉!

公曰: 諾.

樂正子入見曰: 君奚爲不見孟軻也?

曰: 或告寡人曰, 孟子之後喪踰前喪, 是以不往見也.

曰: 何哉, 君所謂踰者? 前以士, 後以大夫, 前以三鼎, 而後以五鼎與?

曰: 否. 謂棺槨衣衾之美也.

曰: 非所謂踰也, 貧富不同也.

樂正子見孟子曰: 克告於君, 君爲來見也. 嬖人有臧倉者, 沮君, 君是以不果來也.

曰: 行或使之, 止或尼之. 行止, 非人所能也. 吾之不遇魯侯, 天也. 臧氏之子, 焉能使予不遇哉?

공손추 상

3

公孫丑上

(3 - 1)

제자 공손추(公孫丑)와의 대화: 맹자의 포부

공손추 선생님께서 제나라에서 요직을 맡으신다면 관중管仲이나 안자晏子가 이룩했던 그 대단한 성취를 다시 이루어 내실 수 있겠죠?

맹자 자네가 제나라 사람이 맞긴 맞나 보군. 제나라 출신으로 이름을 날린 관중과 안자만 아는구먼그래. 예전에 어떤 사람이 증서曾西에게 이런 질문을 한 적이 있었지. 증서라고 알지? 왜 공자 선생님의 그 유명한 제자인 증자曾子의 손자 말일세. 그 증서에게, "그대와 자로子路 중에 누가 더 뛰어난가?" 그랬더니, 증서가 보는 사람도 없는데 두려워하고 불안해하면서는 "이 사람, 큰일 낼 사람이네. 어디 그런 말을! 자로 선생님은 우리 할아버지께서도 존경하셨던 분이라네!"라고 했다네. 그러니까 이 사람이 또 물어봤지. "그럼 그대와 관중을 비교해 보면 누가 더 나은가?" 그랬더니, 증서가 이번에는 아주 버럭 화를 내면서, "뭐라고? 그대는 어떻게 나를 관중 같은 이에게 비교할 수가 있단 말인가? 관중은 임금의 절대 신임을 받았고 그 힘으로 그렇게나 오래 국정을 운영했는데, 그 공은 형편없었네. 사람이 사람답게 살 수 있는 나라를 만드는 지도자로 제 임금을 이끌지 못했지. 그대는 어찌 그런 사람을 비교급으로 쓸 수 있단 말인가?"라고 핀잔을 주었다네.

자, 그럼 생각해 보게나. 관중은 증서도 시답잖게 생각했던 인물인데 자네는 내가 관중이 되기를 원한다니 말이 되겠나?

맹자는 항상 공자를 저 위에 올려놓고 흠모해 마지않으며 이야기하지만 공자와 평가 의견을 살짝 달리하는 인물이 있다. 바로 관중이다. 『논어』에서 공자는 관중의 잘못과 업적을 말할 때 잘못보다 업적을 높이 사는 편이지만 관중에 대한 맹자의 평가는 참으로 박하기 짝이 없다. 공자는 제나라 환공桓公이 혼란한 시대에 국가들의 연합을 아홉 번이나 이끌어 냈는데, 그 연합이 무력으로 밀어붙인 군사 동맹 같은 게 아니라 다 평화 연합이었고, 그 연합을 물밑에서 이뤄 낸 사람이 바로 관중이었다며 관중을 크게 칭찬했다. 또 관중이 아니었으면 중국은 아마 머리를 풀어 헤치고 옷섶을 왼쪽으로 여미는 오랑캐가 되어 있었을 것이라며 관중으로부터 받은 혜택을 말하기도 했다. 그러나 맹자는 관중이 다른 나라를 힘으로 제압했을 뿐 사람을 우선하는 정치를 선보이지 못했다며 영 탐탁잖아했다. 이런 모습을 보면, 맹자가 공자보다 더 원칙주의자인 것도 같다.

공손추 관중은 자기 임금이 제후들을 제패하게 했고, 안자는 자기 임금이 명성을 떨치게 했잖습니까? 그런데도 오히려 관중과 안자가 따라 하기에 부족하다는 말씀인가요?

맹자 제나라를 가지고 천하를 통일하는 것은 손바닥 뒤집기만큼이나 쉬운 일이지.

공손추 예? 그렇다면 제가 점점 더 아리송해지는데요. 문왕은 대단한 인품과 지도자의 자질을 가지고 심지어 100세라는 대단한 수명까지 누리셨는데도 천하를 다 끌어안지 못하셨잖습니까? 그래서 그 아들 무왕과 주공周公이 뒤를 이어 애를 쓴 뒤에야 대업을 달성할 수 있었지요. 지금 천하를 통일하는 것이 아주 쉬운 일인 양 말씀하시니, 그럼 문왕은 본받기에 좀 부족한 분인 건가요?

맹자 잉? 그 무슨 말인고? 문왕을 어찌 감히 넘볼 수 있겠나? 은나라는 탕왕湯王으로부터 무정武丁에 이르기까지 탁월하게 훌륭한 왕으로 왕위가 계속 이어져 오랜 세월 동안 온 세상이 기꺼이 은나라에 편입되어 간 게지. 오래되면 변하기 어려운 법, 마지막 성군인 무정에 이르러서는 온 땅의 제후를 거느리고 천하의 주인이 되어, 그 익숙해진 오랜 질서 속에서 세상을 마치 손바닥 위에 올려놓고 움직이듯 쉬이 다스렸네. 은나라를 멸망으로 몰고 간 주왕은 사실 무정 이후 얼마 안 있어 왕위에 오른 인물이야. 그러니 그 나라의 기틀과 정신적 유산을 잘 간직하고 있는 훌륭한 집안들이 건재했고, 좋은 풍속도 여전했으며, 좋은 정치 체제도 아직 남아 있었고, 미자微子, 미중微仲, 왕자 비간比干, 기자箕子, 교격膠鬲 등 아주 뛰어난 지성인이자 인격자인 동시에 나라와 백성을 생각할 줄 아는 사람들이 신하로 주왕을 보필하고 있었지. 그래서 주왕이 폭정을 저질러도 그 즉시가 아니라 오랜 시간이 지난 뒤에야 나라를 잃었던 것일세. 땅 한 뙈기, 백성 한 명 모두 주왕의 소유 아닌 게 없었어. 이런 상황에서 문왕이 그와는 상대도 되지 않는 작은 지역을 근거지로 해서 대업을 시작했으니 당연히 어려울 수밖에!

제나라 속담 중에 왜 이런 말이 있지? "지혜에 의지하기보다는 시기나 기회를 타는 게 훨씬 낫고, 농기구에 의지하기보다는 농사철을 제때 지키는 게 훨씬 낫다."
바로 지금 시기가 대업을 이루기 쉬운 시기인 것이라네. 지금 제나라는 하나라·은나라·주나라 전성기만 한, 아니 오히려 그보다 큰 영토를 가지고 있고, 이웃집 개 짖는 소리나 악기 연주 소리가 우리집 거실까지 들리고 국경까지 가 닿아 시끌벅적할 정도로 가구수와 인구수가 많네. 이런 규모라면 영토를 더 개척하고 사람을 더 그러모아 인구를 늘리지 않아도, 사람을 우선하는 정치를 펼치면 온 열방이 인정하는 유일한 지도자로 우뚝 설 텐데 그걸 누가 막겠나?
게다가 천하가 통일되지 않고 어수선한 시기가 지금처럼 오래간 적이 없었고, 백성이 돼먹잖은 정치에 시달리는 고생이 지금처럼 심한 적이 없었지. 시장이 반찬이고 갈증엔 썩은 물도 다디단 법! 공자 스승님의 말씀 중에 이런 말씀이 있잖나? "지도자가 올바른 가치를 가지고 행한 훌륭한 정치가 백성에게 영향을 미치는 속도가 지도자의 명령을 초고속으로 하위 부서에 하달해서 백성에게까지 실행되게 하는 것보다 훨씬 빠르다." 요즘처럼 온 나라가 서로 붙어 죽자고 전쟁을 일삼는 시기에 강대국 하나가 사람을 우선하는 정치를 펼치면 국민이 마치 죽을 둥 살 둥 하며 거꾸로 대롱대롱 매달려 있다가 놓여난 것처럼 열광할 걸세. 이런 시기라면 새우 미끼로 팔뚝만 한 잉어를 낚고도 남지!

公孫丑問曰: 夫子當路於齊, 管仲晏子之功, 可復許乎?

孟子曰: 子誠齊人也. 知管仲晏子而已矣. 或問乎曾西曰, 吾子與子路孰賢? 曾西蹴然曰, 吾先子之所畏也. 曰, 然則吾子與管仲孰賢? 曾西艴然不悅曰, 爾何曾比予於管仲? 管仲得君, 如彼其專也, 行乎國政, 如彼其久也, 功烈, 如彼其卑也. 爾何曾比予於是? 曰, 管仲, 曾西之所不爲也, 而子爲我願之乎?

曰: 管仲以其君霸, 晏子以其君顯. 管仲晏子, 猶不足爲與?

曰: 以齊王, 由反手也.

曰: 若是, 則弟子之惑滋甚. 且以文王之德, 百年而後崩, 猶未洽於天下, 武王周公繼之, 然後大行. 今言王若易然, 則文王不足法與?

曰: 文王何可當也? 由湯至於武丁, 賢聖之君六七作, 天下歸殷久矣. 久則難變也. 武丁朝諸侯有天下, 猶運之掌也. 紂之去武丁未久也, 其故家遺俗, 流風善政, 猶有存者. 又有微子微仲王子比干箕子膠鬲皆賢人也, 相與輔相之, 故久而後失之也. 尺地莫非其有也, 一民莫非其臣也. 然而文王猶方百里起, 是以難也.

齊人有言曰, 雖有智慧, 不如乘勢, 雖有鎡基, 不如待時. 今時則易然也. 夏后殷周之盛, 地未有過千里者也, 而齊有其地矣. 雞鳴狗吠相聞, 而達乎四境, 而齊有其民矣. 地不改辟矣, 民不改聚矣, 行仁政而王, 莫之能禦也.

且王者之不作, 未有疏於此時者也. 民之憔悴於虐政, 未有甚於此時者也. 飢者易爲食, 渴者易爲飮. 孔子曰, 德之流行, 速於置郵而傳命. 當今之時, 萬乘之國, 行仁政, 民之悅之, 猶解倒懸也. 故事半古之人, 功必倍之, 惟此時爲然.

(3 - 2)

제자 공손추와의 대화: 부동심(不動心)에 관하여

공손추 선생님께서 제나라 정승의 지위에 올라 선생님께서 추구하는 바른길을 실제로 행하실 수 있게 된다면, 충분히 임금이 다른 나라들을 힘으로 제패하게 하거나 그렇게 제패하고 진정한 통일을 이루는 자가 되게 하실 수 있을 거예요. 하지만 그런 지위라면 세상을 짊어지고 매 순간 선택의 기로에서 판단과 책임의 중압감을 느껴야 할 텐데, 그럼 선생님의 마음이 흔들리게 되지 않을까요?

맹자 아니 그렇지 않네! 나는 40세에 어떤 상황에서도 마음이 흔들리지 않는 부동심不動心의 경지에 이르렀지.

공손추 오오, 그렇다면 선생님께서는 옛날 위衛나라 때 살아 있는 소의 뿔도 맨손으로 잡아 뽑았다는 전설의 용사 맹분孟賁보다도 훨씬 용감하시네요!

맹자 이거 별로 어려운 일 아닌데? 그다지 인정할 만한 수준이 아닌 사이비 철학자 고자告子도 나보다 먼저 부동심의 경지에 들었는걸.

공손추 (어, 마음을 한결같이 유지하는 게 어려운 경지가 아닌 건가?) 부동심을 이룰 수 있는 어떤 매뉴얼이 있는 건가요?

맹자 있지! 용감무쌍하다고 소문이 자자한 북궁유北宮黝라는 사람이 용기를 길렀던 방법부터 말해 볼까? 그는 칼에 찔려도 꿈쩍하지 않고, 칼끝이 눈앞까지 와도 눈알을 굴려 피하지 않았지. 그리고 털끝만큼이라도 남에게 치욕스러운 일을 당하면 자기가 치욕을 당하는 장면이 텔레비전으로 전국에 생중계되는 것처럼 생각했다네. 그래서 노숙자에게든 황제에게든 지위고하를 막론한 누구에게도 모욕을 당하지 않았어. 높은 사람을 찔러 죽이는 거나 하찮은 인간 찔러 죽이는 거나 똑같이 생각해서 어떤 군주도 두려워하지 않았네. 자기에 대한 험담이 들려오잖아? 그럼 기필코 앙갚음을 해 주었지.

다음으로 맹시사孟施舍라는 용사가 용기를 길렀던 방법을 생각해 보세. 맹시사는 이렇게 말했지. "이기지 못할 상대도 이길 것처럼 보는 것이니, 적의 숫자를 헤아려서 진군하고 승리한다는 셈이 선 뒤에 교전하는 것은 적군의 거대함을 두려워하는 것이다. 나라고 어찌 반드시 이길 수만 있겠는가? 다만 두려워하지 않을 뿐이다."

굳이 따지자면 맹시사의 자세는 공자 스승님의 제자 중 증자와 닮았고, 북궁유의 자세는 자하子夏와 비슷하다고 할 수 있네. 두 사람 다 혈기의 용맹을 기른 것이니 어느 편이 더 뛰어난지는 모르겠지만 맹시사 쪽이 요령이 있긴 하지. 옛날에 증자가 자기 제자인 자양子襄에게 이런 가르침을 준 적이 있어. "자네, 용기를 좋아하나? 내가 예전에 스승님께 위대한 용기에 대해 들은 적이 있는데, '나 자신을 돌아보았을 때 옳지 못하다면 상대가 비록 하찮은 사람이라 하더라도 나는 두려워 어쩔 줄 모르겠지. 그러나 나 자신을 돌아보았을 때 옳다면 상대가 비록 천만 명이라도 나는 가서 당당히 맞설 것이다'라고 하셨다네." 맹시사가 자기를 지키는 자세가 증자와 비슷하긴 하지만 맹시사는 외적인 용기를 지키는 것이니 증자가 내면을 지키는 요령을 가지고 있음만 못하지.

공손추 그럼 흔들리지 않는 마음, 그러니까 '부동심'은 선생님 것과 고자의 것이 어떻게 다른가요?

맹자 고자는 마음을 지키는 방법에 대해 이렇게 말하더라고. "논리적으로 납득되지 않는 것에 마음을 주지 말고, 마음으로 납득되지 않는 것에 에너지를 싣지 말라." 이 말 중에, 마음으로 납득되지 않는 것에 에너지를 싣지 말라는 부분은 괜찮은데, 논리적으로 납득되지 않는 것에 마음을 주지 말라는 부분은 그게 그렇지가 않네. 의지가 에너지의 지휘자거든. 에너지는 몸을 활성화하는 거고. 의지가 가면 그것을 에너지가 따르지. 그래서 이런 말이 있다네. "의지를 확고히 가지되 에너지가 날뛰지 않도록 해야 한다."

공손추 의지가 가면 에너지가 그걸 따른다면서요? 그런데 의지를 확고히 가지되 에너지가 날뛰지 않도록 해야 한다니 그건 또 무슨 말씀인가요?

맹자 의지가 집중되면 에너지를 움직이지만, 에너지가 집중돼도 의지를 움직이네. 이를테면 지금 달리고 넘어지고 하는 건 에너지의 작용이잖나. 그런데 그게 되레 마음을 흩뜨려 놓지 않는가?

공손추 그럼 저…… 선생님께서는 어디에 뛰어나신지요?

맹자 나는 언설에 대한 분석력과 통찰력을 가지고 있고, 내 높은 차원의 생명력, 즉 호연지기浩然之氣를 잘 기르지.

공손추 아, '호연지기'라는 게 무엇인가요?

맹자 그게 참, 말로 표현하기 어려운데……. 이 생명력이라는 게 엄청 크고 엄청 강한데, 바르게 기르고 방해하는 것이 없으면 나중에는 온 세상에 가득 차게 되지. 이 생명력은 의로움과 바른길을 짝으로 해서 성장하기 때문에 이것들이 없으면 허약해서 아무 힘을 쓰지 못한다네. 이것은 의로운 행동을 통해 내면에 의가 쌓여 생겨나는 것이지, 외부에 있던 의로움이 어느 한순간 밖에서 밀고 들어와 갖게 되는 것이 아니네. 우리가 어떤 행동을 할 때 마음에 좀 꺼림칙하다 싶은 점이 있으면 이것은 풀이 죽어 힘을 쓰지 못하지. 그래서 내가 "고자는 의로움에 대해 알았던 적이 없다. 의로움이란 게 외부에 있다고 여기기 때문이다"라고 했던 것일세.

이 높은 차원의 생명력을 기르는 데에 주의할 점이 있으니, 반드시 의로운 일에 힘써야 하지만 결과를 미리 기대하지도 말고 마음에서 잊지도 말며 성장을 억지로 도와서도 안 된다는 것이네. 그러니까 어리석은 송宋나라 사람처럼 해서는 안 된다는 거지. 이야기를 하나 들려줌세. 옛날에 어떤 송나라 사람이 있었는데, 그 사람은 자기가 심어 놓은 벼의 싹이 잘 자라지 않을까 걱정하다가 그 싹을 뽑아 놓았더랬지. 그러고는 자기가 무슨 짓을 했는지도 모른 채 집에 돌아와서는 집안사람들에게 "오늘 아주 피곤하구먼. 내가 모가 자라는 것을 도와줬거든!"이라고 말했다네. 그러니까 그 아들이 "아이고, 저런!" 하면서 논으로 달려가 봤거든? 그랬더니 모는 이미 말라 죽어 있었지. 참 어리석지? 그런데 세상에는 모 자라는 것을 돕지 않는 사람이 오히려 드물다네. 이 생명력을 기르는 것이 유익할 게 없다고 생각해서 내버려두는 건 김매지 않는 것이고, 이것이 자라나는 걸 돕는 건 벼의 싹을 뽑아 버리는 것과 같지. 성장을 돕는 것, 즉 조장助長하는 건 무익한 정도가 아니라 되레 해치는 짓일세.

그 유명한 '호연지기'浩然之氣가 나오는 부분이다. 우리는 흔히 높은 산에 오르거나 혹은 넓은 바다를 마주하고, 하여튼 대자연 속에서 수련하며 '호연지기'를 기른다는 말을 잘 사용하는데 이 본문을 읽어 보면 호연지기란 전혀 그런 뜻이 아니다. 호연지기는 의로운 행동을 통해 내면에 의가 쌓여서 생겨나는 넘치는 생명력을 지닌 단단한 기상을 말한다. 명산대천에서 얻는 호방한 마음이 아니라 하루하루 매 순간 꾸준히 의로움을 선택해서 실천해 그것이 내 안에 쌓여 가면서 점점 커지고 단단해지는 내면의 힘인 것이다. 그래서 호연지기란 생명력은 높고 숭고하고 강하다.

이 힘을 잘 기르게 되면 당연히 상황에 흔들리지 않는 마음, 즉 부동심不動心을 소유할 수 있게 되고, 올바른 것을 판단해서 선택하고 실천하는 훈련 속에서 당연히 언설(이론)에 대한 분석력과 통찰력을 가지는, 지언知言의 능력을 소유하게 된다. 사람으로 태어나 사람답게 사는 옳은 길을 선택하는 것은 평생에 걸쳐 매 순간 노력해야 하는 지난한 과정, 끝없는 자신과의 싸움이다. 그러나 그렇게 투쟁하듯 살며 단단한 자기 생명력을 스스로 길러 나갈 수 있다면, 그래서 뿌리 깊은 나무로 세상에 건강하게 설 수 있다면 한번 시도해 볼 직하지 않을까?

공손추 그럼 '언설(이론)에 대한 분석력과 통찰력을 가지고 있다'(지언知言)는 건 무슨 뜻인가요?

맹자 편파적인 말에 대해서는 그 편견의 소재를 간파하고, 장황한 말에 대해서는 매몰되어 있는 부분을 간파하며, 정도와 어긋난 말에 대해서는 괴리된 부분을 간파하고,

자기변명적인 말에 대해서는 옹색한 부분을 간파하는 것이지. 이런 잘못된 것은 마음에서 생겨나 나라의 온갖 정책을 망치고, 정책에 발현되면 온갖 일을 망친다네. 옛날 위대한 성인들이 다시 세상에 나타난다 해도 분명 이런 내 말이 옳다는 데 한 표를 던지시리라 나는 의심치 않네.

공손추 공자님의 제자 중에 재아宰我와 자공子貢이 언어에 능했고, 염우冉牛와 민자건閔子騫과 안연顔淵은 인품과 행실이 탁월했죠. 그리고 공자께서는 이 모든 걸 다 갖추고 계셨고요. 그런데도 "나는 말에는 영 재주가 없어"라고 하셨어요. 그렇다면 선생님께서는 이미 성인이시라고 봐도 될까요?

맹자 아, 이건 또 무슨 소리? 옛날에 자공이 공자께 "선생님은 성인이신가요?"라고 물은 적이 있었어. 그때 공자께서는 "성인은 나로서는 불가능한 수준이라네. 나는 그저 배우는 걸 싫증내지 않고 가르치는 걸 게을리하지 않는 정도지"라고 답하셨지. 그 말을 들은 자공이 곧장 이렇게 센스 있게 정리했다네. "배우기를 싫증내지 않는 것은 밝히 아는 일의 끝없음을 아는 '지혜로움'이고, 가르치는 것을 게을리하지 않는 것은 타인을 사랑할 줄 아는 '온전한 사람다움의 경지'이지요. 사람다움의 경지와 지혜로움을 지니셨으니 선생님께서는 이미 성인 맞으십니다!"
성인은 공자께서도 자임하지 않으셨는데, 이 대체 무슨 소리인고?

여기에 나오는 공자의 말은 『논어』「술이」述而 편에 나오는 구절이다. 거기에서 공자는 "성스러움이나 인간다움의 완성 같은 것을 내가 어찌 주제넘게 할 수 있네 마네 할 수 있겠나? 그저 그런 길을 걷고자 하는 노력을 싫증내지 않고 계속하고, 남을 가르치는 것을 게을리하지 않는 것 정도라면 그렇게 하고 있다고 말할 수 있지"라는 말로 자신을 표현했다.

공손추 옛날에 제가 듣기로는, 자하·자유子游·자장子張은 모두 성인의 일면을 가지고 있었고, 염우·민자건·안연은 성인의 전체적인 면모를 갖추기는 했으나 그 수준이 미약해서 크고 깊지 못했다고 하더라고요. 선생님께서는 스스로 어디쯤이라고 생각하시는지 여쭈어도 될까요?

맹자 (얘가 포기를 모르고 센스 없이 대체 왜 이러나……) 자자, 이 얘기는 잠시 덮어 두기로 하세.

공손추 (선생님이 그러셔도 포기할 순 없지!) 그럼 백이伯夷와 이윤伊尹으로 여쭈어 볼게요. 이들은 어떻습니까?

맹자 두 사람은 처세의 방법이 다르지. 백이는 섬길 만한 지도자가 아니면 섬기지 않고, 다스릴 만한 백성이 아니면 다스리지 않아서 치세에는 관직에 나아가고 난세에는 물러나는 사람이야. 이에 반해 이윤은 누구를 섬긴들 내 지도자가 아니겠으며 누구를 다스린들 내 백성이 아니겠는가 하는 자세로 치세에도 관직에 나아가고 난세에도 관직에 나아갔네. 덧붙여 말해 주면, 관직에 나가야 할 시점이다 싶으면 관직에 나아가고, 이제 그만두어야 할 시점이다 싶으면 그만두며, 오래 머물러야 할 시점이면 오래 머무르고, 빨리 떠나야 할 시점이면 빨리 떠나갔던 사람은 바로 공자님이시지. 모두가 옛 성인이신데, 나는 아직 저분들의 행위 중 어떤 것도 제대로 행하지 못하고 있지만 그래도 내 마음에 원하기는 공자님을 배웠으면 하네.

공손추 엇! 그럼 백이와 이윤은 거의 공자님 급인 건가요?

맹자 아니지! 사람이 이 지구상에 존재한 이래로 공자님 같은 사람은 없었지!

공손추 그래도 같은 점 정도는 있겠죠?

맹자 그거야 물론 있지! 그분들 모두 약소국 지도자로 미약하게 시작하더라도 너끈히 주변국과 강대국의 마음을 얻고 그렇게 온 세상을 얻어서 그 끝이 심히 창대할 것이라는 점이지. 그런데 그 과정에서 의롭지 못한 일 딱 하나만 눈감고 넘어가면, 혹은 죄 없는 사람 딱 한 사람만 희생시키면, 천하를 손에 넣는 대업이 달성된다는 유혹이 눈앞에 닥쳐온 순간 천하를 포기하면 했지 그 옳지 않은 일 하나, 죄 없는 한 명의 희생을 절대 받아들이지 않을 분들이라네. 이점이라면 세 분이 같지.

공손추 그럼 다른 점은 무엇인가요?

맹자 재아와 자공과 유약은 '성인'을 알아볼 만한 충분한 지혜가 있는 분들이었지. 가령 그들의 지혜의 수준이 낮다 하더라도 어떤 대상을 너무 좋아한 나머지 이성적 판단을 제쳐 두고 맹목적으로 받드는 수준은 아니었다는 건 자네도 알겠지? 그런 그들이 공자님에 대해 이렇게 말했네. 먼저 재아는 "내가 우리 선생님과 함께 지내며 선생님을 찬찬히 살펴보았는데, 선생님은 전설의 성인 요임금이나 순임금보다도 훨씬 탁월한 분입니다"라고 했고, 자공은 "그 나라의 규범과 질서를 보면 그 나라의 정치를 알 수 있고, 그 나라의 음악을 들어 보면 그 나라의 지도자가 중시하는 가치를 알 수 있습니다. 백 대代가 지난 뒤에 백 대의 지도자에 대해 평가해 보아도 이 기준은 틀림이 없지요. 지구상에 사람이 생겨난 이래로 우리 선생님 같으신 분은 아직까지 없었습니다"라고 했네. 여기서 한발 더 나아가 유약은 이렇게 말했지. "어찌 사람만 그렇겠습니까? 기린이 여타의 평범한 길짐승에 대해서, 봉황이 여타의 평범한 날짐승에 대해서, 태산이 조그만 흙언덕에 대해서, 거대한 강과 바다가 길바닥에 고인 물에 대해서, 굳이 따지자면 같은 종류이지만 비교하는 것 자체가 민망하죠. 성인과 일반인의 관계도 그렇습니다. 종류는 같지만 탁월하기 그지없죠. 지구상에 사람이 존재한 이래로 공자님보다 더 위대한 인물은 아직까지 존재한 적이 없습니다." 어떤가? '다른 점' 운운하기가 민망하지 않은가?

公孫丑問曰: 夫子加齊之卿相, 得行道焉, 雖由此霸王不異矣. 如此, 則動心否乎?

孟子曰: 否. 我四十不動心.

曰: 若是, 則夫子過孟賁遠矣.

曰: 是不難, 告子先我不動心.

曰: 不動心有道乎?

曰: 有. 北宮黝之養勇也, 不膚撓, 不目逃, 思以一豪挫於人, 若撻之於市朝. 不受於褐寬博, 亦不受於萬乘之君. 視刺萬乘之君, 若刺褐夫, 無嚴諸侯. 惡聲至, 必反之.

孟施舍之所養勇也, 曰, 視不勝, 猶勝也. 量敵而後進, 慮勝而後會, 是畏三軍者也. 舍豈能爲必勝哉? 能無懼而已矣!

孟施舍似曾子, 北宮黝似子夏. 夫二子之勇, 未知其孰賢, 然而孟施舍守約也. 昔者, 曾子謂子襄曰, 子好勇乎? 吾嘗聞大勇於夫子矣. 自反而不縮, 雖褐寬博, 吾不惴焉, 自反而縮, 雖千萬人, 吾往矣, 孟施舍之守氣, 又不如曾子之守約也.

曰: 敢問夫子之不動心, 與告子之不動心, 可得聞與?

告子曰, 不得於言, 勿求於心, 不得於心, 勿求於氣. 不得於心, 勿求於氣, 可, 不得於言, 勿求於心, 不可. 夫志, 氣之帥也. 氣, 體之充也. 夫志至焉, 氣次焉. 故曰, 持其志, 無暴其氣.

旣曰, 志至焉, 氣次焉, 又曰, 持其志無暴其氣者, 何也?

曰: 志壹則動氣, 氣壹則動志也. 今夫蹶者趨者, 是氣也, 而反動其心.

敢問夫子惡乎長?

曰: 我知言, 我善養吾浩然之氣.

敢問何謂浩然之氣?

曰: 難言也. 其爲氣也, 至大至剛, 以直養而無害, 則塞于天地之間. 其爲氣也, 配義與道, 無是, 餒也. 是集義所生者, 非義襲而取之也. 行有不慊於心, 則餒矣. 我故曰, 告子未嘗知義, 以其外之也.

必有事焉而勿正, 心勿忘, 勿助長也. 無若宋人然. 宋人有閔其苗之不長而揠之者. 芒芒然歸, 謂其人曰, 今日病矣, 予助苗長矣. 其子趨而往視之, 苗則槁矣. 天下之不助苗長者, 寡矣. 以爲無益而舍之者, 不耘苗者也, 助之長者, 揠苗者也. 非徒無益, 而又害之.

何謂知言?

曰: 詖辭知其所蔽, 淫辭知其所陷, 邪辭知其所離, 遁辭知其所窮. 生於其心, 害於其政, 發於其政, 害於其事. 聖人復起, 必從吾言矣.

宰我子貢, 善爲說辭. 冉牛閔子顔淵, 善言德行. 孔子兼之, 曰, 我於辭命, 則不能也. 然則夫子旣聖矣乎?

曰: 惡! 是何言也? 昔者子貢問於孔子曰, 夫子聖矣乎? 孔子曰, 聖則吾不能, 我學不厭而教不倦也. 子貢曰, 學不厭, 智也, 敎不倦, 仁也. 仁且智, 夫子旣聖矣! 夫聖, 孔子不居, 是何言也?

昔者, 竊聞之, 子夏子游子張, 皆有聖人之一體, 冉牛閔子顔淵, 則具體而微. 敢問所安.

曰: 姑舍是.

曰: 伯夷伊尹, 何如?

曰: 不同道. 非其君不事, 非其民不使, 治則進, 亂則退, 伯夷也. 何事非君, 何使非民, 治亦進, 亂亦進, 伊尹也. 可以仕則仕, 可以止則止, 可以久則久, 可以速則速, 孔子也. 皆古聖人也, 吾未能有行焉, 乃所願, 則學孔子也.

伯夷伊尹於孔子, 若是班乎?

曰: 否. 自有生民以來, 未有孔子也.

曰: 然則有同與?

曰: 有. 得百里之地而君之, 皆能以朝諸侯有天下. 行一不義, 殺一不辜, 而得天下, 皆不爲也. 是則同.

曰: 敢問其所以異?

曰: 宰我子貢有若, 智足以知聖人, 汚不至阿其所好. 宰我曰, 以予觀於夫子, 賢於堯舜遠矣. 子貢曰, 見其禮而知其政, 聞其樂而知其德. 由百世之後, 等百世之王, 莫之能違也. 自生民以來, 未有夫子也. 有若曰, 豈惟民哉? 麒麟之於走獸, 鳳凰之於飛鳥, 太山之於丘垤, 河海之於行潦, 類也. 聖人之於民, 亦類也. 出於其類, 拔乎其萃, 自生民以來, 未有盛於孔子也.

사실은 힘으로 제압한 건데 인품과 가치로 그리한 것인 양 분칠하는 자를 '빅브라더'라고 하죠. 빅브라더는 그래서 반드시 강대국을 소유해야 합니다. 바른 인품과 가치를 가지고 사람을 우선한 정치를 행하는 자를 '참지도자'라고 하죠. 그래서 '참지도자'는 큰 나라를 필요로 하지 않습니다. 은나라를 건국한 탕왕도, 주나라의 기초를 놓은 문왕도 기껏해야 조금 큰 도시 정도 되는 크기로 나라를 시작했어요. 힘으로 사람을 복종시킨다면 그건 마음으로부터 우러난 복종이 아니죠. 그저 힘이 부족해서 복종하는 거죠. 그러나 바른 인품과 가치로 사람을 복종시킨다면 그건 그 사람이 마음으로부터 기뻐해서 진짜로 복종하는 것입니다. 마치 공자의 70명 제자가 공자에게 마음을 내주고 복종했듯 말이죠.

『시경』 대아의 「문왕을 기리는 소리 있어」文王有聲라는 시에 보면 "서에서도 동에서도 남에서도 북에서도 복종하지 않는 이가 없네"라는 구절이 있잖습니까? 바로 이것을 말한 것입니다.

'참지도자'는 왕자王者를 뜻하고, '빅브라더'는 패자霸者를 뜻한다. 힘으로 제압한 자와 덕으로 제압한 자가 말로는 쉽게 구분이 될 것 같지만 실제로는 구분이 쉽지 않다. 힘 있는 자를 영웅으로 보는 일반인의 시선도 정치의 한 요소가 되기 때문이다.

孟子曰: 以力假仁者霸, 霸必有大國, 以德行仁者王, 王不待大. 湯以七十里, 文王以百里. 以力服人者, 非心服也, 力不贍也. 以德服人者, 中心悅而誠服也, 如七十子之服孔子也. 詩云, 自西自東, 自南自北, 無思不服. 此之謂也.

(3 - 4)

맹자 왈: 사람을 아끼고 사랑하는 정치를 펼쳐야만

사람을 아끼고 사랑하는 정치를 펼치면 나라가 크게 흥하고, 이런 정치를 하지 않으면 나라가 욕을 당하게 됩니다. 지금 욕을 당하기는 싫어하면서 사람을 아끼고 사랑하는 정치를 펼치지 않는데요, 이건 마치 습기를 싫어하면서 낮은 지대에서 사는 것과 같은 짓이죠. 그게 싫다면 바른 인품과 가치를 귀하게 여기고 바른 지성인을 우대하는 것이 최선입니다. 뛰어난 지혜와 덕을 지닌 사람이 지위를 가져 언제든 기꺼이 공무에 자문을 하고, 능력 있는 사람이 직책을 가져 능력에 따라 행정 실무를 맡아 보면 나라가 안정되어 평화로워집니다.

나라가 이렇게 되었을 때 정책과 형벌을 분명하게 하면 됩니다. 이렇게 하면 강대국이라도 얕보지 못하고 두려워할 게 분명합니다. 『시경』 빈풍豳風 「올빼미」鴟鴞라는 시에 보면, "날씨가 수상하니 아직 비가 내리지 않았을 때 뽕나무 뿌리를 가져다가 창문을 칭칭 감아 잘 얽어매 놓는다면 저 아래 인간 족속 그 누가 나를 업신여기랴!"라는 내용이 있어요. 공자님은 이 시를 읽고, "이 시의 저자는 다스림의 길을 아는 사람이네. 자기 나라를 제대로 다스린다면 누가 감히 그를 업신여기겠는가?"라고 하셨죠. 지금은 나라가 평화스러우면 이때다 싶어 아주 즐기느라 정신이 없어요. 이건 화를 자초하는 짓이에요. 화든 복이든 다 자기가 불러들이는 거예요. 죄송하지만 시를 하나 더 인용할게요. 『시경』 대아 「문왕」에는 "영원히 하늘이 제시하는 바른길을 좇아 사는 것이 스스로 숱한 복을 불러들이는 길이네"라는 구절이 있어요. 이번에는 『서경』도 한번 인용할게요. 『서경』 상서 「태갑」太甲 편에는 "하늘이 빚은 재앙은 그래도 어떻게 살아날 구멍을 찾아볼 수 있지만 스스로 빚은 재앙은 도무지 피할 길이 없다"라는 구절이 있죠. 이 구절들 모두 이걸 말한 겁니다.

孟子曰: 仁則榮, 不仁則辱. 今惡辱而居不仁, 是猶惡溼而居下也. 如惡之, 莫如貴德而尊士, 賢者在位, 能者在職, 國家閒暇.

及是時, 明其政刑, 雖大國, 必畏之矣. 詩云, 迨天之未陰雨, 徹彼桑土, 綢繆牖戶. 今此下民, 或敢侮予? 孔子曰, 爲此詩者, 其知道乎! 能治其國家, 誰敢侮之? 今國家閒暇, 及是時, 般樂怠敖, 是自求禍也. 禍福無不自己求之者. 詩云, 永言配命, 自求多福. 太甲曰, 天作孽, 猶可違, 自作孽, 不可活. 此之謂也.

(3 - 5)

맹자 왈: 누구나 와서 살고 싶은 나라를 만드는 방법

뛰어난 지혜와 덕을 지닌 사람을 높이고 능력 있는 사람을 등용해서 인품도 재주도 모두 뛰어난 사람이 공직을 맡아 보게 되면, 온 세상 지식인이 다 기뻐하면서 그 나라 공직에 참여하고 싶어 할 것입니다. 시장에서 자릿세만 받고 물품세는 받지 않거나 시장 교역을 법에 따라 관리하고 자릿세마저도 받지 않는다면, 온 세상 상인이 다 기뻐하면서 그 나라 시장에 자기네 화물 저장고를 두고 싶어 할 것입니다. 국경 검문소에서 수상한 사람이나 물건을 감시하기만 하고 세금을 걷지 않는다면 온 세상 나그네와 행상이 다 기뻐하면서 그 나라의 길로 다니고 싶어 할 것입니다. 농부도 세금에 준하여 경작하게 하는 공전公田만 도와서 경작하게 하고 사전私田에는 세금을 매기지 않는다면 온 세상 농부가 다 기뻐하면서 그 나라의 들에서 농사짓고 싶어 할 것입니다. 주민 동원 불참이나 거주지 주변 관리 부실을 이유로 걷던 벌금이 이제 마치 정당한 세금인 양 굳어졌는데 그 관행을 철폐해 조세 기준을 정비한다면 온 세상 백성이 다 기뻐하면서 이 나라의 국민이 되고 싶어 할 것입니다. 진실로 지금 말한 이 다섯 가지 사항을 제대로 시행한다면 이웃 나라 백성이 마치 제 부모 바라보듯 이 나라의 지도자를 우러르게 되겠죠. 생각해 보세요, 자식을 데려다가 부모를 공격하게 하면 그게 성공하겠습니까? 이웃 나라에서마저 사랑받는 지도자가 되면 세상천지에 적이 없어집니다. 세상천지에 대적할 사람이 없다는 건 하늘이 내린, 인간계가 아닌 천상계가 인정한 지도자라고 해도 큰 무리가 없을 겁니다. 이런 위치가 되고서도 민심을 얻어 천하를 통일하지 못하는 자는 있을 수 없습니다.

孟子曰: 尊賢使能, 俊傑在位, 則天下之士, 皆悅而願立於其朝矣. 市廛而不征, 法而不廛, 則天下之商, 皆悅而願藏於其市矣. 關譏而不征, 則天下之旅, 皆悅而願出於其路矣. 耕者, 助而不稅, 則天下之農, 皆悅而願耕於其野矣. 廛無夫里之布, 則天下之民, 皆悅而願爲之氓矣. 信能行此五者, 則鄰國之民, 仰之若父母矣. 率其子弟, 攻其父母, 自生民以來, 未有能濟者也. 如此, 則無敵於天下. 無敵於天下者, 天吏也. 然而不王者, 未之有也.

(3 - 6)

맹자 왈: 사람을 모질게 대하지 못하는 마음

인간이라면 누구나 '사람을 모질게 대하지 못하는 마음'을 가지고 있어요. 모든 지도자의 귀감이 되는 옛날 훌륭한 성군들은 '사람을 모질게 대하지 못하는 마음'을 가지고 있어서 '사람을 모질게 대하지 못하는 정치'를 시행했던 것이죠. 사람을 모질게 대하지 못하는 마음으로 사람을 모질게 대하지 못하는 정치를 행한다면 이 넓은 천하도 아주 쉽게 다스릴 수 있을 겁니다.

그럼 '인간이라면 모두 사람을 모질게 대하지 못하는 마음을 가지고 있다'라는 것을 어떻게 알 수 있을까요? 여기, 어떤 어린아이가 한 명 있어요. 지금 그 아이가 우물에 막 빠지려는 찰나예요. 바로 그 찰나에 누군가 그 아이를 발견했어요. 그럼 어떡할까요? 발견한 사람 그 누구든 깜짝 놀라 '어어! 안 돼, 안 돼!' 하며 아이를 불쌍히 여기는 마음이 생기지 않겠어요? 이런 마음을 갖고 아이에게 손을 뻗겠죠. 이건 이 아이를 구해서 이걸 빌미로 그 부모와 관계를 트고 뭔가 좀 이득을 가져 보겠다는 마음이 있어서도 아니고, 이 영웅적 행위로 동네와 친구들에게 대접을 받아 볼까 해서도 아니며, 자기가 그 어린 걸 안 구하고 갔다는 나쁜 소문이 쫙 퍼질까 봐 겁이 나서 그런 것도 아니죠. 그냥 그 순간 인간이라서 그런 것뿐이에요.

이렇게 생각을 확장시켜 보면, 인간이 타인의 아픔에 대해 불쌍히 여기는 마음이 없다면 이건 인간이 아니라고 할 수 있어요. 마찬가지로 마땅히 할 일인데 안 한다거나, 해서는 안 되는데 했다거나 할 때 부끄러워할 줄 모른다면 인간이 아니고, 자기가 누릴 것이 아닌데 거절할 줄 모른다거나 타인을 생각해 양보할 줄 모른다면 인간이 아니고, 옳고 그름을 따져 볼 줄 모른다면 인간이 아니라는 걸 알 수 있어요.

인간이 타인을 불쌍히 여기는 마음은 인간에게 사람을 아끼고 사랑할 줄 아는 근본적인 힘이 내재되어 있음을 알 수 있게 해 주는 단서가 되죠. 마땅히 할 일인데 안 한다거나 해서는 안 되는데 했다거나 할 때 부끄러워하는 마음은 인간에게 '해야 마땅한 것'에 대한 근본적인 감각이 내재되어 있음을 알 수 있게 해 주는 단서가 되고, 자기가 누릴 것이 아닌 것을 거절하고 타인을 생각해 양보하는 마음은 인간에게 함께 사는 것에 대한 감각이 근본적으로 내재되어 있음을 알 수 있게 해 주는 단서가 되며, 어떤 경우에든 무엇에든 옳고 그름을 따져 볼 줄 아는 마음은 인간에게 근본적으로 지적인 능력이 내재되어 있음을 알 수 있게 해 주는 단서가 됩니다. 인간이 이 네 가지 단서를 지니고 있는 것은 인간의 육체에 팔다리 네 개가 있는 것과 같아요. 그래서 이 네 가지 단서를 가지고 있으면서도 "난 인간다워지기 글렀어"라고 말하는 사람은 스스로 그르치고 있는 겁니다. "우리 지도자는 인간다워지기 글렀어"라고 말한다면 지도자를 그르치고 있는 거고요.

나 자신에게 갖추어져 있는 이 네 가지 단서를 발전시키고 완성할 줄 알면, 마치 불이 처음 타오르고 샘물이 처음 터져 나오는 것 같아서 훗날 건잡을 수 없게 왕성해지죠. 정말이지 제대로 완성하게 되면 온 세상도 너끈히 지켜 내고 보호할 수 있어요. 하지만 정말로 여기에 실패하면 제 부모조차 봉양할 수 없게 된답니다.

맹자의 핵심 철학이 등장하는 부분이다. 인간이라면 모두 '사람을 모질게 대하지 못하는 마음'을 가지고 있다는 선언. 한자어로는 '불인인지심'不忍人之心이라고도 하고, 짧게 '불인지심'不忍之心이라고도 한다. 사람의 본성에 이런 선한 마음이 자리하고 있다는 걸 아는 건 어렵지 않다. 어린아이가 아무것도 모른 채 우물에 엉금엉금 기어 발을 들여놓았을 때 다른 무엇도 생각하지 않고 일단 그 아이를 구하고 보는 마음, 그 마음은 유난히 착한 소수에게 있는 마음이 아니라 그런 상황을 보고도 손을 뻗지 않는다면 그런 사람이 더 이상한, 보편적인 인간의 마음이다. 이런 인간 마음의 작은 틈이 맹자의 희망이었다. 아무런 대가 없이 안타까운 걸 보면 안타까움을 느낄 수 있는 마음, 그 마음을 잘 가꾸고 성장시켜 정치에 대입해서 '차마 모질게 대하지 못하는 정치', 즉 불인인지정不忍人之政을 시행한다면, 세상은 더 이상 참혹해지지 않고 평화로운 공존이 가능해지리라 맹자는 생각했다. 맹자 이론의 씨앗은 이렇게나 평범하고 작다.

사람은 누구나 불쌍하고 안타까운 것을 보면 측은해하는 마음, 즉 측은지심惻隱之心을 가지고 있다. 또 해서는 안 될 일을 하면 자기도 모르는 사이 얼굴이 달아오르는 것, 즉 수오지심羞惡之心이 발휘되는 걸 느낄 수 있다. 그래서 자기가 가지고 누려서는 안 되는 것에 대해 거절할 줄 아는 마음, 즉 사양지심辭讓之心이 발동되기도 한다. 이건 옳고 그름을 판단할 지적 능력, 즉 시비지심是非之心이 이미 인간에게는 내재되어 있다는 것을 뜻한다. 이것들이 바로 인간에게 인仁, 의義, 예禮, 지智라는 인간다움의 능력이 부여되어 있음을 알게 하는 단서가 된다. 유명한 사단四端 이론이다. 맹자의 이론은 경험적 상식에서 출발한다. 그래서 어렵지 않다. 다만 이 씨앗들을 '확장'해 내 안에 가득 채우는 실제적 성장과 수양의 과정이 어려울 뿐이다.

孟子曰: 人皆有不忍人之心. 先王有不忍人之心, 斯有不忍人之政矣. 以不忍人之心, 行不忍人之政, 治天下可運之掌上. 所以謂人皆有不忍人之心者, 今人乍見孺子將入於井, 皆有怵惕惻隱之心. 非所以內交於孺子之父母也, 非所以要譽於鄕黨朋友也, 非惡其聲而然也.

由是觀之, 無惻隱之心, 非人也. 無羞惡之心, 非人也. 無辭讓之心, 非人也. 無是非之心, 非人也. 惻隱之心, 仁之端也. 羞惡之心, 義之端也. 辭讓之心, 禮之端也. 是非之心, 智之端也. 人之有是四端也, 猶其有四體也. 有是四端而自謂不能者, 自賊者也, 謂其君不能者, 賊其君者也. 凡有四端於我者, 知皆擴而充之矣, 若火之始然, 泉之始達. 苟能充之, 足以保四海, 苟不充之, 不足以事父母.

(3-7)

맹자 왈: 내가 할 일의 내용과 가치를 결정하는 능력의 중요성

화살 만드는 사람과 방패 만드는 사람을 생각해 보면, 사람 자체야 화살 만드는 사람이라고 방패 만드는 사람보다 더 악할 것 있겠습니까? 그러나 일 자체로 생각해 보면, 화살 만드는 사람은 내내 어떻게 하면 사람을 효과적으로 다치게 할까만 생각하고, 방패 만드는 사람은 내내 어떻게 하면 사람을 효과적으로 방어하게 할까만 생각하죠. 이게 참…… 의사와 장의사란 직업도 그래요. 그래서 먹고살려고 선택하는 기술도 먹고사는 것 이상으로 일 자체의 내용과 그 내용이 갖는 가치를 신중하게 생각해야 하는 것입니다. 나 자신의 생각도 중요하지만 내 환경이 내 생각에 아주 큰 영향을 미친다는 점도 놓쳐서는 안 돼요. 공자 스승님은 그래서 이런 말씀을 하셨더랬죠. "사람답게 사는 사람으로 가득한 마을이 진짜 멋진 마을이지요. 살 곳을 정할 때 사람 냄새 물씬 나는 곳을 골라 그런 곳에서 살지 않으면 어떻게 지혜롭다고 할 수 있겠어요?"

사람이 사람답게 되는 건 하늘이 인간에게 허락한, 그러니까 인간이 꿈꿀 수 있는 최고의 가치이고, 사람이 머무를 때 가장 편안함을 느끼는 집이라고 할 수 있어요. 하지 말라고 도시락 싸 들고 다니며 말리는 사람도 없는데 사람이 사람답기를 꿈꾸지 않으면, 이건 참 지혜롭지 못한 거죠. 사람답지 못하고, 지혜롭지도 못해서 함께 사는 세상에 대한 지각도 없고, 사람으로 마땅히 지켜야 할 도리도 없다면, 이런 사람은 하급 인간이라 남의 하수인이나 하며 살게 돼요. 남의 하수인이나 하게 돼서 그 노릇을 부끄럽게 생각하잖아요? 그건 활 만드는 사람이 활 만드는 걸 부끄러워하고 화살 만드는 사람이 화살 만드는 걸 부끄러워하는 것이나 같아요. 남을 해치는 걸 만들고 있다는 걸 알고 부끄러워하면서도 계속 만드는 거죠. 남의 하수인으로 끌려다니며 사는 게 부끄러운 줄 안다면 벗어날 최고의 방법은 사람답게 되는 길을 선택해서 그 길을 가는 겁니다.

활과 화살은 남을 상하게 하는 무기이기도 하지만 또 다른 측면이 있기도 해요. 바로 이것이 자기 자신을 먼저 똑바르게 해야만 목표물을 맞힐 수 있는 도구라는 점입니다. 활 쏘는 사람은 먼저 자기 자신을 바로잡은 뒤에 발사해요. 그리고 발사한 것이 적중하지 않더라도 자기를 이긴 상대방을 원망하지 않고, 적중하지 못한 문제를 오로지 자세를 바루지 못하고 정신을 집중하지 못한 자기 자신에게 있었는지 돌아보며 찾죠. 자기 자신을 스스로 통제하고 바로 세우는 수양의 방법을 우리는 활쏘기에서 배울 수 있습니다.

孟子曰: 矢人豈不仁於函人哉? 矢人唯恐不傷人, 函人唯恐傷人. 巫匠亦然, 故術不可不慎也. 孔子曰, 里仁爲美, 擇不處仁, 焉得智? 夫仁, 天之尊爵也, 人之安宅也. 莫之禦而不仁, 是不智也. 不仁不智, 無禮無義, 人役也. 人役而恥爲役, 由弓人而恥爲弓, 矢人而恥爲矢也. 如恥之, 莫如爲仁. 仁者如射, 射者正己而後發. 發而不中, 不怨勝己者, 反求諸己而已矣.

(3 - 8)

맹자 왈: 최고의 선은 남과 함께 선을 행하는 것

공자의 제자인 자로는 누군가 잘못을 지적해 주면 기뻐했습니다. 하나라를 건국한 우禹임금은 훌륭한 말을 들으면 그 말을 한 상대에게 절을 했고요.
위대한 순임금은 그보다 더 탁월한 점이 있었죠. 선한 일을 남과 함께 했다는 점이에요. 그는 자기를 고집하지 않고 기꺼이 남의 훌륭한 점을 따랐어요. 남의 선한 행동을 본떠서 자기도 그렇게 하는 것을 좋아했죠. 가난해서 온갖 잡일을 하던 평민 시절부터 임금이 되어서까지 그의 탁월함은 모두 남의 선을 벤치마킹한 것이었어요. 남의 선한 점을 본떠서 자기도 그 선한 일을 하는 것은 곧 남과 함께 선한 일을 하는 것이죠. 그렇기 때문에 지도자에게 남과 함께 선을 행하는 것보다 더 훌륭한 일은 없다고 할 수 있어요.

지도자가 남의 선을 본떠서 그 선을 자기도 행하는 것은 선을 공공의 선으로 확대하는 행위이다. 남의 선을 그저 칭찬하기만 하는 것이 아니라 자기의 아집과 고집을 내려놓고 기꺼이 남을 따라 변화하는 자세가 중요하다. 지도자도 사람이고, 그래서 아무리 좋은 지도자라 해도 치우친 데도 있고 편협한 데도 있으며 이해가 좁은 구석도 있다. 그런데 지도자가 자기가 다스리고 이끄는 대상을 지배와 피지배의 관계가 아니라 '나'와 '너'의 관계로 이해해서 '너'의 훌륭한 점을 기꺼이 받아들여 자기의 행동을 수정하고 함께 선을 행한다면, 지도자라는 '공'公의 무게가 사람들이 선을 바라보는 입장을 변화시킬 것이다. 즉 선이란 것을 그저 개인이 선택해서 행하는 문제로 인식하던 차원에서 우리 모두의 삶을 바꾸는 모두의 문제라는 차원으로 변화하게 될 것이라는 말이다. 또한 나의 선을 너에게서 배우고 그렇게 너와 내가 함께 선을 행하는 방식으로 선이 진행되면 권위가 규정한 '하나의 선'이 있는 것이 아니라 너는 가장 너다운 선을, 나는 가장 나다운 선을 행하며 그것이 서로 조화를 이루는 방향으로 공공의 선이 진행될 것이므로 세상은 더욱 조화롭고 평화로우며 아름다워질 것이다.

孟子曰: 子路, 人告之以有過則喜. 禹聞善言則拜. 大舜有大焉, 善與人同, 舍己從人, 樂取於人以爲善. 自耕稼陶漁以至爲帝, 無非取於人者. 取諸人以爲善, 是與人爲善者也. 故君子莫大乎與人爲善.

(3 - 9)

맹자 왈: 현자라고 다 같은 노선을 걷지는 않는다

백이의 경우를 말해 볼게요. 그는 섬길 만한 지도자라고 생각하지 않으면 섬기지 않았고, 벗 삼을 만한 사람이라고 생각하지 않으면 벗 삼지 않았습니다. 악한 사람이 지배할 때는 그런 정부에서 일하지 않았고, 악한 사람과는 말도 섞지 않았어요. 그는 악한 정부에서 일하고 악한 사람과 말 섞는 걸 마치 제복을 굳이 제대로 갖추어 입고서 오물 더미에 앉아 있는 것처럼 생각했더랬죠. 악한 것은 아무리 작은 것이라도 자기에게 접근조차 하지 못하게 해서, 이를테면 무지

한 시골 사람이라도 그 복장과 자세가 바르지 않은 경우에는 뒤도 안 돌아보고 그 곁을 떠나 마치 그런 무지와 무례가 자기를 더럽힐 것처럼 여겼어요. 이런 사람이었으니 은나라에서 주나라로 교체되던 혼란했던 시대에 어떤 군주가 무슨 말로 달래도 절대 관직에 나오지 않았답니다. 어떤 설득에도 반응하지 않았던 것은 세상에 나가는 걸 합당한 자세라고 보지 않았기 때문입니다.

근데 유하혜柳下惠는 백이와 전혀 달랐어요. 그는 추잡한 군주도 부끄러워하지 않았고 하찮은 벼슬도 낮게 여기지 않아서 그가 필요하다 부르면 언제든 나아가서 자기의 현명을 숨기지 않고 반드시 바른길을 따라 정당한 방법으로 일을 해냈어요. 애쓰고도 버림받아서 승진에 누락돼도 원망하지 않았고 최악의 상황과 맞닥뜨려도 걱정하지 않았죠. 그렇기 때문에 그는 "뭐, 상관없어. 너는 너고 나는 나니까. 단정은 고사하고 네가 내 옆에서 옷을 다 벗어 젖힌다 한들 너의 무지와 무례가 나까지 더럽힐 순 없지!"라고 하면서 아주 넉넉하고 유연한 모습으로 누구하고든 함께하면서도 자기 자신이 세운 바른 기준을 잃지 않았어요. 그는 떠나려 하다가도 머물러 달라고 잡아당기면 또 그냥 머물렀답니다. 가지 말라고 잡아당기면 머물렀던 것은, 떠나가는 걸 합당한 자세라고 보지 않았기 때문입니다.

백이는 너무 빡빡하고 유하혜는 자기 확신이 지나치다고 할 수 있어요. 너무 빡빡한 것도 자기 확신이 지나친 것도 제대로 배운 사람이 따라갈 길은 아니죠.

유하혜는 노나라 대부로, '유하혜'가 이름 같지만 유하柳下는 그가 살던 곳이고 혜惠는 그가 죽은 뒤에 공적이 인정되어 받은 시호다. 그의 실제 이름은 전금展禽이다. 이후로도 유하혜는 가끔 『맹자』에 등장하는데 백이와 인품이 정반대여서 대부분 백이랑 짝을 이뤄서 등장한다.

백이는 지조의 대명사이고 유하혜는 넉넉함의 대명사이다. 원칙주의자는 하지 않는 일이 반드시 있기 때문에 자기를 잃지 않지만 너무 빡빡해서 편협한 사람으로 분류되기 쉽다. 융통성이 뛰어난 사람은 자기 스스로 바른 원칙을 가지고 있다 할지라도 훗날 자기도 모르는 사이 흔들리기 쉽다. 환경이 인간에게 미치는 영향은 실로 거대하기 때문이다. 빡빡함과 넉넉함, 뭐가 더 나을까? 빡빡함은 '우리 함께'가 시작조차 안 된다는 단점이 있고, 넉넉함은 빡빡함이 가지는 마지노선을 갖지 못해 결국 스스로 변하고서 안 변했다고 혼자 착각하거나 변명만 늘어놓는 오류에 빠질 위험이 높다.

孟子曰: 伯夷, 非其君不事, 非其友不友. 不立於惡人之朝, 不與惡人言. 立於惡人之朝, 與惡人言, 如以朝衣朝冠, 坐於塗炭. 推惡惡之心, 思與鄕人立, 其冠不正, 望望然去之, 若將浼焉. 是故諸侯, 雖有善其辭命而至者, 不受也. 不受也者, 是亦不屑就已.

柳下惠, 不羞汙君, 不卑小官. 進不隱賢, 必以其道. 遺佚而不怨, 阨窮而不憫. 故曰, 爾爲爾, 我爲我, 雖袒裼裸裎於我側, 爾焉能浼我哉? 故由由然與之偕, 而不自失焉, 援而止之而止. 援而止之而止者, 是亦不屑去已.

孟子曰: 伯夷隘, 柳下惠不恭. 隘與不恭, 君子不由也.

공손추 하

4

公孫丑下

(4 - 1)

맹자 왈: 나라의 최고 강력한 무기는?

전쟁을 할 때 뭐가 제일 중요할까요? 하늘이 내 편인 것처럼 시기적으로 모든 게 딱딱 맞아 떨어지는 거? 아니요. 그것보다는 지리적으로 매우 유리한 위치에 견고한 요새를 갖추고 있는 게 더 나아요. 그럼 진짜 유리한 위치에 견고한 요새를 갖추고 있으면 늘 승산이 있을까요? 아니요. 그것도 사람끼리 화합하지 못하면 끝장입니다. 사람들의 화합이 전쟁의 최종 승패를 판가름합니다.

쪼끄만 성이라 쉽게 보고 공격했는데 이기지 못하는 경우가 있어요. 포위를 풀지 않고 내내 공격하다 보면 언젠가는 한 번 하늘이 내 편을 들어 주는 것처럼 시기적으로 모든 게 딱딱 맞아떨어지는 때가 오게 마련이죠. 그런데도 못 이기잖아요? 이건 쪼끄만 성이 지형적으로 너무 유리하기 때문이에요. 그런데 다시없이 유리한 위치에 견고한 요새를 갖추고 최첨단 무기를 장착하고 군량도 넘치도록 마련했는데 그걸 다 포기하고 도망가야 하는 경우도 있어요. 왜일까요? 내분이 일어났기 때문입니다. 그래서 이런 말이 있죠. “국민은 지리적 국경선으로 묶어 둘 수 없고, 나라는 지형적 유리함으로 지킬 수 없으며, 최첨단의 강력한 무기 좀 가지고 있다고 세계를 발밑에 둘 수는 없다.”

바른길의 가치를 깨달은 사람에게는 진정한 조력자가 많고 바른길을 저버린 사람에게는 진정한 조력자가 적은 법이에요. 진정한 조력자가 줄고 줄다가 막판에 가면 피붙이도 그를 배신해요. 진정한 조력자가 늘고 늘다가 끝까지 가면 온 세상이 그를 믿고 따르고요. 온 세상이 믿고 따라 주는 쪽에서 피붙이도 배신한 쪽을 치면 그 결과는 볼 것도 없죠. 그래서 진정한 지도자는 전쟁을 할 필요도 없지만 전쟁을 하는 경우에는 반드시 이긴답니다.

孟子曰: 天時不如地利, 地利不如人和. 三里之城, 七里之郭, 環而攻之而不勝. 夫環而攻之, 必有得天時者矣. 然而不勝者, 是天時不如地利也. 城非不高也, 池非不深也, 兵革非不堅利也, 米粟非不多也, 委而去之, 是地利不如人和也. 故曰, 域民不以封疆之界, 固國不以山谿之險, 威天下不以兵革之利. 得道者多助, 失道者寡助. 寡助之至, 親戚畔之, 多助之至, 天下順之. 以天下之所順, 攻親戚之所畔, 故君子有不戰, 戰必勝矣.

(4 - 2)

제나라 왕과의 해프닝: 상하의 기준은 지위만이 아니다

맹자가 제나라 왕을 찾아뵈려고 했다. 마침 그때 왕이 사람을 보내왔다.

전령 왕께서 말씀하셨습니다. "내가 가서 선생을 만나려고 했는데 마침 감기에 걸려서 바람을 쐴 수 없는 형편이 됐습니다. 그래서 말씀입니다만……. 아침에 제가 여러 인사와 공식 접견 자리를 가지려 하는데, 혹 선생께서 그 자리에 오셔서 내가 만나 뵐 수 있게 해 주시면 어떻겠습니까?"

맹자 (어? 이 자세 보소? 기 싸움에서도 이기고 나도 만나 보시겠다?) 아, 이걸 어쩐다? 너무 죄송하지만 제가 지금 아파서……. 공식 접견 참석은 무리일 듯합니다.

왕의 전령은 떠났고 그렇게 맹자는 왕을 만나지 않았다. 이튿날, 제나라 대부인 동곽씨東郭氏 집안에 장례가 있어 맹자가 조문을 가려고 집을 나섰다. 이 모습을 본 공손추가 물었다.

공손추 어제 병이 있다고 왕을 뵙는 걸 사양하셨는데, 오늘 조문하러 나가시는 건 아무래도 좀 그렇지 않을까요?

맹자 어제 병이 오늘 나았는데 조문 못 갈 게 뭔가?

맹자가 결국 나갔다. 그런데 맹자가 집을 나서자마자 공교롭게도 왕의 전령이 왕이 보낸 의사와 함께 문병을 왔다. 맹중자孟仲子가 임기응변으로 사태를 수습에 나섰다.

맹중자 어? 길이 어긋났나 보네요. 어제는 왕명에도 불구하고 병 때문에 공식 석상에 나서지 못했는데, 다행히 오늘 약간 차도가 있어 왕을 뵈러 나갔어요. 그나저나 저희 선생님 잘 도착했는지 모르겠네요.

맹중자는 이렇게 말하면서 뒷문으로 얼른 몇 사람을 내보내 맹자가 돌아오는 길목을 지키고 있다가 맹자를 만나거든 "집으로 오시면 절대 안 됩니다. 왕께 가십시오"라고 전하게 했다. 이들을 만나 이 해프닝을 전해 들은 맹자는 어차피 왕에게는 안 갈 건데 그렇다고 돌아갈 수도 없고 해서 제나라의 또 다른 대부인 경추씨景丑氏의 집으로 가서 숙식을 청했다.

경추씨 (뭐지? 이 맹 선생의 거만은?) 저, 선생님……. 집안에서는 부자 관계의 윤리가, 나라에서는 군신 관계의 윤리가 사람에게 제일 중요한 윤리라고 알고 있어요. 부자 관계의 윤리는 은혜가 기준이 되고, 군신 관계의 윤리는 존경이 기준이 되죠. 저는 왕이 선생님에게 존경을 표하는 것은 봤지만 선생님이 왕을 존경하는 자세는 아직 발견하지 못했습니다만…….

맹자 아, 이 무슨 섭섭한 말씀인가요? 제나라 사람 중에는 사람이 사람을 아끼고 사랑하는 것과 사람이 사람으로 해야 마땅한 일이 지닌 위대한 가치에 대해 자기네 임금과 활발하게 토론하는 사람이 없어요. 이게 사람을 사랑하는 일이나 사람으로서 해야 할 옳은 행동이 무가치한 일이라고 생각해서겠습니까? 다들 속으로, '우리 임금 수준으로 볼 때 이런 가치로 토론해 봐야 내 입만 아플 게 뻔해'라고 생각해서죠. 이보다 더 불경스러운 자세가 또 있을까요? 최소한 나는 전무후무한 성군인 요임금과 순임금이 백성을 대했던 자세, 그런 진정한 지도자의 길에 대한 이야기가 아니면 아예 말을 안 꺼내요. 그러니까 나처럼 왕을 존경하는 사람은 제나라에 또 없다고 할 수 있죠.

경추씨 아니요. 제 말은 그런 뜻이 아니고요. 『예기』禮記 「옥조」玉藻 편에 보면 "아버지가 부르면 부르는 순간 아버지에게 달려가 '네!'라고 입으로 답하기도 전에 아버지 앞에 서야 하고, 임금이 오라는 명을 내리면 기사가 차에 시동을 걸기도 전에 일단 뛰어가기부터 해야 한다"라고 되어 있잖습니까? 그런데 지금 선생님은 원래 왕께 가려고 하다가 왕이 부르는 명을 듣고는 돌연 걸음을 취소했으니, 『예기』에서 가르치는 이 예절과는 다른 것 같아서 드리는 말씀이에요.

맹자 그 내용이 어찌 지금 이런 상황을 말한 것이겠습니까? 증자 선생님이 하신 말씀 중에 이런 말씀이 있어요. "진晉나라와 초나라 임금의 부유함은 내가 따라갈 수가 없지만 저들이 부유함이라는 카드를 내민다면 나는 사람을 아끼고 사랑할 줄 아는 내 내면의 가치라는 카드를 내밀 것이고, 저들이 높은 위치라는 카드를 내민다면 나는 사람이라면 마땅히 해야 할 일을 알고 해내는 내 내면의 가치를 그에 상대하는 카드로 내밀 것이니, 내가 꿀릴 게 뭐 있겠는가?" 증자 선생님이 어찌 도리에 안 맞는 말씀을 하셨겠습니까? 이것도 사람이 서로 사귀는 한 가지 방법이겠죠.

세상에는 언제나 어디서나 누구에게나 존경을 받는 조건이 세 가지 있어요. 지위, 나이, 내면의 가치가 그것이죠. 사회에서는 지위를, 동네나 친목 모임에서는 나이를, 세상을 돕고 국민을 돌보는 데는 내면의 가치를 최고로 쳐 줍니다. 이 중에서 한 가지 항목을 가지고 있으면서 두 가지 항목을 가지고 있는 사람을 무시한다면 그게 말이 됩니까?

그래서 나라의 먼 미래와 큰 가치를 지향하는 지도자는 반드시 함부로 부르지 못하는, 그러니까 자기가 어려워하는 참모나 측근을 둡니다. 그렇게 하고서 상의할 일이 있으면 직접 그를 찾아갔어요. 이것이 바로 지도자가 내면의 가치를 높이고 뭘 하든 바른 방법을 선호한다는 걸 행동으로 드러내 보이는 자세죠. 이런 자세가 없으면 그런 지도자와는 나라를 위한 훌륭한 일을 도모해 볼 수 없어요. 이를테면, 은나라를 건국한 탕임금은 이윤이라는 신하와 군신 관계를 맺기 전에 먼저 그에게서 수업을 받았어요. 그런 이후에 그를 신하로 삼았죠. 그래서 많은 수고를 들이지 않고 천하를 얻었어요. 제나라 환공도 마찬가지로 관중이라는 신하에게 먼저 배웠고, 이후에 신하를 삼았으므로 많은 수고를 들이지 않고도 다른 나라들을 제압할 수 있었고요.

지금 세상의 판도를 보세요. 땅덩이도 비슷비슷하고 지도자의 인품도 거기서 거기에요. 왜 이럴까요? 이건 그저 지도자들이 죄다 자기가 편하고 선생질을 하기 만만한 신하를 좋아하기 때문에 빚어진 현상이에요. 그들은 자기가 가르칠 사람을 아랫사람으로 두기 좋아하고, 자기가 배울 만한 사람은 영 불편해하죠. 탕임금도 제 환공도 이윤이나 관중을 제멋대로 오라 가라 하지 못했어요. 관중 정도 되는 사람도 그 군주가 함부로 부르지 못했는데 더군다나 관중 따위 거들떠도 안 보는 사람을 오라느니 가라느니 부른다고요?

한 편의 상황극을 보는 것 같은 장이다. 초반은 재밌다. 마치 『논어』에서 노나라 계씨季氏 집안의 입김 센 신하인 양화陽貨가 공자와 돼지고기 선물을 주고받으며 누가 먼저 인사를 받을 것인가 기 싸움 하던 것 같은 장면이다. 중간에 낀 맹중자만 불쌍하단 생각이……. 역시 제자 노릇은 아무나 하는 게 아니다.

맹자는 왕의 꼼수를 간파했기 때문에 인사하러 가지 않았다. 왕은 정치에 관한 맹자의 의견을 들어 보고는 싶은데 왕과 신하의 위치로 만나고 싶어서 수를 쓴 것이다. 가끔 인간은 이렇게 성급하다. 조금만 덜 머리를 썼으면 편하게 자기 있는 곳에서 맹자를 만났을 텐데. 어찌 되었든 사건은 터졌고 맹자는 안 갔다. 맹자도 결국 자기의 정치 견해를 팔아야 하는 아쉬운 입장인데 너무 뻣뻣한 것 아닌가 싶기도 하지만 맹자의 말도 틀린 건 없다. 부리기 좋은 신하의 말은 무게가 없어 왕에게 끌려다닐 뿐 왕을 이끌 수는 없기 때문이다. 왕의 마음에 들 때는 기꺼이 수용되어 승승장구할 것이나 왕이 잘못된 길을 걷는 것 같아 직언을 할 때 그에게 남은 것은 좌천과 해고뿐이다. 취직이 급한 맹자였지만 자기의 꿈을 0.1도 펼칠 수 없는 위치에서 직장 생활을 시작하는 건 시작할 이유가 0.1도 없는 공허한 짓이기 때문에, 맹자는 자신을 분명히 '아래'에 두고 싶어 하는 왕을 찾아가지 않은 것이다.

맹자의 이런 모습에서 "팔리기를 원하지만 적절한 값을 기다리고 있다"는 공자의 말을 떠올리게 된다. 오늘 대한민국은 어떤 일이든 취직만 된다면, 정규직만 된다면 그만이라는 분위기다. 하지만 취직된 순간부터 아무것도 꿈꿀 수 없고 아무것도 자기 의지대로 시도할 수 없다면 무슨 즐거움이 있어 그 일에 그 긴 하루와 그 긴 삶을 다 보낼 수 있을까? 조금쯤은 자기 자신과 자신의 가치에 무게를 두고 세상에 뻣뻣해져도 좋지 않을까 생각해 본다.

孟子將朝王, 王使人來曰: 寡人如就見者也, 有寒疾, 不可以風. 朝將視朝, 不識可使寡人得見乎?

對曰: 不幸而有疾, 不能造朝.

明日, 出吊於東郭氏.

公孫丑曰: 昔者辭以病, 今日吊, 或者不可乎!

曰: 昔者疾, 今日愈, 如之何不吊?

王使人問疾, 醫來. 孟仲子對曰: 昔者, 有王命, 有采薪之憂, 不能造朝. 今病小愈, 趨造於朝, 我不識能至否乎?

使數人要於路, 曰, 請必無歸, 而造於朝!

不得已而之景丑氏宿焉.

景子曰: 內則父子, 外則君臣, 人之大倫也. 父子主恩, 君臣主敬. 丑見王之敬子也, 未見所以敬王也.

曰: 惡! 是何言也? 齊人無以仁義與王言者, 豈以仁義爲不美也? 其心曰, 是何足與言仁義也云爾, 則不敬莫大乎是. 我非堯舜之道, 不敢以陳於王前, 故齊人莫如我敬王也.

景子曰: 否! 非此之謂也. 禮曰, 父召, 無諾, 君命召, 不俟駕. 固將朝也, 聞王命而遂不果. 宜與夫禮, 若不相似然.

曰: 豈謂是與? 曾子曰, 晉楚之富, 不可及也. 彼以其富, 我以吾仁, 彼以其爵, 我以吾義, 吾何慊乎哉? 夫豈不義而曾子言之? 是或一道也.

天下有達尊三, 爵一, 齒一, 德一. 朝廷莫如爵, 鄉黨莫如齒, 輔世長民莫如德. 惡得有其一, 以慢其二哉?

故將大有爲之君, 必有所不召之臣. 欲有謀焉, 則就之. 其尊德樂道, 不如是不足與有爲也. 故湯之於伊尹, 學焉而後臣之, 故不勞而王. 桓公之於管仲, 學焉而後臣之, 故不勞而霸.

今天下地醜德齊, 莫能相尙, 無他, 好臣其所敎, 而不好臣其所受敎. 湯之於伊尹, 桓公之於管仲, 則不敢召. 管仲且猶不可召, 而況不爲管仲者乎?

(4 - 3)

제자 진진(陳臻)과의 대화: 받아도 되는 것과 받으면 안 되는 것

진진 저번에 제나라를 떠날 때 왕이 큰 거 몇 장 주었는데 받지 않으셨죠. 그런데 송나라에서는 제나라 왕이 주던 것의 3분의 2쯤 되는 돈을 주자 받으셨어요. 그러다가 또 설薛나라에서는 제나라의 절반 되는 금액을 주었는데 그것도 받으셨고요. 제나라에서 받지 않은 게 옳았다면 이번에 받은 것이 잘못하신 거고, 이번에 받으신 게 옳은 거라면 제나라에서 안 받은 게 잘못하신 거겠지요? 선생님께서 분명 둘 중 하나는 잘못하신 거라 생각하는데요.

맹자 무슨? 둘 다 옳은 행동이었다네. 송나라에서는 내가 먼 길 떠날 일이 있었고, 길 떠나는 사람에겐 노잣돈을 주는 법이지. 그런데 마침 "노잣돈을 좀 드립니다"라고 하면서 그 돈을 주더라고. 그러니 내가 그걸 왜 안 받겠는가?
또 설나라에 있을 때는 내게 앙심을 품고 있는 사람이 있어서 내 신변에 위협이 좀 있었다네. 그런데 "위협을 겪고 계신다고 들었습니다. 보디가드 고용하시는 데 사용하십시오"라고 하면서 그 돈을 주었지. 그러니 내가 왜 안 받겠는가?
하지만 제나라에서는 내게 별일도 없는데 그냥 돈을 주더군. 별일도 없는데 돈을 주는 건 그 사람을 매수하기 위해서라네. 배울 만큼 배우고 알 만큼 아는 사람이 돈에 매수되지는 않지!

진진陳臻이 질문할 때부터 맹자에게 한 방 먹을 줄 알았다. 이유 없이 행동했다가 자신을 궁지로 몰고 갈 맹자가 아니기 때문이다. 예나 지금이나 돈이 오가는 것은 위험하다. 다만 맹자가 공직자가 아니기 때문에 맹자의 이유를 그러려니 들으며 읽을 수 있는 것이다. 그가 돈으로 매수당하는 것은 곡학아세曲學阿世, 그러니까 화려한 언변으로 강대국의 무력을 이론적으로 합리화해 주는 정도일 것이다. 그래서 맹자는 이유 없는 돈을 받지 않았다. 공직자의 금품 수수는 그 순간 공公을 직접적으로 해치지만 지식인과 언론인의 금품 수수는 생각을 오염시켜 서서히 공公을 망가뜨린다. 학자도 이론가도 먹고살아야 하니 각종 지원을 받아야 하지만 그 지원의 출처를 눙치고 바른 학문을 할 수는 없다. 갈등의 한가운데서 맹자가 말한다. "그 돈을 주는 명확한 이유, 그 돈을 받아도 되는 분명한 이유, 그것만 확실하면 돼!"

원문에서 제나라 왕이 맹자에게 준 것은 겸금兼金 100일鎰이다. 이때의 금은 지금의 금이 아니라 지금의 동銅을 의미한다. 겸兼이란 질이 매우 좋아서 그 값이 보통의 금에 비해 두 배가 된다는 뜻이다. 1일鎰은 20냥이다. 송나라에서는 겸금 70일을 주었고, 설나라에서는 50일을 주었다.

陳臻問曰: 前日於齊, 王餽兼金一百而不受. 於宋, 餽七十鎰而受. 於薛, 餽五十鎰而受. 前日之不受是, 則今日之受非也. 今日之受是, 則前日之不受非也. 夫子必居一於此矣.

孟子曰: 皆是也. 當在宋也, 予將有遠行. 行者必以贐, 辭曰, 餽贐. 予何爲不受? 當在薛也, 予有戒心. 辭曰, 聞戒, 故爲兵餽之. 予何爲不受? 若於齊, 則未有處也. 無處而餽之, 是貨之也. 焉有君子而可以貨取乎?

제나라 인사들과의 대화: 백성을 맡은 지도자의 막중한 책임

맹자가 제나라의 평륙平陸이란 지역에 가서 그곳 지방관인 공거심孔距心을 만났다.

맹자 그대가 거느린 군대에서 어떤 병사가 하루에 세 번 탈영한다면 어떠하겠습니까? 그대로 두겠습니까, 아니면 처형하겠습니까?

공거심 세 번까지 안 기다립니다.

맹자 그렇다면 그대 자신이 이미 여러 번 탈영했다고 볼 수 있겠네요. 역대급 불황으로 심각한 경제난에 그대의 지방민이 힘없는 노약자는 하릴없이 굶어 죽어 시신이 널브러져 있고, 청장년은 먹을 것을 찾아 사방으로 흩어져 그 수가 대체 몇천인지 알 수 없을 지경이에요.

공거심 이건 제가 어떻게 해 볼 수 없는 문제입니다…….

맹자 예를 들어 보죠. 남의 가축을 맡아서 대신 목축하는 자가 있다고 합시다. 그럼 그는 그 가축을 위해 목장과 목초를 구할 테죠. 목장과 목초를 열심히 구했는데 결국 못 구했어요. 그럼 그 사람은 그 가축들을 주인에게 도로 돌려주어야 할까요, 아니면 그냥 우두커니 서서 걔들이 죽는 걸 지켜보고 있어야 할까요?

공거심 아!!! 이건 저의 잘못입니다!

이런 일이 있고 얼마 후에 맹자가 왕을 만나 볼 일이 있었다.

맹자 왕의 지방관 중 다섯 사람을 제가 아는데요, 그중에서 오직 공거심만 자기가 제대로 다스리지 못한 죄를 알더군요.

이렇게 말하고는 일전에 있었던 공거심과의 대화를 왕에게 읊어 주었다.

왕 아!!! 이건 모두 나의 책임입니다!

孟子之平陸. 謂其大夫曰: 子之持戟之士, 一日而三失伍, 則去之否乎?

曰: 不待三.

然則子之失伍也, 亦多矣. 凶年饑歲, 子之民, 老羸轉於溝壑, 壯者散而之四方者, 幾千人矣.

曰: 此非距心之所得爲也.

曰: 今有受人之牛羊, 而爲之牧之者, 則必爲之求牧與芻矣. 求牧與芻而不得, 則反諸其人乎? 抑亦立而視其死與?

曰: 此則距心之罪也.

他日, 見於王曰: 王之爲都者, 臣知五人焉, 知其罪者, 惟孔距心. 爲王誦之.

王曰: 此則寡人之罪也.

(4 - 5)

맹자와 제나라 대부 지와(蚳鼃), 거취 차이에 대한 논란: 공직자와 비공직자

맹자가 제나라 대부인 지와에게 말했다.

맹자 그대가 영구靈丘 지역의 지방관 자리를 사양하고 법관 자리를 청한 것이 꽤 그럴듯해 보였던 것은 그 자리가 왕에게 옳은 말을 할 수 있는 자리이기 때문이었죠. 그런데 그 자리에 간 지 벌써 몇 개월인데 아직도 간언할 수 없는 상황인가요?

이 말을 들은 지와는 양심에 찔리는 바가 있어 용기를 내 왕에게 현재 시정의 여러 문제점을 지적하고 개선을 촉구했다. 그러나 그의 말은 받아들여지지 않았고, 지와는 관직을 내려놓고 떠나갔다. 이 일련의 일에 대한 소문이 제나라에 퍼지자 제나라 사람들이 한마디 했다.

사람들 맹자가 지와에게 해 준 말은 참 좋은데, 맹자 자기는 왜 그러고 있대? 거참, 이해를 못하겠단 말이지.

맹자의 제자인 공도자公都子가 사람들이 수군거리는 이 말을 듣고 맹자에게 알리니, 맹자가 그런 말 신경 쓸 것 없다며 이렇게 말해 주었다.

맹자 내가 아는 한은 그래. 관직에 있는 사람은 그 자리에서 해야 할 일을 제대로 수행할 수 없으면 그 자리에서 떠나야 하고, 지도자에게 직언할 책임을 지닌 사람은 직언이 제대로 먹혀들지 않으면 그 자리에서 떠나야 하지. 나는 관직도 없고 직언의 책임도 없는 위치 아닌가. 그렇다면 내가 나아가든 물러가든 그게 뭐? 나 같은 백수가 여유작작한 게 당연한 거 아냐?

맹자의 말인즉슨 이것이다. "이 나라 국민도 아니고 이 나라 관리도 아닌 나에게 왜 이 나라가 잘못 가고 있는 책임을 묻지? 그 책임은 일단 제나라 관리와 정치인에게 있고, 그다음은 국민에게 있는 거지." 국민은 가끔 자신은 정치의 주체가 아니라는 생각이 너무 확고해서 세상에 목소리를 내는 사람에게 끊임없이 더 많은 것을 요구하기만 할 때가 많다. 정작 자기 자신은 자기 개인의 삶에만 몰두하느라 공적인 행동은 아무것도 취하지 않으면서 말이다.

孟子謂蚳鼃曰: 子之辭靈丘而請士師, 似也, 爲其可以言也. 今旣數月矣, 未可以言與?

蚳鼃諫於王而不用, 致爲臣而去.

齊人曰: 所以爲蚳鼃, 則善矣, 所以自爲, 則吾不知也.

公都子以告.

曰: 吾聞之也, 有官守者, 不得其職則去. 有言責者, 不得其言則去. 我無官守, 我無言責也, 則吾進退, 豈不綽綽然有餘裕哉?

(4 - 6)

맹자와 왕환(王驩)이란 인물 사이의 신경전

맹자가 제나라 민왕湣王의 자문위원으로 있을 때 마침 등나라 왕인 문공의 장례가 있어 나라의 대표 자격으로 조문을 가게 되었다. 왕은 맹자 혼자 보내지 않고 자신이 매우 총애하는 합蓋 지역의 지방관 왕환을 딸려 보내며 그에게 맹자를 수행하게 했다. 왕환이 아침저녁으로 맹자를 만났으나 맹자는 제나라와 등나라를 왕복하는 내내 왕환과 공식적인 일에 대해서 말 한마디 나누지 않았다. 결국 제자인 공손추가 한마디 했다.

"제나라 자문위원이란 위치가 별것 아닌 위치가 아니고 제나라에서 등나라를 오가는 길이 가까운 것도 아니죠. 그런데 갔다가 돌아올 때까지 공식적인 일에 대해서는 말 한마디 나누지 않으시니……. 왜 그러시는 거죠?"
맹자가 답했다.
"이미 다 알아서 하는 사람이 있는데 내가 뭔 말을 해?"

제나라 대표로 등나라 왕의 상에 조문 가는 일에 정사는 맹자가 맡았고, 부사는 왕환이 맡았다. 위치로 치자면 맹자가 높은 것이다. 그러나 왕환이 왕의 총애를 받는 신하라는 점이 중요하다. 맹자는 제나라에서 계속 제대로 된 관직도 주지 않아 이냥저냥 세월을 보내고 있는 처지였다가 이제 막 다른 나라 사람으로서 왕에게 자문할 수 있는 실권은 없고 지위만 있는 객경客卿의 위치를 얻은 처지였다. 그런데 실권도 있고 지위도 있고 왕의 사랑까지 등에 업은 왕환이 사신 일정에 따라붙었으니, 이건 맹자에게 일을 하라는 것인가 말라는 것인가 싶은 상황인 것이다. 그러나 달리 보면 기회일 수도 있었다. 공손추의 말은 질문 형식이지만 '아이참, 스승님, 잘 좀 하시지. 그러면……'의 의미로 건넨 말이었을 것이다. 그러나 맹자는 엉킨 마음을 풀어낼 뜻이 조금도 없다. "(왕환이…… 아니 그 이름도 입에 올리기 싫다.) 다 알아서 하는 사람 있는데 내가 뭘!" 맹자의 성격이 그려지기도 하고 맹자의 처지가 안쓰럽기도 하다.

孟子爲卿於齊, 出吊於滕, 王使蓋大夫王驩爲輔行. 王驩朝暮見, 反齊滕之路, 未嘗與之言行事也.

公孫丑曰: 齊卿之位, 不爲小矣, 齊滕之路, 不爲近矣, 反之而未嘗與言行事, 何也?

曰: 夫旣或治之, 予何言哉?

(4 - 7)

제자 충우(充虞)와의 대화: 검소해질 수 없는 부모님 장례

맹자가 제나라에서 노나라로 가서 어머니 상을 치르고 다시 제나라로 돌아가는 길이었다. 제나라 남쪽 영嬴 지역에서 잠시 걸음을 멈추고 쉬고 있었다.

충우 스승님은 어머니 장례 때 저같이 부족한 사람에게 관 짜는 일을 맡겨 주셨습니다. 그때는 워낙 상황이 급해서 제가 감히 여쭈어 볼 엄두가 나지 않아 그저 맡겨진 일을 수행했습니다만 지금은 좀 여유가 생겼으니…… 여쭈어 보고 싶은 것이 있습니다. 솔직히 관으로 사용한 나무가 너무 과하게 좋은 것 아니었습니까?

맹자 아주 옛날에는 장사 지낼 때 관과 관을 넣는 곽에 정해진 치수가 없었다네. 그러다가 주나라가 건국되고 주공이 예법을 제정하면서 관의 두께는 약 20센티미터로 하고 곽은 그에 걸맞게 하는 것으로 정하고서 이를 황제부터 일반인까지 모두에게 적용했네. 이건 다만 보기 좋으라고 한 것이 아니라 이렇게 한 뒤에야 비로소 사람의 도리를 다했다 싶어 마음에 좀 위로가 되기 때문이지. 제도상 신분이 걸려 그렇게 할 수 없거나 돈이 없어 그렇게 할 수 없으면 모두 마음이 참 좋지 않을 것이네. 제도상으로도 할 수 있고 돈도 있으면 옛날 사람들은 모두 좋은 관과 좋은 곽을 썼지. 그런데 나라고 왜 그렇게 하지 않겠는가?

그리고 죽은 사람에게 그 시신이 놓인 곳의 흙이 피부에 직접 닿지 않게 하는 것이 그를 장사 지내는 사람의 마음에도 위로가 되지 않겠는가? 내가 알기로, 제대로 배운 사람은 세상 때문에 혹은 어떤 이유로든 그 부모에게 검소하게 하지 않는 법이라지?

충우는 맹자가 어머니 상에 분수를 넘어서는 좋은 나무를 사용해 관을 짠 것 같다고 생각했다. 어머니란 존재가 누구에게나 그럴 테지만 맹자에게는 더욱 특별한 존재였고, 그래서 충우는 맹자가 개인적인 감정 때문에 예禮에서 벗어나게 된 것 아닌가 생각했던 것이다. 맹자가 어머니 상을 치를 때가 언제였는가에 대해 아직도 논란이 있긴 하지만 대개 그가 제나라에서 자문위원을 지낼 때가 아닌가 추정한다. 그렇다면 그 신분에서 힘자라는 데까지 어머니 상을 치렀을 것이니 비싸고 좋은 재목으로 장례를 치렀을 것이다. 이전 「양 혜왕 하」 2-16(120쪽)에서도 노나라 군주가 맹자를 만나 보려 했을 때 그걸 막은 간신 장창이 공략한 맹자의 약점도 바로 이 어머니 상례 문제였다. 맹자는 분명히 어머니 상을 원 없이 치렀던 것 같다. 장례를 후히 지내는 것을 당연하게 보는 것, 이것이 유학의 특징이기도 하고 유학이 가장 크게 공격을 받는 지점이기도 하다.

孟子自齊葬於魯, 反於齊, 止於嬴.

充虞請曰: 前日不知虞之不肖, 使虞敦匠事. 嚴, 虞不敢請. 今願竊有請也,木若以美然.

曰: 古者棺槨無度, 中古棺七寸, 槨稱之. 自天子達於庶人. 非直爲觀美也, 然後盡於人心. 不得, 不可以爲悅, 無財, 不可以爲悅. 得之爲有財, 古之人皆用之, 吾何爲獨不然? 且比化者, 無使土親膚, 於人心獨無恔乎? 吾聞之, 君子不以天下儉其親.

(4 - 8)

제나라 관료 심동(沈同)과의 대화: 제나라의 연나라 정벌 문제에 휘말린 맹자

제나라 관료인 심동이 맹자에게 사적으로 연나라와의 전쟁에 대해 물었다.

심동 연나라와의 전쟁, 어떻게 생각하세요? 연나라를 정벌해도 될까요?

맹자 된다고 봐요. 지금 연나라 왕인 자쾌가 제아무리 왕이라도 마음대로 좋아하는 사람에게 나라를 줄 수 없고, 연나라 국무총리인 자지도 아무리 왕이 준다고 해도 나라를 덥석 받아 챙길 수는 없는 법입니다. 예를 들어 여기 어떤 관리가 있어요. 근데 그대 눈에 이 사람이 참 마음에 들어요. 그래서 왕에게 말도 안 하고 그대의 지위와 연봉을 개인적으로 그 사람에게 그냥 줬어요. 그 사람도 정식 임명도 없었는데 그대가 그것들을 준다 하니까 개인적으로 그냥 받았어요. 이게 말이 됩니까? 연나라 상황이 딱 이 판이죠.

이런 대화 후에 정말로 제나라가 연나라를 정벌하는 사건이 일어났다. 이에 누군가 물었다.

누군가 그대가 제나라에 연나라를 치도록 권했다는 게 사실인가요?

맹자 아닙니다. 그저 심동이 연나라를 정벌해도 되냐고 묻기에 그거야 된다고 했던 겁니다. 그랬더니 진짜로 정벌을 해 버렸네요. 그가 만약 질문을 '누가 연나라를 정벌해야 할까요?'라고 물었다면 나는 '민심의 지지와 정당성을 가지고 있는 자'라고 대답했을 겁니다. 이를테면 이런 거죠. 지금 사람을 죽인 사람이 있는데, 누군가 내게 그 살인자를 죽여도 되느냐고 묻는다면 나는 된다고 답할 거예요. 하지만 그가 만약 '누가 그 살인자를 죽여야 할까요?'라고 묻는다면 나는 '법관'이라고 답할 겁니다. 지금 연나라도 제나라도 도덕적 수준이나 나라 운영 수준으로 볼 때 오십보백보죠. 연나라가 연나라를 친 꼴인데 내가 뭘 권하고 말고 할 게 있겠습니까?

까마귀 날자 배 떨어진 것이었을까? 연나라를 쳐도 되느냐는 질문이 아무리 사적인 질문이었다고는 하나 물어본 사람이 제나라 현직 관료였으니 맹자가 전쟁 발발에 개입한 혐의를 피하기는 어렵다. 그러나 전쟁이 끊이지 않던 시기를 살았던 맹자가 무작정 전쟁에 반대하기만 했을 리도 없을 것이다. 제나라와 연나라의 전쟁에 관해서, 그리고 그 전쟁을 바라보는 맹자의 시선에 대해서는 「양 혜왕 하」 2-10(109쪽), 2-11(111쪽) 참조.

沈同以其私問曰: 燕可伐與?

孟子曰: 可. 子噲不得與人燕, 子之不得受燕於子噲. 有仕於此, 而子悅之,不告於王而私與之吾子之祿爵, 夫士也, 亦無王命而私受之於子, 則可乎? 何以異於是?

齊人伐燕.

或問曰: 勸齊伐燕, 有諸?

曰: 未也. 沈同問, 燕可伐與? 吾應之曰, 可. 彼然而伐之也. 彼如曰, 孰可以伐之? 則將應之曰, 爲天吏, 則可以伐之. 今有殺人者, 或問之曰, 人可殺與? 則將應之曰, 可. 彼如曰, 孰可以殺之? 則將應之曰: 爲士師, 則可以殺之. 今以燕伐燕, 何爲勸之哉?

(4 - 9)

제나라 대부 진가(陳賈)와의 대화: 지도자의 잘못을 덮어 주지 말라

연나라 사람들이 제나라에 반기를 들었다. 제나라 왕은 맹자의 충고를 떠올리며 민망해했다.

왕 거참……. 맹자 볼 낯이 없네…….

진가 뭘 이런 일로 신경을 쓰십니까? 한 가지 여쭙고 싶은데요, 임금님과 주나라 기초를 세운 주공을 견주어 보신다면 누가 더 훌륭하고 지혜롭다고 생각하십니까?

왕 어이쿠, 이 사람아! 이 무슨 민망한 질문인가?

진가 정말 위대하기 그지없는 주공이시죠. 그런데 생각해 보세요. 주공이 자기 형인 관숙管叔에게 자기들이 정복한 은나라 유민을 감독하게 했는데, 관숙이 하라는 감독은 안 하고 되레 그들을 데리고 반란을 일으켰죠. 관숙이 그럴 거라는 걸 알면서도 맡겼다면 이건 주공의 인품이 훌륭하지만은 않은 것이고, 관숙이 그럴 줄 모르고서 맡겼다면 이건 주공이 지혜롭지 못한 것입니다. 훌륭한 인격과 탁월한 지혜는 주공도 마스터하지 못한 것인데 왕께 무슨 큰 허물이 있다 하겠습니까? 제가 맹자를 만나 해명하고 오겠습니다.

진가가 호기롭게 맹자를 만나러 갔다.

진가 주공은 어떤 분이신가요?

맹자 옛 성인이시죠.

진가 그런데 말씀이죠, 주공이 자기 형 관숙더러 은나라 유민을 감독하게 했잖습니까? 관숙은 그 은나라 유민과 손잡고 되레 반란을 일으켰고요. 맞죠?

맹자 (하, 말의 물꼬 트는 것 보게?) 그렇죠.

진가 그럼 주공은 관숙이 반란 일으킬 걸 알면서 그 일을 시키신 겁니까?

맹자 모르셨죠.

진가 어이쿠! 그럼 성인도 잘못을 하나요?

맹자 (얼씨구?) 주공은 아우고 관숙은 형이었다는 입장에서 살피셔야죠. 형제 사이 예법에서 형을 미리 재단하지 않고 믿고 존중하는 것은 아우가 지녀야 할 덕이니, 주공의 잘못은 당연한 거 아니겠습니까?
그런데 말이 나온 김에 짚고 넘어가고 싶은 게 있군요. 옛날 지도자와 관료는 잘못을 하면 고쳤는데, 지금의 지도자와 관료는 잘못이 있으면 개과천선은커녕 죽 밀고 나가 아주 완성을 시키는군요. 옛날 지도자들은 잘못을 일부러 덮거나 가리지 않아서 일식이나 월식처럼 어둠에 잠식당한 모습이 그대로 드러나 국민이 모두 그 문제적 상태를 다 보았죠. 하지만 또 마찬가지로 그 잘못을 고치는 모습도 다 보았기 때문에 빛이 회복되면 모두 우러러 존경을 표했어요. 그러나 요즘 지도자들이란……. 다만 잘못을 죽 밀고 나갈 뿐만 아니라 계속해서 온갖 말로 합리화까지 하는군요.

제나라가 연나라를 정벌하고 2년 뒤 연나라 사람들은 태자 평을 세워 왕으로 삼고 제나라에 대항했다. 맹자가 무엇보다 연나라 백성의 마음을 헤아려 전쟁을 진행하고 전후 처리를 하라고 했건만 제나라 왕은 전혀 그렇게 하지 않았으므로 연나라의 반격이 시작된 것이다. 그래서 맹자에게 부끄럽다고 한 것이다.

관숙의 반란 이야기는 다음과 같다. 관숙은 주나라 무왕의 아우이자 주공의 형으로, 이름은 선鮮인데, 관管이란 고장에 봉해져서 관숙이라 불린다. 무왕이 은나라를 치고 주나라를 세운 뒤 은나라 주왕의 아들인 무경武庚을 은나라 유민의 지도자로 세우고 관숙과 또 다른 동생 채숙蔡叔을 붙여 감시·감독하게 했다. 그런데 주나라가 채 안정되기 전 무왕이 병사했다. 어린 성왕成王이 즉위하고 주공이 성왕을 보필하며 섭정하게 되자 관숙과 채숙이 왕위를 욕심내 은나라 유민과 손을 잡고 반란을 일으켰다.

진가는 나름대로 맹자가 이도 저도 못하고 우물쭈물할 함정을 파서 질문을 던졌지만 천하의 맹자가 그 질문 하나 부드럽게 못 넘길 리 없다. 맹자는 진가가 간과한 '예법'을 들어 제대로 답을 해냈다. 종법제宗法制를 기반으로 한 '예'禮가 어느 성문법보다 힘이 센 당시의 보편 윤리였기 때문이다. 왕의 잘못에 회칠하려던 진가의 꼼수는 이렇게 본전도 못 건지고 끝나고 말았다. 지도자가 스스로 부끄럽다고 말하고 있는데 아랫사람이 되레 '괜찮다. 잘못하신 거 하나 없다'라고 말하고 온갖 수를 다 써서 그 잘못을 덮는 상황, 옛날이나 지금이나 이 간신배들이 나라를 망친다. 조금만 실수하다가 돌아올 수 있는 사람을 순간의 아첨으로 완전히 잘못 가게 만들어 버리는 것이다. 잘못 그 자체는 지도자의 권위에 하등 문제 될 것이 없다. 오히려 중급 지도자든 최고 지도자든, 지도자의 잘못을 명명백백하게 드러내서 비난받게 하고, 비난을 듣거든 스스로 깨달아 고치게 하고 그 모습을 보여 주는 것이 훨씬 더 나라의 면면을 투명하고 건강하게 만든다. 잘못했다 한마디 하고 고치면 될 것을……. 그놈의 '충성충성!'이 모든 것을 망친다.

燕人畔.

王曰: 吾甚慚於孟子.

陳賈曰: 王無患焉. 王自以爲與周公, 孰仁且智?

王曰: 惡! 是何言也?

曰: 周公使管叔監殷, 管叔以殷畔. 知而使之, 是不仁也, 不知而使之, 是不智也. 仁智, 周公未之盡也, 而況於王乎? 賈請見而解之.

見孟子. 問曰: 周公何人也?

曰: 古聖人也.

曰: 使管叔監殷, 管叔以殷畔也, 有諸?

曰: 然.

曰: 周公知其將畔而使之與?

曰: 不知也.

然則聖人且有過與?

曰: 周公, 弟也, 管叔, 兄也. 周公之過, 不亦宜乎? 且古之君子, 過則改之, 今之君子, 過則順之. 古之君子, 其過也, 如日月之食, 民皆見之, 及其更也, 民皆仰之. 今之君子, 豈徒順之, 又從爲之辭.

(4 - 10)

제나라를 떠나는 맹자: 부귀에 집착하면 농단을 하는 법

맹자가 제나라에 사직서를 내고 귀향을 결심했다. 이에 왕이 맹자를 찾아와 만났다.

왕 지난날 만나 뵙고 싶었는데 뵙지 못하다가 선생님과 함께 국정을 볼 수 있게 되어서는 매우 기뻤습니다. 그런데 이제 또 나를 버리고 돌아가시니, 앞으로도 계속해서 뵐 수 있을는지요?

맹자 제가 감히 청할 수는 없지만 진심으로 바라는 일이지요.

이렇게 맹자는 제나라에 안녕을 고했다. 그런데 얼마 뒤 제나라 왕이 신하인 시자時子에게 슬쩍 맹자에 대한 자기 뜻을 내비쳤다.

왕 내가 서울에다가 맹자 집을 지어 주고 섭섭잖은 지원금을 대서 제자를 양성하게 하고 싶네. 그렇게 해서 이 나라의 지도층이든 일반인이든 모두 공경하며 본받게 하고 싶단 말이지. 그러니 자네가 이런 내 마음을 맹자에게 좀 전해 주면 어떻겠나?

시자가 맹자의 제자인 진진에게 이 내용을 일러 주며 맹자에게 말씀드리게 했다. 그래서 진진이 이 내용을 맹자에게 전하자 맹자가 말했다.

맹자 그렇겠지. 이게 불가능한 일이라는 걸 시자가 알리가 없지. 내가 부자가 되려고 했으면 제나라 자문위원이 받는 많은 연봉을 놔두고 굳이 그 10분의 1 정도 되는 장학지원금을 받겠나? 이게 넘치는 재산을 꿈꾸는 사람 태도겠는가? 언젠가 계손季孫이란 사람이 이런 말을 한 적이 있네. "자숙의子叔疑는 참 사람이 그래. 자기에게 나랏일을 맡겼다가 더 이상 자기를 쓰지 않으면 그만두면 그만인데, 그 자식과 형제를 어떻게든 장관이 되게 했네. 사람이면 누군들 부자 되고 싶고 높은 사람이 되고 싶지 않겠냐만 유난스레 부귀에 집착해서 농단을 한단 말이지."
'농단'壟斷이 또 뭔가 하면 말일세, 옛날에 시장은 있는 것과 없는 것을 교환하는 곳이었네. 그리고 관리는 그런 교환이 별 분쟁 없이 잘 이루어지도록 정리할 뿐이었고. 그러던 어느 날 어떤 천박한 놈 하나가 시장에 흘러 들어왔는데, 이 작자는 꼭 농단, 그러니까 높은 언덕빼기에 올라가서 여기저기 교환 내역을 살피면서 시장의 이익을 독점했다네. 사람들이 모두 그가 하는 짓을 천박하다고 여겼지. 이놈 좋은 짓을 계속 내버려둘 순 없잖나? 그래서 이때부터 이익에 따라 세금을 거두기 시작했네. 상인들에게 세금을 거두는 게 이 천박한 놈의 등장으로부터 시작된 것이라네.

요즘 우리도 종종 사용하는 '농단'壟斷이란 말의 출처가 바로 여기다. 원문에는 '龍'(룡)으로 되어 있는데, 언덕 롱壟 자와 통용해서 쓴다. 맹자는 제나라 왕이 맹자 자신이 정말로 원하는 게 무언지 알고 그걸 줄 생각이 없으면서 세상의 존경을 받기 위해 자기를 묶어 두려는 한다는 걸 뻔히 알았다. 그래서 자신은 꿈꿨던 그 일이 아니면 미련 없이 관둘 뿐이지 그저 뭐라도 얻으려 이익을 살피는 그런 천박한 짓은 하지 않는다고 자기 뜻을 피력했다.

孟子致爲臣而歸. 王就見孟子, 曰: 前日願見而不可得, 得侍同朝, 甚喜. 今又棄寡人而歸, 不識可以繼此而得見乎?

對曰: 不敢請耳, 固所願也.

他日, 王謂時子曰: 我欲中國而授孟子室, 養弟子以萬鍾, 使諸大夫國人皆有所矜式. 子盍爲我言之?

時子因陳子而以告孟子, 陳子以時子之言告孟子.

孟子曰: 然. 夫時子惡知其不可也? 如使予欲富, 辭十萬而受萬, 是爲欲富乎? 季孫曰, 異哉子叔疑! 使己爲政, 不用, 則亦已矣, 又使其子弟爲卿. 人亦孰不欲富貴? 而獨於富貴之中, 有私龍斷焉. 古之爲市也, 以其所有易其所無者, 有司者治之耳. 有賤丈夫焉, 必求龍斷而登之, 以左右望而罔市利. 人皆以爲賤, 故從而征之. 征商, 自此賤丈夫始矣.

(4 - 11)

어떤 객과의 대화: 왕을 위해 현자를 붙들고 싶다면

맹자가 제나라를 떠나 고향으로 돌아갈 때 제나라 수도 서남쪽에 위치한 주晝 지방에서 잠시 머물게 되었다. 이때 제나라 왕을 위해서 맹자를 만류하려 하는 사람이 있었다. 그가 앉아서 그러한 뜻을 말했는데 맹자가 아무 대꾸도 않고 안석案席에 기대 누워 버리는 것이 아닌가? 이러한 맹자의 태도에 기분이 상한 그가 말했다.

어떤 객 제가 심지어 밤새 재계하며 몸과 마음을 깨끗이 하고서 어렵사리 말씀을 꺼냈는데, 선생님께서는 누우셔서 제 말을 듣지도 않으시니, 다시 찾아뵙는 일 없도록 하겠습니다!

단단히 마음이 상한 그를 힐끗 쳐다본 맹자가 자리에서 몸을 일으켰다.

맹자 앉으시게나. 내 자네에게 명확하게 말해 줌세. 옛날에 노나라 목공繆公은 공자의 손자인 자사子思를 존경하고 예우해서 그의 곁에 자기 사람을 붙여 두고 자기 마음을 전달하게 했는데, 이렇게 하는 자기 사람이 없으면 자사가 떠날까 봐 안심하지 못했다네. 그리고 목공을 보좌하던 설류泄柳와 신상申詳도 현자였고, 특히 신상은 공자 제자인 자장의 아들이었다네. 그렇지만 목공이 자사만큼 그들을 높이지 않았기 때문에 그들은 목공 곁에 자기들 마음을 제대로 알아줄 만한 지혜로운 사람이 없으면 그들 자신이 안심하지 못했지. 자네가 이 늙은이를 위해 걱정해 주고 있네만 왕이 만류하라고 시키지도 않았는데 지레 왕을 위해 나를 붙드니, 이건 자사 곁에 있던 목공의 사람만 못한 자세인 게지. 그렇다면 따져 보세. 자네가 이 늙은이를 거절한 건가, 아니면 이 늙은이가 자네를 거절한 건가?

孟子去齊, 宿於晝.

有欲爲王留行者, 坐而言. 不應, 隱几而臥.

客不悅曰: 弟子齊宿而後敢言, 夫子臥而不聽, 請勿復敢見矣.

曰: 坐! 我明語子. 昔者魯繆公無人乎子思之側, 則不能安子思. 泄柳申詳, 無人乎繆公之側, 則不能安其身. 子爲長者慮, 而不及子思, 子絕長者乎? 長者絕子乎?

(4 - 12)

제나라 사람 윤사(尹士)와의 핑퐁: 맹자가 제나라를 미적대며 떠난 이유

맹자가 제나라를 떠났다. 맹자를 탐탁잖게 보던 제나라 사람 윤사가 맹자에 대해 사람들에게 뒷공론을 했다.

윤사 우리 왕이 탕왕이나 무왕과 같은 성군이 될 수 없다는 것을 맹자가 몰랐다면 그건 현명하지 못한 거고, 그걸 알면서도 이 나라에 왔다면 그건 부와 명예를 노린 거지. 자기 고향에서 여기까지 그 먼 거리를 와서 왕을 만나고도 왕이 자기를 등용해 주지 않으니까 떠나는 거잖아? 그런데도 미련이 남아 사흘이나 눌러 있다가 주 지방에서 떠났으니, 뭘 또 이렇게 오래 미적댄단 말인가? 나는 그의 이런 자세가 영 별로야!

맹자의 제자인 고자高子가 이 말을 듣고 그대로 맹자에게 전했다.

맹자 윤사가 나에 대해 뭘 알겠나? 내 고향부터 제나라까지 그 먼 거리를 마다 않고 와서 왕을 만난 건 내가 원해서 그렇게 한 것이지만 왕이 나를 등용하지 않아서 내가 떠나게 된 것이야 어찌 내가 바란 것이겠는가? 나로서는 어쩔 수 없었던 거지.
그럼에도 내가 사흘간 미적거리고서 주 지방을 떠났네만 그것도 나는 빨리 떠나는 거라고 생각했네. 나는 왕이 혹시라도 마음을 고치길 바랐거든. 왕이 혹시라도 마음을 돌린다면 분명 나를 붙잡을 테지. 그런데 주 지방에서 떠나는데도 왕이 날 쫓아오지 않더군. 그제야 비로소 나는 완전히 미련을 버리게 됐지. 그렇다고 내가 왕을 완전히 포기한 것이겠는가? 아니 오히려 왕은 선정을 베풀 만한 충분한 자질이 있는 사람인데, 그런 그가 나를 등용한다면 어찌 제나라 국민만 편안해지겠는가? 온 천하 만민이 평화를 누리게 되겠지. 내 매일의 소망은 말이지, 왕이 행여라도 마음을 바꾸는 것이네. 그러니 내가 어찌 왕에게 내 '빅픽처'를 쏟아 냈다가 안 들어주면 팩 토라져서 불쾌한 심사를 얼굴에 그대로 다 드러내고는 휑하니 돌아서서 '내가 그쪽으로는 오줌도 안 눈다'라는 자세로 온 힘을 다해 최대한 멀리 가 버리는, 그런 좀생이나 하는 짓을 하겠는가?

맹자의 이 말을 윤사가 전해 들었다. 순간 부끄러움에 그의 얼굴이 확 달아올랐다.

윤사 나야말로 진짜 좀생이였구나!

孟子去齊. 尹士語人曰: 不識王之不可以爲湯武, 則是不明也, 識其不可, 然且至, 則是干澤也. 千里而見王, 不遇故去, 三宿而後出晝, 是何濡滯也? 士則茲不悅.

高子以告. 曰: 夫尹士惡知予哉? 千里而見王, 是予所欲也. 不遇故去, 豈予所欲哉? 予不得已也. 予三宿而出晝, 於予心, 猶以爲速. 王庶幾改之, 王如改諸, 則必反予. 夫出晝而王不予追也, 予然後浩然有歸志. 予雖然, 豈舍王哉? 王由足用爲善.

王如用予, 則豈徒齊民安? 天下之民擧安. 王庶幾改之, 予日望之. 予豈若是小丈夫然哉? 諫於其君而不受, 則怒, 悻悻然見於其面, 去則窮日之力, 而後宿哉?

尹士聞之曰: 士誠小人也.

(4 - 13)

제자 충우와의 대화: 그땐 그때고 지금은 지금이지

맹자가 제나라와 완전히 안녕을 고했다. 제나라가 이제 더는 보이지 않는 어느 길쯤에서 맹자가 코가 석 자나 빠진 채 멍하니 앉아 있었다. 제자인 충우가 그런 맹자의 모습을 보았다. 원칙주의자(맹자 어머니 장례식 관이 너무 화려했다고 지적한 그였다)인 그는 선생님이 저러시면 안 된단 생각이 들었다. 제나라에서 좋은 자리를 얻지 못했다고 저렇게까지 침울해하신다는 건 좀…….

충우 선생님 얼굴빛이 너무 어두우신 것 아닌가요? 언젠가 선생님께서 "진짜 지성인이라면 하늘을 원망하지 않고 사람을 탓하지 않는 법이지"라고 말씀하시는 걸 들은 기억이 있는데요…….

맹자 (애를 우직하다고 해야 할지, 참…….) 그땐 그때고 지금은 지금이지! 역사적으로 500년이면 한 번씩 세상을 제대로 다스릴 지도자가 반드시 나오더라고. 그때쯤이면 인품과 재주가 탁월해 세상이 알아주는 유명한 인재가 있고. 그 인재가 그 지도자를 보필하지. 지금은 주나라가 건국된 지 700년쯤 됐거든? 햇수로 보자면 이미 그럴 때가 지났고 상황으로 봐도 이미 나왔어야 해. 근데 아무래도 하늘이 세상을 평정하고자 하지 않는 모양이야. 만약 하늘이 세상을 평정해 바로잡고자 했다면 지금 이 세상에서 나 말고 누구에게 이 역할을 감당시키겠나? 세상을 생각하면 어떻게 우울하지 않을 수 있겠어?

충우 같은 제자가 있으면 선생님이 좀 피곤하기도 하겠다. 충우가 예전에 맹자에게 들었다던 그 말은 『논어』 「헌문」憲問 편에 등장하는 말이다. 큰 원칙에서야 『논어』의 말과 같겠지만 그렇다고 어떻게 모든 상황에서 그렇게 살 수 있겠는가? 게다가 세상을 한 번 제대로 바로잡고 싶은 큰 뜻이 제나라라는 강대국에서 펼쳐질 수도 있겠다 싶었다가 산산이 부서진 순간에 어떻게 밝은 낯빛을 할 수 있었겠는가? "그때는 그때고 지금은 지금이지!"라는 말 속에서 맹자의 피로를 읽는다.

하지만 스승은 스승인지라 기분이 어떻든 충실히 답을 해 준다. 아니 어쩌면 그 돌직구에 답하며 자기 마음을 추슬렀던 것인지도 모르겠다. 요순에서 은나라 탕왕까지 500년, 은나라 탕왕에서 주나라 문왕과 문왕까지 500년, 맹자는 이런 식으로 천하가 평정되는 주기를 500년으로 보았다. 맹자는 자신의 정치철학에 자신이 있었다. 지금 당장은 잃어버린 기회 앞에서 잠시 침울해하지만 '하늘을 원망하지 않고 사람을 탓하지 않는' 원칙은 개인 차원의 불우에는 옳지만, 세계의 불우에는 다를 수 있는 것. 맹자가 자신이 가진 정치철학의 온당성이 결국 승리할 것이라는 확신을 버린 것은 아니다. 맹자의 이 확신은 그때는 틀렸고, 지금은 맞다. 전국 시대는 그를 외면했지만 이후 그의 철학은 긴 세월에 걸쳐 주요한 정치철학으로 크게 활용되었으니까.

孟子去齊. 充虞路問曰: 夫子若有不豫色然. 前日虞聞諸夫子曰, 君子不怨天, 不尤人.

曰: 彼一時, 此一時也. 五百年必有王者興, 其間必有名世者. 由周而來, 七百有餘歲矣. 以其數則過矣, 以其時考之則可矣. 夫天, 未欲平治天下也, 如欲平治天下, 當今之世, 舍我其誰也? 吾何爲不豫哉?

(4 - 14)

제자 공손추와의 대화: 공직을 맡고도 봉급을 받지 않은 까닭

맹자가 제나라를 떠난 뒤 고향에 거의 다 도착해 근처 휴休 지방에 머무르고 있었다. 제자인 공손추가 물었다.

공손추 선생님께서는 제나라에서 공직에도 계셨는데 그때 봉급을 받지 않으셨죠? 공무를 수행하면서 보수를 받지 않는 것이 전통적인 개념으로 볼 때 옳은 자세인가요?

맹자 아니. 그럴 리가. 다만 제나라 숭崇 지방에서 왕을 만났을 때, 만나고 나와서 나는 제나라를 떠날 마음을 먹었지. 그 생각을 바꿀 의향이 전혀 없었기 때문에 보수를 받지 않았던 게야. 그런데 곧이어 전쟁이 일어나 사직이니 뭐니

요청할 상황이 아니어서 본의 아니게 제나라에 오래 머무르게 되었던 거지.

전쟁은 제나라와 연나라와의 전쟁을 말한다. 제나라 왕을 만날 때부터 서로 뜻이 맞지 않음을 알았던 것이다. 그래서 이 나라와도 연이 닿지 않겠구나 했으면서도 맹자는 제나라에 상당 시간 머물렀다. 그리고 왕이 마음을 고치기를 늘 소망한다고 말했다. 뜻이 맞지 않는다는 건 제대로 된 공직에 등용될 수 없다는 것을 의미한다. 그렇다면 간혹 수행하게 되는 공직에서 보수를 받는 것은 부와 명예를 노리는 것인가 하는 혐의를 얻을 수 있는 까닭에 보수를 받지 않았다. 하지만 제나라 왕이 아주 인성이 그른 사람은 아니었으므로 맹자는 언제고 그가 제대로 된 바른 정치를 꿈꾸기를 바랐다. 그래서 발걸음을 쉽게 옮기지 못했다. 간결한 문답이지만 맹자의 어쩔 수 없는 기대와 어쩔 수 없는 아쉬움이 묻어나 안타까운 대목이다.

孟子去齊, 居休.

公孫丑問曰: 仕而不受祿, 古之道乎?

曰: 非也. 於崇, 吾得見王, 退而有去志, 不欲變, 故不受也. 繼而有師命, 不可以請. 久於齊, 非我志也.

등 문공 상

5

滕文公上

(5 - 1)

권력자 중 맹자를 가장 믿고 따른 등 문공에게: 지도자의 이상

등나라 문공이 세자였을 때 초나라로 가는 길에 송나라를 지나면서 맹자를 만난 일이 있었다. 그때 맹자는 인간의 본성이 선하다는 '성선'性善을 말해 주었는데, 말할 때마다 꼭 요임금과 순임금을 거론했다.

맹자와의 만남을 뒤로하고 세자는 초나라에 갔다. 어쩐지 맹자의 말이 계속 떠올랐다. 맞는 것도 같은데 너무 뜬구름 잡는 것 같기도 하고……. 하지만 또 매력이 있긴 하고……. 결국 일을 마치고 돌아올 때 다시 맹자를 찾았다. 맹자는 세자를 보더니 자기를 다시 찾아온 이유를 알겠다는 듯 한마디 던졌다.

맹자 세자께서는 제 말이 아무래도 미심쩍으신가 보죠? 인간이 걸어야 할 올바른 길은 하나뿐이랍니다. 용감하기로 유명했던 제나라의 관료 성간成覵은 그의 주군인 경공景公에게 이런 말을 한 적이 있어요. "옛날의 훌륭한 인물들, 물론 대단하죠. 하지만 그들도 사나이고 나도 사나이, 그러니 내가 왜 그들을 어려워하고 겁내겠습니까?" 공자님의 수제자인 안연은 이런 말을 했죠. "순임금은 어떤 사람이고, 나는 또 어떤 사람인가? 훌륭한 일을 하는 사람은 모두 이 순임금과 같다." 노나라에서 현명하다고 이름 높던 공명의公明儀는 또 이런 말을 했고요. "주나라 건국 시조인 문왕은 나의 스승이요, 주나라를 반석 위에 올린 주공은 믿고 본받는 것이 마땅하다."

지금 등나라는 영토로 볼 때 힘을 써 보기 힘든 꽤 작은 나라에 속한다고 할 수 있죠. 그래도 좋은 나라가 될 수 있습니다. 『서경』 상서 「열명」說命 편에 보면 이런 구절이 있어요. "약이 아찔할 정도로 독하지 않으면 병이 낫지 않는다." 독하게. 아시겠습니까?

등나라는 제나라 아래, 초나라 위에, 노나라 옆에 위치한 아주 작은 나라이다. 그래서 전국 시대에는 힘 좀 쓴다 하는 나라는 제후의 공식 명칭이 '공'公인데 다 스스로 '왕'이라고 불렀다. 하지만 본문에서 볼 수 있는 것과 같이 등나라는 '공'을 쓰고 있었다. 다음 대권을 이어받을 세자는 이 작은 나라를 가지고 뭘 할 수 있을지 나라를 유지할 수나 있을지 그 중압감으로 힘들어했다. 그런 작은 나라의 차기 지도자에게 맹자는 '현실'이 아닌 '이상'을 말했고, 그는 맹자의 말에 묘한 매력을 느꼈다. 현실에서 가능성이 보이는 사람은 현실적인 말을 좋아하겠지만 현실에서 가능성을 보기 힘든 사람에게 현실적인 말은 우울과 절망을 유발할 뿐이다. '그게 될까?' 싶으면서도 등나라 차기 지도자는 맹자를 다시 찾았다. 맹자는 그를 다독인다. 포기하지 말라고. 옛날 큰일을 해낸 성군들을 남다른 인물이었다고, 뭘 해 보려 해도 일단 나라 크기가 작아서 등나라에 내일이 없다고 말하지 말고 꿈을 꾸라고. 아직 끝난 게 아니면 끝이 아닌 내일을 보라고. 독하게 일어나 보라고!

滕文公爲世子, 將之楚, 過宋而見孟子. 孟子道性善, 言必稱堯舜. 世子自楚反, 復見孟子. 孟子曰: 世子疑吾言乎? 夫道一而已矣. 成覸謂齊景公曰, 彼丈夫也, 我丈夫也, 吾何畏彼哉? 顔淵曰, 舜何人也? 予何人也? 有爲者亦若是. 公明儀曰, 文王我師也, 周公豈欺我哉? 今滕, 絕長補短, 將五十里也, 猶可以爲善國. 書曰, 若藥不瞑眩, 厥疾不瘳.

(5 - 2)

맹자의 가르침대로 삼년상을 결단하는 등 문공

등나라 세자의 아버지인 등 정공滕定公이 죽었다. 세자가 신하인 연우然友를 불러 맹자에게 보내며 당부했다.

세자 지난번에 송나라에서 내가 맹자 선생님과 이야기를 나눈 일이 있었는데, 그때 들었던 말들이 이후로 마음에 계속 남아 떠오르네. 지금 불행히도 내가 아버지 상을 당했는데 옳은 예법으로 장례를 치르는 것으로 나의 통치를 시작하고 싶군. 자네가 맹자 선생님께 좀 다녀오겠나? 자네가 가져온 답으로 장례를 시작하겠네.

명을 받들어 연우가 추 지방에 가서 맹자를 만났다. 맹자가 말했다.

맹자 정말 아름다운 일이군요! 부모님 상은 진실로 자기를 다해서 치러야 하는 것이지요. “부모님 살아생전에도 예의를 다해 섬기고, 돌아가셨을 때도 예의를 다해 장사 지내며, 이후로 제사 때도 예의를 다해 모신다면 효도했다고 할 만하다”라고 증자 선생님은 말씀하셨죠. 군주의 예법이 어떤지는 내가 아직 배우지 못했지만, 내가 알기로, 상은 삼년상으로 치르고, 시기에 맞는 상복을 갖추어 입고, 평소 식단을 미음과 죽으로 대신했습니다. 지위고하에 상관없이 본받을 옛 왕조에서는 다 그렇게 했습니다.

맹자의 가르침을 받은 연우가 등나라로 돌아가 들은 대로 보고했고, 등 정공의 상이 삼년상으로 정해졌다. 그러자 세자의 집안 어른과 공직자 할 것 없이 모두 달가워하지 않으면서 문제를 제기했다.

대신들 우리가 받들어 모시는 나라인 노나라의 선조들도 삼년상을 치르지 않았고, 우리 선조들도 삼년상을 치르지 않았습니다. 그런데 세자 대에 와서 예법을 뒤집는 건 안 될 일입니다. 게다가 역사 기록에도 "장례와 제례는 선조를 따른다"라고 되어 있습니다. 이건 선대로부터 우리가 전수받는 것이 있으니 예법과 다른 부분이 있더라도 전수받은 것을 따라야 한다는 뜻입니다.

수세에 몰린 세자가 다시 연우를 불러 말했다.

세자 내가 예전에 공부는 나 몰라라 하고 맨날 운동이나 하고 드라이브나 다녔으니 지금 집안 어른들과 공직자들이 나를 탐탁잖게 여기시는 게지. 이래서는 큰일을 제대로 치르기 어렵겠다 싶네. 자네가 나를 위해 맹자에게 다시 물어봐 주겠나?

이에 연우가 다시 추 지방에 가서 맹자를 만났고, 맹자는 연우에게 등나라 여론과 세자의 형편을 들었다.

맹자 그렇기도 하겠네요. 그러나 누가 해결하겠습니까? 스스로 돌파해야 할 문제입니다. 임금의 장례에 대해 공자님은 이렇게 말씀하셨습니다. “임금이 죽으면 세자는 모든 정치 행정을 국무총리에게 일임해서 장례 기간 동안 국정을 총괄하게 하고, 자신은 평소 식사를 멈추고 죽을 먹으며 깊은 애도의 낯빛으로 슬픔과 애통을 오롯이 겪도록 한다. 세자가 상주의 자리에 나아가 절절히 곡을 하면 모든 정치인과 공직자가 슬퍼하고 애도하지 않는 자가 없으니, 이는 나라의 제일 윗사람인 세자가 모범을 보였기 때문이다. 윗사람이 좋아하는 게 있으면 아랫사람은 그것을 훨씬 더 좋아하게 마련이다. 통치하는 존재의 특성은 이를테면 바람과 같고 통치받는 존재의 특성은 이를테면 풀과 같다. 풀 위로 바람이 불면 풀은 반드시 바람을 따라 눕는 법이다”라고 말이죠. 이제 이것은 세자에게 달려 있습니다.

연우가 돌아와 맹자에게 들은 내용을 보고했다. 보고를 들은 세자는 결심을 확고히 했다.

세자 그렇지. 이건 정말 나에게 달려 있지!

그리고 군주 장례법에 따라 장사 지내기 전 5개월 동안 움막에서 지내면서 국정 운영에 관한 명령은 전혀 내리지 않았다. 이 모습을 본 모든 친인척과 관료가 세자가 예법을 안다고 인정했다. 그리고 5개월 뒤 장사 지낼 때 사방에서 장례를 구경 왔는데, 세자의 안색이 초췌하고 울며 곡하는 소리가 어찌나 슬픈지 그 진실한 장례에 조문 온 사람들이 깊은 감명을 받았다.

본문에서 인용한 공자의 말은 『논어』「안연」 편과 「헌문」 편의 내용이 편집된 것이다.

滕定公薨. 世子謂然友曰: 昔者, 孟子嘗與我言於宋, 於心終不忘. 今也不幸至於大故, 吾欲使子問於孟子, 然後行事.
然友之鄒問於孟子. 孟子曰: 不亦善乎! 親喪固所自盡也. 曾子曰, 生事之以禮, 死葬之以禮, 祭之以禮, 可謂孝矣. 諸侯之禮, 吾未之學也. 雖然, 吾嘗聞之矣. 三年之喪, 齊疏之服, 飦粥之食, 自天子達於庶人, 三代共之.
然友反命, 定爲三年之喪. 父兄百官皆不欲, 曰: 吾宗國魯先君莫之行, 吾先君亦莫之行也, 至於子之身而反之, 不可. 且志曰, 喪祭從先祖. 曰, 吾有所受之也.
謂然友曰: 吾他日未嘗學問, 好馳馬試劍. 今也父兄百官, 不我足也. 恐其不能盡於大事, 子爲我問孟子.
然友復之鄒問孟子. 孟子曰: 然. 不可以他求者也. 孔子曰, 君薨, 聽於冢宰. 歠粥, 面深墨. 即位而哭, 百官有司, 莫敢不哀, 先之也. 上有好者, 下必有甚焉者矣. 君子之德, 風也, 小人之德, 草也. 草尙之風, 必偃. 是在世子.
然友反命. 世子曰: 然. 是誠在我.
五月居廬, 未有命戒. 百官族人可謂曰, 知. 及至葬, 四方來觀之, 顏色之戚, 哭泣之哀, 弔者大悅.

(5 - 3)

등 문공에게 펼쳐 보인 정치 이론: 민생 안정이 최우선

아버지 등 정공의 상을 마치고 등 문공은 나라를 다스리는 방법에 대해 맹자와 본격적으로 심도 깊은 대화를 나누었다.

맹자 먹고사는 문제가 최우선입니다. 『시경』 빈풍의 「7월」七月이란 시에 보면, "낮에는 지붕 이을 띠풀을 베어 오고 밤에는 새끼를 꼬아 서둘러 지붕에 올라가 이엉을 얹어라. 곧 온갖 곡식 씨를 뿌려야 하는 철이 닥치니"라는 구절이 있어요.

평범한 국민이란 일정한 소득을 얻는 생업(항산)이 있으면 상황에 휘둘리지 않는 바른 마음(항심)이 있고, 일정한 소득을 얻는 생업이 없으면 상황에 휘둘리지 않는 바른 마음도 없습니다. 그런데 이런 변치 않는 바른 마음이 없으면 상황에 따라 되는대로 살기도 하고 잘못된 짓도 거침없이 행하며 부끄러움도 명예도 아랑곳하지 않고 갑질과 아첨 사이를 기꺼이 넘나들게 됩니다. 지도자가 먼저 일정한 소득으로 안정되게 살 수 있는 사회를 만들어 주지 않아 국민이 돈이면 못할 짓이 없게 해 놓고서는 범죄를 저질렀다고 처벌하면 그것은 법이라는 그물을 몰래 쳐 놓고 국민이 걸려들기만을 기다린 것이나 똑같습니다. 사람을 아끼고 사랑하는 지도자라면 어떻게 그물을 쳐 놓고 물고기가 걸리기를 기다리듯 법망으로 국민을 그물질하는 짓을 할 수 있겠습니까?

이 때문에 현명한 지도자는 반드시 공손하고 검소하며 아랫사람에게 예의를 지키고, 국민에게서 세금을 거둘 때 법으로 규정된 만큼만을 걷습니다. "부자가 되려 하면 사람답게 되는 건 포기해야 하고 사람답게 되려면 부자 되는 건 포기해야 한다"라는 말이 있어요. 노나라 실권자인 계씨도 쥐락펴락했던 계씨의 신하 양호陽虎가 한 말인데, 맞는 말이죠.

역대 왕조의 세법을 살펴보면, 하나라·은나라·주나라 모두 가구당 떼어 준 농지의 크기가 다르고 세법 이름도 다르지만 실제로 거둬들인 양으로 살펴보면 결과적으로 모두 10분의 1 세법을 썼다는 것을 알 수 있어요. 그런데 옛날에 용자龍子라는 현자는 이런 말을 했어요. "농지를 다스리는 데는 은나라 세법이 최상이고, 하나라 세법이 최악이다." 하나라 세법은 여러 해의 수확량을 평균 내서 그 평균치를 세액으로 삼는 것이기 때문이죠. 이렇게 하면 쌀이 넘쳐 얼마든지 더 거둬도 불만이 없을 풍년에는 적게 걷어 가게 되고, 거름 값도 안 나오는 흉년에는 기어이 그놈의 평균치를 꽉 채워 걷어 가게 되죠. 국민의 삶을 어루만져야 하는 지도자가 되어서는 되레 국민이 이게 나라냐고 푸념하며 1년 내내 뼈 빠지게 일해도 부모도 봉양할 수 없고, 은행 빚에 사채까지 쓰게 해 생업에 종사할 수 없는 노인이나 어린이는 목숨 부지조차 어려운 상황에 놓이게 한다면, 어딜 봐서 국민을 어루만지는 지도자이겠습니까?

대대로 애국지사에 국가적 인재를 배출하는 집안에 생활비를 지원하는 제도는 등나라가 이미 시행하고 있습니다. 『시경』 대아의 「큰 밭」大田이란 시를 살펴보면, "비가 우리 공전公田을 충분히 적시고 우리 사전私田도 적셔 주기를"이란 구절이 있어요. 공전이 있는 세법은 은나라 세법이죠. 이 시를 통해 보자면, 주나라 세법에 은나라 세법이 반영되어 있다는 걸 알 수 있어요.

국민이 일정한 소득을 얻을 생업을 갖게 되면 다음으로 학교를 세워 교육을 시행해야 합니다. 하나라·은나라·주나라 모두 학교를 통한 교육을 시행했어요. 하나라는 '가르침'에, 은나라는 '활쏘기를 통한 자기 수양'에, 주나라는 '어른을 어른 대접하기'에 비중을 두고 초중등 공교육을 진행했고, 세 왕조 모두 고등 연구교육기관으로는 '태학'太學을 두었어요. 이 교육기관은 모두 인륜을 분명히 가르치자는 취지에서 설립된 것이었죠. 지배층이 인간으로서의 도덕에 투철해지면 아랫사람은 서로 사이좋게 지내며 평화로워집니다.
등나라가 힘없고 작은 나라여서 아무리 제대로 된 정치를 해도 당장 천하를 통솔하는 대업을 이룰 수는 없지만, 포기하지 않는다면 훗날 천하를 통일하는 지도자가 나왔을 때 반드시 여기 이 등나라를 모범으로 삼을 것이니, 당신께서는 왕의 스승이 되는 것입니다. 『시경』 대아 「문왕」이란 시에 보면, "주나라가 연원을 따지면 비록 오래된 나라이지만 하늘이 부여한 임무는 날로 새롭기만 하네"라는 구절이 있는데, 이건 주나라가 건국될 수 있게 대업의 기초를 탄탄하게 닦은 문왕을 찬양한 구절이에요. 군주께서 최선을 다하신다면 군주의 나라 또한 새로워질 것입니다.

이 말을 들은 등 문공이 신하인 필전畢戰을 보내 맹자가 말한 정전법井田法의 좀 더 구체적인 내용을 알아 오게 했다.

맹자 그대의 군주가 앞으로 백성을 아끼고 보호하는 정치를 행하려고 특별히 그대를 가려 뽑아 보내셨으니 그대는 필히 온 힘을 쏟아야 합니다! 백성을 아끼고 보호하는 정치란 토지를 제대로 운영하는 것으로부터 시작됩니다. 토지의 경계가 똑바르게 돼야 해요. 경계가 바르지 않으면 백성에게 균등하게 부과될 수 없고, 균등하게 부과되지 않으면 거두어 가는 곡식이 공평하지 못하게 돼요. 이런 이유로 폭군이나 탐관오리는 토지 경계를 바로잡는 일을 '반드시' 대충하죠. 토지 경계가 바로잡히면 토지를 나누어 주고 세금을 제정하는 일은 누워서 떡 먹기예요.

등나라는 땅덩이가 좁고 작긴 합니다. 그래도 이 안에는 관리가 될 사람도 있고 농부가 될 사람도 있죠. 관리 없이 농부를 다스릴 수 없고, 농부 없이 관리가 생존할 수 없죠. 시골에서는 9분의 1을 거두어 가는 정전법을 쓰고, 도성 안에서는 10분의 1을 거두어가는 철법撤法을 써서 백성이 스스로 세금을 바치게 하세요. 장관 이하 공직자에게는 꼭 제사를 제대로 모실 수 있는 비용을 공적으로 지원해 주도록 하시고요. 한 가장에 아직 가정을 이루지 못한 장성한 청년 자제가 있거든 그에게도 따로 먹고살 수 있는 토지를 지원해 주도록 하세요. 이렇게 하면 죽는 일이든 이사 가는 일이든 고향을 떠나는 일이 없게 되고, 함께 밭을 경작하고 우물을 함께 쓰는 자들이 밭을 들락거릴 때 서로 친해지고 밭과 마을을 지키며 서로 돕고 병을 앓게 될 때 서로 버팀목이 되어 주니, 백성들이 결국 서로 화목하게 됩니다.

정전井田은 쉽게 말하면 일정한 규모의 정방형 토지를 '井'(우물 정) 자 모양으로 나눈 것이에요. 그렇게 나뉜 9개의 구획 중에서 한가운데가 공전이 되는 것이고, 나머지 공전을 둘러싼 8개의 밭이 사전이죠. 사전 8곳을 8개 가구가 각각 한 곳씩 맡아 농사짓고 한가운데 공전을 8개 가구가 함께 경작합니다. 다만 공전을 다 가꾼 뒤에 사전을 경작해야 하니, 이것이 지도자와 생산자의 구분에서 생산자가 따라야 할 예법이에요. 거칠게 설명하면 대략 이 정도인데, 이걸 등나라 상황에 맞게 빼고 더하는 작업은 그대와 그대의 군주에게 달려 있습니다!

滕文公問爲國. 孟子曰: 民事不可緩也. 詩云, 晝爾于茅, 宵爾索綯, 亟其乘屋, 其始播百穀. 民之爲道也, 有恒産者, 有恒心, 無恒産者, 無恒心. 苟無恒心, 放辟邪侈, 無不爲已. 及陷乎罪, 然後從而刑之, 是罔民也. 焉有仁人在位, 罔民而可爲也? 是故賢君必恭儉禮下, 取於民有制. 陽虎曰, 爲富不仁矣, 爲仁不富矣.

夏后氏五十而貢, 殷人七十而助, 周人百畝而徹, 其實皆什一也. 徹者, 徹也, 助者, 藉也. 龍子曰, 治地莫善於助, 莫不善於貢. 貢者, 校數歲之中以爲常. 樂歲, 粒米狼戾, 多取之而不爲虐, 則寡取之. 凶年, 糞其田而不足, 則必取盈焉. 爲民父母, 使民盻盻然, 將終歲勤動, 不得以養其父母, 又稱貸而益之. 使老稚轉乎溝壑, 惡在其爲民父母也?

夫世祿, 滕固行之矣. 詩云, 雨我公田, 遂及我私. 惟助爲有公田. 由此觀之, 雖周亦助也.

設爲庠序學校以敎之. 庠者, 養也, 校者, 敎也, 序者, 射也. 夏曰校, 殷曰序, 周曰庠, 學則三代共之. 皆所以明人倫也. 人倫明於上, 小民親於下.

有王者起, 必來取法, 是爲王者師也. 詩云, 周雖舊邦, 其命惟新. 文王之謂也. 子力行之, 亦以新子之國.

使畢戰問井地. 孟子曰: 子之君將行仁政, 選擇而使子, 子必勉之! 夫仁政, 必自經界始. 經界不正, 井地不鈞, 穀祿不平. 是故暴君汚吏, 必慢其經界. 經界既正, 分田制祿, 可坐而定也.

夫滕壤地褊小, 將爲君子焉, 將爲野人焉. 無君子莫治野人, 無野人莫養君子. 請野九一而助, 國中什一使自賦. 卿以下必有圭田, 圭田五十畝. 餘夫二十五畝. 死徙無出鄕, 鄕田同井, 出入相友, 守望相助, 疾病相扶持, 則百姓親睦.

方里而井, 井九百畝, 其中爲公田. 八家皆私百畝, 同養公田. 公事畢, 然後敢治私事, 所以別野人也. 此其大略也. 若夫潤澤之, 則在君與子矣.

(5 - 4)

농가(農家)와의 논쟁: 정치와 국정 운영의 전문성에 대해

맹자의 말대로 정전법을 실천해 보는 등 문공에 대한 소문이 점차 주변국으로 번져 가기 시작했다. 이에 제자백가諸子百家 중, 말마다 전설적인 농사의 신 신농씨神農氏를 인용하며 중농주의를 부르짖는 농가학파의 허행許行이란 자가 초나라에 살다가 등나라로 옮겨 왔다. 그는 등 문공을 직접 만나 인사를 올리고 등나라 백성이 되게 해 달라고 요청했다.

허행 등나라 지도자께서 사람을 아끼고 사랑하는 정치를 편다는 소문이 아득히 먼 지방까지 번져 왔습니다. 살 곳을 마련해 주신다면 이 나라의 백성이 되고 싶습니다.

(맹자 선생님 말씀의 효력이 벌써?) 등 문공은 기꺼이 그에게 살 곳을 내주었고, 허행의 무리 수십 명은 그곳에서 터를 잡고 살면서 단순하게 만든 털옷을 입고 식물로 만든 생활도구를 내다 팔아 먹고살았다.

유학자인 진량陳良의 제자 진상陳相도 자기 동생 진신陳辛과 함께 농기구를 챙겨서는 송나라에서 등나라로 왔다. 그가 등 문공을 만나 뵙고 말했다.

진상 임금께서 옛 성인의 정치를 실현하고 계시다는 소문을 들었습니다. 옛 성인의 훌륭한 정치를 실행한다면 이 또한 성인이지요. 저희는 성인의 백성이 되고 싶습니다.

물론 등 문공은 허락했고, 진상도 등나라에서 터를 잡고 살았다. 진상은 자기보다 먼저 등나라에 온 허행에 대한 소문을 듣고서 그를 찾아가 만나 보았는데 생각이 잘 통하다 못해 흠뻑 빠지고 말았다. 이에 그는 유학자의 길을 포기하고 농가학파의 이론을 전수받게 되었다.

허행의 중농 이론에 마음을 빼앗긴 진상이 보기에 등나라는 전쟁에 골몰하고 있는 다른 나라들에 비해 괜찮긴 했지만 뭔가 부족했다. 가다가 마는 것 같은 까닭이 뭘까 고민하던 중 진상은 등나라 지도자에게 유학자인 맹자가 큰 영향을 미쳤다는 것을 알게 되었다. 이에 진상은 허행의 이론으로 무장하고 맹자를 찾아가 한판 토론 배틀을 벌였다.

진상 등나라 지도자가 정말로 현명한 지도자이긴 합니다. 그런데 제대로 된 이상국가론을 들어 보지는 못한 것 같아요. 진정 훌륭한 지도자는 백성과 함께 밭을 갈아서 먹고삽니다. 자기 밥은 자기 손으로 해 먹으며 정치를 하죠. 지금 등나라는 곡물을 쌓아 둔 창고와 재물을 쌓아 둔 창고가 있어요. 이건 세금을 걷어 쌓은 것이니 백성을 학대해서 자기를 배 불리는 짓입니다. 이렇게 하는데 어떻게 진정으로 훌륭한 지도자일 수 있겠습니까?

맹자 아, 그런가요? 그럼, 허행이란 분은 언제나 자기 스스로 농사를 지어 그것으로 먹고사십니까?

진상 네. 그렇습니다.

맹자 그럼 허행이란 분은 옷도 직접 옷감을 짜서 만들어 입으시나요?

진상 아뇨. 그분은 옷감을 안 짜도 되는 털옷을 입으세요.

맹자 (앗! 괜찮아. 당황하지 말고) 그럼 두건은 쓰시나요?

진상 네. 쓰세요.

맹자 (옳지. 걸려들었어!) 어떤 두건을 쓰시나요?

진상 흰 비단으로 만든 두건을 쓰세요.

맹자 그 비단을 직접 짜서요?

진상 아뇨. 곡식이랑 교환해서 얻으세요.

맹자 왜 직접 짜시지 않고?

진상 농사일로 바쁘시니까요.

맹자 그럼 식사는요? 가마솥이나 시루를 사용하시나요? 또 농기구는요? 철로 만든 농기구를 쓰시나요?

진상 예. 물론 그런 걸 쓰시지요.

맹자 직접 만들어서?

진상 아뇨. 이런 것도 곡식이랑 교환해서 얻으세요.

맹자 (됐어!) 곡식으로 각종 도구를 교환하는 것이 옹기장이나 대장장이를 못살게 구는, 그러니까 학대하는 행위는 아니죠. 옹기장이나 대장장이 편에서 봐도 자기가 만든 도구를 가지고 곡식이랑 바꾸는 게 왜 농부를 학대하는 짓이 되겠습니까? 이렇게 교환하면 서로에게 편하고 좋은 일이죠.

허행이란 분도 그래요. 그분은 농사를 통한 자급자족을 말하면서 왜 직접 그릇을 굽고 대장간 일을 해서 모두 자기 집에서 만들어 쓰지 않는 거죠? 왜 정신 사납게 온갖 분야의 기술자와 물물교환을 하죠? 왜 그런 성가신 일을 굳이 하는 건가요?

진상 농사며 생활에 필요한 각종 도구를 직접 만드는 건 절대 농사와 병행할 수 있는 일이 아니니까요.

맹자 그렇군요! 그럼 세상을 다스리는 일만은 유독 농사와 병행할 수 있는 건가요? 지도자의 일이 있고 일반 서민의 일이 있는 법입니다. 그리고 인간 한 명이 살아가는 데에는 온갖 기술자가 만든 온갖 물건이 다 필요하지요. 그런데 만약 반드시 모든 것을 스스로 만들어 써야 한다면 온 세상 사람을 이리 뛰고 저리 뛰며 한숨 돌릴 틈조차 없는 노동 지옥으로 몰아넣는 셈이 됩니다. 분업이 필요하단 말입니다. 그래서 옛말에, "누구는 머리 쓰는 노동을 하고 또 누구는 몸 쓰는 노동을 한다. 다만 머리 쓰는 노동을 하는 사람은 남을 다스리고 몸 쓰는 노동을 하는 사람은 다스림을 받는데, 남에게 다스림을 받는 사람은 그에게 먹을 것을 제공하고, 남을 다스리는 사람은 그를 통해 먹을 것을 얻는다"라고 했죠. 이건 온 세상 사람이 모두 그렇다고 인정하는 원칙이에요.

요임금이 지도자로 있던 때에 세상은 아직 정리가 채 다 되지 않았어요. 홍수가 땅을 뒤덮어 제멋대로 흘러 사방에 범람했죠. 육지 상황이 이렇다 보니 식물은 제멋대로 자라고 그에 따라 날짐승과 길짐승도 마구 번식했어요. 곡식이란 곡식은 도무지 영글지를 못하고, 함부로 설치는 짐승들 등쌀에 사람들은 제대로 자리 잡고 살 수가 없었어요. 짐승의 발자국으로 난 길들이 무질서하게 온 나라에 가득했던 시대였죠. 요임금은 이런 상황을 몹시 걱정했어요. 그래서 순(아직 임금이 아니었으니까)을 찾아 등용해서 이런 세상을 정리하고 다스리게 했어요. 순은 본격적으로 일에 착수했죠. 그는 먼저 익益이란 인물에게 불을 맡겼어요. 익이 산과 늪지대에 불을 놓아 무성히 자란 초목을 다 태웠어요. 그러자 짐승들이 도망쳐 숨었죠. 다음으로 우禹란 인물이 물을 맡아 물길을 터 주기 시작했어요. 작은 강들의 물길을 정리해 큰 강으로, 큰 강의 물길을 정리해 바다로 흘러들게 했죠. 이렇게 물길이 정리된 뒤에야 육지의 사람들이 곡식을 먹을 수 있게 되었어요. 육지에 범람한 물의 배수 임무를 맡았던 우는 8년 동안 이 일에 매달렸는데, 이때 세 번 자기 집 앞을 지나갈 일이 있었거든요, 그런데 한 번도 집에 들어가지 못했어요. 잠시 숨을 돌릴 여유조차 없었던 거지요. 이런 형편인데 농사를 짓고 싶다 한들 그럴 수 있었겠습니까?

이렇게 땅이 정리되자 다음으로 후직后稷이 백성에게 농사를 가르쳤어요. 오곡을 심고 가꾸게 해서 오곡이 잘 익으니까 백성이 잘 먹고살게 됐죠. 먹고살게 됐으면, 자, 그다음은요? 사람은 사람이니까 사람'답게' 살아야겠죠? 잘 먹고 잘 입고 번듯한 집에서 잘 살기만 할 뿐 제대로 배우지 않으면 짐승과 거의 매한가지가 돼요. 옛날 훌륭한 순임금은 이걸 걱정했죠. 그래서 설契이란 인물을 교육부 장관으로 삼아 백성에게 사람의 도리, 즉 인륜을 가르치게 했어요. 부모와 자녀 관계의 본질은 친함이고(부자유친父子有親), 왕과 신하 관계의 본질은 의로움이며(군신유의君臣有義), 남편과 아내 관계의 본질은 남녀의 다름이라는 차이이고(부부유별夫婦有別), 어른과 젊은이 관계의 본질은 연상과 연하라는 서열이며(장유유서長幼有序), 벗이란 관계의 본질은 믿음이다(붕우유신朋友有信)라는, 바로 이 오륜五倫을 가르친 거죠.

요임금은, 아마 설에게 하신 말씀인 것 같은데, "수고한 자는 위로하고 올 사람은 오게 하며, 바르지 못한 자는 바로잡아 주고 굽은 자는 곧게 펴 주며, 도와서 세워 주고 도와서 행하게 해서 각자 자기 자리를 얻게 하고 또 더해서 보살펴 주고 깨우쳐 주도록 하라"라고 하신 바 있죠. 훌륭한 지도자가 백성을 걱정하는 게 이런 수준이에요. 그러니 농사지을 겨를이 어디 있겠습니까, 안 그래요?

요임금에게는 순 같은 신하를 얻을 수 있을지가 걱정거리였고, 순임금에게는 우와 고요皐陶 같은 신하를 얻을 수 있을지가 걱정거리였어요. 논밭을 제대로 일굴 수 있을지가 걱정거리인 사람은 바로 농부죠. 사람에게 재물을 나누어 주는 걸 '은혜'라고 해요, 사람을 가르칠 때 선한 도리를 가르치는 걸 '진실함'이라고 하고요. 세상을 위해 참다운 인재를 얻어 나라의 체제를 잡고 운영하는 걸 '사랑'이라고 하죠. 이런 이치로 세상을 남에게 넘겨주기는 쉬워도 세상을 위해 참다운 인재를 얻는 것은 어려운 법입니다. 그래서 공자님은 요임금과 순임금을 향해 “아아, 요임금은 정말 위대하게 임금 노릇을 하셨어요! 오직 저 하늘이 높고 큰 것인데 오직 요임금께서만 하늘의 그 특성을 본받으셨지요! 그 위대함이 하도 넓고 넓어서 백성이 무어라 이름 붙여 찬양하질 못했어요. 아아, 순임금은 진정한 지도자입니다! 온 세상을 소유했으나 전문적인 인재들에게 맡기고 간여하지 않으셨으니, 정말이지 높고도 높은 경지입니다!”라고 찬양을 아끼지 않으셨죠. 요임금과 순임금이 세상을 다스릴 때 어딘들 마음을 쓰지 않았겠습니까마는 그래도 직접 농사짓는데 마음을 쓰지는 않았습니다.

나는 문화 선진국의 학문을 가지고 문화 후진국을 바꾸었다는 말은 들어 봤어도, 문화 후진국의 학문으로 문화 선진국이 변화되었다는 말은 들어보지 못했네요. 그대의 스승인 진량은 문화적으로 변방이라는 남쪽 초나라 출신이지만 주공과 공자가 제시한 길에 반해서 북쪽 중국으로 와서 공부했는데, 북쪽의 학자 중 그 누구에 견줘도 뒤지지 않는 높은 수준이었죠. 그 사람은 아주 눈에 띄게 훌륭한 지식인이었다고 할 만해요. 그대 형제는 수십 년 동안 그를 스승으로 모시다가 그가 죽으니 끝내 배신하는구려.

이야기 하나 해 드릴까요? 옛날에 공자님이 돌아가셨을 때의 일이에요. 스승님에 대한 삼년상을 마치고 제자들이 짐을 꾸려서 고향으로 돌아가려고 했어요. 마지막으로 아직 거기 있는 자공에게 인사하느라 들어갔다가 서로 울음이 터져 통곡했는데 어찌나 울었는지 모두 목이 쉬어 버렸죠. 그렇게 목 놓아 운 뒤 돌아갔어요. 그런데 자공은 가다가 차마 가지 못하고 되돌아왔어요. 그러고는 스승의 묘소 마당에 여막을 짓고 홀로 3년을 더 지낸 뒤에 돌아갔다고 해요. 훗날 자하와 자장이 유약을 스승님과 닮았다는 이유로 스승님처럼 그를 모시자고 증자에게 강권한 적이 있는데, 그때 증자가 거부하면서 이렇게 말했다고 해요. "그렇게 해서는 안 됩니다. 스승님은 이루 말할 수 없이 맑은 물에 빨고, 이루 말할 수 없이 좋은 가을볕에 쬐어 말린 것처럼 더할 나위 없이 고결한 흰빛으로 빛나는 분이십니다! 어떤 이유로든 무슨 구실로든 대체 불가인 분이란 말씀입니다!" 지금 남쪽의 미개한 나라 사람이 알아들을 수도 없는 이상한 방언으로 요임금과 순임금의 계보를 잇는 정치사상을 잘못된 것이라고 비난하는데, 그대는 스승을 배반하고 그를 배우고 있으니 증자와는 참 다릅니다그려. 내가 입때껏 살면서 어두운 골짜기에서 나와 높은 나무 위로 올라갔다는 말은 들어 봤어도 높은 나무에서 내려와 굳이 어두운 골짜기로 들어갔다는 말은 못 들어 봤는데 말입니다. 『시경』 노송魯頌의 「비궁」閟宮이란 시에, "서쪽 오랑캐와 북쪽 오랑캐 치니, 남쪽 오랑캐가 다스려지네"라는 구절이 있죠? 주공도 이들 미개한 족속을 치려고 하셨죠. 그런데 그대는 이런 자를 배우고 있다니……. 무슨 변화를 이렇게 험하게 하십니까그래?

진상 그래도 허행 선생님의 이론에 따르면 시장의 물건 가격이 일정해져서 온 나라 안에 거짓이 없게 돼요. 그러니까 어린아이를 시장에 보내 물건을 사 오게 해도 아무도 그 아이를 속이지 않죠. 베든 비단이든 길이가 같으면 가격이 같고, 삼이든 실이든 생사든 솜이든 무게가 같으면 가격이 같고, 무슨 곡식이든 양이 같으면 값이 같고, 신발은 크기가 같으면 값이 같을 거예요. 이렇게 하면 얼마나 단순하고 편리합니까?

맹자 (이런 참을 수 없이 단순한!) 모든 사물은 다 서로 달라요. 그게 '물건'이란 것의 특징이에요. 그래서 값이 달라집니다. 두 배 혹은 다섯 배 차이가 나기도 하고, 열 배, 백 배, 심하면 천 배, 만 배까지도 차이가 나게 되죠. 그런데 그대가 이런 차이를 무시하고 나란히 놓고 값을 똑같이 하려 하니, 이건 세상을 어지럽히는 짓입니다. 생각해 보세요, 거친 재료로 조악하게 만든 신발과 잘 다듬어진 재료로 섬세하게 만든 신발의 가격이 똑같다면 누가 손 많이 가는 좋은 신발을 만들겠어요? 허행의 이론을 따른다면 서로서로 격려해서 거짓을 행하게 될 것이니, 대체 어떻게 나라를 다스릴 수 있겠습니까?

제자백가 중 농가農家 학파와의 논쟁이 벌어졌다. 맹자가 백성의 경제를 안정시킬 방법으로 농업을 주장하지만 맹자는 국가 지도자와 지식인은 그 자체로 전문 분야 종사자이기 때문에 농사를 또 생업으로 병행할 필요가 없다고 주장한다는 점이 농가의 주장과 다르다.

有爲神農之言者許行, 自楚之滕, 踵門而告文公曰: 遠方之人聞君行仁政, 願受一廛而爲氓. 文公與之處, 其徒數十人, 皆衣褐， 捆屨織席以爲食. 陳良之徒陳相與其弟辛, 負耒耜而自宋之滕. 曰: 聞君行聖人之政, 是亦聖人也, 願爲聖人氓.

陳相見許行而大悅, 盡棄其學而學焉.

陳相見孟子, 道許行之言曰: 滕君, 則誠賢君也. 雖然, 未聞道也. 賢者與民並耕而食, 饔飧而治. 今也滕有倉廩府庫, 則是厲民而以自養也, 惡得賢?

孟子曰: 許子必種粟而後食乎?

曰: 然.

許子必織布而後衣乎?

曰: 否. 許子衣褐.

許子冠乎?

曰: 冠.

曰: 奚冠?

曰: 冠素.

曰: 自織之與?

曰: 否. 以粟易之.

曰: 許子奚爲不自織?

曰: 害於耕.

曰: 許子以釜甑爨, 以鐵耕乎?

曰: 然.

自爲之與?

曰: 否. 以粟易之.

以粟易械器者, 不爲厲陶冶. 陶冶亦以其械器易粟者, 豈爲厲農夫哉? 且許子何不爲陶冶. 舍皆取諸其宮中而用之? 何爲紛紛然, 與百工交易? 何許子之不憚煩?

曰: 百工之事, 固不可耕且爲也.

然則治天下獨可耕且爲與? 有大人之事, 有小人之事. 且一人之身, 而百工之所爲備. 如必自爲而後用之, 是率天下而路也. 故曰, 或勞心, 或勞力. 勞心者治人, 勞力者治於人. 治於人者食人, 治人者食於人, 天下之通義也.

當堯之時, 天下猶未平, 洪水橫流, 氾濫於天下. 草木暢茂, 禽獸繁殖, 五穀不登, 禽獸偪人. 獸蹄鳥跡之道, 交於中國. 堯獨憂之, 擧舜而敷治焉. 舜使益掌火, 益烈山澤而焚之, 禽獸逃匿. 禹疏九河, 瀹濟漯, 而注諸海. 決汝漢, 排淮泗, 而注之江, 然後中國可得而食也. 當是時也, 禹八年於外, 三過其門而不入, 雖欲耕, 得乎?

后稷敎民稼穡. 樹藝五穀, 五穀熟而民人育. 人之有道也, 飽食煖衣逸居而無敎, 則近於禽獸. 聖人有憂之, 使契爲司徒, 敎以人倫. 父子有親, 君臣有義, 夫婦有別, 長幼有序, 朋友有信. 放勳曰, 勞之來之, 匡之直之, 輔之翼之, 使自得之, 又從而振德之. 聖人之憂民如此, 而暇耕乎?

堯以不得舜爲己憂, 舜以不得禹皐陶爲己憂. 夫以百畝之不易爲己憂者, 農夫也. 分人以財謂之惠, 敎人以善謂之忠, 爲天下得人者謂之仁. 是故以天下與人易, 爲天下得人難. 孔子曰, 大哉堯之爲君! 惟天爲大, 惟堯則之. 蕩蕩乎民無能名焉! 君哉舜也! 巍巍乎有天下而不與焉! 堯舜之治天下, 豈無所用其心哉? 亦不用於耕耳.

吾聞用夏變夷者, 未聞變於夷者也. 陳良, 楚產也, 悅周公仲尼之道, 北學於中國. 北方之學者, 未能或之先也. 彼所謂豪傑之士也. 子之兄弟事之數十年, 師死而遂倍之. 昔者, 孔子沒, 三年之外, 門人治任將歸, 入揖於子貢, 相向而哭, 皆失聲, 然後歸. 子貢反, 築室於場, 獨居三年, 然後歸.

他日, 子夏子張子游, 以有若似聖人, 欲以所事孔子事之, 彊曾子. 曾子曰, 不可. 江漢以濯之, 秋陽以暴之, 皜皜乎不可尙已!

今也南蠻鴃舌之人, 非先王之道, 子倍子之師而學之, 亦異於曾子矣. 吾聞出於幽谷遷于喬木者, 未聞下喬木而入於幽谷者. 魯頌曰, 戎狄是膺,荊舒是懲. 周公方且膺之, 子是之學, 亦爲不善變矣.

從許子之道, 則市賈不貳, 國中無僞. 雖使五尺之童適市, 莫之或欺. 布帛長短同, 則賈相若, 麻縷絲絮輕重同, 則賈相若, 五穀多寡同, 則賈相若, 屨大小同, 則賈相若.

曰: 夫物之不齊, 物之情也, 或相倍蓰, 或相什伯, 或相千萬. 子比而同之, 是亂天下也. 巨屨小屨同賈, 人豈爲之哉? 從許子之道, 相率而爲僞者也, 惡能治國家?

(5 - 5)

묵가(墨家)와의 논쟁: 성대한 장례는 사치인가, 인지상정인가

이번에는 묵가와 맞짱을 뜬다. 묵가를 따르는 묵자墨者인 이지夷之가 맹자의 제자인 서벽徐辟을 통해 맹자를 만나 뵙고 싶다는 뜻을 전해 왔다. 그러나 맹자는 거절했다.

맹자 나도 만나 보고 싶은데 지금은 내가 아직 병중이라 어렵네. 병이 좀 나으면 내가 만나러 갈 테니, 이지가 당장은 안 왔으면 좋겠는데.

맹자는 이지에게 가지 않았고, 얼마 뒤에 이지가 또 서벽을 통해 맹자에게 뵙기를 청해 오자, 맹자가 서벽에게 말했다.

맹자 내가 지금은 만나 볼 수 있겠다. 그런데 직설적으로 말하지 않으면 길이 분명하게 드러나지 않으니 내 우선 직설적으로 말하겠네. 내가 듣기로 이지는 묵자라던데 묵자는 장례를 검소하게 치르는 것을 자기네 도리로 삼더군. 이지는 묵가의 이론으로 세상을 개혁하려고 하고 있으니 당연히 묵가의 길을 옳고 귀하게 여기겠지? 그런데 이지는 부모가 돌아가셨을 때 장례를 성대하게 치렀네. 그렇다면 자기가 나쁘게 여기는 방법으로 부모를 섬긴 꼴이 아닌가? 이게 무슨 모순이지?

서벽이 이지에게 가서 맹자의 말을 전했다. 이지가 맹자의 말에 응수했다.

이지 유학자들의 이론에 따르면, 옛날 사람들은 『서경』 주서 「강고」康誥 편에 나오는 말처럼 "백성 보호하기를 갓난아기 보호하듯이 했다"라고 하니, 이것이 무슨 말입니까? 저는 이것이 사랑에는 차등이 없고, 그 사랑을 베푸는 것은 부모로부터 시작한다는 뜻이라고 생각합니다.

서벽이 다시 맹자에게 갔다. 그리고 이지의 말을 전했다.

맹자 이지는 정말로 사람들이 자기 조카를 예뻐하는 그 사랑의 깊이가 이웃집 아이를 예뻐하는 수준과 같다고 생각하는 건가? 이지는 『서경』의 말을 잘못 이해하고 인용했네. 갓난아기가 엉금엉금 기어가다가 우물에 곧 빠지게 된 상황에 놓였다면 이건 갓난아기의 잘못이 아니지. 이때는 누가 발견하든 그 아이를 구하고 봐야 하지 않겠나? 아무것도 모른 채 위험에 노출된 갓난아기를 차마 그냥 지나치지 못하는 마음, 즉 측은지심을 다스림의 기본 원리로 해서 지도자는 무지한 백성이 그 무지 때문에 죄에 빠지는 일이 없도록 보호해야 한다는 것이 『서경』 구절이 담고 있는 본뜻이네. 그리고 한마디 더하자면, 하늘이 세상에 생명체를 탄생시킬 때 부모라는 하나의 뿌리에서 태어나게 했다는 점을 짚고 넘어가고 싶구먼. 그러니 부모와 타인에 대한 사랑은 깊이가 다를 수밖에 없지. 그런데 이지는 부모를 향한 사랑이나 길거리 행인을 향한 사랑이나 똑같은 건데 다만 사랑을 베풀 때 순서상 부모한테 먼저 하는 차이만 있다는 거잖나. 이건 그가 생명의 뿌리를 두 개로 본다는 뜻이지. 어떻게 생명의 뿌리가 두 개일 수 있겠는가?
부모 장례를 성대히 치르게 되는 건 매우 당연한 인간적 반응이라 할 수 있지. 아주아주 옛날에 아직 장례법이라는 게 없던 시절에 죽은 부모를 장례 지내지 않은 어떤 사람이 있었네. 그는 부모가 죽자 그 시신을 들어다가 그냥 골짜기에 버렸어. 훗날 우연히 그곳을 지나치게 됐는데, 여우와 너구리 같은 들짐승이 자기 부모 시신을 뜯어 먹고, 파리 같은 날벌레와 땅강아지 같은 흙벌레가 시신을 빨아 먹고 있는 게 아니겠는가? 이 광경을 본 그 사람의 이마에서는 진땀이 흘렀지. 차마 똑바로 보지 못하고 시선을 돌리고 말았다네. 그 사람이 왜 진땀을 흘렸겠는가? 남 보라고? 아니지. 그 사람 마음이 얼굴에 드러난 것이지. 그는 집에 가서 삼태기와 삽을 들고 돌아와서는 부모 시신을 흙으로 덮었다네. 시신을 흙으로 덮은 것이 정말 옳은 일이었다면, 효자나 참다운 사람이 그 부모를 매장하는 일에도 분명 올바른 방법이 있겠지. 부모 장례를 검소하게 하지 않는 데는 생명의 뿌리가 하나인 데서 비롯한, 합당하고 누가 들어도 자연스레 수긍이 되는 까닭이 있다네.

바쁘다 바빠, 서벽. 다시 맹자의 이 말을 안고 이지에게 갔다. 더 전할 말이 있을까 잔뜩 긴장했지만 이지의 표정이 이전과는 다르다. 잔뜩 힘이 들어갔던 그의 미간이 풀어지고 방어에 몰두하던 눈빛이 풀어졌다. 그러고는 넋을 놓은 표정으로 한참을 앉아 있다. 배틀이 끝났음을 직감한다. 그 순간 이지의 마침표가 흘러나왔다.

이지 아, 그렇군요! 깊은 깨달음을 얻었습니다!

묵자는 사람을 사랑하는 데 누구는 더 사랑하고 누구는 덜 사랑하는 차등을 두지 않고 똑같이 사랑하자고 한다. 이것이 묵가의 대표적인 이론인 '겸애'兼愛이다. 그런데 묵가의 행동 지침 중 중요한 것으로 누구의 장례가 되었든 장례는 검소하게 지내는 것을 원칙으로 하는 '박장'薄葬이 있다. 맹자는 이지가 검소한 장례를 해내지 못한 사례를 들어, 묵가의 기본 원리인 모든 이를 동등하게 사랑하는 '겸애'라는 것이 애당초 불가능한 생각임을 공격하고 있는 것이다.

자, 이제 이지는 겸애와 자신의 성대한 장례 둘 다를 방어해야 한다. 이지는 유가의 학설을 끌어와 자기를 변호했다. 『서경』에 나오는 "백성 보호하기를 갓난아기 보호하듯이 했다"라는 말을 가지고, 백성을 보호하는 것과 갓난아기를 보호하는 것은 다른데 백성을 갓난아기에게 하듯 보호한다고 했으니 이는 겸애가 아니냐는 것이다. 다만 자기 아기를 보호하는 것에서 시작해 그 경험을 다른 사람(백성)에게 적용해 가니, 겸애는 가까운 대상으로부터 먼 대상으로 이동해 가는 순서상의 차이가 있고, 자신 역시 그 과정에서 부모에 대한 장례를 좀 후하게 한 것뿐이라고 설명한다. 그러니까 박장의 원칙은 조금 훼손했을지 모르지만 묵가의 기본 뼈대가 되는 겸애에는 아무 문제가 없다는 뜻이다.

하지만 이지가 맹자를 찾았던 것 자체가 자신이 선택한 묵자의 이론에 불편한 구석을 느끼고 있었다는 뜻이기도 하다. 당시의 시대적 배경은 전국시대, 즉 죽음이 늘 삶의 곁에 있었던 시대, 생존 자체가 힘겨웠던 시대였다. 이런 시기에 유교식 삼년상은 산 사람에게 무리가 되는 것이 분명했다. 그래서 묵가의 박장은 크게 호응을 받았다. 이지 역시 평소에 이에 동의하고 있었지만 막상 부모상을 겪고 보니 박장이 내키지 않았던 것이다. 맹자는 이를 눈치채고 무엇이 석연찮은 것이었는지 확실히 볼 수 있게 해 준다. 이지에게 박장이 불편했던 것은 묵가의 겸애가 원천적으로 불가능한 것이기 때문이었다. 머리로 이해하는 것과 마음이 받아들이는 것은 다르다. 머리로 이해하는 박장이 막상 내가 마음으로 행해야 하는 일 앞에 서자 힘을 잃은 것이다. 뿌리를 둘로 하는 건 실제로 나의 일이 되었을 때 행해지지 않는다. 겸애의 현실적 어려움은 바로 여기에 있다.

墨者夷之, 因徐辟而求見孟子. 孟子曰: 吾固願見, 今吾尙病, 病愈, 我且往見, 夷子不來!

他日又求見孟子. 孟子曰: 吾今則可以見矣. 不直, 則道不見, 我且直之. 吾聞夷子墨者, 墨之治喪也, 以薄爲其道也. 夷子思以易天下, 豈以爲非是而不貴也? 然而夷子葬其親厚, 則是以所賤事親也.

徐子以告夷子. 夷子曰: 儒者之道, 古之人若保赤子, 此言何謂也? 之則以爲愛無差等, 施由親始.

徐子以告孟子. 孟子曰: 夫夷子, 信以爲人之親其兄之子, 爲若親其鄰之赤子乎? 彼有取爾也. 赤子匍匐將入井, 非赤子之罪也。且天之生物也,使之一本, 而夷子二本故也.

蓋上世嘗有不葬其親者. 其親死, 則擧而委之於壑. 他日過之, 狐狸食之, 蠅蚋姑嘬之. 其顙有泚, 睨而不視. 夫泚也, 非爲人泚, 中心達於面目. 蓋歸, 反虆梩而掩之. 掩之誠是也, 則孝子仁人之掩其親, 亦必有道矣.

徐子以告夷子. 夷子憮然爲閒曰: 命之矣.

등문공 하

6

滕文公下

맹자와 제자 진대(陳代)와의 대화: 잠깐만 숙이면 오래 잘나가고 큰일도 할 수 있을까?

한동안 각 나라 지도자가 맹자를 청빙하는 일이 없었다. 그리하여 맹자도 그저 일상을 지킬 뿐이었다. 이냥저냥 시간만 흘렀다. 제자인 진대의 눈에는 세상을 바로잡고 싶다면서 청빙만 마냥 기다리는 스승이 너무 소극적으로 보였다.

진대 요즘 선생님께서는 청빙이 안 온다고 각 나라 지도자를 찾아가지도 않으시잖아요. 이건 좀 작은 것에 집착하는 행동이 아닐까 싶은데요……. 지금 그들을 한번 찾아가서 마음 맞는 사람을 만나면, 크게는 천하를 평정하고 올바른 정치로 세상을 바로잡는 지도자로 만들 수 있고, 작게 잡아도 세상을 크게 호령할 강대국 지도자로는 만들 수 있으실 텐데요. 왜 그런 말도 있잖아요, '한 자 굽혀 여덟 자 편다'라고. 잠깐만 숙이면 오래 잘나가고 큰일도 할 수 있을 것 같은데 한번 그래 보셔도 되지 않을까요?

맹자 일단 이야기 하나 들어 보겠나? 옛날에 제나라 경공이 사냥을 나가서 사냥터 관리인을 부른 일이 있었네. 경공은 그를 부르는 데 정신이 팔려 새의 깃털로 장식한 깃발로 그를 불렀지. 그런데 그가 안 오는 거야. 그래서 그 사람을 죽이려고 했다네. 사실 경공은 깃발로 그 사람을 불러서는 안 됐어. 그건 고위층 인사를 부를 때 쓰는 수단이니까 말일세. 사냥터 관리를 부를 때는 짐승 가죽으로 만든 고깔을 사용하는 게 규정이지. 그 관리인은 그걸 알았기 때문에 가지 않았던 거고. 공자님은 사냥터 관리인의 이야기를 들으시고는, “뜻있는 사람은 의로움을 위해 도랑이나 골짜기에 자기 시체가 버려질 각오를 하고, 용감한 사람은 싸우다가 자기 목을 잃을 각오를 한다”라면서 크게 칭찬하셨더랬지. 그의 무엇을 칭찬하신 것이겠는가? 그가 자기를 부르는 정당한 방법이 아니면 가지 않았던 점, 그러니까 힘보다 법과 원칙을 두려워한 점을 칭찬하신 것이지. 만약 각 나라 지도자가 제대로 된 방법으로 나를 부르지 않았는데 내가 지레 찾아가면 내 꼴이 뭐가 되겠는가? 그리고 한 자를 굽혀서 여덟 자를 편다는 말도 그래. 그건 이익의 측면에서 말한 것이지. 이익으로 따졌더니 여덟 자를 굽혀서 한 자 펴는 것도 이익이라면 그렇게 해도 괜찮겠나?

옛날에 진晉나라 고위 관료인 조간자趙簡子가 오프로드 운전의 달인 왕량王良에게 자기가 예뻐하는 아랫사람 해奚를 태워 사냥을 나가게 한 일이 있었다네. 그날 종일 돌아다녔는데 한 마리도 사냥을 못했지. 조간자가 예뻐하는 해는 돌아와서 이날의 사냥에 대해, “에잇! 세상 재주 없는 운전사더라고요!”라고 보고했어. 이 말을 누군가 왕량에게 전해 주었지. 이 말을 들은 왕량은 발끈해서 조간자를 찾아가 요청했어. “한 번만 더 운전을 맡겨 주십시오!” 물론 조간자는 거절했지. 하지만 왕량은 물러서지 않았고, 계속 사정해서 겨우겨우 승낙을 얻어 냈다네. 그렇게 다시 나간 사냥은 확실히 이전과 달랐지. 아침나절 동안 짐승을 열 마리나 사냥했다네. 해는 완전히 들떠, “다시없이 뛰어난 드라이버예요, 그는!”이라며 조간자에게 보고했어. 자기가 예뻐하는 사람이 이렇게 좋아하니까 조간자도, “그래? 그럼 앞으로 그에게 자네 사냥 운전을 전담시키도록 하지"라고 말해 주었어. 그리고 왕량에게 해의 전속 운전사로 임명하겠다고 했는데, 왕량이 단번에 거절하는 것이 아닌가! 그는 거절 이유를 이렇게 밝혔다네.

"제가 처음에 사냥터 운전 규정을 그대로 준수하니까 그는 하루 종일 짐승을 한 마리도 잡지 못하더군요. 그래서 다음 번엔 규정이고 뭐고 무시하고 무조건 짐승을 잡을 수 있는 방향으로 요리조리 마구 운전을 했어요. 그랬더니 아침나절 동안 열 마리를 사냥하더군요. 『시경』 소아 「튼튼한 내 사냥차」車攻라는 시에 보면, "사냥터 운전 규정을 준수하며 차를 몰거늘 시위를 떠나는 화살마다 백발백중"이라는 구절이 있지요. 저는 마구잡이로 사냥만 하면 그만이라는 좀스러운 위인의 사냥차를 운전하는 방법은 익히지 못했으니, 사양하겠습니다."

오프로드 운전사도 사냥터 운전 규정을 어겨 가며 사냥하는 사람과 어울리는 걸 부끄러워했네. 그와 함께하면 짐승을 산처럼 많이 잡을 수 있을 테지만 그렇게 하지 않았어. 그런데 내가 만약 올바른 길을 굽히고 각 나라 지도자의 어긋난 욕구를 따른다면 어떻게 되겠는가? 그리고 자네 생각도 잘못되었네. 자기를 굽히는 사람은 결코 남을 곧게 펼 수 없는 법일세.

陳代曰: 不見諸侯, 宜若小然. 今一見之, 大則以王, 小則以霸. 且志曰, 枉尺而直尋. 宜若可爲也.

孟子曰: 昔齊景公田, 招虞人以旌, 不至, 將殺之. 志士不忘在溝壑, 勇士不忘喪其元. 孔子奚取焉? 取非其招不往也. 如不待其招而往, 何哉? 且夫枉尺而直尋者, 以利言也. 如以利, 則枉尋直尺而利, 亦可爲與?

昔者趙簡子使王良與嬖奚乘, 終日而不獲一禽. 嬖奚反命曰, 天下之賤工也. 或以告王良. 良曰, 請復之. 彊而後可, 一朝而獲十禽. 嬖奚反命曰, 天下之良工也. 簡子曰, 我使掌與女乘. 謂王良, 良不可, 曰, 吾爲之範我馳驅, 終日不獲一. 爲之詭遇, 一朝而獲十. 詩云, 不失其馳, 舍矢如破. 我不貫與小人乘, 請辭.

御者且羞與射者比. 比而得禽獸, 雖若丘陵, 弗爲也. 如枉道而從彼, 何也? 且子過矣. 枉己者, 未有能直人者也.

(6 - 2)

종횡가(縱橫家)와의 논쟁: 진정한 대장부란?

종횡가는 전국 시대에 각 나라를 이리 묶고 저리 엮어 그 사이에서 권력을 쥐거나 쥐려 했던 정치 책략가다. 맹자가 그 중 한 사람인 경춘景春과 충돌했다.

경춘 각각 합종合從의 방법과 연횡連橫의 방법으로 천하를 호령했던 공손연公孫衍과 장의張儀야말로 진짜 대장부가 아니겠습니까? 그들이 한번 성을 내면 모든 나라 지도자가 겁을 먹었고, 그들이 편안하게 조용히 지내면 온 세상이 고요했으니 말입니다.

맹자 아뇨, 그런 걸로 어찌 대장부라고 할 수 있겠습니까? 선생께서는 아직 예禮를 배우지 않으셨나 봅니다그려. 남자가 성년식을 치를 때는 아버지가 훈계하고, 여자가 결혼식을 치를 때는 어머니가 훈계하는 법이죠. 딸이 시집을 갈 때 어머니는 문에서 전송하며 이렇게 말해요. "네 집에 가거든(이제 시댁이 네 집이다), 반드시 시어른을 공경하고 몸가짐을 살파며, 지아비의 뜻을 어기는 일이 없어야 한다. 알겠니?" 순종을 바른 가치로 여기는 것은 부녀자의 길입니다.

대장부는 말입니다, 삶의 지표를 자기의 사사로운 욕망에 두지 않습니다. 세상 모든 것을 치우침 없이 아끼고 사랑해서 '나의 것'이라는 담장을 치지 않습니다. 그러니 드넓은 천하가 그의 집이 됩니다. 그리고 윗사람이나 힘 있는 사람이 세워 주는 자리가 아니라 함께 사는 세상의 질서에 비추어 자신이 서야 할 합당한 자리를 선택합니다. 그러니 그가 선 자리는 세상 어디에서 보아도 올바른 자리가 됩니다. 그리고 그 마음과 자리에서 모든 일을 이치에 비추어 마땅하고 정정당당하게 처리합니다. 그러니 그가 걷는 길은 세상 다시없이 떳떳한 큰길입니다. 뜻을 펼칠 기회를 얻으면 세상 사람과 함께 그 길을 가고, 뜻을 펼칠 기회를 얻지 못하면 홀로 그 올바른 길을 걷지요. 많은 재물과 높은 지위도 그의 마음을 어지럽히지 못하고, 가난과 비천한 신분이 그의 뜻을 바꾸지 못하며, 위압과 무력으로도 그를 굴복시키지 못해요. 바로 이런 사람을 대장부라고 하는 것입니다.

'대장부'大丈夫라는 말의 개념이 설명된 장이다. 이 장을 살펴보면, 우리 사회에서 '사내대장부가 말야……'라는 말을 잘못 사용하는 경우가 많다는 걸 알 수 있을 것이다. 잘 운다고, 매운 걸 못 먹는다고, 목소리가 작다고, 술을 못 마신다고, 꽃을 좋아한다고,

수놓기가 취미라고 대장부가 아닌 것이 아니다. 대장부의 기준은 그 사람의 판단 기준과 행동 기준이 '공'公에 있느냐, '사'私에 있느냐에 달려 있을 뿐이다.

소진蘇秦과 장의는 당대 유명한 정치 전략가였다. 각국의 지도자를 이리 모았다 저리 흩었다 하며 중원의 판세를 좌지우지했다. 같은 종횡가에 몸담고 있던 경춘에게 소진과 장의는 꿈과 같은 존재였다. 그러나 맹자가 보기에 그들은 부녀자에 불과했다. 물론 여성비하의 냄새가 나기는 하지만 그 시대의 풍조가 여자의 미덕을 저렇게 규정했던 것이고, 지금 다른 말로 하자면 조폭 조무래기의 행동강령이라고 할 수 있겠다. 막 보기로 하자면 각국의 지도자도 두려워하는 전략가였으니 그 위상이 대단하게만 보일 수도 있겠지만, 그 내부를 찬찬히 들여다보면 이들이 힘과 권력을 얻은 비결은 지도자의 구미를 맞추고 약점을 캐고 이권을 조종한 것뿐이었다. 철저히 사욕에 머무른 채 한 번도 떳떳한 세상의 이치를 생각해 본 적이 없는 자들이었다.

맹자가 보기에 대장부란 인仁의 시선으로 세상을 바라보고, 예禮의 기준으로 자기 자리를 정하며, 의義에 따라 세상을 걷는 사람이다. 소진과 장의는 권력자가 준 자리이니 권력자가 빼앗아 갈 수 있지만 인과 예와 의의 기준으로 자신을 규정한 대장부의 삶은 누구도 흔들거나 빼앗아 갈 수가 없다. 뜻을 펼칠 기회야 얻을 수도 있고 그렇지 못할 수도 있다. 하지만 평생 자기 삶만은 타인에게 조종당하지 않고 오롯이 '자기 자신'으로 살아갈 수 있다. 겉이 화려해지는 삶이냐, 진짜 나로 살아가는 삶이냐에서 선택은 자신의 몫이다. 「공손추 상」 3-2의 '호연지기'(130쪽)와 함께 읽으면 더 많은 생각과 이해의 힌트를 얻을 수 있을 것이다.

景春曰: 公孫衍張儀, 豈不誠大丈夫哉? 一怒而諸侯懼, 安居而天下熄.

孟子曰: 是焉得爲大丈夫乎? 子未學禮乎? 丈夫之冠也, 父命之, 女子之嫁也, 母命之. 往送之門, 戒之曰, 往之女家, 必敬必戒. 無違夫子. 以順爲正者, 妾婦之道也.

居天下之廣居, 立天下之正位, 行天下之大道. 得志與民由之, 不得志獨行其道. 富貴不能淫, 貧賤不能移, 威武不能屈, 此之謂大丈夫.

(6 - 3)

위나라 사람 주소(周霄)와의 대화: 지성인의 관직 진출에 대해

주소 옛날에 지성인이 관직에 나아갔습니까?

맹자 예, 관직에 진출했어요. 전해 내려오는 기록에 따르면, "공자는 3개월 동안 공백이 생기면 걱정스러워했고, 지위를 잃고 나라를 떠날 때는 다른 나라 지도자와의 만남에 사용할 예물을 꼭 챙겨서 싣고 갔다"라고 해요. 노나라의 지혜로운 사람이라고 소문난 공명의도 "옛날 사람은 3개월 동안 관직에 진출하지 못하고 공백이 생기면 심심한 위로의 말을 전했다"라고 했고요.

주소 예? 3개월 동안 관직에 진출하지 못하고 공백이 생기면 심심한 위로의 말을 전했다고요? 그건 너무 조급한 거 아닙니까?

맹자 그렇진 않아요. 지식인 계층이 공직을 잃는 것은 이를테면 나라의 지도자가 나라를 잃는 것과 같거든요. 공직에 있어야만 제사를 지낼 비용을 받을 수 있어요. 군주라는 지위에서 가장 중요하고 그 상징적 권위를 내보일 수 있는 일이 바로 종묘와 사직에 올리는 제사 의식이죠. 예禮에 관한 글에 보면, "군주가 밭을 갈아서 제사에 올릴 곡식을 마련하고, 군주의 부인이 누에를 치고 실을 켜서 의복을 만든다. 제사에 올릴 희생이 살찌지 못하고, 제물로 바칠 곡식이 정결하지 못하고, 제사 지낼 때 입을 예복이 갖추어지지 못하면 감히 제사 지내지 못한다. 지식인 계층에게 제사 비용 몫으로 받는 밭인 규전圭田이 없으면 또한 제사 지내지 못한다"라고 되어 있어요. 제사 고기와 제기와 제사 예복을 갖추지 못하면 감히 제사를 지내지 못하죠. 그럼 제사 후 벌이는 잔치도 벌일 수 없고요. 즉 자기 존재를 천명할 수 없게 된다는 말이죠. 제사는 각 계절의 첫 달에 한 번씩, 일 년에 네 번을 치릅니다. 3개월 관직이 없으면 제사를 한 번 못 지내게 되는 것이죠. 그렇다면 심심한 위로의 말을 전하기에 충분한 시간이 아니겠습니까?

주소 지위를 잃고 나라를 떠날 때 예물을 꼭 챙겨서 싣고 가는 까닭은 무엇입니까?

맹자 아, 그건 지식인 계층이 관직에 진출하는 건 이를테면 농부가 농사짓는 것과 같은 일이에요. 농부가 나라를 떠난다고 자기 농기구를 놓고 나가겠습니까?

주소 우리나라도 많은 사람이 공직에서 일하고 있는데, 관직 진출을 이렇게 조급하게 여긴다는 것은 입때껏 들어 보지 못했어요. 관직 진출을 이렇게 급하게 생각하는데, 선생님 같은 지성인이 선뜻 관직에 진출하지 않고 머뭇거리고 어려워합니다. 그건 또 무슨 까닭인가요?

맹자 아들 키우는 집 부모는 혼기 찬 아들에게 색시를 얻어 주고 싶어 하고, 딸 키우는 집 부모는 혼기 찬 딸에게 남편을 얻어 주고 싶어 하죠. 부모 마음이 다 그렇지 않겠습니까? 그렇다고 해서 부모의 말이나 중매쟁이의 소개 없이 나이 꽉 찬 남녀가 슬쩍슬쩍 시선을 주고받고 쪽지를 주고받다 몰래몰래 만나면, 부모는 물론 세상 사람 모두가 천박하게 여길 겁니다. 마찬가지예요. 옛날 예법과 도리를 알았던 사람들도 모두 관직에 진출하고 싶어 했어요. 하지만 그 마음만큼이나 제대로 된 길과 방법이 아닌 경로로 진출하는 것을 아주 싫어했지요. 옳은 길, 옳은 방법으로 관직에 진출하지 않는 건 마치 나이 꽉 찬 남녀가 혼인의 전통과 법도를 무시하고 슬쩍슬쩍 시선을 주고받고 쪽지를 주고받다 몰래몰래 만나는 것 같은 거죠.

> 연애결혼이 완전히 대세인 요즘 시대에는 조금 낯선 본문일 수도 있겠다. 당시 사士 계층이 공부한 이유는 관직에 진출하기 위해서였다. 신분제 사회에서 귀족도 아니고 서민도 아닌 애매한 위치로 전락한 사 계층이 자신의 위치를 확고히 할 수 있는 유일한 길은 나랏일을 하는 것이었기 때문이다. 그러니 조급하게 자기가 섬길 주군을 찾고, 그에게 인사를 다니며 자기를 알리는 것은 이들이 당연하게 갖추어야 할 자세였다. 그러나 세습된 신분이 아니라 공부한 결과로 관직에 진출한다는 것은 이들의 역할이 세습 지도자와는 다르다는 것을 의미한다. 이들은 나라를 운영할 비전과 안목, 즉 능력이 있어야 했다. 하지만 아무리 능력이 있어도 결국은 군주에게 소속되는 존재, 그러니 군주에 비해 힘이 밀릴 수밖에 없다. 가뜩이나 그런 위치인데 처음에 발탁될 때

부터 정당하지 못해서 약점이 잡혀 있다면 그의 능력은 나라를 위해서가 아니라 철저히 군주의 욕망을 위해서만 쓰이게 된다. 최대한 자신의 위치를 확보하고 들어가야 그나마 한 소리라도 해볼 수 있기 때문에 절박하게 관직 진출을 원하면서도 쉽사리 군주의 손을 잡을 수 없었던 것이다.

어떤 입시든 그 문이 좁을 때 우리는 혹시나 하는 요행을 꿈꾼다. 약간의 편법쯤은 괜찮지 않을까도 생각한다. 심지어 부모의 '빽'이 없는 걸 속상해하기도 한다. 합격만 시켜 준다면 그다음은 잘 해 볼 수 있을 것 같다. 그러나 맹자는 말한다. 첫 단추가 틀리면 다 틀리는 거라고, 그다음은 없는 거라고. 첫 단추를 잘 꿰어도 고용된 자의 위치란 작은 일 하나도 내 뜻대로, 내 능력대로 해 보기 어려운 수준인데, 첫 단추 자체가 약점이 되면 대체 무엇을 할 수 있겠느냐고.

周霄問曰: 古之君子仕乎?

孟子曰: 仕. 傳曰, 孔子三月無君, 則皇皇如也, 出疆必載質. 公明儀曰, 古之人三月無君則弔.

三月無君則弔, 不以急乎?

曰: 士之失位也, 猶諸侯之失國家也. 禮曰, 諸侯耕助, 以供粢盛, 夫人蠶繅, 以爲衣服. 犧牲不成, 粢盛不潔, 衣服不備, 不敢以祭. 惟士無田, 則亦不祭. 牲殺器皿衣服不備, 不敢以祭, 則不敢以宴, 亦不足弔乎?

出疆必載質, 何也?

曰: 士之仕也, 猶農夫之耕也. 農夫豈爲出疆, 舍其耒耜哉?

曰: 晉國亦仕國也, 未嘗聞仕如此其急. 仕如此其急也, 君子之難仕, 何也?

曰: 丈夫生而願爲之有室, 女子生而願爲之有家. 父母之心, 人皆有之. 不待父母之命, 媒妁之言, 鑽穴隙相窺, 踰牆相從, 則父母國人皆賤之. 古之人未嘗不欲仕也, 又惡不由其道. 不由其道而往者, 與鑽穴隙之類也.

(6 - 4)

제자 팽경(彭更)과의 대화: 지식인의 노동에 대해

팽경 함께 다니는 사람이 수백 명이라 실어 나르는 버스만도 수십 대인데, 이들과 함께 각국을 돌아다니면서 숙식과 체류 비용을 제공받는 건 좀 지나친 것 같기도 해요.

맹자 올바른 방법이 아니라면 밥 한 그릇이라도 남에게 받아서는 안 되지만 올바른 방법이라면 순임금이 요임금에게 천하를 넘겨받는 것도 지나친 게 아닐세. 그걸 자네는 지나치다고 생각하는가?

팽경 아뇨. 제 말씀은 지식인 계층이 딱히 그 나라에서 하는 일도 없으면서 봉급을 받는 건 아무래도 아니지 않나 한다는 거죠.

맹자 자네가 관리자라고 가정해 보세. 자네가 물자를 유통시켜 남는 것과 부족한 것을 소통시켜 주지 않는다면, 농산물 생산자는 농산물이 남아돌아 결국 버리게 되지만 쓸 물건은 없겠지. 또 공산품 생산자는 공산품만 남아돌고 먹을 게 없어 굶을 걸세. 그러나 자네가 그걸 소통시켜 준다면 공산품 생산자가 자기 노동만으로 먹고살 수 있겠지. 그들은 '자네 덕에' 먹을 것을 얻는 것이라네. 그런데 자네 이론대로라면, 집에서는 효도하고 사회에서는 어른을 공경해서 옛 훌륭한 임금들이 제시한 인륜의 길을 잘 지키면서 후대의 학자에게 그것을 전해 주려 하는 어떤 사람만은 '자네 덕에' 먹고 사는 그룹에서 제외시켜야 한다는 거잖나. 왜 자네는 온갖 직종의 노동자를 존중하면서 정신 노동자는 천시하는 겐가?

팽경 생산적 기술자야 먹고살려고 그 일을 하는 거잖아요. 그럼 지성인이 인간의 바른길을 추구하는 것도 그 목적이 먹고사는 데 있는 건가요?

맹자 자네는 어째서 그들의 목적을 문제 삼는 겐가? 그저 자네는 그들의 성과를 보고 그 성과가 먹여 줄 만하면 먹여 주는 것일 뿐이네. 자네는 자네가 그들의 목적을 보고 먹여 준다고 생각하나, 아니면 성과를 보고 먹여 준다고 생각하나?

팽경 목적이요.

맹자 그래? 만약 어떤 사람이 자네 집을 수리한답시고 기왓장을 깨 먹고 담장에 흠집만 내 놓는다면 어떻겠는가? 그 사람의 목적이 일해서 먹고사는 데 있었으니 일당을 주겠나?

팽경 아뇨.

맹자 그렇다면 자네는 목적이 아니라 성과를 보고 먹여 주는 것일세.

지금도 그렇지만 이때도 사람들 보기에 애매했던 부류가 정당한 보수가 나오는 자리를 얻지 못한 학자군이었다. 지금으로 치면 석박사 백수인 부류라고 할 수 있겠다. 게다가 이때는 큰 정치사상가 아래로 이들을 따라다니며 배우는 사람이 많이 딸려 있었으니 한 사람이 움직이면 그 덩치가 상당했다. 제나라 같은 경우는 수도인 임치臨淄의 도성 남문인 직문稷門 아래 거대하게 학궁學宮을 세워 다양한 정치사상가 그룹을 유치하고 그들에게 재정적 지원을 아끼지 않기도 했다. 「등 문공 상」 5-4(205쪽)에서 보면, 농가 학파가 등장해서 왕도 직접 농사를 지어서 먹고살아야 백성을 착취하지 않는 훌륭한 군주가 되는 것 아니냐고 할 만큼 농업 중심의 자급자족적 경제가 사회의 기본 형태를 이루고 있었다. 그러니 공부한다고, 천하를 경영하는 방법을 모색한다고 육체노동에서는 손을 뗀 학자군이 무위도식하는 것처럼 보이기도 했을 것이다.

맹자는 이 대화에서 흥미로운 질문을 던진다. 사람이 일을 하면 보수를 받는데, 그 보수는 성과를 기준으로 주어지는 것인가, 목적을 기준으로 주어지는 것인가? 그리고 그 기준은 옳은 것인가? 또 나는 내 기준이 무엇인지 제대로 파악하고 있는가? 학문까지 성과에 따라 보수를 지급한다고 하면 공공성을 유지하고 공공에 기여할 학문은 사라질 것이다. 실제로 연구비를 지원하는 곳의 방향성에 따라 연구 결과가 변화된 사례가 비일비재하지 않은가? 학문의 결과는 당장 눈에 보이지 않는다. '먹고사니즘'에 매몰된 학자도, 그 절박함을 알고 이들을 이용하는 자도 모두 건강한 사회와 그 사회의 내일을 거세하는 사람이다. 맹자 당시 전국시대의 학자와 군주가 그랬고, 지금의 분위기도 크게 다르지 않다. 이런 세태에 대해 학자는 자기 자신의 지향이 떳떳해야 하고, 나라는 이런 학자가 떳떳한 지향을 계속 유지할 수 있도록 지원을 아끼지 말아야 한다고 맹자는 말하고 있다.

彭更問曰: 後車數十乘, 從者數百人, 以傳食於諸侯, 不以泰乎?

孟子曰: 非其道, 則一簞食不可受於人, 如其道, 則舜受堯之天下, 不以爲泰, 子以爲泰乎?

曰: 否. 士無事而食, 不可也.

曰: 子不通功易事, 以羨補不足, 則農有餘粟, 女有餘布, 子如通之, 則梓匠輪輿皆得食於子. 於此有人焉, 入則孝, 出則悌, 守先王之道, 以待後之學者, 而不得食於子. 子何尊梓匠輪輿而輕爲仁義者哉?

曰: 梓匠輪輿, 其志將以求食也, 君子之爲道也, 其志亦將以求食與?

曰: 子何以其志爲哉? 其有功於子, 可食而食之矣. 且子食志乎? 食功乎?

曰: 食志.

曰: 有人於此, 毁瓦畫墁, 其志將以求食也, 則子食之乎?

曰: 否.

曰: 然則子非食志也, 食功也.

(6 - 5)

제자 만장(萬章)과의 대화: 약소국이 중심 국가가 될 수 있는 길

만장 송나라는 작습니다. 이 송나라가 지금 정의를 바탕으로 백성을 보호하는 정치를 펼치려 하고 있어요. 물론 이 원칙에 따라 국정이 정상화하면 나아가 그 기세로 천하를 제패하겠지요. 그런데 위로 버티고 있는 강대국 제나라와 아래로 버티고 있는 강대국 초나라가 이런 움직임을 싫어해서 무력으로 송나라를 쳐 버리면 어떡하죠?

맹자 원, 걱정도……. 정의를 바탕으로 국정을 바로잡고 정의로 세력을 확장한다면 나라의 크기는 문제가 안 된다는 걸 아직 모르겠나? 역사가 그걸 증언해 주고 있지.

상나라를 건국한 탕임금이 아직 천하를 제패하기 전, 그는 박亳이라는 지역을 거점으로 작은 나라를 꾸리고 있었다네. 그 지역은 드세기로 소문난 갈나라와 이웃하고 있었지. 그때 갈나라의 임금은 워낙 제멋대로여서 왕의 주요한 의무이자 업무인 제사도 지내지 않았어. 그러니까 탕임금이 외교관을 보내 왜 제사를 안 지내느냐고 물었어. 그랬더니, "제사에 올릴 희생 제물이 없어서 그렇소"라고 답을 보내온 거야. 그래서 탕이 소랑 양이랑 희생 제물을 챙겨서 보내 줬다네. 아, 그랬더니 갈나라 임금이 그 희생 제물을 홀랑 잡아먹어 버렸어. 물론 제사도 안 지냈지.

제사 지내라고 기껏 제물 챙겨 보냈는데 감감무소식이니 탕이 그 까닭을 다시 안 물어볼 수가 없지. 그러자 이번에는 제사에 바칠 곡식 제물이 없어서 제사를 못 지낸다는 거야. 하지만 탕임금은 포기하지 않았어. 자기네 박 지역 백성을 데리고 가서 갈 땅에서 농사를 지어 주고, 심지어 농사할 때 먹을 음식도 자기네 노약자들이 날라다 주게 했다네. 자, 그럼 갈나라 왕이 어떻게 했을 것 같은가? 이 무도한 임금은 자기네 백성을 이끌고 박 땅 사람들이 가져온 술이며 음식을 빼앗았어. 안 주면 죽이고. 그러던 중 음식 나르던 어린아이 하나가 음식을 뺏기고 죽임을 당하는 사건이 발생했지. 『서경』 상서의 「중훼지고」 편에 보면 "갈나라 임금은 음식 날라 주는 사람까지 원수로 삼았다"라는 구절이 있지 않은가? 그 구절이 바로 이걸 두고 말한 것이라네.

어린아이의 죽음을 탕임금은 도저히 그냥 두고 볼 수 없었지. 그래서 그는 갈나라를 정벌했네. 자기 백성, 그것도 어린 아이의 죄 없는 죽음은 어떤 지도자도 좌시할 수 없는 일 아닌가? 그래서 세상 사람들은 모두 그 정벌이 그럴 만하다고 생각했지. 사람들은 그 정벌에 대해, "국가를 넓히고 힘을 확장하려 해서가 아니라네. 평범한 백성을 위해 복수해 주시는 것이라네"라고들 말했다네.

탕임금이 이렇게 갈나라로부터 정벌을 시작해서 11개국을 정벌했는데, 천하에 대적할 사람이 없었지. 왜냐하면 동쪽을 정벌하러 가면 서쪽 나라 백성이 왜 우리부터 정벌하러 오지 않느냐고 원망하고 남쪽으로 정벌하러 가면 북쪽 나라 백성이 왜 우리부터 정벌하러 오지 않느냐고 원망했거든. 모든 나라 백성이 마치 큰 가뭄에 간절히 비 소식을 기다리듯 탕임금의 정벌을 기다렸지. 그리고 정벌군이 와도 시장 가던 사람은 계속 시장 가고, 일하던 사람은 계속 일하면서 동요하지도 않고 일상을 유지했다네. 탕임금의 정벌이 자기들을 못 살게 구는 포악한 자기네 지도자를 치고 자기들의 숨통을 틔워 주는 일이었던지라 정벌을 되레 가뭄 끝에 단비처럼 받아들여 모두 정벌을 엄청 좋아했어. 『서경』 상서의 「태갑」 편에는 "우리 임금을 기다리고 있으니, 우리 임금님 오시면 폭군의 형벌이 없어질 테지!"라고 기록되어 있지.

또 주나라를 세운 무왕도 민심을 얻어 천하를 얻었다네. 『서경』 주서의 「무성」武成 편에 이렇게 기록되어 있지. "유攸나라가 신하 되지 않으려 하자 동쪽으로 정벌해서 그곳의 남녀를 편안하게 하시니, 그들이 흑색과 황색 비단 예물을 담아 가지고 영접해서 우리 주나라 왕의 아름다운 업적을 보고 주나라의 신하가 되었다." 그곳의 지도자들은 비단 예물을 마련해서 주나라 지도자들을 마중하고, 그곳 백성은 음식을 마련해서 주나라 병사를 마중했어. 백성을 도탄에서 구하고 그들을 괴롭히던 자만 없애 주었기 때문이지. 『서경』 주서의 「태서」 편에는 무왕의 업적에 대해 이렇게 칭송했네. "우리 무왕께서 위세를 드날리며 상나라 국경을 쳐들어가 그 잔악한 자들을 잡아 없애서 죽이고 정벌한 공이 널리 펼쳐지니 탕임금보다 더 빛나는도다."
실제로 송나라가 정의를 바탕으로 백성을 위하는 정치를 하지 않아서 그렇지 만약 그런 정치를 한다면 온 세상 사람이 죄다 학처럼 목을 뽑고 바라보며 그가 자기네 지도자가 돼 주기를 바라겠지. 그렇게 되면 제나라와 초나라가 아무리 강대국이라 해도 뭐 겁날 게 있겠는가?

이 대화에서 만장이 언급하고 있는 송나라는 언偃이란 임금이 다스릴 때의 송나라를 말한다. 『사기』에서는 송나라 임금 언이 천하 제패의 꿈을 꾸며 제나라, 초나라, 위나라를 공격해서 나라 간 긴장을 조성했고, 술과 여자에 빠져 지내며 바른말 하는 신하들을 죽여서 '송나라의 걸왕'宋桀이라 불렸으며, 다른 나라 지도자들의 미움을 사 결국 나라를 멸망하게 한 임금으로 기록하고 있다. 그러나 이 본문에서 보면 만장은 그가 "정의를 바탕으로 백성을 보호하는 정치"를 하려고 한다고 말하고 있어서 『사기』의 기록과 어긋난다. 그래서 언이 초기에는 정치를 잘 하려 했는데 만년에 잘못되었다고 보는 견해도 있고, 제나라와 초나라 등이 언을 모함하는 식으로 기록을 남겨서 그렇게 된 것이라고 보는 견해도 있다.

앞서 등나라는 체급 자체가 제후국 간에 낄 수 없었기 때문에 맹자가 바른 정치를 하기만 하면 천하도 품을 수 있다고 말하지 못했다. 그러나 송나라는 제후국에 낄 수 있는 수준의 체급에 속했기 때문에 제대로 된 정치로 큰 꿈을 품어 볼 수 있다고 말하고 있다. 송나라 임금 언은 결국 초나라·위나라와 함께 손잡은 제나라에 의해 죽임을 당했고, 나라는 망해서 침략한 세 나라의 손에 셋으로 쪼개지고 말았다. 맹자의 이상은 결국 꿈에 불과한 것일까, 아니면 왕의 패기가 그저 패기에 불과했고 내실이 다져지지 못했기 때문일까? 이어지는 장을 보면 어쩌면 후자가 아닐까 싶다.

萬章問曰: 宋, 小國也. 今將行王政, 齊楚惡而伐之, 則如之何?

孟子曰: 湯居亳, 與葛爲鄰, 葛伯放而不祀. 湯使人問之曰, 何爲不祀? 曰, 無以供犧牲也. 湯使遺之牛羊. 葛伯食之, 又不以祀. 湯又使人問之曰, 何爲不祀? 曰, 無以供粢盛也. 湯使亳衆往爲之耕, 老弱饋食. 葛伯率其民, 要其有酒食黍稻者, 奪之, 不授者殺之. 有童子以黍肉餉, 殺而奪之. 書曰, 葛伯仇餉. 此之謂也. 爲其殺是童子而征之, 四海之內皆曰, 非富天下也, 爲匹夫匹婦復讎也.

湯始征, 自葛載, 十一征而無敵於天下, 東面而征, 西夷怨, 南面而征, 北狄怨, 曰, 奚爲後我? 民之望之, 若大旱之望雨也. 歸市者弗止, 芸者不變. 誅其君, 弔其民, 如時雨降, 民大悅. 書曰, 徯我后, 后來其無罰.

有攸不惟臣, 東征, 綏厥士女, 匪厥玄黃, 紹我周王見休, 惟臣附于大邑周. 其君子實玄黃于匪, 以迎其君子, 其小人簞食壺漿, 以迎其小人. 救民於水火之中, 取其殘而已矣. 太誓曰, 我武惟揚, 侵于之疆, 則取于殘, 殺伐用張, 于湯有光.

不行王政云爾, 苟行王政, 四海之內皆擧首而望之, 欲以爲君. 齊楚雖大, 何畏焉?

(6 - 6)

송나라 신하 대불승(戴不勝)과의 대화: 왕이 훌륭해지길 바란다면

맹자 그대는 그대 임금이 훌륭해지기를 바라나요?

대불승 물론이죠.

맹자 내가 그럼 그 방법에 대해 분명하게 말씀드리지요. 여기 어떤 초나라 고위 관료가 있다고 칩시다. 그 사람은 자기 아들에게 제나라 말을 가르치고 싶어 해요. 자, 어떤 선생을 들어야 할까요? 제나라 사람, 아니면 초나라 사람?

대불승 제나라 사람을 선생으로 들여야죠.

맹자 꼭 그럴까요? 제나라 사람 선생님 한 명이 그 아이를 가르치는데 엄청나게 많은 수의 초나라 사람이 주변에서 하염없이 떠들어대는 환경이라면 어떨까요? 맨날 제나라 말을 익히라고 야단치고 다그쳐도 될 수가 없겠죠. 그런데 그 아이를 유학 보내서 제나라 중심지에서 몇 년 살게 하면 어떨까요? 그땐 또 맨날 초나라 말을 써야 한다고 야단치고 다그쳐도 그렇게 되지 않겠죠.

그대는 설거주薛居州가 훌륭한 지성인이라고 해서 그 사람 하나를 왕 곁에 두었어요. 그런데 왕 옆에 있는 사람이 나이가 많든 적든 지위가 높든 낮든 전부 설거주 같은 사람이라면 왕이 누구랑 나쁜 짓 혹은 못난 짓을 하겠습니까? 반대로 왕 옆에 있는 사람이 죄다 설거주랑 질이 다른 사람이라면 왕이 누구랑 훌륭한 일을 하겠습니까? 설거주 혼자서 송나라 임금에게 뭘 어떻게 해 볼 수 있겠어요?

맹자가 제안하는 외국어 공부법. 방법은 역시 해외 연수나 유학인가? 물론 꼭 그렇지만은 않다. 그러나 그 나라에 가서 산다면 회화는 아무래도 쉽게 익히게 된다. 아무리 낯선 언어라도 주변에 온통 그 언어를 사용하는 사람밖에 없고 나는 거기서 살아남아야 한다면 그 낯설었던 언어에 곧 귀가 열리고 얼마 안 가 얼추 입도 열리기 마련이다. 깊이까지는 모르겠지만 일단 사는 데 지장 없을 정도까지는 받아들이는 것이다. 환경은 사람에게 지대한 영향을 미친다. 종종 우리가 말하는 '내 생각에는'이란 말도 실은 내 생각이기만 한 것이 아니라 내 주변의 생각인 경우가 많다. 한 개인의 가치관은 환경과 함께 태어나고 방향 잡히고 다듬어지기 때문이다. 지금은 나랑 생각이 다른 사람이라 해도 그런 사람이 잔뜩 모여 있는 그룹에 속해서 그들과 한참을 지내다 보면 내 생각도 슬슬 그들을 이해하고 수용하는 방향으로 흘러간다. 처음엔 완전히 달랐지만 어느새 '그럴 수도 있지, 있겠지' 하는 식으로 생각의 흐름이 바뀌는 것이다.

세상은 영웅을 바란다. 훌륭한 사람 한 명이 자신을 희생해서 세상을 살만한 곳으로 바꿔 주길 바란다. 그래서 세상에 나온 영웅은 희생당한다. 하지만 세상은 바뀌지 않는다. 그 한 명이 사라진 자리에 이기적으로 생각하는 똑같은 다수만 남았는데 왜 세상이 바뀌겠는가? 다수의 생각이 좋은 방향으로 아주 조금이라도 변하는 것이 거대한 영웅 한 명이 고군분투하다가 스러지는 것보다 훨씬 많이 크게 세상을 바꾼다. 나라를 변화시키는 것은 탁월한 학자 설거주 한 명의 몫이 아니라 요리사, 서기, 심부름하는 아이, 궁녀, 환관, 이런저런 평범한 사람의 몫인 것이다.

孟子謂戴不勝曰: 子欲子之王之善與? 我明告子. 有楚大夫於此, 欲其子之齊語也, 則使齊人傅諸, 使楚人傅諸?

曰: 使齊人傅之.

曰: 一齊人傅之, 衆楚人咻之, 雖日撻而求其齊也, 不可得矣. 引而置之莊嶽之間數年, 雖日撻而求其楚, 亦不可得矣.

子謂薛居州善士也, 使之居於王所. 在於王所者, 長幼卑尊, 皆薛居州也, 王誰與爲不善? 在王所者, 長幼卑尊, 皆非薛居州也, 王誰與爲善? 一薛居州, 獨如宋王何?

(6 - 7)

제자 공손추와의 대화: 지식인이 권력자를 만나는 방법에 대해

공손추 각 나라 지도자를 만나 보지 않으시는데, 무슨 까닭이신지요?

맹자 옛날부터 그랬다네. 신하가 되지 않으면 군주를 만나지 않았지. 단간목段干木이라는 위魏나라 사람은 군주가 찾아오니까 담장을 넘어 도망가서 피했고, 설류泄柳라는 노나라 사람은 문을 닫아걸고서 아예 들어오질 못하게 했어. 사실 이런 건 너무 심한 행동이긴 하지. 군주가 직접 찾아오면 만나 볼 수는 있는 거 아니겠나.

이런 경우도 있어. 양화란 실력자가 공자 선생님을 만나 보고 싶어 했거든. 직접 찾아가면 되는데 그렇게 자신을 낮추기는 싫고, 그렇다고 무례한 사람이 되기도 싫었던 거야. 그래서 수를 썼어. 윗사람이 아랫사람에게 선물을 보냈을 때 아랫사람이 직접 받지 못하면 윗사람의 집에 찾아가 인사하는 예법을 이용했지. 공자 선생님이 집에 없는 틈을 노려서 삶은 돼지고기를 선물로 보낸 거야. 그랬더니 공자 선생님도 양화가 집에 없을 때 가서 사례를 하는 식으로 대응했네. 그때 만약 양화가 먼저 예를 차렸으면 공자 선생님이 왜 만나 보지 않으셨겠나? (물론 선물에 대한 사례를 하고 돌아오던 차에 운명의 장난인지 양화를 딱 마주치긴 했지만 말일세.)

증자 선생님의 말씀이 하나 생각나는구먼. "고개를 수굿하고 어깨를 추켜올리며 아양 떨며 웃는 것이 한여름 땡볕에서 밭일하는 것보다 더 고통스럽다"라고 하셨더랬지. 또 자로 선생님도 "생각이 같지 않은데 같은 것처럼 말을 섞는 사람을 보면 얼굴이 빨개져 있지. 나는 참 그런 짓은 이해할 수가 없어"라는 말씀을 남기기도 하셨고. 어때? 참된 지성인이 길러야 할 덕목이 뭔지 감이 오지 않는가?

급한 사람이 우물 파는 건 맞다. 그러나 우물을 판 뒤에 본격적으로 일이 시작되는 것이라면 급해도 지켜야 할 덕목들이 있다. 웬만큼 일을 할 수 있는 공직을 얻어야 꿈이든 뭐든 펼쳐 볼 수 있다. 그러나 아첨을 하고 자기 생각을 속여서 자리를 얻는다면 그 자리를 얻어도 꿈을 펼칠 수는 없다. 윗사람의 입장에서도 꼭 필요한 인재이지만 스스로 몸을 낮추기 싫다고 꼼수를 써서 그 인재를 들인다면 그 인재를 인재답게 쓸 수 없다. 그 인재를 들이는 건 그의 능력을 활용하기 위함인데 첫 단추부터 그에게 자기를 조금도 낮출 수 없다면 앞으로도 품이 드는 그의 조언에 귀 기울이거나 행동을 고칠 리 만무하기 때문이다. 그렇다고 인재의 입장에서도 과도한 원칙을 세워 꼬장꼬장하게 지키다가 아예 세상에 나가지 못하는 것도 지혜로운 자세는 아니다. 상대가 정성을 충분히 표하고 적절히 자신을 낮추어서 자기 생각이 들어갈 틈이 보이거든 한 발짝 내디뎌야 하지 않을까? 세상을 위해 공부했다면 세상에 나가야 세상을 위해 그 지혜를 활용해 볼 수 있을 것이니 말이다.

公孫丑問曰: 不見諸侯, 何義?

孟子曰: 古者不爲臣不見. 段干木踰垣而辟之, 泄柳閉門而不內, 是皆已甚, 迫, 斯可以見矣.

陽貨欲見孔子, 而惡無禮. 大夫有賜於士, 不得受於其家, 則往拜其門. 陽貨矙孔子之亡也, 而饋孔子蒸豚. 孔子亦矙其亡也, 而往拜之. 當是時, 陽貨先, 豈得不見?

曾子曰, 脅肩諂笑, 病于夏畦. 子路曰, 未同而言, 觀其色赧赧然, 非由之所知也. 由是觀之, 則君子之所養, 可知已矣.

(6 - 8)

송나라 신하 대영지(戴盈之)와의 대화: 잘못은 언제 바로잡아야 할까?

대영지 현재 세금 제도가 너무 가혹해서 바꿔 보려고 해요. 세율은 10퍼센트로 하고 관문의 통행세와 시장의 물품세·감독세 등을 없애려고 하는데, 당장 시행하기는 아무래도 어려울 것 같아요. 조금 줄이는 방향으로 했다가 내년에 개정하려고요. 어떤가요?

맹자 허허 참……. 우리 동네에 매일 옆집 닭을 훔치는 사람이 있거든요. 누가 그걸 알고 그 사람에게 이건 배운 사람이 할 짓이 아니라고 따끔하게 한마디 했어요. 그러니까 그 사람이 그럼 일단 훔치는 횟수를 좀 줄이겠다고, 그러니까 이제 매일이 아니라 한 달에 한 마리 훔치는 방향으로 했다가 내년에 닭 도둑질을 관두겠다고 합디다. 이게 말이 됩니까? 옳지 않은 걸 알았으면 당장 그만둘 일이지 뭘 내년을 기다립니까?

잘못을 했고, 그게 잘못인 줄 알았다면 당장 그만둘 일이다. 가혹한 세금은 서민을 제일 힘들게 하는 일이다. 안 내면 '범법자'가 되기 때문이다. 당장 먹고살 걱정이 없는 사람들이 서민의 삶을 좌지우지하는 정책을 결정한다. 그래서 그들 눈에는 개개인의 삶이 아니라 예산이 보인다. 당장 바로잡지 않아도 그럭저럭 버텨줄 것이라고 믿는다. 그러나 맹자는 말한다. 옳지 않은 줄 알았으면 당장 고치라고. 맹자가 든 예가 재미있다. 당시 서민에게 닭은 귀중한 자산이었고, 그래서 그걸 매일 훔치는 것과 같은 짓이 당시의 가혹한 세금이 아니었을까 싶다. 크게 예산이라고 보면 세금의 가혹함이 눈에 들어오지 않지만, 구체적으로 작게 매일 닭을 훔쳐 가는 짓이라고 보면 가혹한 세금이 백성을 대상으로 한 얼마나 잘못된 도둑질인지 확연히 느껴진다. 잘못된 정책은 당장 바로잡아야 한다. 입으로 사죄하고 사과하면서 수습과 개혁은 '다음'을 말한다면 그건 면피이지 사죄가 아니다. 중요한 건 '실행'이다.

戴盈之曰: 什一, 去關市之征, 今玆未能. 請輕之, 以待來年, 然後已, 何如? 孟子曰: 今有人日攘其鄰之雞者, 或告之曰, 是非君子之道. 曰, 請損之, 月攘一雞, 以待來年, 然後已. 如知其非義, 斯速已矣, 何待來年?

(6 - 9)

제자 공도자(公都子)와의 대화: 맹자가 세상에 나서야 하는 이유

공도자 사람들이 모두 선생님더러 논쟁을 좋아한다고 하더라고요. 왜들 그렇게 말하는지 여쭈어도 될까요?

맹자 내가 뭣 하러 논쟁을 즐기겠나? 어쩔 수 없이 하는 거라네.

이 세상이 생겨난 지 오래되었지. 그동안 치세와 난세가 반복되었다네. 요임금 때는 물이 역류해서 범람했어. 중국이 물천지였지. 그러다 보니 육지에 뱀 같은 파충류가 득시글거려서 사람이 살 곳이 없었어. 저지대에 사는 사람은 새처럼 나무 위에 집을 지었고, 고지대에 사는 사람은 굴을 파서 살았지. 『서경』 우서虞書의 「대우모」大禹謨 편에 보면, "큰물이 나에게 경고했다"라는 내용이 있어. 큰물이라는 건 홍수를 말하지. 섭정하던 순舜이 우禹에게 그 범람한 물을 정리하게 하니까 우는 물길을 내서 물을 바다로 빼고 파충류들을 몰아 늪지대로 보냈지. 이때 물이 지형을 따라 자연스럽게 흐르며 땅 사이에 물길을 내게 되어 우리가 잘 아는 큰 강들이 생겨났어. 물천지가 정리되고 따라서 동물들도 정리되자 사람들은 그때야 평지에 집을 짓고 살게 되었다네.

이렇게 난세가 한번 치세가 되고 나서 요순 임금이 세상을 떠나자 훌륭한 법도들이 무너지게 되었지. 그리고 폭군들이 연이어 권좌를 차지했다네. 이들은 서민의 집을 부숴서 자기들 유원지를 조성했어. 사람들은 편히 살 곳이 없게 되었지. 또 서민의 논밭을 뭉개서 사냥터를 만들었어. 사람들은 먹고살 수가 없게 되었지. 이런 세상이 되니까 이상한 논리나 난폭한 행동이 잇따라 생겨났고, 사냥터나 유원지가 많아지니까 짐승이 사람 사는 곳을 또 차지하게 되었지.

그러다가 상나라 말 주왕이 즉위하면서 세상은 걷잡을 수 없는 혼란으로 곤두박질쳤어. 이를 더는 두고 볼 수 없었던 주공은 무왕을 도와 주왕을 치고, 그를 돕고 있던 엄奄나라를 정벌해서 정벌 3년 만에 그 군주를 죽이고, 주왕이 총애하던 신하 비렴飛廉을 바닷가로 몰아 죽였지. 그렇게 50개국을 토벌하고, 각종 짐승도 사람 사는 땅에서 멀리 쫓아 버렸다네. 그래서 사람들은 행복해했지. 이때 다시 열린 치세에 대해 『서경』 주서의 「군아」君牙 편은, "지극히 훌륭하도다, 문왕의 계획! 참으로 잘 계승하셨도다, 무왕의 업적! 우리 후세 사람들이 나아갈 바른길을 열어 주셔서 흠도 티도 없게 해 주셨도다"라고 기록하고 있다네.

그러나 세상은 다시 엉망진창이 되어 갈 길이 보이지 않게 되었어. 그러자 괴이한 이론과 난폭한 행동이 고개를 들기 시작했지. 신하가 군주를 시해하고 자식이 아비를 죽이는 천륜을 저버리는 하극상들이 생겨난 거야. 공자 선생님은 이런 세태를 몹시 걱정했어. 그래서 『춘추』春秋를 짓겠다 결심하셨지. 자네도 알다시피 역사를 기록해서 시대의 윤리를 밝히는 일, 그러니까 『춘추』를 펴내는 건 왕의 일이라네. 그래서 공자 선생님은, "나를 알아주는 것도 오직 『춘추』 때문일 것이고, 내 죄를 묻는 것도 오직 『춘추』 때문일 것이다"라고 말씀하셨지. 어떤가, 이 말씀 속에서 이 일을 감당하셨던 공자 선생님의 마음의 무게와 책임감이 느껴지지 않는가?

천하를 통솔할 인품과 지혜를 지니 훌륭한 중앙 지도자가 나오지 않으니까 각 나라 군주가 방자해지고 민간의 학자들이 제멋대로 이론을 세워 떠들어대기 시작했다네. 양주楊朱와 묵적墨翟의 이론이 온 세상을 가득 채웠지. 세상 이론들은 결국 양주의 이론으로 흘러가거나 묵적의 이론으로 흘러갔다네. 간단히 말하면, 양주의 이론은 '나 중심' 이론으로, 이기주의라네. 그래서 군주의 존재를 무시하지. 묵적의 이론은 '동등한 사랑' 이론으로, 극단적 이타주의라네. 그래서 부모의 존재를 무시하지. 부모도 무시하고 군주도 무시하면 짐승과 다를 게 무언가?

노나라의 지혜자였던 공명의는 이런 말을 했지. "권력자의 집안 푸줏간에는 살진 고기가 있고, 마구간에는 살진 말이 있는데, 일반 백성은 굶주림에 지쳐 있고 야산에는 그렇게 굶다가 죽은 시체가 널브러져 있다면, 이건 짐승을 몰아다가 사람을 잡아먹게 한 짓이다." 양주와 묵적의 이론은 이런 세상을 조장하는 이론인 것이지. 양주와 묵적의 이론이 사라지지 않는다면 공자가 제시한 인간의 길이 드러나지 않을 걸세. 이건 괴상한 이론이 사람을 홀려 인간다움과 옳음의 길을 꽉 틀어막아 버리는 것이지. 인간다움과 옳음의 길이 막히면 짐승이 사람을 잡아먹다가 더 나아가 사람이 사람을 잡아먹는 지경에 이르게 될 거야.

나는 이런 세상이 되는 게 정말 두려워. 그래서 공자 선생님이 이어받아 집대성한 인간의 길을 지키고, 양주와 묵적의 이론을 막고 되지도 않는 비뚤어진 이론들을 몰아내서 괴상한 이론을 말하는 사람이 더는 생겨나지 않도록 내 딴에 애써 보는 것이네. 잘못된 생각이 마음에서 생겨나면 밖으로 일상생활이나 하는 일에 영향을 미치게 마련이고, 그럼 그 일들이 잘못되게 되지. 그렇게 소소한 일이 잘못되기 시작해서 바르지 않음이 바름으로 인식되는 상황이 되면 결국 그 나라 국정도 잘못된 쪽으로 방향 잡힐 수밖에 없다네. 옛 훌륭한 임금님들이나 공자 선생님이 다시 살아오신다 해도 지금 내 말이 맞다고 해 주실 거야.

옛날에 우임금이 홍수를 정리하자 세상이 평안해졌지. 주공이 무질서한 부족 국가들을 병합하고 사람 사는 땅에서 맹수를 몰아내니까 백성이 편안하게 살게 되었고. 공자가 『춘추』를 완성하니 역적과 패륜아가 무서워할 줄 알게 되었어. 『시경』 노송魯頌의 「비궁」閟宮이란 시에, "서쪽 오랑캐와 북쪽 오랑캐 치니, 남쪽 오랑캐가 다스려져 나를 감히 당해 낼 자가 없네"라는 구절이 있잖은가? 부모와 군주를 무시하는 미개는 주공도 가만두지 않으신 것이지. 나 역시 사람들의 마음을 바로잡고 괴이한 이론을 없애며 잘못된 엇

나간 행위를 막고 되지도 않는 비뚤어진 이론을 몰아내서 우임금과 주공과 공자 선생님의 아름다운 뜻을 이어 가려는 것이네. 내가 왜 논쟁을 좋아하겠나? 난 그저 지금 세상에서 어쩔 수 없어 논쟁에 뛰어든 걸세. 지금 양주와 묵적의 이론을 막아 낼 수 있는 사람은 누구든 공자로 이어지는 성인의 무리라네.

맹자는 자기 시대에 '논쟁왕'이란 핀잔 섞인 별명을 얻었던 것 같다. 무려 2,200년쯤 뒤에 태어난 나도 처음 『맹자』를 읽었을 때 '와, 어쩜 말을 이렇게 잘해?'라며 감탄했더랬다. 사실 맹자의 시대는 '언어 투쟁'의 시대였다 해도 과언이 아니다. 전국 시대는 가장 길고 참혹한 전쟁의 시기이기도 했지만 동시에 백가쟁명百家爭鳴이라 불리는, 중국 역사상 가장 화려하게 철학이 꽃핀 시기이기도 했기 때문이다. 전쟁을 끝내고 평화로 나아갈 방법을 모색하는 과정에서 온갖 이론가가 등장해 세상과 삶에 대한 해법을 제시했다. 공자는 제자백가의 선발주자이니 각 이론 분파와 논쟁할 필요가 거의 없었지만 맹자는 달랐다. 수많은 이론가가 등장했고, 유가儒家부터도 공자 사후 8개 분파로 갈라졌다. 『맹자』에서만도 묵적의 묵가墨家, 도가道家의 양주를 비롯해서, 허행의 농가農家, 소진과 장의로 대표되는 종횡가縱橫家 등이 등장해서 이미 만나 본 바 있다. 이들은 상아탑 안에서 오롯하게 학문의 길만을 걷는 학자가 아니었다. 이들의 눈은 철저히 현실에 고정되어 있었다. 전국 시대라는 고통스럽고 혼란한 현실을 끝내기 위해 각자의 철학을 들고 나온 것이었다. 포스트모던하게 너도 옳을 수 있고, 나도 옳을 수 있다고 말해도 좋은 형편이 전혀 아니었다. 치열하게 맞붙어 이론적 우위와 현실 적용 가능성을 증명해 보여야 했다. 그래서 맹자는 늘 싸웠다.

본문은 '일치일란'一治一亂 장으로 유명하다. 세상은 치세와 난세의 반복이라는 것이다. 맹자는 그렇게 치세와 난세를 말하며 '인간 대 짐승'의 구도로 '인간의 길'이 유가에 있음을 정리한다. 우임금이 치수 사업을 성공시킨 비결은 '물의 흐름대로 물을 흘려보내는 것'이었다. 둑을 세워 물이 범람하지 못하게 막는 것이 아니라 물이 갈 길을 내주고 그 길을 바다로 대어 물이 흘러가는 성질을 해치지 않으면서도 정리되도록 한 것이다. 인간을 억지로 조작하지 않으면서 짐승과 구별되게 하는 것, 그것이 유가가 천륜을 깨닫게 하고 지키게 하는 이유이다. 난세일 때마다 짐승이 인간의 삶에 침입한다. 유가의 훌륭한 지도자들이 한 일은 그래서 언제고 짐승을 짐승이 사는 곳으로 보내 인간이 인간의 삶을 영위하게 한 것이다. 우임금은 치수 사업을 통해 그 길을 보였고, 주공은 무왕을 도와 정치에서 그 길을 실행했으며, 공자는 역사책을 통해 그 길을 정리해서 대대로 남겨 이어지게 했다. 맹자가 보기에 양주와 묵적은 가혹한 정치에 지친 사람들을 위로하고(양주), 혈연을 초월해 모두를 동등하게 도와주는 따뜻함을 느끼게 해서(묵적) 사람들의 마음을 혹하게 할 만한 이론을 분명히 가지고 있지만 그 안으로 들어가면 결국 천륜을 저버리는 길에서 있었다. 그래서 맹자는 변론에 뛰어들었다. 당장의 이익을 위해 인심人心과 수심獸心이 섞이는 일을 방관해서는 안 된다고 생각했기 때문이다.

公都子曰: 外人皆稱夫子好辯, 敢問何也?

孟子曰: 予豈好辯哉? 予不得已也.

天下之生久矣, 一治一亂. 當堯之時, 水逆行, 氾濫於中國, 蛇龍居之, 民無所定, 下者爲巢, 上者爲營窟. 書曰, 洚水警余. 洚水者, 洪水也. 使禹治之, 禹掘地而注之海, 驅蛇龍而放之菹. 水由地中行, 江淮河漢, 是也. 險阻既遠, 鳥獸之害人者消, 然後人得平土而居之.

堯舜既沒, 聖人之道衰, 暴君代作, 壞宮室以爲汙池, 民無所安息. 棄田以爲園囿, 使民不得衣食. 邪說暴行又作, 園囿汙池沛澤多而禽獸至.

及紂之身, 天下又大亂. 周公相武王誅紂, 伐奄三年討其君, 驅飛廉於海隅而戮之, 滅國者五十, 驅虎豹犀象而遠之, 天下大悅. 書曰, 丕顯哉, 文王謨! 丕承哉, 武王烈! 佑啓我後人, 咸以正無缺.

世衰道微, 邪說暴行有作, 臣弑其君者有之, 子弑其父者有之. 孔子懼, 作春秋. 春秋, 天子之事也. 是故孔子曰, 知我者, 其惟春秋乎, 罪我者, 其惟春秋乎!

聖王不作, 諸侯放恣, 處士橫議, 楊朱墨翟之言, 盈天下. 天下之言, 不歸楊則歸墨. 楊氏爲我, 是無君也, 墨氏兼愛, 是無父也. 無父無君, 是禽獸也. 公明儀曰, 庖有肥肉, 廄有肥馬, 民有飢色, 野有餓莩, 此率獸而食人也. 楊墨之道不息, 孔子之道不著. 是邪說誣民, 充塞仁義也. 仁義充塞, 則率獸食人, 人將相食.

吾爲此懼, 閑先聖之道, 距楊墨, 放淫辭, 邪說者不得作. 作於其心, 害於其事, 作於其事, 害於其政. 聖人復起, 不易吾言矣.

昔者禹抑洪水, 而天下平. 周公兼夷狄, 驅猛獸, 而百姓寧. 孔子成春秋, 而亂臣賊子懼. 詩云, 戎狄是膺, 荊舒是懲, 則莫我敢承. 無父無君, 是周公所膺也. 我亦欲正人心, 息邪說, 距詖行, 放淫辭, 以承三聖者. 豈好辯哉? 予不得已也. 能言距楊墨者, 聖人之徒也.

제나라 사람 광장(匡章)과의 대화: 합당한 지조란 무엇일까?

광장 우리나라의 진중자陳仲子라는 사람은 정말이지 청렴하기 그지없는 지식인이지 않습니까? 아시다시피 그 사람은 우리나라에서 꽤 한다하는 집 자제거든요. 근데 더러운 나라에서 나오는 돈으로 살지 않겠다고 집도 버리고 오릉於陵으로 가서 살았어요. 그런데 글쎄 얼마나 가난했던지 한번은 사흘 동안 아무것도 먹지 못해서 귀도 먹먹해지고 시야도 아득해질 정도였답니다. 그러다가 수돗가에 떨어진 자두를 발견하고 그걸 집어 먹고서야 좀 정신을 차렸다지요, 아마? 그 자두도 벌레가 반이나 파먹은 거였대요.

맹자 뭐, 제나라 지식인 중에서 저도 진중자를 으뜸으로 꼽긴 합니다만……. 진중자를 청렴하다고 할 수 있을까요? 그 사람의 지조 원칙을 지키자고 하면 지렁이나 가능할 걸요? 지렁이는 뭐 달리 필요한 것 없이 땅 위에 있을 때는 흙을 먹고 살고 땅속에 있을 때는 흙탕물을 마시고 사니까요. 오릉이든 어디든 진중자는 '집'에서 살죠. 그 집은 누가 지었답디까? 그 집 지은 사람이 도덕군자였는지 도둑군자였는지 확인했대요? 그 자두 사건 때야 자두 한 알 먹었겠지만 평소에는 밥 먹고 살겠죠. 그럼 그 음식들은 누가 다 농사지었답디까? 그 농사지은 사람이 도덕군자였는지 도둑군자였는지 또 확인했대요? 모르고 살고 모르고 먹죠.

광장 이게 문제가 되나요? 그 사람이랑 아내가 직접 노동을 해서 신이며 옷감을 만들어서 내다 팔아 음식을 사먹는데요.

맹자 진중자는 대대로 제나라에서 알아주는 뼈대 있는 집안이에요. 그 사람 형 진대陳戴가 나랏일 하면서 받는 연봉이 엄청나죠. 그런데 형이 받는 월급이 더러운 돈이라며 그 돈으로 먹고살기는 거절했고, 역시 그 형의 집이 더럽게 얻은 집이라며 그 집에 살지 않죠. 그렇게 형을 피하고 어머니와 이별해서 오릉에 사는 거예요. 그런데 제가 알기로, 어느 날 그가 집에 왔는데 형이 선물로 오리 한 마리를 받아왔더랍니다. 진중자가 그 오리를 보고 그 꽥꽥거리는 거 어디에 쓰려고 받아왔느냐면서 눈살을 찌푸렸대요. 그러고 얼마 후에 진중자 어머니가 이 오리를 잡아서 요리를 했어요. 진중자는 그걸 모르고 그 요리를 먹었죠. 그때 외출했던 형이 돌아왔어요. 동생이 오리 요리 먹는 모습을 보더니 형이 피식 웃으면서 말했어요. "이거 그 꽥꽥거리던 고긴데?" 맛있게 먹던 진중자는 그 길로 달려 나가 음식을 토해서 다 뱉어 버렸죠.

어머니가 요리해 주면 안 먹고 아내가 요리해 주면 먹고, 형의 집에는 안 살고 오릉에서는 살고. 어차피 생활의 모든 것을 궁극적으로 따지고 들어가 하나하나 다 출처를 밝히며 사는 것도 아니면서 그저 인륜만 저버렸어요. 이렇게 하고도 자기 지조를 채웠다고 말할 수는 없죠. 앞에서도 말했지만 진중자 같은 경우라면 지렁이나 돼야 그 지조를 채우고 살 수 있어요.

문득 조선 시대 사육신의 한 명이었던 성삼문成三問의 시조가 떠오른다.

> 수양산首陽山 바라보며 이제夷齊를 한恨하노라.
> 주려 죽을진들 채미採薇도 하는 것인가.
> 아무리 푸새엣 것인들 그 누구 땅에 났다니.

이 시는 수양대군이 단종을 몰아내고 왕위 찬탈을 한 데 대해 자신의 절의를 밝힌 것이다. 수양산은 지조의 대명사 백이와 숙제가 무왕을 피해 숨었던 산 이름이면서 동시에 수양대군을 지칭하는 말이다. 백이와 숙제는 무왕이 상나라 주왕을 몰아내고 주나라를 건국하자 신하가 왕을 치는 것은 반란일 뿐이라며 주나라를 반대해 세상을 저버리고 수양산에서 고사리를 캐먹고 살았는데, 성삼문은 한 걸음 더 나아가 그 수양산은 주나라 땅 아니냐고 묻는 것이다. 아무리 고사리로 연명해도 주나라 땅에서 난, 주나라의 것으로 연명하는 것이니 철저하게 지조를 지킨 것이 못된다고. 이 정도라면 지렁이도 못 버틸 지조라고 하겠다.

본문에서 맹자는 일일이 다 점검할 수 없는, 그래서 지킬 수 없는 과격한 청렴 같은 지조는 지조가 아니라고 보고 있다. 오히려 인륜만 저버리게 될 뿐이라는 것이다. 진중자의 자세는 분명 멋있다. 좋은 집안 부유한 집안에서 태어났지만 그것을 허락한 나라와 사회의 구조를 살필 줄 알았고, 그 기초가 정의롭지 못함을 알게 되자 그 부와 명예를 거절할 용기를 가졌기 때문이다. 그러나 기초 없이 설 수 없다. 기초가 불의하다면 불의를 피해 혼자만 깨끗할 수는 없다는 말이다. 내가 깨끗해지고 싶다면 기초를 깨끗하게 만들어야 한다. 진중자가 신념을 가지고 지조를 지키고 싶었다면 가족과 집안을 외면하기보다 기꺼이 뛰어들어 나라 자체를 바꾸려 도전하는 게 더 나은 방법이 아니었을까. 맹자와 함께 앉아 생각해 본다.

匡章曰: 陳仲子豈不誠廉士哉? 居於陵, 三日不食, 耳無聞, 目無見也. 井上有李, 螬食實者過半矣. 匍匐往將食之, 三咽, 然後耳有聞, 目有見.

孟子曰: 於齊國之士, 吾必以仲子爲巨擘焉. 雖然, 仲子惡能廉? 充仲子之操, 則蚓而後可者也. 夫蚓, 上食槁壤, 下飮黃泉. 仲子所居之室, 伯夷之所築與, 抑亦盜跖之所築與? 所食之粟, 伯夷之所樹與, 抑亦盜跖之所樹與? 是未可知也.

曰: 是何傷哉? 彼身織屨, 妻辟纑, 以易之也.

曰: 仲子, 齊之世家也. 兄戴, 蓋祿萬鍾. 以兄之祿, 爲不義之祿, 而不食也, 以兄之室, 爲不義之室, 而不居也. 辟兄離母, 處於於陵. 他日歸, 則有饋其兄生鵝者. 己頻顣曰, 惡用是鶃鶃者爲哉? 他日, 其母殺是鵝也, 與之食之. 其兄自外至, 曰, 是鶃鶃之肉也. 出而哇之. 以母則不食, 以妻則食之, 以兄之室則弗居, 以於陵則居之. 是尙爲能充其類也乎? 若仲子者, 蚓而後充其操者也.

이루 상

7

離婁上

(7-1)

맹자 왈: 법과 제도의 유래

제아무리 전설적 시력의 소유자 이루離婁만큼 눈이 밝고, 제아무리 전설적인 디자이너 공수자公輸子만큼 솜씨가 정교해도 컴퍼스와 직각자가 없으면 정확한 원과 직각을 그려낼 수 없죠. 제아무리 전설의 음악가 사광師曠처럼 음감이 뛰어나도 조율기가 없으면 음계를 바로잡을 수 없습니다. 제아무리 요임금과 순임금의 철학을 가지고 있더라도 사람을 중심으로 한 법과 제도가 마련되어 있지 않으면 평화로운 세상을 만들 수 없지요.

지금 지도자가 그 사람 자체는 훌륭한 마음도 있고 평판도 좋지만, 그 아래 백성의 일상이 전혀 나아진 게 없어서 본받을 지도자로 후세에 이름을 남길 만한 사람이 못 돼요. 그가 이전 왕들이 행했던 훌륭한 제도를 시행하지 않기 때문이죠. 그래서 그저 선한 마음만으로는 좋은 정치를 할 수 없고, 그저 법이 있다고 절로 시행되는 건 아니라고 하는 것이지요. 『시경』 대아의 「아름답고 즐거운 왕이여」假樂라는 시에 보면 "잘못되지도 않고 잊어버리지도 않으니, 옛 법을 따르기 때문이라네"라는 구절이 있어요. 이전 왕들이 행했던 훌륭한 법과 제도를 따르는데 잘못되는 경우는 없답니다.

옛날 훌륭한 왕들은 자신의 시력, 청력, 정신력을 다 쏟아부어도 자신의 힘만으로는 온 세상, 온 세대에 혜택을 두루 미칠 수 없다고 생각했어요. 그래서 객관적 기준과 시스템을 정립한 거예요. 컴퍼스, 직각자, 먹줄 따위의 기준 도구를 만들어 정확한 도형과 건축이 언제 어디서든 가능해졌고, 표준음을 제정해 정확한 음계가 언제 어디서든 가능해졌으며, 사람을 아끼고 보호하며 우선하는 정치의 틀을 만들어 시행해 온 세상에 사람이 주인 되는 따뜻함이 가득하게 되었지요. 그래서 왜, 『예기』禮記의 「예기」禮器 편에도 있습니다만, 우뚝 솟은 건물을 짓고 싶으면 언덕 같은 고지대에 세우면 더 쉽고, 낮게 잘 안 보이는 건물을 짓고 싶으면 하천 주변 같은 저지대에 세우면 편하다고 한 거죠. 정치를 하면서 이런 옛 훌륭한 왕들이 시행했던 길을 따르지 않는다면 아무래도 지혜롭다고는 할 수 없겠죠.

이런 의미에서 오직 사람을 이해하고 사람을 사랑할 줄 아는 사람만이 남을 다스리는 자리에 오를 자격이 있다고 하겠습니다. 사람을 사랑할 줄 모르는 사람이 남을 다스리는 자리에 오르면 그의 악함으로 수많은 사람에게 해를 입히게 되죠. 그러니까 위에서 바른 기준, 바른 철학으로 헤아리지 않고, 아래에서 법을 지키지 않아요. 즉 정치인은 바른 기준, 바른 철학의 가치를 믿지 않고, 실무자는 각종 실제 제도를 믿지 않아요. 이렇게 지도자층은 정의를 위배하고 일반인은 법을 범하잖아요? 그러고도 나라가 온전하다면 그건 순전히 운이죠. 그래서 이런 말이 있어요. "나라의 재앙이란 국경이 튼튼하지 못하고 군사력이 부족한 것을 일컫는 것이 아니고, 땅덩이가 확장되지 못하거나 국민총생산이 낮은 것을 일컫는 것도 아니다. 위에 질서와 법도가 없고 아래에 배움이 없으면, 공동체를 해치는 백성이 일어날 것이니, 이렇게 되면 나라가 망하는 건 시간문제다."

『시경』 대아 「판」板에는 “하늘이 막 주나라를 무너뜨리려 하니 그렇게 ‘설마’ 하며 안일하게 살아가지 마라”라는 구절이 있어요. ‘설마’ 하며 안일하게 살아간다는 건, 지도자를 보필할 때 정의를 기준 삼지 않고, 공직을 맡거나 물러갈 때 정해진 질서와 법도를 무시하며, 옛 훌륭한 지도자들이 남긴 정치철학과 정치를 오히려 비난하는 자세를 가리킵니다. 그래서 이렇게 말하죠. 지도자에게 행하기 어려운 일을 요구하는 것이 진정으로 지도자를 공경하는 것이라고. 지도자에게 선한 방향의 직언을 해서 사악함을 버리게 하는 것이 진정으로 받드는 것이라고. 우리 지도자는 글렀다고 해 버리고 마는 것은 지도자를 해치는 것이라고.

지도자가 해야 할 일은 마음을 바루어서 올바른 법과 제도를 마련하는 일이라는 점을 역설하고 있다. 시공을 초월해서 사람이 사람으로서 편안하게 살아갈 수 있는 길, 그것을 구현한 정치, 맹자는 이것을 옛 훌륭한 왕들의 정치철학과 그들이 구현했던 정치로 상정하고 있다. 중국 천자의 중요한 역할 중의 하나가 ‘질서’를 확립하는 것이다. 도량형이든 역법이든 음계든 정치 제도든 천자가 주관해서 표준을 세우고 그 표준 아래 일반 대중의 생활이 영위된다. 천자는 현재의 정치 지도자보다 훨씬 포괄적인 범위에서 세상의 중심에 서는 것이다.

질서의 틀이 마련되어야 개인은 어떻게 움직일지 알 수 있다. 그런데 그렇게 만들어진 질서가 때에 따라 수시로 변한다면 질서의 틀이 있더라도 사람들은 그 틀을 불신해서 세상은 질서가 없는 것이나 마찬가지가 된다. 윗사람은 바른 철학과 그것을 구현한 제도의 가치를 믿어야 하고, 그것으로 세상을 헤아려야 한다. 그래야 아랫사람이 법과 제도를 믿고 따를 수 있다. 개개인의 선함은 대중을 구제하지 못한다. 선한 이들이 정치에 관심을 가지고 정치에 뛰어들어서 바른 질서의 틀을 세우고 그 틀을 유지시키며 그 가치를 사람들에게 설득해야 다수의 삶이 실제로 나아질 수 있다. 그래서 아랫사람의 미덕은 순종이 아니라 대들어 맞서는 것이라는 마지막 문단이 특히 인상적이다.

孟子曰: 離婁之明, 公輸子之巧, 不以規矩, 不能成方員. 師曠之聰, 不以六律, 不能正五音. 堯舜之道, 不以仁政, 不能平治天下. 今有仁心仁聞, 而民不被其澤, 不可法於後世者, 不行先王之道也. 故曰, 徒善不足以爲政, 徒法不能以自行. 詩云, 不愆不忘, 率由舊章. 遵先王之法而過者, 未之有也.

聖人既竭目力焉, 繼之以規矩準繩, 以爲方員平直, 不可勝用也. 既竭耳力焉, 繼之以六律, 正五音, 不可勝用也. 既竭心思焉, 繼之以不忍人之政, 而仁覆天下矣. 故曰, 爲高, 必因丘陵, 爲下, 必因川澤, 爲政, 不因先王之道, 可謂智乎?

是以惟仁者, 宜在高位. 不仁而在高位, 是播其惡於衆也. 上無道揆也, 下
265 無法守也, 朝不信道, 工不信度, 君子犯義, 小人犯刑, 國之所存者, 幸也. 故曰, 城郭不完, 兵甲不多, 非國之災也. 田野不辟, 貨財不聚, 非國之害也. 上無禮, 下無學, 賊民興, 喪無日矣. 詩曰, 天之方蹶, 無然泄泄. 泄泄, 猶沓沓也. 事君無義, 進退無禮, 言則非先王之道者, 猶沓沓也. 故曰, 責難於君, 謂之恭, 陳善閉邪, 謂之敬, 吾君不能, 謂之賊.

맹자 왈: 지도자는 세상의 기준이 되나니

컴퍼스와 직각자는 원과 사각형을 만드는 기준이 되고, 성인聖人은 사람들의 윤리 기준이 됩니다. 지도자가 되고자 하면 지도자가 걸어야 할 길을 온 힘을 다해 걸어야 하고, 그를 보필하는 이가 되고자 한다면 보필하는 이가 걸어야 할 할 길을 온 힘을 다해 걸어야 합니다. 그 길은 어렵지 않아요. 옛 훌륭한 지도자였던 요임금과 순임금이라는 기준이 있으니까요. 이들을 본받으면 되는 것이죠. 순이 요임금을 섬겼던 것처럼 백성을 우선하는 정책을 요구하며 자기 지도자를 섬기지 않으면 자기 지도자를 공경하지 않는 것이고, 요임금이 백성을 다스렸던 것처럼 백성을 우선하여 다스리지 않으면 자기 백성을 해치는 것입니다. 공자 선생님은 말씀하셨어요.

"길은 단 두 갈래, 백성을 아끼고 보호하든지 그렇지 않든지."

백성을 못살게 구는 정치는, 심하면 지도자 자신은 죽임을 당하고 나라가 망하며, 심하지 않아도 지도자 자신이 위태롭게 되고 나라가 쇠퇴하게 돼요. 그 지도자가 죽은 뒤에 '최악의 무능한 지도자'라느니 '최악의 폭군'이라느니 하는 별칭이 한번 붙게 되면, 이후로 아무리 효성 지극한 후손이 그 가계에서 태어난다 해도 실정을 저질렀던 자기 조상의 불명예는 영원히 고칠 수가 없어요. 『시경』 대아의 「탕」蕩이란 시에 "상나라가 보고 경계 삼을 거울이 멀리 있지 않으니,

바로 하나라 걸왕 대에 있도다"라는 구절이 있는데, 바로 이것을 말한 것이죠.

어떤 지도자가 될 것인가? 맹자는 그 기준을 잘 설정해서 따르면 된다고 말하고 있다. 요임금과 순임금에 놓을 것인가, 아니면 나라를 망하게 한 폭군인 하나라 걸왕에 둘 것인가, 둘 중 하나라는 것이다. '최악의 무능한 지도자'와 '최악의 폭군'에 해당하는 원문은 '幽'(유)와 '厲'(려)이다. 이것은 왕이 죽은 뒤에 붙이는 시호로, 지금은 지도자에게 이런 시호를 붙이는 일이 없지만 예전에는 지도자 사후에 그의 업적에 준하는 시호를 붙여 후대 사람이 그의 생전 치적을 미루어 볼 수 있게 했다. 이렇게 시호가 한 번 정해지고 나면 후대의 자손 임금이 아무리 성군이 되어 애를 써도 고칠 수가 없었고, 그래서 살아생전 저질렀던 실정은 영원한 불명예가 되어 역사 끝까지 그 왕을 따라다녔다. 요임금과 순임금을 모범으로 하라니 낡고 구태의연한 느낌을 주지만 맹자가 주장하는 내용은 백성을 아끼고 사랑하는 지도자가 되라는 것이다.

267 孟子曰: 規矩, 方員之至也, 聖人, 人倫之至也. 欲爲君, 盡君道, 欲爲臣, 盡臣道. 二者, 皆法堯舜而已矣. 不以舜之所以事堯事君, 不敬其君者也, 不以堯之所以治民治民, 賊其民者也. 孔子曰, 道二, 仁與不仁而已矣.

暴其民甚, 則身弑國亡, 不甚, 則身危國削, 名之曰幽厲, 雖孝子慈孫, 百世不能改也. 詩云, 殷鑒不遠, 在夏后之世. 此之謂也.

맹자 왈: 사람을 아끼고 사랑하는 철학의 가치

하나라, 상나라, 주나라가 천하를 얻은 것은 사람을 아끼고 사랑하는 철학 때문이었고, 그들이 천하를 잃은 것은 그 철학을 잊고 배반했기 때문입니다. 어떤 나라든 흥하고 망하는 건 역시 같은 이치에서 비롯돼요. 황제가 사람을 아끼고 사랑할 줄 모르면 천하를 보존할 수 없고, 군주가 사람을 아끼고 사랑할 줄 모르면 제 나라를 보존할 수 없으며, 큰 기업이나 큰 가문이 사람을 아끼고 사랑할 줄 모르면 가업을 보존할 수 없고, 일반인이 사람을 아끼고 사랑할 줄 모르면 제 몸을 보존할 수 없어요.

지금 죽고 망하는 것을 싫어하면서 사람을 함부로 하길 좋아한다……. 이건 취하는 게 싫으면서 한사코 술을 마시는 거나 같은 꼴이죠.

사람을 함부로 다루면 결국 망한다. 자기 자신도, 가업도, 나라도, 세상도, 모두. 너무 비약이 심한 말 같지만 그렇지 않다. 이치상 옳은 말이다. '너'가 없는데 어떻게 '나'가 존재할 수 있겠는가?

孟子曰: 三代之得天下也以仁, 其失天下也以不仁. 國之所以廢興存亡者亦然. 天子不仁, 不保四海, 諸侯不仁, 不保社稷, 卿大夫不仁, 不保宗廟, 士庶人不仁, 不保四體. 今惡死亡而樂不仁, 是猶惡醉而強酒.

맹자 왈: 먼저 나 자신을 바루어야

누군가를 아끼고 사랑하는데 그가 나와 영 가까워지지 않잖아요? 그럼 자신의 됨됨이를 반성해 봐야 해요. 사람을 다스리는데 영 다스려지지 않잖아요? 그럼 자기 지혜를 반성해 봐야 해요. 남에게 예의를 갖추었는데 상대에게 반응이 없잖아요? 그럼 그를 존중하는 마음이 있었는지 반성해 봐야 해요. 자신이 무언가 행동했는데 아무 소득이 없거든 모두 자기 자신을 반성하는 데서 그 까닭을 찾아야 합니다. 내가 똑바르다면 세상이 결국 내게로 올 거예요. 『시경』 대아의 「문왕」이란 시에 보면, "영원히 하늘이 제시하는 바른 길을 좇아 사는 것이 스스로 숱한 복을 불러들이는 길이네"라는 구절도 있잖아요.

유명한 '반구저기'反求諸己란 사자성어가 등장하는 부분이다. 일이나 관계가 잘 풀리지 않으면 남 탓을 하기보다 먼저 자기 자신을 돌아보라고 맹자는 권하고 있다. 정말 내가 똑바르면 세상이 결국 내게로 올까? 사실 세상이 그렇게 돌아가는 것 같진 않다. 그러나 바르게 사는 사람에게 신뢰가 가는 건 사실이다. 그가 세상에서 득을 보게 되는 건 모르겠지만 사람들의 신뢰를 얻을 수 있는 건 맞다. 결국 자기 선택의 문제이다. 어떤 가치를 선택해서 밀고 나갈지. 어느 길을 선택하는 것이 인생의 종착역에 섰을 때 후회가 덜 할지.

孟子曰: 愛人不親, 反其仁, 治人不治, 反其智, 禮人不答, 反其敬. 行有不得者, 皆反求諸己, 其身正而天下歸之. 詩云, 永言配命, 自求多福.

(7 - 5)

맹자 왈: '천하국가'(天下國家)라는 말 순서의 의미

사람들은 항상 '천하국가'라고 말해요. 순서를 뒤섞는 일 없이 말이죠. 결국 천하의 뿌리는 나라에 있고, 나라의 뿌리는 집안에 있으며, 집안의 뿌리는 자기 자신에게 있는 것이란 말이죠.

> 이 드넓은 세상의 뿌리는 어디에 있을까? 혼탁한 세상, 어디를 바로잡아야 바로 서게 될까? 밑도 끝도 없이 광대해 보이지만 결국 '나 자신'이다.

孟子曰: 人有恒言, 皆曰天下國家. 天下之本在國, 國之本在家, 家之本在身.

(7 - 6)

맹자 왈: 어렵지 않은 정치

정치를 하는 게 어려울 것 같지만 그렇지 않아요. 대대로 애국지사를 배출한 명망 있는 집안의 마음을 얻으면 돼요. 그런 집안이 마음을 두는 일에는 온 나라의 마음이 향하게 마련이고, 온 나라의 마음이 향하는 일은 온 세상의 마음이 향하게 마련이거든요. 그러니까 그렇게 되면 가치를 중시하는 지도자의 가르침이 넘실대는 강물처럼 흘러 온 세상에 가득하게 될 거예요.

孟子曰: 爲政不難, 不得罪於巨室. 巨室之所慕, 一國慕之, 一國之所慕, 天下慕之, 故沛然德教溢乎四海.

(7 - 7)

맹자 왈: 누가 누구를 섬기고 있는지 보면 세상이 보인다

질서 있는 세상에서는 정신적인 가치와 지혜를 기준으로 작은 자가 큰 자를 섬기죠. 혼란한 세상에서는 물리적인 덩치와 힘을 기준으로 작고 힘없는 자가 크고 강한 자의 지배를 받아요. 이 두 가지 경우가 모두 자연스러운 이치예요. 자연스러운 이치를 따르면 살고, 거스르면 살아남지 못해요.

옛날에 제나라 경공이 오나라로부터 딸을 며느리로 달라는 요구를 받은 일이 있었어요. 물론 경공은 딸을 오나라로 시집보내고 싶지 않았죠. 당시에 오나라는 힘만 센 미개한 나라 취급을 받고 있었기 때문에 문화국의 자부심이 있는 나라에서 딸을 오나라로 시집보내는 건 부끄러운 일이었거든요. 하지만 어쩔 수 없는 상황이었죠. 경공은 "이미 상대에게 명령을 내릴 수 없는 처지인데, 또 그의 명령을 따르지 않는다면, 이것은 관계를 끊어 위험을 자초하는 일이다"라고 하면서 눈물을 흘리며 딸을 오나라에 시집보냈어요.

지금 약소국이 강대국을 스승 삼아 따르면서 그들에게 명령받는 것을 부끄러워한다면, 이건 제자이면서 스승에게 명령받는 걸 부끄러워하는 것이나 마찬가지라고 할 수 있죠. 그게 부끄럽다면 문왕을 본받으면 돼요. 즉 사람을 아끼고 사랑하는 철학 위에 사람이 편안하게 살아갈 수 있는 각종 제도를 마련해서 나라가 안으로부터 강해질 수 있는 틀을 마련하면 됩니다. 이렇게 하면 강대국은 5년, 약소국이라도 7년이면 분명 천하를 통일해서 우뚝 설 수 있어요. 『시경』 대아 「문왕」에는 "상나라 자손, 수십만 그 이상이지. 하늘님이 천명을 주나라로 옮기셨으니, 그들이 주나라에 복종하도다. 주나라에 복종하니, 천명이란 참으로 무상한 것, 상나라의 뛰어난 학자들이 주나라 서울에서 제삿술 부으며 주나라 제사를 돕는구나"라고 노래하면서 문왕의 업적을 찬양했어요. 그래서 공자는 이 시를 읽고, "사람을 아끼고 사랑하는 자에게는 상대의 수가 얼마든 문제 되지 않는다. 군주가 사람을 아끼고 사랑하는 정치철학에 매료되면 세상에 그를 당해 낼 자가 없게 된다"라고 하셨죠.

지금 세상의 지도자들은 천하무적이 되길 바라면서도 사람을 아끼고 사랑하는 데에는 관심을 두지 않고 있어요. 이건 말이죠, 새빨갛게 달궈진 물건을 잡고서 벌겋게 익은 손을 찬물에 담그지 않는 것과 같아요. 혼란을 끝내길 원하면서 그 유일한 방법에는 나 몰라라 하니 뭘 어쩌자는 건지…….

『시경』을 한 번 더 인용할게요. 대아 「상유」桑柔라는 시에도 똑같은 말이 있답니다. "누가 새빨갛게 달궈진 물건을 손에 잡고서 그 손을 찬물에 담그지 않겠는가?"라고 말이죠.

孟子曰: 天下有道, 小德役大德, 小賢役大賢, 天下無道, 小役大, 弱役強.

斯二者, 天也. 順天者存, 逆天者亡.

齊景公曰, 既不能令, 又不受命, 是絕物也. 涕出而女於吳.

今也小國師大國, 而恥受命焉, 是猶弟子而恥受命於先師也. 如恥之, 莫若師文王. 師文王, 大國五年, 小國七年, 必爲政於天下矣. 詩云, 商之孫子, 其麗不億. 上帝既命, 侯于周服. 侯服于周, 天命靡常. 殷士膚敏, 祼將于京. 孔子曰, 仁不可爲衆也. 夫國君好仁, 天下無敵. 今也欲無敵於天下而不以仁, 是猶執熱而不以濯也. 詩云, 誰能執熱, 逝不以濯?

(7 - 8)

맹자 왈: 내가 나를 망친 뒤에 남이 나를 망치는 것

사람을 중심에 두는 바른 가치를 지니지 못한 사람과 중요한 일을 상의할 수 있을까요? 그런 사람은 남의 위기를 편안하게 여기고 남의 재난을 자기 기회로 삼으며 남이 망하게 할 짓을 기꺼운 마음으로 하죠. 마음에 사람을 향한 사랑이 없는 사람인데도 그런 사람과 중요한 일을 상의하는 게 아무 문제 될 게 없다면, 왜 집안을 망치고 나라를 망치는 일이 있겠어요?

예전 동요에 이런 노랫말이 있었어요. “강물이 맑구나! 내 손수건을 씻어야겠네. 강물이 흐리구나! 내 발이나 씻어야지.” 어느 날 공자가 이 노래를 듣게 됐어요. 그리고 제자들에게 말했죠. “얘들아, 들어 보거라. 물이 맑으면 손수건을 빨고, 물이 흐리면 발을 씻는다는구나. 결국 어떤 취급을 받느냐는 물 자체의 문제인 거란다.”

이 말씀이 딱 맞아요. 궁극의 화근은 내부에 있죠. 남이 나를 업신여기는 것 같지만 반드시 스스로 먼저 자신을 업신여긴 뒤에 남이 자신을 업신여기죠. 집안도 마찬가지예요. 내부가 먼저 깨진 뒤에 바깥사람이 산산조각 내죠. 국가도 그래요. 내정이 엉망진창이 된 뒤에 다른 나라가 쳐들어와 끝장을 내는 거예요. 『서경』 상서 「태갑」 편의 "하늘이 빚은 재앙은 그래도 어떻게 살아날 구멍을 찾아볼 수 있지만 스스로 부른 재앙은 도무지 피할 길이 없다"라는 말이 딱 이 뜻이죠.

孟子曰: 不仁者可與言哉? 安其危而利其菑, 樂其所以亡者. 不仁而可與言, 則何亡國敗家之有?

有孺子歌曰, 滄浪之水清兮, 可以濯我纓, 滄浪之水濁兮, 可以濯我足. 孔子曰, 小子聽之! 清斯濯纓, 濁斯濯足矣. 自取之也.

夫人必自侮, 然後人侮之, 家必自毁, 而後人毁之, 國必自伐, 而後人伐之. 太甲曰, 天作孽, 猶可違, 自作孽, 不可活. 此之謂也.

(7-9)

맹자 왈: 지도자가 백성의 지지를 잃는다는 것

하나라 마지막 왕인 걸왕과 상나라 마지막 왕인 주왕이 그 큰 나라를 결국 잃은 것은 백성의 지지를 잃었기 때문입니다. 백성의 지지를 잃었다는 건 그들의 마음을 잃었다는 것이죠. 천하를 얻을 수 있는 방법이 있어요. 그건 바로 백성의 지지를 얻는 것이죠. 백성의 지지를 얻는 방법은? 백성의 마음을 얻는 것이죠. 그럼 백성의 마음은 어떻게 얻을까요?

그들이 바라는 것을 그들을 위해 모아 주고, 그들이 싫어하는 것을 하지 않으면 돼요.

백성이 사람을 아끼고 사랑하는 자를 따르게 되는 건 마치 물이 아래로 흐르고 짐승이 들판으로 내닫는 것처럼 자연스러운 이치예요. 그러니까 뒤집어 보면, 물고기를 못살게 군 수달은 결국 깊은 연못으로 물고기를 모아 준 셈이고, 새에게 위협이 되는 새매는 숲으로 새를 몰아 준 셈이며, 폭군 걸왕과 주왕은 탕왕이나 무왕이 새 나라를 건국하도록 백성을 몰아 준 셈이죠. 이제 만약 세상의 군주 중에 사람을 아끼고 사랑하는 정치를 기꺼이 시행하는 사람이 있잖아요? 그럼 군비 확장과 전쟁에 여념이 없는 각국의 군주는 바로 그 사람을 위해 백성을 몰아 줄 거예요. 그러니 그 사람이 천하를 다스리는 자리에 오르고 싶지 않아도 그렇게 될 수밖에 없겠죠.

지금 천하를 꿈꾸는 군주들은 제가 보기에, 7년간 병을 앓았는데 그 병을 치료할 명약이 3년간 말린 쑥이라고 그걸 구하고 있는 상황이에요. 미리 준비하지 않았는데 어디서 그런 쑥이 갑자기 나옵니까? 지금이라도 쑥을 뜯어 준비해 두지 않으면 영영 구할 수가 없죠. 평상시에 백성을 아끼고 사랑하는 정치에 뜻을 두고 시행하지 않는다면 평생 근심과 모욕을 당하다가 결국 죽고 망하게 될 것입니다. 『시경』 대아의 「뽕나무 잎새」桑柔라는 시에 "지금 하는 게 어찌 좋은 결과를 낳을 수 있겠는가? 서로 멸망과 혼란에 빠질 뿐이지"라는 구절이 있는데, 바로 이걸 말한 겁니다.

孟子曰: 桀紂之失天下也, 失其民也. 失其民者, 失其心也. 得天下有道, 得其民, 斯得天下矣, 得其民有道, 得其心, 斯得民矣, 得其心有道, 所欲與之聚之, 所惡勿施爾也.

民之歸仁也, 猶水之就下, 獸之走壙也. 故爲淵敺魚者, 獺也, 爲叢敺爵者, 鸇也, 爲湯武敺民者, 桀與紂也. 今天下之君, 有好仁者, 則諸侯皆爲之敺矣. 雖欲無王, 不可得已.

今之欲王者, 猶七年之病, 求三年之艾也. 苟爲不畜, 終身不得. 苟不志於仁, 終身憂辱, 以陷於死亡. 詩云, 其何能淑, 載胥及溺. 此之謂也.

(7 - 10)

맹자 왈: 자포자기(自暴自棄)란 무엇인가?

자기를 스스로 해치는 사람과는 함께 말을 할 수 없고, 자기를 스스로 버리는 사람과는 함께 일을 도모할 수 없어요. 자기를 스스로 해치는 사람이란 말끝마다 "공동체를 위한 질서 좋아하네!" "정의? 흥!"이라며 질서와 정의를 비난하는 사람을 말하고, 자기를 스스로 버리는 사람이란 "난 사람을 사랑하는 가치를 품을 수 없고 정의를 선택하며 사는 삶은 살 수가 없어"라고 지레 선 긋는 사람을 말해요.

사람이 사람을 아끼고 사랑하는 마음은 사람이 간직할 수 있는 가장 편안한 마음이죠. 옳음을 판단하고 그 옳음에 따라 사는 사람이 걸을 수 있는 가장 바른 인생길이고요. 가장 편안한 집은 비워 둔 채 그 안에 머물지 않고, 가장 바른길을 놔두고 그리로 다니지 않네요. 이건 정말 슬프고도 안타까운 일 아닌가요!

'자포자기'自暴自棄라는 말이 여기에서 나왔다. 지금 우리가 사용하는 뜻과는 꽤 다른 쓰임이다. 우리는 절망 상태에 빠져 스스로 자신을 내버리고 돌보지 않는다는 뜻으로 이 말을 사용하는데, 사실 이 말의 원래 뜻은 지금 우리가 사용하는 뜻보다 훨씬 크다. '더 나은 나'라는 개념부터가 훨씬 고차원적이기 때문이다. '더 나은 나'란 공동체를 볼 줄 알고 그 안에서 올바르게 설 수 있는 사람을 뜻한다. 함께 사는 세상에는 서로에 대한 배려가 필요하고, 그 배려는 질서로 구현된다. 그 질서가 바르게 유지되기 위해서는 정의가 필요하다. 그리고 이 모든 가치는 사람을 사랑하는 마음에서 출발한다. 그런데 스스로 자신을 해치는 사람은 말로 자기를 망가뜨린다. "그런 거? 되겠어? 그런데 왜 내가?" 이렇게 말하는 사람은 당연히 행동도 어그러져 있을 수밖에 없다. 그래서 "나는 그렇게 살 수 없어"라며 자기 자신을 버리는 삶을 선택한다. 자포자기는 자신의 삶도 망가뜨리지만 타인의 삶, 즉 공동체도 망가뜨린다. 그래서 최악이다.

孟子曰: 自暴者, 不可與有言也, 自棄者, 不可與有爲也. 言非禮義, 謂之自暴也, 吾身不能居仁由義, 謂之自棄也. 仁, 人之安宅也, 義, 人之正路也. 曠安宅而弗居, 舍正路而不由, 哀哉!

(7 - 11)

맹자 왈: 길은 가까운 데 있나니

사람이 걸어야 할 길은 가까운 데 있는데 멀리서 찾고, 사람이 해야 할 일은 쉬운 것인데 어려운 방법으로 그걸 하려 하네요. 그저 사람마다 자기 부모를 사랑하고 어른을 어른 대접한다면 세상이 평화로워질 텐데요.

孟子曰: 道在爾, 而求諸遠, 事在易, 而求之難. 人人親其親, 長其長, 而天下平.

(7 - 12)

맹자 왈: 진실함만이 사람을 감동시킬 수 있다

아랫사람으로 있으면서 윗사람의 신임을 얻지 못하잖아요? 그럼 백성을 다스릴 수 없어요. 윗사람에게 신임을 얻는 방법이 있죠. 먼저 벗에게 신뢰를 얻어야 해요. 그럼 벗에게 신뢰를 얻는 방법은? 먼저 제대로 된 효도로 부모님의 마음을 기쁘게 해 드려야 하죠. 그럼 또 부모님을 기쁘게 해 드리는 방법은? 진실함을 자신의 몸과 마음에 갖추는 것이지요. 이런 진실함을 갖추기 위해서는 선함에 대해 명확히 알아야 해요. 무엇인 선인지 명확히 알지 못하면 자기 자신을 진실하게 만들 수 없죠.

이런 의미에서 그 자체로 이미 진실한 것은 자연의 질서이고 그것을 보고 본받아 진실해지려고 노력하는 것은 인간의 길이라는 걸 알 수 있죠. 진실함을 다하는데도 다른 사람을 감동시키지 못하는 경우는 없어요. 마찬가지로 진실하지 않으면서 다른 사람을 감동시킨 경우도 없고요.

'진실함'에 해당하는 원문은 '誠'(성)이다. 이는 특히 『중용』中庸

에서 중요하게 다루어지는 개념으로, 성실·진실·정성·성심성의로 풀어도 모두 가능하다. '성실'이란 단어는 원래 '정성스럽고 참되다'는 뜻이어서 이 글자를 풀기에 딱 알맞은데, 현재 사용되는 용례를 보면 '근면'과 짝을 이루면서 뜻이 '꾸준함'에 가깝게 축소되는 바람에 풀이에 오해가 있을 것 같아 사용하지 않았다.

孟子曰: 居下位而不獲於上, 民不可得而治也. 獲於上有道, 不信於友, 弗獲於上矣. 信於友有道, 事親弗悅, 弗信於友矣. 悅親有道, 反身不誠, 不悅於親矣. 誠身有道, 不明乎善, 不誠其身矣. 是故誠者, 天之道也, 思誠者, 人之道也. 至誠而不動者, 未之有也, 不誠, 未有能動者也.

(7 - 13)

맹자 왈: 지도자는 사회가 존경하는 인물의 마음을 얻어야 한다

지조와 절개의 대명사 백이는 상나라의 폭군 주왕을 피해 북쪽 바닷가에 숨어 살았는데, 사람됨이 훌륭한 문왕이 뜻을 펼치기 시작했다는 소문을 듣고, "아, 그에게로 가야겠다! 듣자 하니, 그 사람이 늙은이를 잘 돌보아 준다고 하네"라며 자리를 털고 일어났습니다. 그리고 전설의 재상 강태공姜太公도 주왕을 피해 동쪽 바닷가에 숨어 살았는데 문왕이 뜻을 펼치기 시작했다는 소문을 듣고는, "아, 그에게로 가야겠다! 듣자 하니, 그는 늙은이를 잘 돌봐 준다고 하네"라며 역시 자리를 털고 일어났고요.

백이와 강태공 두 노인은 세상이 알아주는 원로였습니다. 그런 그들이 문왕에게 갔다는 것은 온 세상의 아버지가 모두 문왕에게 갔다는 걸 의미하죠. 세상 모든 아버지가 문왕에게 갔는데 자식이 어디로 가겠습니까? 각 나라 군주 중에 문왕이 했던 것처럼 정치를 행하는 자가 있다면 7년 안에 분명 민심으로 천하를 통일할 것입니다.

孟子曰: 伯夷辟紂, 居北海之濱, 聞文王作, 興曰, 盍歸乎來! 吾聞, 西伯善養老者. 太公辟紂, 居東海之濱, 聞文王作, 興曰, 盍歸乎來! 吾聞, 西伯善養老者.

二老者, 天下之大老也. 而歸之, 是天下之父歸之也. 天下之父歸之, 其子焉往? 諸侯有行文王之政者, 七年之內, 必爲政於天下矣.

(7 - 14)

맹자 왈: 백성을 사랑하지 않는 지도자를 보필하지 말라

공자 제자 염유冉有가 노나라 실권자 계씨의 참모가 되었을 때, 그는 계씨의 마음을 바로잡기는커녕 세금을 다른 때에 비해 배나 더 올렸습니다. 이 모습에 화가 난 공자는 제자들에게 이렇게 말했죠. "염유는 내 제자가 아니다. 너희들은 비상 소집해서 온 세상 사람이 듣도록 염유의 죄를 성토하도록 해라!"

이 장면을 보건대, 백성을 아끼고 보호하는 정치를 행하지 않는 지도자를 부유하게 만들어 주는 자는 모두 공자에게 버림받을 자라고 할 수 있어요. 하물며 지도자를 위해 무리하게 전쟁을 벌이는 사람에 대해서는 더 말해 무엇하겠습니까? 땅을 빼앗기 위해 싸워서 죽인 시체가 벌판에 가득하고, 도시를 빼앗기 위해 싸워서 죽인 시체가 도로에 가득합니다. 이게 바로 토지를 위해 사람고기를 먹는 짓이니 이는 죽음으로도 갚을 수 없는 죄입니다.
그래서 전쟁을 잘하는 사람은 영웅 대접이 아니라 사형을 받아야 합니다. 그리고 각 나라 군주를 부추겨 이리 모이고 저리 모여 이렇게 싸우고 저렇게 싸우게 하는 종횡가는 그 다음 형벌을 받아야 하고, 황무지를 개간해 억지로 백성에게 떠맡겨 경작하게 해서 세금을 늘리는 자는 또 그다음 형벌을 받아야 합니다.

孟子曰: 求也爲季氏宰, 無能改於其德, 而賦粟倍他日. 孔子曰, 求非我徒也. 小子鳴鼓而攻之, 可也.
由此觀之, 君不行仁政而富之, 皆棄於孔子者也. 況於爲之強戰? 爭地以戰, 殺人盈野, 爭城以戰, 殺人盈城. 此所謂率土地而食人肉, 罪不容於死. 故善戰者服上刑, 連諸侯者次之, 辟草萊任土地者次之.

(7 - 15)

맹자 왈: 상대를 파악하기 원한다면 그의 눈에 집중하라

한 사람을 살피는 데는 그의 눈동자보다 더 좋은 것이 없습니다. 눈동자는 그 내면의 악을 숨기지 못하니까요. 마음이 바르면 눈동자가 밝고, 마음이 바르지 못하면 눈동자가 흐려요. 그 사람의 말을 주의 깊게 듣고 그 사람의 눈동자를 주의 깊게 살피면, 사람이 어떻게 자기를 감출 수 있겠습니까?

孟子曰: 存乎人者, 莫良於眸子. 眸子不能掩其惡. 胸中正, 則眸子瞭焉, 胸中不正, 則眸子眊焉. 聽其言也, 觀其眸子, 人焉廋哉?

(7 - 16)

맹자 왈: 공손하고 검소한 사람

공손한 사람은 남을 업신여기지 않아요. 검소한 사람은 남의 것을 빼앗지 않고요. 남을 업신여기고 남의 것을 빼앗는 군주는 그저 남이 나에게 고분고분하지 않을까 하는 게 그의 최대 관심사이니 어떻게 공손하고 검소할 수 있겠어요? 공손과 검소는 절대 목소리와 사람 좋은 웃음으로 꾸며서 해낼 수 있는 게 아니죠.

孟子曰: 恭者不侮人, 儉者不奪人. 侮奪人之君, 惟恐不順焉, 惡得爲恭儉? 恭儉, 豈可以聲音笑貌爲哉?

(7 - 17)

제나라 사람 순우곤(淳于髡)과의 대화: 형수를 구하는 것과 세상을 구하는 것

순우곤 남녀가 뭔가를 직접 주고받지 않는 것이 예법에 맞는 거죠?

맹자 네. 그게 예법에 맞습니다.

순우곤 형수가 물에 빠졌으면요? 직접 손을 잡아 구해야 할까요?

맹자 형수가 물에 빠졌는데 구하지 않으면 그건 양아

치죠. 남녀가 직접 물건을 주고받지 않는다는 건 일상에 적용되는 원칙이고, 형수가 물에 빠진 경우 손을 잡아 구해 내는 건 위급한 상황을 우선 고려한 원칙의 변용입니다.

순우곤 지금 세상의 혼란은 물에 빠진 상태나 마찬가지라고 할 수 있어요. 그런데 선생님께서 이런 상황에 손을 내밀어 구원하지 않는 것은 어째서인가요?

맹자 세상이 물에 빠졌거들랑 제대로 된 방법으로 구원해야 하고, 형수가 물에 빠졌거들랑 손을 뻗어 구원해야 하죠. 그대는 손으로 세상을 구원하시려나요?

순우곤은 말 잘하는 것으로 유명했던 사람이다. 그는 말재주의 특기를 살려 경중이 다른 문제를 같은 경중의 문제인 양 질문했다. 형식이 같기 때문에 내용도 같은 것으로 착각할 수 있는 질문이다. 아무리 남녀가 직접 서로 손을 잡아서는 안 되는 게 예법의 원칙이라고 해도 형수가 물에 빠진 경우에는 당연히 손을 잡든 어디를 잡든 일단 구하고 봐야 한다. 원칙이란 위급한 상황에 더 중요한 것을 우선 고려해서 변용할 필요가 있는데 이를 '권도'權道라고 한다. '권'權이란 '저울질하다'라는 뜻이다. 무게가 달라 저울이 기울어졌거든 저울질을 해서 무게중심을 찾아야 한다. 유학에서는 원칙도 중요시하지만 이 '권도'도 꽤 중요하게 취급한다. 상황, 즉 '때'를 봐야 하는 것이다. 물론 원칙과 권도를 적절하게 활용하는 것은 쉬운 일이 아니다. 내 입맛에 편한 대로 원칙을 바꾸고 권도를 적용했다고 변명할 확률이 매우 높기 때문이다. 그래서 맹자는 순우곤의 시선을 조정해 준다. 구하려는 것이 형수인가, 세상인가?

형수는 손을 잡아 살려 냈다고 해서 앞으로 항상 손을 잡아야 하는 관계가 되는 것이 아니다. 평상으로 돌아가면 예법은 얼마든지 원칙대로 적용할 수 있다. 그러나 세상은 그렇지 않다. 원칙이 깨져서 혼란한 세상에 원칙을 깨고 뛰어들면 다시 원칙을 적용할 길이 없어지게 된다. 아무 규칙도 없이 센 놈이 이기는 경기장에 스스로 원칙을 깨고 뛰어들어서는 원칙을 들이댄다면 누가 그 외침을 듣겠는가? 첫 단추를 잘못 채웠으면 완전히 다 풀어야 단추를 다시 바르게 채울 수 있다.

淳于髡曰: 男女授受不親, 禮與?

孟子曰: 禮也.

曰: 嫂溺, 則援之以手乎?

曰: 嫂溺不援, 是豺狼也. 男女授受不親, 禮也, 嫂溺援之以手者, 權也.

曰: 今天下溺矣. 夫子之不援, 何也?

曰: 天下溺, 援之以道, 嫂溺, 援之以手. 子欲手援天下乎?

(7 - 18)

제자인 공손추와의 대화: 뛰어난 지식인도 자식 교육은 힘들다

공손추 지식인이면 충분히 제 자녀를 가르칠 수 있지 않나요? 그런데 그렇게 안 하더라고요. 왜 그런가요?

맹자 관계의 특성상 교육이 제대로 이루어지지 않기 때문에 그렇다네. 생각해 보게. 가르칠 때 뭘 가르치겠나? 반드시 '올바름'을 가르치지. 그렇게 가르쳐 놨는데 올바르게 행동하지 않으면 자연히 화가 나지. 그래서 화를 내면 되레 감정을 상하게 되지. 그럼 자식은 생각하겠지. '아버지께서 나를 올바름으로 가르치시지만 아버지도 뭐 그다지 올바르게 살지 않으시잖아.' 이렇게 되면 부자간에 서로 감정이 상하는 것이지. 이렇게 되는 건 안 하느니만 못한 나쁜 결과가 아니겠나? 그래서 옛날에는 자녀를 서로 바꾸어서 가르쳤다네.

부자지간은 선을 행하라고 요구하고 책망하는 관계가 아니지. 이렇게 요구하고 책망하면 멀어지거든. 그렇게 멀어지게 되면 이건 윤리의 출발점이 무너지는 것이니 정말 최악이고.

예나 지금이나. 부부 사이엔 운전을 가르치고 배우지 말라지 않던가?

公孫丑曰: 君子之不教子, 何也?

孟子曰: 勢不行也. 教者必以正, 以正不行, 繼之以怒, 繼之以怒, 則反夷矣. 夫子教我以正, 夫子未出於正也, 則是父子相夷也. 父子相夷, 則惡矣. 古者, 易子而教之. 父子之間不責善, 責善則離. 離則不祥莫大焉.

(7 - 19)

맹자 왈: 몸을 봉양하는 효도, 마음을 봉양하는 효도

누굴 섬기는 게 가장 중요한 일일까요? 부모를 섬기는 것이 가장 중요한 일입니다. 무엇을 지키는 것이 가장 중요한 일일까요? 자기 자신을 바른 사람으로 지켜 내는 것이 가장 중요한 일입니다. 자기 자신을 바른 사람으로 지켜 내고서 그 부모를 제대로 섬겼다는 사람은 내가 들어 본 적이 있지만, 자기 자신이 불의에 빠져 옆길로 새고서 그 부모를 제대로 섬겼다는 사람은 내가 아직까지 들어 본 적이 없습니다.

누구를 섬긴들 섬기는 일이 아니겠습니까마는 부모를 섬기는 것이 섬기는 일의 근본이고, 무엇을 지킨들 지키는 일이 아니겠습니까마는 자기 자신을 바른 사람으로 지키는 것이 지킴의 근본이라 할 것입니다.

공자의 제자이며 효도에 특히 마음을 쏟았던 증자는 그 아버지 증석曾晳을 봉양할 때 식사 때마다 꼭 술과 고기를 올렸어요. 그걸 마련하는 게 당시에는 참 어려운 일이었지만 어르신이 식사할 때 소화와 건강을 위해 꼭 필요한 것이기도 했거든요. 그리고 상을 물릴 때면 꼭 남은 걸 누구에게 줄지 여쭈었어요. 혹시라도 아버지가 "남은 게 있니?"라고 물으시면 꼭 "네, 있어요"라고 대답했고요.

증석이 죽고 난 뒤 이번엔 증자의 아들인 증원曾元이 아버지 증자를 봉양했어요. 증원도 식사 때마다 꼭 술과 고기를 올렸죠. 하지만 상을 내갈 때 남은 걸 누구에게 줄지는 여쭙지 않았어요. 증자가 남은 것이 있느냐고 물어도 "아뇨, 없어요"라고 대답했고요. 증원은 구하기도 쉽지 않은 술과 고기를 혹시라도 빠뜨리는 일 없이 다음 식사 때 다시 올리고 싶었거든요. 마음이야 이해하지만 이건 그저 어버이의 신체를 봉양한 거라고 할 수 있어요. 증자처럼 해야 어버이의 마음을 봉양했다고 할 수 있죠. 어버이를 섬기는 건 증자처럼 해야 그래도 좀 섬길 줄 안다고 할 수 있습니다.

孟子曰: 事孰爲大? 事親爲大, 守孰爲大? 守身爲大. 不失其身, 而能事其親者, 吾聞之矣, 失其身, 而能事其親者, 吾未之聞也.

孰不爲事? 事親, 事之本也, 孰不爲守? 守身, 守之本也.

曾子養曾晳, 必有酒肉. 將徹, 必請所與. 問有餘, 必曰有. 曾晳死, 曾元養曾子, 必有酒肉. 將徹, 不請所與. 問有餘, 曰亡矣, 將以復進也. 此所謂養口體者也. 若曾子, 則可謂養志也. 事親若曾子者, 可也.

(7 - 20)

맹자 왈: 지도자 하나 바르면 국가가 안정되는 법

지금 공직에 있는 사람에 대해 그 잘못을 일일이 다 지적할 것 없고, 지금 행해지는 국정에 대해서도 그 잘못을 일일이 다 흠잡을 것 없어요. 지도자 하나 바로잡으면 돼요. 오직 훌륭한 인품을 지닌 지성인만이 지도자의 잘못된 마음을 바로잡을 수 있어요. 지도자가 사람을 아끼고 사랑한다면 그 아래 모두가 사람을 아끼고 사랑하게 되고, 지도자가 정의로우면 그 아래 모두가 정의롭고, 지도자가 올바르면 그 아래 모두가 올바르게 되죠. 지도자 하나를 바로잡으면 국가도 안정되는 겁니다.

孟子曰: 人不足與適也, 政不足間也. 惟大人爲能格君心之非. 君仁莫不仁, 君義莫不義, 君正莫不正. 一正君而國定矣.

(7 - 21)

맹자 왈: 결과는 예측할 수 없으니

칭찬받을 만한 행동도 아니었는데 예상외로 칭찬을 받는 경우도 있고, 흠 잡힐까 완벽을 추구하다가 도리어 비난을 받는 경우도 있습니다.

칭찬과 비난에 휘둘려서는 안 되는 이유이다. 세상은 늘 남과 부대끼며 살아가야 하는 곳이므로 자꾸 남의 시선에 신경을 쓰게 된다. 아예 신경을 끄고 마이웨이만 외치며 살 수는 없겠고, 그게 꼭 옳은 자세도 아니지만, 인정욕구도 만만치 않게 무서운 것이다. 한두 번 칭찬을 들을 땐 그저 좋았는데 칭찬받는 기쁨을 알게 되면 어느새 행동의 목적이 칭찬이 되어 버린 자신을 발견하게 된다. 마찬가지로 한두 번 비난을 받을 땐 어깨를 으쓱하고 말았는데 비난받는 두려움을 알게 되면 전전긍긍하며 몸을 사리느라 모든 것을 피하고 있는 자신을 발견하게 된다. 칭찬도 비난도 내 삶의 궁극적인 방향성보다 중요하지 않다는 걸 늘 기억할 일이다.

孟子曰: 有不虞之譽, 有求全之毁.

(7 - 22)

맹자 왈: 말을 쉽게 하는 이유

사람들이 말을 참 쉽게 하죠? 그건 그 말에 대한 책임감이 없기 때문이에요.

충고가 난무하는 세상에서 종종 듣는 말. "남의 일이라고 말 쉽게 한다, 응?" 책임의 무게가 말의 무게를 결정한다.

孟子曰: 人之易其言也, 無責耳矣.

(7 - 23)

맹자 왈: 사람들의 고질적인 문제

사람들의 문제는 이거예요, 남의 선생 노릇하기 좋아한다는 것!

참 이상한 일이지만, 남의 고민 상담을 해 줄 때는 내 상황이 잘 보이지 않는다. 나에게는 그런 문제가 없는 양, 아니 아무 문제도 없는 양 척척 해결책을 내놓는다. 하지만 헤어지고 문득 정신이 들면 나의 실상이 보인다. 현재 일어난 문제를 해결하지 못해 전전긍긍하고 있는 내 모습 말이다. 남의 선생이 된다는 건 자칫 자신의 부족함을 잊어버리게 될 위험이 있다. 그래서 인품도 학식도 자신도 모르는 사이 전진보다는 퇴보하기 십상이다. 그렇게 퇴보하면 남은 건 위장뿐이다. 스스로를 속이고 타인을 속이고. 그러니 문제일 수밖에…….

孟子曰: 人之患, 在好爲人師.

제자 악정자와의 대화: 찾아뵐 분부터 뵙는 게 순서

악정자가 왕환을 따라 제나라에 왔다. 그리고 악정자는 맹자를 찾아뵈었다.

맹자 어이쿠, 자네도 나를 다 찾아오는가?

악정자 예? 왜 그런 말씀을?

맹자 자네, 여기에 언제 왔나?

악정자 며칠 전에 왔는데요.

맹자 며칠 전이라……. 그럼 내가 이렇게 말하는 게 당연하지 않나?

악정자 아, 숙소가 안 정해져서 좀 늦어지게 되었습니다.

맹자 자네도 알 것이네만, 찾아뵐 어른이 있는 곳에 가서 숙소부터 정하고 나서야 어른을 찾아뵙는다던가?

악정자 제가 잘못했습니다.

왕환은 「공손추 하」 4-6(171쪽)에 등장한 인물로, 제나라 임금은 총애했지만 맹자는 그를 소인배라 여겨 달가워하지 않았다. 악정자가 그런 왕환을 따라 제나라에 왔으니, 멀리 노나라에서 온 것이기는 하지만 맹자에게는 탐탁지 않았을 것이다. 게다가 오자마자 인사부터 드린 것도 아니고 며칠 지나서 찾아와서는 숙소 핑계를 댔으니 맹자가 그를 반갑게 맞이하기는 어려웠을 것이다.

樂正子從於子敖之齊. 樂正子見孟子.

孟子曰: 子亦來見我乎?

曰: 先生何爲出此言也?

曰: 子來幾日矣?

曰: 昔者.

曰: 昔者, 則我出此言也, 不亦宜乎?

曰: 舍館未定.

曰: 子聞之也, 舍館定, 然後求見長者乎?

曰: 克有罪.

(7 - 25)

제자 악정자에게 해 준 말: 출세보다는 학문에 신경을 써야

맹자 자네가 왕환을 따라 제나라에 온 건 그저 출세 때문이지. 나는 자네가 제대로 된 학문을 공부하고 나서 그저 출세에나 신경 쓸 줄은 몰랐지 뭔가.

앞 장에 이어 맹자가 악정자를 깨우쳐 준 말이다. 공자도 『논어』에 이와 비슷한 말을 남긴 것이 있다. "한 3년 공부하고 나면 다들 출세나 번듯한 직장 쪽으로 머리를 돌리는 것 같아." 생활이란 게 있는데 꿈만 바라보며 살 수는 없을 것이다. 바른 공부 끝에 자연스레 생활도 해결되면 좋겠지만 그게 꼭 그렇지는 않아 결국 이상보다는 세상의 손을 잡기 십상이다. 맹자는 악정자의 그런 태도가 못내 서운했던 것 같다.

孟子謂樂正子曰: 子之從於子敖來, 徒餔啜也. 我不意子學古之道, 而以餔啜也.

(7 - 26)

맹자 왈: 불효 중 가장 큰 것은?

불효에는 세 가지가 있는데, 그중에 제일 큰 게 자식을 낳지 않아 후손이 없는 거예요. 순임금이 요임금의 두 딸에게 장가들 때 아버지에게 알리지 않고 장가를 간 건, 알리면 아버지가 분명 혼인을 반대할 거였거든요. 그럼 후손이 없게 되니까 어쩔 수 없이 몰래 장가를 간 거죠. 그래서 합당한 판단력을 지닌 사람은 그가 알리고 장가간 거나 다름없는 일이라고 해석했어요.

조기趙岐라는 후한 때의 학자의 주석에 의하면, 세 가지 불효란 다음과 같다. 첫째, 부모의 뜻에 무조건 따르기만 해서 부모가 잘못된 길에 빠지게 하는 것, 둘째, 집안이 가난하고 부모가 나이 지긋한데도 벼슬하지 않는 것, 셋째, 장가들지 않아 자식이 없어 조상의 제사가 끊어지게 하는 것. 순임금은 더 큰 원칙을 지키기 위해 작은 부분에서 임시변통, 즉 권도를 적용한 셈이다.

孟子曰: 不孝有三, 無後爲大. 舜不告而娶, 爲無後也. 君子以爲猶告也.

(7 - 27)

맹자 왈: 인(仁)과 의(義)와 지(智)와 예(禮)와 악(樂)에 대하여

사람을 아끼고 사랑하는 마음仁은 부모를 섬기는 것으로 표현되고, 사람이 걸어야 할 마땅한 길義은 형에게 순종하는 것으로 표현됩니다. 지혜智는 이 두 가지를 알아서 여기에서 떠나지 않는 데서 드러나고, 공동체의 질서禮는 이 두 가지를 때와 상황에 맞추어 잘 조절하는 데서 그 모습을 드러냅니다. 음악樂은 이 두 가지를 일상에서 조화롭게 즐겨서 즐거움이 생겨나는 데에 그 핵심이 있지요. 즐거워하게 되면 그걸 어떻게 그만둘 수 있겠습니까? 도무지 그만둘 수 없는 경지가 되면 자기도 모르게 몸이 절로 그렇게 움직이고 있을 것입니다.

인, 의, 지, 예, 악의 다섯 가지 주요 개념을 한꺼번에 꿰어 논하고 있는 장이다. 핵심은 인과 의, 즉 부모를 섬기는 것과 형에게 순종하는 데 있다. 부모에 대한 효가 사람을 아끼고 사랑하는 마음의 실질적 출발점이 되고, 형에 대한 공경이 사람이 걸어야 할 마땅한 길의 실질적 출발점이 되는 셈이다. 형을 공경하는 것은 『논어』에서 나오는 '효제'孝悌의 '제'로 보자면 '인'에 관련된 덕목이 되고, 다음 장인 「이루 하」 8-28(322쪽)에서 언급되는 '경'敬으로 보자면 '예'와 관련된 덕목이 된다고 볼 수도 있겠다. '의'는 주로 임금과 신하 관계에서 언급되는 개념이다. 그러나 한 개인이 사회로 나가기 전 인간이 가장 기본적인 관계를 맺는 곳인 가족 속에서 '의'로 맺는 관계를 찾아본다면 형제 관계가 아닐까? 부모 자식 관계는 절대적이다. 그 핵심 관계 다음에 형제 관계가 생겨난다. 부모 자식 관계는 떼려야 뗄 수 없지만 형제는 그렇지 않다. 그렇다면 희생과 사랑으로 맺어진 부모 자식 관계인 '인'이라는 중심축을 마땅하게 유지해 갈 수 있는 실천적 보조 수단으로 형제 관계인 '의'가 작동할 수 있다. 그래서 형제 관계는 부모의 마음을 상하게 하지 않아 가족 관계를 조화롭게 유지하는 것을 기본 방향으로 해야 하고, 그렇게 하자면 출생 순위에 따라 형을 형으로 대우하는 것은 '의'의 덕목이 될 것이다.

孟子曰: 仁之實, 事親是也, 義之實, 從兄是也, 智之實, 知斯二者, 弗去是也, 禮之實, 節文斯二者是也, 樂之實, 樂斯二者, 樂則生矣. 生則惡可已也? 惡可已, 則不知足之蹈之, 手之舞之.

(7 - 28)

맹자 왈: 순임금의 위대한 효

순임금만은 온 세상 사람이 다 자신에게 열광하면서 자기 백성이 되려고 하는데도 그 모습을 별로 대수롭게 여기지 않으셨죠. 부모의 마음에 들지 못하면 사람 노릇을 할 수 없고, 부모를 따르지 않으면 아들 노릇을 할 수 없다고 생각하셨거든요. 순임금은 부모를 섬기는 도리를 다해 아버지인 고수瞽瞍가 결국 기뻐하게 만들었죠. 그러자 온 세상이 바르게 변화되었고, 온 세상 부자 관계가 다 제대로 자리 잡히게 되었습니다. 이런 걸 바로 '위대한 효도'라고 하는 것이죠.

앞 장에 이어 효의 구체적 사례를 보여 주고 있다. 순임금은 효도의 대명사이다. '효'가 '인'의 실체이니, 그가 그렇게 제대로 효도했기 때문에, 마침내 사람을 아끼고 사랑하는 가치를 정치에 실현해서 모든 백성이 평안하게 삶을 누리게 만드는 왕이 될 수 있었다고 보는 것이다.

孟子曰: 天下大悅而將歸己. 視天下悅而歸己, 猶草芥也. 惟舜爲然. 不得乎親, 不可以爲人, 不順乎親, 不可以爲子. 舜盡事親之道, 而瞽瞍厎豫, 瞽瞍厎豫, 而天下化. 瞽瞍厎豫, 而天下之爲父子者定. 此之謂大孝.

이루하

8

離婁下

(8 - 1)

맹자 왈: 순임금과 문왕

순임금은 동쪽 지방에서 태어나 동쪽 지방에서 죽은 동쪽 사람이고, 문왕은 서쪽 지방에서 태어나 서쪽 지방에서 죽은 서쪽 사람이다. 그렇게 둘은 공간적으로 굉장히 멀리 떨어진 지역 출신이었고, 시간적으로도 거의 1,000년 차이가 나서 서로 닿으려야 닿을 수 없는 사람들이었는데도, 세상에 뜻을 펼칠 기회를 얻어서 행한 일들이 서로 놀라울 만큼 닮아 있었다. 시공간의 차이에 관계없이 그들이 마음에 품고 시행했던 바른 정치의 길은 똑같았던 것이다.

원문에서는 순임금과 문왕의 출생지와 사망지 등을 모두 밝히고 있다. 순임금은 동쪽 오랑캐東夷 사람으로 제풍諸馮에서 태어나, 부하負夏로 옮겨 가 살았으며, 명조鳴條에서 사망했다. 세 지역 모두 정확히 어디인지는 알 수 없으나 오늘날의 산동성山東省 부근인 듯하다. 문왕은 서쪽 오랑캐西夷 사람으로, 기주岐周에서 태어나 필영畢郢에서 사망했다. 기주는 오늘날 섬서성陝西省 기산현岐山縣의 기산 기슭에 있는 고을이고, 필영은 섬서성 장안현長安縣 부근으로 추정되는데 확실하지는 않다.

孟子曰: 舜生於諸馮, 遷於負夏, 卒於鳴條, 東夷之人也. 文王生於岐周, 卒於畢郢, 西夷之人也. 地之相去也, 千有餘里, 世之相後也, 千有餘歲. 得志行乎中國, 若合符節. 先聖後聖, 其揆一也.

(8 - 2)

정 자산(鄭子産)에 대한 맹자의 평가: 개인의 선 vs. 국정 운영자의 선

정鄭나라의 자산子産이란 인물은 지혜롭고 정치를 잘해서 이름이 높았다. 그는 국정에 몸담고 있었을 때, 튼튼한 자기 차를 내놓아 언 강을 걸어서 건너려는 사람들을 건네주곤 했다. 이런 그의 행보에 대해 맹자가 한마디 했다.

맹자 뭐, 마음 따뜻해지는 선행이긴 하네요. 하지만 정치에 대해 모르는 사람이군요. 추위가 닥치기 전 늦가을에 도보용 다리를 건설하고 겨울 초입쯤에 차량용 다리까지 완성한다면 백성은 강 건너는 일을 걱정하지 않죠.
지도자가 공평무사하게 정치를 제대로 하면 의전에 좀 힘을 주거나 카퍼레이드 같은 걸 해도 백성은 뭐라 하지 않아요. 강이 한둘입니까? 거길 건너는 사람은 또 한둘입니까? 어떻게 정치가가 일일이 차로 건네주고 있겠어요? 정치하는 사람이 개개인에게 환심을 사려고 하면 날짜가 턱없이 부족하죠. 사람이 몇인데…….

우리는 선거철이 되면 인정에 호소하는, 그래서 보여 주기 행사에 시간을 쏟는 정치인을 자주 만나게 된다. 재래시장을 방문하고, 연탄을 나르고, 함께 어울려 막걸리를 마시고, 국밥을 먹고, 복지 시설을 방문해 봉사하기도 하고. 그러면 언론은 미담이라면서 연신 퍼 나르기에 바쁘다. 이게 참 뻔한 것 같아도 먹힌다. 그래서 매번 반복되는 것이다.

이 장을 읽고 있노라면 '정치'란 무엇인가를 생각하게 된다. 정치는 일상을 사는 일반인이 보지 못하는 큰 틀을 보고 그 틀을 바로잡아 미래가 더 나아지게 하는 것이다. 자산이 자기 비싼 차를 꺼내와 언 강을 도보로 건너려는 사람을 일일이 건네주었을 때 그 따뜻한 마음씨를 찬양하는 목소리가 얼마나 높았을까? 그러나 맹자는 말한다. 언제 다 건네주게? 매번 건네주게? 예산을 편성해서 다리를 건설하는 게 정치가가 할 일이지, 자기 차 꺼내 와서 선행을 베푸는 게 정치가가 할 일인가? 민심을 감동시키기엔 자산의 행동이 분명 더 낫다. 현대 정치인도 그래서 알아주지도 않고 힘만 드는 제도 개혁보다 일회용 쇼에 더 열을 올리는 것이리라. 이 장을 읽으며 깨달아야 하는 건 비단 정치인만이 아니다. 선거권을 가진 평범한 우리도 정치에 대해 분명히 깨달아야 한다. 작은 인정, 잗다란 미담에 혹할 것이 아니라 정치인다운 업적을 살피는 눈을 길러야 순간의 오판으로 선거에서 잘못된 인물에게 권력을 쥐여 줘 우리의 일상이 무너지는 경험을 다시는 하지 않을 수 있을 것이다.

子產聽鄭國之政, 以其乘輿濟人於溱洧. 孟子曰: 惠而不知爲政. 歲十一月, 徒杠成, 十二月, 輿梁成, 民未病涉也. 君子平其政, 行辟人可也. 焉得人人而濟之? 故爲政者, 每人而悅之, 日亦不足矣.

(8 - 3)

제 선왕과의 대화: 마음으로부터 지도자를 따르게 하려면

맹자 지도자가 아래 관료를 자기 신체 중 최전방에서 세상과 접해 생각을 이루어 주는 손과 발처럼 보면, 아래 관료는 지도자를 자기 신체의 중추를 담당한 배와 심장처럼 볼 것입니다. 지도자가 아래 관료를 그저 부려 먹는 개와 말처럼 보면, 아래 관료는 지도자를 길 걷다 스치는 아무 의미 없는 어떤 사람처럼 볼 것입니다. 지도자가 아래 관료를 아무 때나 함부로 밟고 베어 버려도 되는 티끌이나 지푸라기처럼 보면, 아래 관료는 지도자를 원수처럼 볼 것입니다.

제 선왕 『의례』儀禮 「상복」喪服에 보니 "전에 모시던 지도자를 위해 상복을 입는다"라는 내용이 있던데……. 어떡하면 이렇게 상복을 입게 할 수 있을까요?

맹자 아래 관료가 관직에 있을 때 충심으로 나라를 위해 아뢴 말은 실행되어 국민이 그 정책의 혜택을 입게 되어야 합니다. 그리고 사정이 있어 나라를 떠나게 되거든 그의 출국 수속이 아무 문제 없이 진행되도록 봐 주고, 또 먼저 그 관료가 갈 나라에 기별해서 그가 그 나라에서 일할 수 있게 도와주어야 하죠. 그리고 떠난 뒤 3년이 되어도 돌아오지 않은 뒤에야 나라에서 제공했던 그의 관저를 회수하고 연봉 지급을 멈추어야 합니다. 이게 바로 '세 번의 배려'라는 것이에요. 이렇게 하면 아래 관료는 지도자를 위해 기꺼이 상복을 입습니다.

그런데 지금은 그렇지 않죠. 충심으로 나라를 위해 아뢴 말은 시행되지 않을뿐더러 아예 말 자체가 먹혀들질 않는 형편이어서 국민이 좋은 정책의 혜택을 누리지 못하고 있고요. 사정이 있어서 나라를 떠나게 되면 지도자는 그가 그 나라의 인재가 될까 봐 뭔 수를 쓰든 그가 못 가게 붙잡죠. 결국 떠나게 되면 그가 가는 나라에서 고생고생하게 만들어요. 그리고 보란 듯이 떠나는 날 바로 관저를 회수하고 연봉 지급을 멈추죠. 이게 바로 '원수'라는 거지요. 원수를 위해 누가 상복을 입겠습니까?

> 윗사람이 된다는 건 내 힘이 늘어나고 나를 떠받들어 줄 사람이 늘어난다는 의미가 아니라 아랫사람과 좋은 관계를 맺어 함께 몸담고 있는 곳이 안정적이고 효율적으로 운영되게 할 더 크고 막중한 의무를 진다는 의미이다. 인간에 대한 예의는 고사하고 인과관계에 대한 지혜만 있어도 '갑질'은 하지 않을 것이다. 주는 대로 받는 것이다. 군림하기만 하고 횡포를 저지르기만 하고 있는데 아랫사람은 나를 '진심'으로 대한다? 진정 꿈이다. 먼저 넉넉히 배려하고 베풀어야 진심과 충심이 따라온다.

孟子告齊宣王曰: 君之視臣如手足, 則臣視君如腹心, 君之視臣如犬馬, 則臣視君如國人, 君之視臣如土芥, 則臣視君如寇讎.

王曰: 禮, 爲舊君有服, 何如斯可爲服矣?

曰: 諫行言聽 膏澤下於民. 有故而去, 則君使人導之出疆, 又先於其所往, 去三年不反, 然後收其田里. 此之謂三有禮焉. 如此, 則爲之服矣. 今也爲臣, 諫則不行, 言則不聽, 膏澤不下於民, 有故而去, 則君搏執之, 又極之於其所往, 去之日, 遂收其田里. 此之謂寇讎. 寇讎何服之有?

(8 - 4)

맹자 왈: 죄 없는 사람을 죽이는 나라에서 떠날 시점

죄도 없는데 하급 관리를 죽인다면 고위급 인사는 그 나라에서 떠날 준비를 해야 합니다. 죄도 없는데 국민을 죽인다면 하급 관리는 그 나라에서 떠날 준비를 해야 하죠.

죄도 없는데 국민을 죽이는 나라는 하급 관리에게도 책임이 있다. 죄도 없는데 하급 관리를 죽이고 있다면 고위급 인사에게도 책임이 있다. 그런 나라에서 한자리 차지해서는 안 된다는 뜻이다.

孟子曰: 無罪而殺士, 則大夫可以去, 無罪而戮民, 則士可以徙.

(8 - 5)

맹자 왈: 사람이 존중받는 나라가 올바른 나라

지도자가 사람을 사랑하면 그 나라 국민 모두가 사람을 사랑할 것이고, 지도자가 사람이 걸어야 할 올바른 길을 걸으면 그 나라 국민 모두가 사람이 걸어야 할 올바른 길을 걸을 것입니다.

"지도자는 바람과 같고, 국민은 풀과 같다. 바람이 불어오면 풀은 눕는다"라는 『논어』의 구절이 떠오른다.

孟子曰: 君仁莫不仁, 君義莫不義.

(8-6)

맹자 왈: 지성인이라면 하지 않는 것

그럴듯해 보이지만 실은 참 질서가 아닌 질서, 그럴듯해 보이지만 실은 제대로 된 옳음이 아닌 옳음, 진짜 지성인이라면 이런 것들을 절대 행하지 않습니다.

孟子曰: 非禮之禮, 非義之義, 大人弗爲.

(8-7)

맹자 왈: 교육의 중요성

사람은 그 자체로 완벽하게 태어나는 존재가 아니라 길러지는 존재입니다. 균형 잡힌 사고와 행동을 하는 사람은 아직 그렇지 못한 사람을 길러 주고, 재능과 역량을 발휘하는 사람은 아직 그렇지 못한 사람을 길러 줍니다. 훌륭한 부모와 선배가 있어 좋다는 게 바로 그 때문이죠. 만약 균형 잡힌 사고와 행동을 하는 사람이 아직 그렇지 못한 사람을 나 몰라라 하고, 재능과 역량을 발휘하는 사람이 아직 그렇지 못한 사람을 나 몰라라 한다? 그래서야 어딜 봐서 훌륭한 사람이겠습니까? 지지리 못난 사람이나 아무 차이가 없죠.

孟子曰: 中也養不中, 才也養不才, 故人樂有賢父兄也. 如中也棄不中, 才也棄不才, 則賢不肖之相去, 其間不能以寸.

(8 - 8)

맹자 왈: 신념 있는 사람

목에 칼이 들어와도 절대 하지 않는 일이 있는 사람이 큰일을 할 수 있습니다.

孟子曰: 人有不爲也, 而後可以有爲.

(8 - 9)

맹자 왈: 뒷공론 주의

남의 뒷공론이나 떠들고 다니면, 그 후환을 어찌 다 감당하겠나……?

孟子曰: 言人之不善, 當如後患何?

(8 - 10)

맹자 왈: 공자의 장점

공자 선생님은 극단적인 것은 하지 않으셨다.

지나치는 것은 모자라는 것이나 마찬가지라는 '과유불급'過猶不及**을 말씀하신 공자 선생님은 중**中**의 표본이시니까.**

孟子曰: 仲尼不爲已甚者.

(8 - 11)

맹자 왈: 위대한 인물의 행동 기준

위대한 인물은 말할 때 꼭 남의 믿음을 사려 하지 않고, 행동할 때 꼭 결과를 보려고 하지 않습니다. 오직 '마땅히 해야 할 올바른 일인가' 이것 하나에만 집중하죠.

> 그의 기준은 타인 혹은 결과 같은 밖에 있는 것이 아니라 자신이 공부하고 깨달은 원칙에, 그러니까 자기 내부에 있기 때문이다.

孟子曰: 大人者, 言不必信, 行不必果, 惟義所在.

(8 - 12)

맹자 왈: 위대한 인물의 마음

위대한 인물이란 어린아이의 순진무구한 마음을 잃지 않은 사람입니다.

孟子曰: 大人者, 不失其赤子之心者也.

(8 - 13)

맹자 왈: 장례의 중요성

부모를 잘 봉양하는 것은 대단한 일이라고 말할 수 없어요. 돌아가신 뒤 장례를 제대로 치르는 것이 대단한 일이죠.

부모가 돌아가신 뒤 장례까지 제대로 마쳐야 효도의 끝이다. 살아생전에 불효하다가 장례만 잘 치르는 것은 대단한 일이 아니다. '장례까지' 제대로 마치는 것이 대단한 일이라 읽어야 한다.

孟子曰: 養生者不足以當大事, 惟送死可以當大事.

(8 - 14)

맹자 왈: 올바른 지성인의 탐구 방법

제대로 된 지성인이 깊이 탐구하되 올바른 방법으로 탐구하는 것은 진리를 스스로 자연스럽게 터득하고자 해서입니다. 스스로 자연스럽게 터득하면 그 진리가 오롯이 내 것이니 터득한 그 안에 머무는 것이 흔들리지 않고 편안하지요. 그 안에 머무는 것이 흔들리지 않고 편안하면 그 쌓임이 점점 더 깊어지지요. 그 쌓임이 점점 더 깊어지면 주변의 어떤 일이나 사물을 탐구해도 그 일이나 사물의 핵심을 파악하게 되고요. 그래서 제대로 된 지성인은 스스로 터득하는 데 공부의 목표를 둡니다.

공부는 스스로 하는 것이다. 그래야 내 것이 될 수 있고, 내 것이 되어야 무궁하게 확장할 수 있다. 그래서 공부는 속도전일 수 없다. 다산 정약용의 경우, "깊이 탐구하되 올바른 방법으로 탐구하다"에서 '올바른 방법'에 해당하는 원문 '道'(도)를 올바른 방법이 아니라 '사람을 가르치는 방법'으로 파악했다. 그러니까 이 구절을 제대로 된 선생이 학생을 지도하는 방법이라고 본 것이다. 선생이 억지로 지식을 넣어 주지 않고 학생이 스스로 파악하게끔 이끌어 주는 것이 바른 지도의 방법이고, 그래야 이후에 학생이 홀로 설 수 있다고 이 장을 이해해 보는 것도 오늘의 우리에게 큰 시사점을 안겨 준다.

孟子曰: 君子深造之以道, 欲其自得之也. 自得之, 則居之安, 居之安, 則資之深, 資之深, 則取之左右逢其原, 故君子欲其自得之也.

(8 - 15)

맹자 왈: 결국 중요한 것은 핵심을 아는 것

넓게 배우고 자세하게 논의하는 것은 본질을 제대로 이해하고 파악해서 다시 돌이켜 정확히 요점을 말하기 위해서입니다.

孟子曰: 博學而詳說之, 將以反說約也.

(8 - 16)

맹자 왈: '진심'의 중요성

남의 마음을 살 목적에서 억지로 선을 행해서 진짜로 남의 마음을 얻은 경우는 없습니다. 사람들과 함께 진심으로 선을 행하는 삶을 살아야지만 세상 사람이 비로소 감동하여 따르게 되는 것입니다. 온 세상 사람이 마음으로부터 따르지 않는데도 평화롭고 자연스럽게 온 세상 위에 올라서서 세상을 지배할 수는 없습니다.

孟子曰: 以善服人者, 未有能服人者也, 以善養人, 然後能服天下. 天下不心服而王者, 未之有也.

(8 - 17)

맹자 왈: 현명한 능력자 등용

말에 실체가 없으면 최악이에요. 현명한 능력자에 대해 입 다물어 그가 세상에 나오지 못하게 하는 게 최악의 실체라고 할 수 있습니다.

이 부분은 해석이 모호하여 논란이 있다. '말에는 실제로 불길한 것이 없다. 오직 어진이를 은폐하여 세상에 등용하지 않는 것이 불길함의 실제가 된다'라고 번역하기도 한다. 그러나 어떻게 보든 핵심은 능력자를 반드시 등용해야 한다는 것이다. 유학에서는 인재를 알아보는 안목과 그 등용을 매우 중요시 한다. 그래야만 세상이 제대로 다스려져 평화로울 수 있기 때문이다.

孟子曰: 言無實不祥. 不祥之實, 蔽賢者當之.

(8 - 18)

제자 서벽과의 대화: 물에서 본받아야 할 점

서벽 공자 선생님께서는 자주 물을 칭찬하시면서 "물은 참! 물은 정말이지!"라고 하셨잖아요. 물의 어떤 점을 그렇게 칭찬하신 건가요?

맹자 근원이 있는 샘물은 퐁퐁 솟아 나와 졸졸졸 밤낮으로 그치지 않고 흐르지. 구덩이를 만나거든 가득 채우면서 전진해 그렇게 사방의 바다에 가 닿는다네. 근원이 있는 것은 이와 같지. 바로 이 점을 짚어 내신 것이라네. 근원이 없으면 한여름 장마 때야 빗물로 도랑이 모두 가득 차겠지만 그 물은 얼마 못 가 이내 말라 버리지. 그렇기 때문에 제대로 배운 지성인이라면 명성이 실제보다 더 요란한 것을 부끄러워한다네.

근원이 있다면 물줄기가 세지 않아도 상관없다. 퐁퐁 솟아나는 그 물은 졸졸 흘러도 끊임없이 솟고 끊임없이 흘러 어떤 빈 구덩이든 다 채우고 결국 바다까지 가 닿을 것이기 때문이다. 그러나 내게서 솟아난 물이 아니라 장마철에 하늘 덕에 구덩이를 채운 물은 아무리 가득 차 있어도 얼마 못 가 말라 버린다. 이 때문에 8-14(307쪽)에서 공부는 스스로 터득해야 한다고 말했으리라. 스스로 터득한다는 것은 자기 안에 근원이 있는 샘을 만드는 과정이다. 마르지 않는 샘을 지녀야 언제고 명실이 상부한 사람이 될 수 있다. 그렇지 못하면 명성과 인기가 감당할 수 있는 수준을 지나는 순간, 모든 마음과 시간을 학문이 아니라 자신의 부족한 실체를 가리는 데에 쏟게 될 것이다.

徐子曰: 仲尼亟稱於水, 曰, 水哉, 水哉! 何取於水也?

孟子曰: 原泉混混, 不舍晝夜. 盈科而後進, 放乎四海, 有本者如是, 是之取爾. 苟爲無本, 七八月之間雨集, 溝澮皆盈, 其涸也, 可立而待也. 故聲聞過情, 君子恥之.

(8 - 19)

맹자 왈: 무엇이 사람을 사람이게 하는가?

깊이 따지고 들어가면 사실 사람도 동물과 별다를 것 없습니다. 그래서 일반 사람은 그냥 지나쳐 버리고, 깨달음이 있는 지성인만이 그 차이점을 인식하고 보존하죠. 순임금의 경우, 그는 세상 모든 일과 사물의 이치를 잘 알았는데 특히 인륜을 잘 살피셨죠. 그래서 그는 사람에 대한 사랑과 그 사랑의 현실적 실천이 인간이 걸어야 할 길임을 정확히 알았어요. 그래서 굉장히 자연스럽게 그 길에 따라 살았죠. 절대 억지로 실천하려고 꾸역꾸역 애쓰지 않았답니다.

여기서 맹자는 사람과 동물을 나누는 특징을 '사람에 대한 사랑'仁과 '그 사랑의 현실적 실천'義이라는 두 가지로 보고 있다. 즉 이 두 가지 가치가 인간을 인간이게 한다는 것이다. 이제 나 자신을 돌아볼 시간. 나는 '진짜 사람'인가, 아니면 그저 사람 가죽만을 쓰고 있는 동물인가?

孟子曰: 人之所以異於禽於獸者幾希, 庶民去之, 君子存之. 舜明於庶物, 察於人倫, 由仁義行, 非行仁義也.

(8 - 20)

맹자 왈: 주공의 위대함

우임금은 맛난 술도 싫어하고 세상에 도움이 될 선한 말을 좋아했습니다.
탕임금은 마음의 중심을 잘 잡고 흔들리지 않아 사람을 등용하되 어떠한 격식에도 구애받지 않고 현명한지 여부만을 살펴 등용했습니다.
문왕은 백성을 사랑해서 그들을 상처 입은 사람을 보듯 가엾고 애틋하게 보았으며, 올바른 길을 갈망하되 그런 길을 아직 보지 못한 것처럼 간절하게 바랐습니다.
무왕은 가까운 사람을 함부로 대하지 않았고, 멀리 있는 사람을 잊지 않았습니다.
주공은 우임금과 탕임금, 문왕과 무왕의 장점을 겸해서 이들이 보여 준 네 가지 본을 실천하겠다고 생각했는데, 혹시라도 자기 행동이 그 본보기와 어긋나는 것이 있으면 왜 그게 어긋났는지 자기의 문제점을 찾느라 밤새도록 고심했고, 다행히 원인을 찾으면 얼른 다시 시도해 보고 싶은 마음에 잠자리에 들지 못하고 앉아서 아침을 맞았습니다.

지도자라면 우, 탕, 문, 무 중 하나만 선택해서는 안 된다. 종합편인 주공이 있기 때문이다. 주공을 빌려 지도자의 올바른 자세를 말하고 있다.

孟子曰: 禹惡旨酒而好善言. 湯執中, 立賢無方. 文王視民如傷, 望道而未之見. 武王不泄邇, 不忘遠. 周公思兼三王, 以施四事, 其有不合者, 仰而思之, 夜以繼日, 幸而得之, 坐以待旦.

(8 - 21)

맹자 왈: 국가 역사 기록물의 특성과 중요성

올바른 지도자가 백성의 삶을 노래한 민요를 채집하러 사람을 보내던 일이 폐지되면서 『시경』의 증보가 중단되었다. 『시경』은 있는 그대로의 감정을 솔직하게 담아 당시의 세상을 드러내 보여 주던 것. 『시경』의 중단과 함께 이런 진실한 기풍도 자취를 감추게 되자 공자가 나라의 사건을 기록한 『춘추』란 역사책을 지어 당대의 옳고 그름을 분명히 밝혀 후대에 드러나게 했다. 각 지역 국가도 각각 역사책이 있었으니, 진晉나라의 『승』乘, 초나라의 『도올』檮杌, 노나라의 『춘추』 등이 그것이다. 그 내용은 제나라 환공, 진나라 문공 같은 춘추 시대에 큰 소리를 냈던 군주들에 관한 것이고, 문체는 일반 역사서 문체이다. 다만 공자는 자신의 『춘추』에 대해, "개인적으로 그 안에 잘잘못에 대한 판단을 담아냈다"라고 말했다.

孟子曰: 王者之迹熄而詩亡, 詩亡然後春秋作. 晉之乘, 楚之檮杌, 魯之春秋, 一也. 其事則齊桓晉文, 其文則史. 孔子曰, 其義則丘竊取之矣.

맹자 왈: 맹자의 학통

지도자가 잘한 정치의 영향력도 5대, 그러니까 150년쯤 되면 끊어지고, 지도자는 아니었지만 뛰어난 학식과 인품을 지녔던 이가 남긴 선한 영향력도 5대쯤 되면 끊어집니다. 저는 공자와 겹치는 시대에 태어나지 못해서 그의 문하생이 되지 못했죠. 그러나 저는 그 유풍을 이은 사람들을 통해 그분을 배웠습니다.

맹자가 자신의 학통을 드러내고 있는 글이다. 맹자는 공자 사후 100년이 채 못 되었을 때 태어났다. 그러므로 공자에게 직접적인 영향을 받은 학자들에게서 공자의 학문을 배울 수 있었다. 흔히 맹자는 공자의 손자인 자사의 문인으로부터 수업받은 것으로 알려져 있는데 정확히 고증할 길은 없다. 존경하는 사람에게 직접 가르침을 받지 못하였으나 개인적으로 그 사람의 행적이나 학문을 마음속으로 본받아 익히고 따르는 것을 뜻하는 '사숙'私淑이란 단어가 이 본문에서 유래되었다.

孟子曰: 君子之澤五世而斬, 小人之澤五世而斬. 予未得爲孔子徒也, 予私淑諸人也.

(8 - 23)

맹자 왈: 애매한 경우일수록 바른 판단이 필요하다

가져도 되고 갖지 않아도 되는 경우에 갖는 쪽을 택하면 어떨까요?
그건 나의 청렴의 격을 떨어뜨려 별것 아닌 것으로 만들어버려요.
주어도 되고 주지 않아도 되는 경우에 주는 쪽을 택하면 어떨까요?
그건 나의 은혜의 격을 떨어뜨려 별것 아닌 것으로 만들어버리죠.
죽어도 되고 죽지 않아도 되는 경우에 죽는 쪽을 택하면 어떨까요?
그건 나의 용기의 격을 떨어뜨려 별것 아닌 것으로 만들어버려요.

孟子曰: 可以取, 可以無取, 取傷廉, 可以與, 可以無與, 與傷惠, 可以死, 可以無死, 死傷勇.

(8 - 24)

노나라 현자 공명의와의 대화: 가치를 가르치는 교육이라야

방몽逄蒙이 자기 스승인 예羿를 죽인 고사에 대해 맹자와 공명의가 토론을 벌였다. 하나라 말 방몽이란 인물은 당대 명사수인 예에게 활쏘기를 배웠다. 예의 기술을 다 배우자 이

제 온 세상에 자기보다 뛰어난 사수는 오직 예 한 명밖에 없다는 생각이 들었다. 그래서 그는 스승인 예를 죽였다.

맹자 이건 예에게도 책임이 있다고 봅니다.

공명의 예? 가르친 죄밖에 더 있습니까? 저는 잘못이 없다고 보는데요.

맹자 잘못이 적다고는 할 수 있지만 아주 없다고는 할 수 없지 않겠습니까?

정나라에서 자탁유자子濯孺子를 내세워 위衛나라를 침략한 일을 가지고 말씀드리고 싶은데요, 그때 위나라에서는 유공지사庾公之斯를 시켜 그를 추격하게 했지요. 그런데 그 추격전이 벌어지던 어느 날 자탁유자가 몸져눕게 된 일 있었습니다. 자탁유자는 말했죠.

"병이 이렇게 심해서야……. 도저히 활을 못 잡겠어. 오늘이 내 제삿날이 되는 건가?"

그러고는 운전병에게 물었어요.

"나를 추격하고 있는 사람이 누군가?"

"유공지사입니다."

그러자 자탁유자가 기쁘게 외쳤습니다.

"와! 살았네, 살았어!"

운전병이 도무지 알 수 없다는 듯 다시 물었어요.

"예? 왜요? 유공지사는 위나라에서 내로라하는 명사수인데, 왜 살았다고 말씀하시는 것인지 궁금합니다."

"유공지사는 윤공지타尹公之他에게 활쏘기를 배웠고, 윤공지타는 나에게 활쏘기를 배웠네. 가르치면서 보니 윤공지타는 아주 단정한 사람이더구먼. 그런 사람이라면 분명 친구도 단정한 사람으로 골라 사귀었겠지."

드디어 유공지사가 자탁유자를 따라잡았어요.

"장군께서는 왜 활을 잡지 않으십니까?"

"오늘 병이 나서 도저히 활을 잡을 수가 없소."

"저는 윤공지타에게서 활쏘기를 배웠는데, 윤공지타는 장군님께 활쏘기를 배웠죠. 저는 장군님의 기술로 장군님을 해치는 짓은 차마 하지 못하겠습니다. 하지만 오늘 이 추격전은 나랏일이라 제 마음대로 관둘 수 없습니다."

유공지사는 이렇게 말하고 화살을 수레바퀴에 두들겨 화살촉을 빼고, 촉 없는 화살 네 발을 그에게 쏘고는 돌아갔습니다.

기술만 가르쳤던 것이 예의 잘못이었다. 기술이 목표가 되는 교육에서도 기술만 가르치는 건 잘못된 교육이라고 맹자는 말하고 있다. 그 기술을 사용하는 것은 결국 사람이기 때문이다. 그의 가치에 따라 기술은 사람과 세상에 약도 되고 독도 될 것이다. 하물며 학문이야 더 말해 무엇 하겠는가?

317 逄蒙學射於羿, 盡羿之道, 思天下惟羿爲愈己, 於是殺羿.

孟子曰: 是亦羿有罪焉.

公明儀曰: 宜若無罪焉.

曰: 薄乎云爾, 惡得無罪?

鄭人使子濯孺子侵衛, 衛使庾公之斯追之. 子濯孺子曰, 今日我疾作, 不可以執弓, 吾死矣夫! 問其僕曰, 追我者誰也? 其僕曰, 庾公之斯也. 曰, 吾生矣. 其僕曰, 庾公之斯, 衛之善射者也, 夫子曰吾生, 何謂也? 曰, 庾公之斯學射於尹公之他, 尹公之他學射於我. 夫尹公之他, 端人也, 其取友必端矣. 庾公之斯至, 曰, 夫子何爲不執弓? 曰, 今日我疾作, 不可以執弓. 曰, 小人學射於尹公之他, 尹公之他學射於夫子. 我不忍以夫子之道反害夫子. 雖然, 今日之事, 君事也, 我不敢廢. 抽矢扣輪, 去其金, 發乘矢而後反.

(8 - 25)

맹자 왈: 후천적 노력의 중요성

숨 막히게 아름다운 외모를 지닌 사람이라 해도 언제 빨았는지 알 수 없는 더러운 옷을 뒤집어쓰고 있으면 얼굴이 다 뭔가요? 사람들은 모두 코를 막고 얼른 지나쳐 가기 바쁠 겁니다.

그러나 아무리 못생긴 사람이라 해도 몸과 마음을 정갈하게 해 두었으면 신에게 제사 지내는 일도 맡을 수 있습니다.

잘 타고나는 것보다 후천적 노력으로 자기를 잘 간수하는 게 더 중요하다는 말이다. 숨 막히게 아름다운 외모를 지닌 사람으로 원문에 제시된 인물은 서시西施이다. 서시는 전형적인 경국지색傾國之色의 미녀로, 오나라 왕 부차夫差의 마음을 사로잡아 오나라를 패망의 지경으로 몰고 갔다고 전해진다.

孟子曰: 西子蒙不潔, 則人皆掩鼻而過之, 雖有惡人, 齊戒沐浴, 則可以祀上帝.

맹자 왈: 본연의 모습을 파악하려면

세상 사람들이 본성本性을 논하는 것은 과거로부터 누적된 데이터를 파악하는 일일 뿐입니다. 과거로부터 누적된 데이터는 기본적으로 인위가 아닌 자연 그대로의 모습을 보여 주니까요. 지혜가 미움을 받기도 하는 것은 그것이 '천착'穿鑿하는 습성, 즉 쓸데없을 정도로 깊이 따지고 파고들다가 큰 그림을 놓치거나 왜곡하는 측면을 가지고 있기 때문입니다. 만약 지혜가 우임금이 물을 다스린 것과 같은 종류의 것이라면 이런 지혜는 싫어할 까닭이 없죠. 우임금은 중국에 범람한 물을 다스릴 때 억지로 무언가를 하지 않고 물의 본성대로 다스렸습니다. 보를 쌓아 막은 것이 아니라 물길을 터서 흘러가게 해 준 것이죠. 지혜자도 이렇게 무언가를 억지로 하지 않고 자연스러움을 지혜로 알아 행동한다면 그 지혜 역시 아주 큰 지혜일 것입니다.
하늘은 높고 별들은 아득히 멀리 있죠. 하지만 과거로부터의 운행 데이터를 탐구한다면 1,000년 뒤의 동짓날도 가만히 앉아서 계산할 수 있어요.

본성이란 대단한 무엇이 아니다. 자연自然, 늘 그러해서 언제고 그러한 것이 본성인 것이다. 그래서 과거로부터 누적된 데이터를 파악하면 잡다란 변수가 제거되고 고갱이만 남아 그것의 본래의 성을 알 수 있게 되는 것이다. 참 지혜란 큰 틀을 파악하고 그 안에서 작은 일을 해결하는 자세를 말한다. 지금 우리는 '천착'이란 말을 '깊이 파고들어 연구한다'라는 좋은 의미로 사용하고 있지만, 사실 『맹자』에서는 그리 좋은 의미로 사용되지 않는다. 깊이 파고드는 자세 특유의 큰 그림을 놓치는 특성도 함께 고려하고 있기 때문이다.

孟子曰: 天下之言性也, 則故而已矣. 故者以利爲本. 所惡於智者, 爲其鑿也. 如智者若禹之行水也, 則無惡於智矣. 禹之行水也, 行其所無事也. 如智者亦行其所無事, 則智亦大矣. 天之高也, 星辰之遠也, 苟求其故, 千歲之日至, 可坐而致也.

(8 - 27)

왕환과의 기 싸움

제나라 고위층 인사인 공행자公行子가 아들의 상을 당했다. 이에 왕환이 조문을 갔다. 사람들은 그가 왕의 총애를 받는 인사인 것을 잘 알고 있었으므로 얼굴도장을 잘 찍어 두려 분주하게 움직였다. 그가 문에 들어서자 그에게 다가가서 말을 붙이는 사람도 있었고, 그가 자리에 앉자 그의 자리로 나아가 말을 건네는 사람도 있었다. 그러나 조문객 중 맹자만은 왕환과 이야기를 나누지 않았다. 왕환은 마음이 상해서 들으란 듯이 큰 소리로 말했다.

왕환 조문 온 여러 대단한 사람이 모두 나와 대화를 나누는데 맹자만은 나와 말을 안 섞네? 이거 지금 나를 우습게 여기는 건가?

맹자 깔보다뇨? 예법이 그래서 그런 거예요. 이것도 공식적인 자리라 관청에서 적용하는 예법을 써야 하는데, 관청에서 적용하는 예법에 보면 자기 자리를 지나쳐서 다른 관료와 말하지 않고, 자기 지위를 넘어가서 다른 관료와 인사 나누지 않는다고 되어 있어요. 저는 예법을 행하고 싶었던 건데 그대는 내가 그대를 무시한다고 여기니, 이거야말로 정말 이상하네요.

맹자와 왕환은 참……. 왕환은 「공손추 하」 4-6(171쪽)에도 맹자가 참 싫어하는 사람으로 등장했던 바 있다. 「이루 상」 7-24(290쪽)에서 맹자는 제자 악정자가 인사를 늦게 와서 꾸짖는데 늦었다는 것 자체보다 사실 왕환와 함께 왔다는 것을 더 못마땅해했다. 끝내 화내는 사람과 끝내 무시하는 사람을 보고 있자니 보는 사람마저 신경이 곤두서는 느낌이다. 그래도 정계에서 힘깨나 쓰는 왕환인데 정치력 없는 와중에도 한결같은 맹자의 소신이 대단하다.

公行子有子之喪, 右師往弔, 入門, 有進而與右師言者, 有就右師之位而與右師言者. 孟子不與右師言, 右師不悅曰: 諸君子皆與驩言, 孟子獨不與驩言, 是簡驩也.

孟子聞之, 曰: 禮, 朝廷不歷位而相與言, 不踰階而相揖也. 我欲行禮, 子敖以我爲簡, 不亦異乎?

맹자 왈: 타인과 관계가 틀어지면 가장 먼저 자기를 돌아봐야

제대로 공부한 지성인이 일반인과 다른 점은 그가 마음에 보존하고 있는 것 때문이에요. 지성인은 사람을 품을 줄 아는 마음과 사람을 배려할 줄 아는 마음을 간직하고 있습니다. 사람을 품을 줄 아는 사람은 다른 사람을 사랑하고, 사람을 배려할 줄 아는 사람은 다른 사람을 공경하지요. 이렇게 다른 사람을 사랑하는 사람은 남들도 항상 그를 사랑해 주고, 다른 사람을 공경하는 사람은 남들도 항상 그를 공경해 줍니다.

나에게 막 대하는 사람이 있다고 해 봅시다. 그럼 제대로 공부한 지성인은 그런 사람을 만났을 때 먼저 반드시 자기 자신을 돌아봅니다. '내가 그 사람을 품고 사랑하지 못했을 거야. 내가 그 사람을 배려하고 공경하지 못했을 거야. 그렇지 않다면 이 사람이 나에게 왜 이러겠어?'

자신을 돌아봤는데 그 사람을 품고 사랑했고 배려하고 공경했어요. 그런데도 나를 막 대하는 게 여전해요. 지성인은 다시 자신을 돌아봅니다. '그럼 내가 진심을 다하지 못했을 거야.' 그렇게 자신을 돌아봤는데 진심을 다했어요. 그런데도 나를 막 대하는 게 여전한 거예요. 그제야 지성인은 결론을 내립니다. '이 사람은 상종 못할 인간이구먼. 상대가 잘못하지도 않았는데 막무가내로 이렇게 행동한다면 짐승이나 다를 게 뭐람? 짐승이라면 내가 충고해 봤자 내 입만 아프지.'

이래서 지성인에게 평생의 숙제는 있지만 갑자기 닥친 어려움에 대한 걱정은 없는 법입니다. 평생의 숙제라는 건 이런 거죠. '순임금도 사람이고 나도 사람인데, 누구는 온 세상이 믿고 따를 모범이 되어 길이길이 후세에 전해지고, 누구는 어디나 있는 그저 그런 평범한 일반인에서 벗어나지 못하고 있구나.' 숙제 삼을 만하죠?
숙제라면 어떻게 해결해야 할까요? 그저 순임금처럼 하면 됩니다. 지성인은 이것 외에 달리 걱정할 일은 없어요. 사람을 품고 사랑하는 일이 아니면 하지 말고 사람을 배려하고 공경하는 일이 아니면 하지 않을 뿐입니다. 지성인에게도 갑자기 닥치는 어려움 같은 게 왜 없겠어요? 있죠. 하지만 지성인이라면 그런 걱정거리는 걱정거리로 여기지 않는 겁니다.

『논어』「위령공」衛靈公 편의 "사람에게 멀리까지 내다보는 생각이 없으면 반드시 눈앞에 걱정거리가 생기게 됩니다"라는 구절이 떠오른다. 멀리까지 내다보는 생각이란, 중요하고 큰 가치를 마음에 담는 것이라 볼 수 있을 것이다. 이 장의 '평생의 숙제' 같은 것 말이다. 급한 일에 쫓겨 살면 중요한 일은 평생 손도 대보지 못하고 끝날 수가 있다. 급한 일에 치여 중요한 일을 미루지 않고 중요한 일을 선택해서 추구할 수 있는 판단력과 용기를 지니기 위해 공부를 한다. 그래서 지성인은 대단한 학벌과 학위를 가진 사람이 아니라 중요한 일과 급한 일을 판단해서 기꺼이 중요한 일을 선택할 줄 아는 사람을 말한다.

孟子曰: 君子所以異於人者, 以其存心也. 君子以仁存心, 以禮存心. 仁者愛人, 有禮者敬人. 愛人者, 人恒愛之, 敬人者, 人恒敬之.

有人於此, 其待我以橫逆, 則君子必自反也. 我必不仁也, 必無禮也, 此物奚宜至哉? 其自反而仁矣, 自反而有禮矣, 其橫逆由是也, 君子必自反也, 我必不忠. 自反而忠矣, 其橫逆由是也, 君子曰, 此亦妄人也已矣. 如此則與禽獸奚擇哉? 於禽獸又何難焉?

是故君子有終身之憂, 無一朝之患也. 乃若所憂則有之, 舜人也, 我亦人也. 舜爲法於天下, 可傳於後世, 我由未免爲鄉人也, 是則可憂也. 憂之如何? 如舜而已矣. 若夫君子所患則亡矣. 非仁無爲也, 非禮無行也. 如有一朝之患, 則君子不患矣.

(8 - 29)

맹자 왈: 우임금과 후직, 안연을 논평하다

우임금과 후직은 세상이 잘 다스려지던 시기를 살았으나 자기 집 문 앞을 세 번이나 지나치면서 공무를 처리하느라 잠시의 짬도 낼 수가 없어 집 안으로 들어가 보지 못했다. 공자는 이들을 높이 샀다. 공자 제자인 안연은 세상이 혼란스럽던 시기를 만나 가난한 동네에 살며 반찬도 제대로 없이 물을 국 삼아 맨밥으로 끼니를 때우며 연명했다. 평범한 사람이라면 그런 생활고를 도저히 견디지 못할 텐데 안연은 자신만이 간직한 삶의 길을 즐거워하며 그런 생활을 굳이 바꾸려 들지 않았다. 공자는 이를 높이 샀다.

맹자 우임금과 후직 그리고 안연은 전부 같은 길을 걸은 사람입니다. 우임금은 홍수를 다스렸죠. 그는 세상에 물에 빠진 사람이 있으면 자기가 그를 빠트린 것처럼 생각했어요. 후직은 농사를 가르쳤죠. 그는 세상에 굶주리는 사람이 있으면 자기가 그를 배곯게 한 것처럼 생각했어요. 그래서 두 사람 다 사생활은 완전히 접어 두고 공무에 급했던 겁니다. 만약 안연이 우임금과 후직으로 그 처지가 바뀌었다면, 또 우임금과 후직이 안연으로 그 처지가 바뀌었다면 모두 서로같이 했을 것입니다.

예를 들어, 지금 한 집에 사는 사람끼리 싸움이 일어났다고 해 봅시다. 그럼 그들을 당장 뜯어말려야죠. 그럴 땐 엉클어진 머리에 세수도 안 한 상태로 대충 겉옷만 걸쳐 입고 나서더라도 괜찮습니다. 그러나 동네에서 싸움이 난 경우라면 어떨까요? 그렇게 엉클어진 머리에 세수도 안 한 채로 겉옷만 대충 걸쳐 입고 나가서 뜯어말려도 괜찮을까요? 사람들은 그 모습에 '아, 싸움을 말리려는 갸륵한 마음이다'라고 보기보다 '뭘 이렇게까지……. 좀 오지랖이네'라며 좋지 않게 보지 않겠습니까? 그럴 땐 그냥 문 닫고 집에 가만있어도 괜찮습니다. 바로 이런 상황이었던 겁니다. 우임금과 후직은 한 집 안에 있으면서 혼란을 정리해야 하는 처지였습니다. 공적인 책임이 있는 자리에 있었으니까요. 그러나 안연은 동네에서 싸움이 난 경우에 있었습니다. 공직에 있지 않아 책임이 없었으니까요.

세상을 향한 열심도 중요하지만 상황에 대한 이해도 못지않게 중요하다. 올바른 세상에 대한 이해가 같아도 지금 세상의 형편이 어떤지 자신이 어떤 직무, 어떤 위치에 있는지에 따라 그 이상을 실현해 가는 방법을 달리해야 한다. 물론 마지막 구절은 생각해 볼 여지가 많이 있다. 특히 지금은 예법을 따지는 시대도 아니고, 다수의 목소리가 힘껏 충돌하며 세상을 이끌어 가는 민주주의 시대이기 때문이다. 더러운 세상이라고 피하면 세상은 한없이 더러워지기만 한다. 이렇게 말하는 맹자도 정작 도덕이 무너진 시대를 향해 아무 지위를 얻지 못하더라도 끊임없이 설득하러 돌아다니지 않았던가 말이다.

禹稷當平世, 三過其門而不入, 孔子賢之. 顏子當亂世, 居於陋巷, 一簞食, 一瓢飮, 人不堪其憂, 顏子不改其樂, 孔子賢之. 孟子曰: 禹稷顏回同道. 禹思天下有溺者, 由己溺之也, 稷思天下有飢者, 由己飢之也, 是以如是其急也. 禹稷顏子易地則皆然.

今有同室之人鬭者, 救之, 雖被髮纓冠而救之, 可也. 鄕鄰有鬭者, 被髮纓冠而往救之, 則惑也. 雖閉戶可也.

(8 - 30)

제자 공도자와의 대화: 사람 보는 방법, 광장(匡章)이란 인물의 경우

공도자 제나라 사람 광장은 온 나라가 불효자라고 손가락질하는 사람인데, 선생님께서는 그 사람과 친분을 쌓으시고 예우도 하시잖아요. 왜 그러시는지 여쭈어봐도 될까요?

맹자 세상에서 '불효'라고 보는 게 다섯 가지가 있네. 첫째, 빈둥빈둥 게을러터져서 부모를 봉양하지 않는 것. 둘째, 술과 노름, 게임에 미쳐 부모를 봉양하지 않는 것.

셋째, 돈에 환장하고 제 처자식만 아끼느라 부모를 봉양하지 않는 것.
넷째, 낮 문화 밤 문화 즐기는 데 빠져 부모를 욕먹게 하는 것.
다섯째, '싸나이' 어쩌고 하며 툭하면 쌈박질이나 해서 부모를 위태롭게 하는 것.
광장이 불효자라 하는데 그에게 이 중 하나라도 해당하는 게 있는가?
광장은 부자지간에 서로 바르게 살 것을 너무 지나치게 지적하고 요구하다가 서로 어긋나게 돼 버린 것이라네. 바르게 살 것을 강하게 지적하고 요구하는 건 친구 사이에서 할 일이지. 부자지간이 이렇게 하면 감정을 크게 상하게 된다네.
광장이라고 왜 처자식을 거느리고 함께 살고 싶지 않겠나? 그러나 아버지에게 잘못을 저질렀다는 것 때문에 처자식을 내치고 평생 가족의 보살핌을 받지 못한 채 혼자 살고 있지. 그가 생각하기에 이렇게라도 하지 않으면 이미 아버지에게 가뜩이나 잘못했는데 더 큰 죄를 짓게 되는 것이라고 여긴 거라네. 이게 광장이야. (내가 왜 광장과 사귀지 않겠는가?)

광장이 아버지와 등지게 된 건, 『전국책』戰國策 「제책」齊策의 기록으로 볼 때, 아버지가 어머니를 죽여 매장한 일 때문인 것 같다. 광장의 아버지는 광장의 어머니가 잘못을 했다 해서 그를 죽이고(헉!) 마구간 말구유 아래 매장해 버렸다(으윽!). 후일 진秦나라가 제나라를 침략했을 때 제나라 위왕威王이 광장을 장군으로 삼으면서 만약 승리해서 돌아온다면 광장 어머니의 무덤을 옮겨 다시 장사 지내게 해 주겠다고 했는데, 광장은 아버지가 그 일을 허락하지 않고 돌아가셨으니 그렇게 한다면 아버지를 속이는 것이라면서 어머니 무덤 개장 제안을 거절했다. 이로 미루어 볼 때 광장이 아버지와 부딪혔던 것은 죽은 어머니에 관계된 일이었고, 그래서 자신도 자신이 이룬 가정의 온기를 거절하고 살았던 듯하다.

온 세상이 욕한다면 그 사람은 정말 나쁜 사람일까? 온 세상이 칭찬한다면 그 사람은 정말 좋은 사람일까? 『논어』「위령공」 편에서 공자는 누가 뭐라든 '직접' 판단할 것을 요구하고 있다. "여기 사람들이 다 싫어하는 사람이 있습니다. 사람들이 다 싫어하니까 나도 그 사람을 싫어해도 될까요? 아니죠. 그래도 당신은 그 사람을 당신이 직접 살펴보고 판단해야 합니다. 반대로 사람들이 다 좋아하는 사람이 있어요. 평판이 그렇다면 나도 무작정 여론을 따라 그 사람을 좋아해도 될까요? 아니죠. 마찬가지로 평판이 그러거나 말거나 당신이 반드시 직접 살펴보고 판단해야 합니다." 맹자는 세상이 뭐라든 광장을 직접 살폈고, 그래서 그를 이해했고, 이해하자 받아들이고 예우했다. 맹자의 이런 모습, 쫌 멋지다!

公都子曰: 匡章, 通國皆稱不孝焉. 夫子與之遊, 又從而禮貌之, 敢問何也? 孟子曰: 世俗所謂不孝者五. 惰其四支, 不顧父母之養, 一不孝也. 博弈好飲酒, 不顧父母之養, 二不孝也. 好貨財, 私妻子, 不顧父母之養, 三不孝也. 從耳目之欲, 以爲父母戮, 四不孝也. 好勇鬥很, 以危父母, 五不孝也. 章子有一於是乎?

夫章子, 子父責善而不相遇也. 責善, 朋友之道也. 父子責善, 賊恩之大者. 夫章子, 豈不欲有夫妻子母之屬哉? 爲得罪於父, 不得近, 出妻屛子, 終身不養焉. 其設心以爲不若是, 是則罪之大者, 是則章子已矣.

(8 - 31)

맹자 왈: 증자와 자사를 논평하다

1. 증자의 사례

증자가 노나라 무성武城에 있을 때 월越나라가 쳐들어온 일이 있었다. 이 침략 소식을 들은 누군가가 증자에게 말했다.

"적들이 들이닥치고 있어요. 어서 떠나십시오!"

그러자 증자가 집 지킬 하인에게 말했다.

"내가 피난 가 있는 동안 내 집에 누군가를 들여 수목을 망가뜨리거나 땔감을 없애지 못하게 잘 지키고 있거라."

월나라 군이 물러가자 집에 기별을 했다.

"내 곧 돌아갈 것이니 집 지붕과 담장을 잘 수리해 두거라."

월나라 군이 완전히 다 물러간 뒤 증자가 돌아왔다. 주변 사람들은 증자의 이런 모습이 여간 못마땅한 게 아니었다. 그래서 문제를 제기했다.

"임금님이 선생님을 그렇게나 진심을 다해서 공경하며 대했는데, 침략군이 들이닥치자 피난 가기 바쁜 모습으로 백성의 본이 되더니, 침략군이 물러가자 돌아오셨습니다. 이건 정말이지 아닌 것 같은데요……."

증자 제자인 심유행沈猶行이 이 말을 듣고 답했다.

"이건 그대들이 이해할 수 있는 일이 아니에요. 예전에 저희 집안에 부추負芻라는 사람이 난을 일으켜 아주 큰 어려움을 겪은 일이 있었어요. 그때 선생님이 저희 집에 머물고 계셨는데, 따르는 제자가 70명 정도 있었죠. 하지만 난이 일어나자 곧 떠나 아무도 난에 말려들지 않았어요."

2. 자사의 사례

자사가 위衛나라에서 지내고 있을 때 제나라가 쳐들어온 일이 있었다. 이 침략 소식을 들은 누군가가 자사에게 말했다.
"적들이 들이닥치고 있어요. 어서 떠나십시오!"
그러자 자사가 말했다.
"내가 떠나 버리면 임금은 누구와 나라를 지키겠는가?"

3. 맹자의 논평

증자와 자사는 같은 길을 걸은 사람들입니다. 다만 위치가 달랐죠. 증자는 임금의 스승이자 아버지와 형님의 위치에 있었고, 자사는 임금의 신하이자 낮은 위치에 있었으므로 겉으로 드러난 행동도 다를 수밖에 없었어요. 증자와 자사가 입장이 바뀌었다면 증자는 자사처럼, 자사는 증자처럼 했을 것입니다.

맹자는 열심히 증자를 변호했지만 글쎄……. 유학에서 소리 높여 외치는 건 지성인이 일반인의 모범이 되어야 한다는 것이다. 그런데 적이 쳐들어오자마자 임금에게 바른 정치 바른 삶을 설파하던 사람이 피난부터 가다니……. 게다가 난리를 겪어야 하는 일반인을 생각한다면 하인이 막겠다고 해도 증자가 먼저 나서서 집이라도 개방하고 나무와 땔감이라도 가져가게 했어야 할 일 아닌가? 물론 아랫사람의 입장에서 나라에 난리가 난다면 스승과 부모, 어르신을 먼저 피난 가게 돕고 배려할 수는 있을 것이다. 그러나 스승이요 부형인 입장이라고 자기가 알아서 먼저 피난길에 오르는 것은 그때와 지금의 윤리와 법도가 다르다고 해도 좀……. 맹자의 입장에서는 공자의 학통이 증자를 거쳐 자사로 이어져 자신에게로 닿았다고 보니까 열심히 변호를 하기도 해야겠지만 아무래도 긁어 부스럼인 면이 없지 않다.

曾子居武城, 有越寇. 或曰, 寇至, 盍去諸?

曰, 無寓人於我室, 毁傷其薪木. 寇退, 則曰, 修我牆屋, 我將反. 寇退, 曾子反.

左右曰, 待先生, 如此其忠且敬也. 寇至則先去, 以爲民望, 寇退則反, 殆於不可.

沈猶行曰, 是非汝所知也. 昔沈猶有負芻之禍, 從先生者七十人, 未有與焉.

子思居於衛, 有齊寇. 或曰, 寇至, 盍去諸?

子思曰, 如伋去, 君誰與守?

孟子曰: 曾子子思同道. 曾子, 師也, 父兄也, 子思, 臣也, 微也. 曾子子思易地則皆然.

(8 - 32)

제나라 사람 저자(儲子)와의 대화: 위대한 인물도 보통 사람

저자 임금님이 사람을 시켜 선생님을 몰래 엿보게 했습니다. 선생님은 정말로 보통 사람과 다른 점이 있나요?

맹자 보통 사람과 다른 점이요? 어떻게 그런 점이 있을 수 있겠어요? 그 대단한 요임금과 순임금도 그저 보통 사람일 뿐이었는데 말이죠.

儲子曰: 王使人瞯夫子, 果有以異於人乎?

孟子曰: 何以異於人哉? 堯舜與人同耳.

(8 - 33)

맹자 왈: 잘나가는 사람이 출셋길에서 보인 부끄러운 민낯

어떤 제나라 사람이 집에 처와 첩을 두고 살았습니다. 그런데 이 사람은 외출하면 반드시 술과 고기를 배가 터지도록 진탕 먹고서 돌아오는 것이었어요. 이상하게 여긴 처가 누구랑 그렇게 먹는지 물어보니까 함께 먹었다는 사람들이 죄다 부자에 높은 사람이었죠. 처가 볼 때 아무래도 수상쩍었습니다.

의심하던 처가 어느 날 첩에게 말했습니다.

"남편이 외출하면 꼭 술과 고기를 배가 터지도록 먹고서 돌아오는 거 자네도 알지? 누구랑 그렇게 먹는 건가 궁금해서 내가 요전 날 물어봤어. 그랬더니 부자랑 높은 사람 이름을 줄줄 대더라고. 근데 그러니까 되게 수상한 거 있지? 그렇게 대단한 사람들하고 친하다는데 그런 사람들이 한 번도 우리 집에 온 적이 없잖은가? 내가 한번 남편 뒤를 밟아 봐야겠네."

그러고는 아침 일찍 일어나 남편 뒤를 밟았습니다. 남편은 나라 안을 이리저리 돌아다녔는데 그렇게 배회하는 도중에 서서 말 한마디 나누는 사람이 없었어요. 그러더니 마지막으로 동쪽 성 밖 무덤들 있는 곳으로 가는 것이 아니겠습니까? 거기서 남편은 제사 지내는 사람에게 가서 남은 제사 음식을 구걸해 얻어먹고, 배가 안 차면 또 제사 지내는 곳을 찾아 그리로 가서 얻어먹고 있었어요. 이것이 그가 배를 채우는 방법이었죠.

처는 집에 돌아와 첩에게 이 사실을 알려 주었습니다. 남편 하는 짓을 말하고 있자니 절로 한숨이 나왔죠.

"남편이란 존경하는 마음으로 바라보며 한평생을 살아가야 할 사람인데, 지금 요 모양 요 꼴이니……."

처가 첩과 함께 남편을 욕하다가 자기들의 처량한 신세에 왈칵 눈물이 쏟아져 마당 한가운데서 부둥켜안고 울고 있는데, 때마침 남편이 돌아왔어요. 처와 첩이 자기 비밀을 알고 있다는 사실을 모르는 남편은 아주 의기양양하게 돌아와서는 처와 첩에게 한껏 거들먹거렸죠.

배운 사람의 입장에서 보자면, 세상에서 부귀와 출세를 위해 아등바등하는 사람치고 그의 처와 첩이 그 내막을 알면 부끄러워 서로 부둥켜안고 울지 않을 사람이 거의 없어 보입니다.

재미난 이야기다. 수단과 방법을 가리지 않고 돈을 벌고 출세하면 언젠가는 그 수단과 방법이 드러나 욕을 당하게 된다. 이미 다 들통났는데 그것도 모르고 으스대는 꼴은 그 못난 구걸보다 더 우습다. 맹자의 시대에는 각자 자기의 부국강병의 이론을 가지고 왕의 눈에 들어 한 자리 차지해 보려는 이론가가 많이 있었다. 겉으로는 세상을 바로잡을 바른 이론이라고 떠들어 댔지만 권력만 쥐면 그만인 사람이 태반이었다. 사회가 혼란했던 만큼 사람들의 생각과 행동도 어지러웠고 맹자는 그런 세태를 안타까워했다. 가끔 사람들이 추악한 방법이든 뭐든 윗자리에 올라가도 올라가기만 하면 그것도 실력이라는 말을 하곤 한다. 그러나 지속 가능하지 않은, 인정받을 수 없는 방법은 곧 한계에 부딪치고 부작용을 일으킨다. 나라를 어지럽히고, 조직을 와해시키고, 믿고 따르던 사람을 실망시키고, 결국 스스로 속아 자기 자신마저 잃고……. 그렇게 개인의 짧은 삶에서 반짝거리던 것이 역사의 긴 시간에 짙은 얼룩으로 남은 사례를 역사책에서 찾아보기란 그리 어려운 일이 아니다.

齊人有一妻一妾, 而處室者. 其良人出, 則必饜酒肉而後反. 其妻問所與飮食者, 則盡富貴也. 其妻告其妾曰, 良人出, 則必饜酒肉而後反. 問其與飮食者, 盡富貴也, 而未嘗有顯者來, 吾將瞯良人之所之也.

蚤起, 施從良人之所之, 遍國中無與立談者. 卒之東郭墦間. 之祭者, 乞其餘, 不足, 又顧而之他. 此其爲饜足之道也.

其妻歸, 告其妾曰, 良人者, 所仰望而終身也, 今若此. 與其妾訕其良人, 而相泣於中庭, 而良人未之知也, 施施從外來, 驕其妻妾.

由君子觀之, 則人之所以求富貴利達者, 其妻妾不羞也, 而不相泣者, 幾希矣.

만장 상

9

萬章上

(9-1)

제자 만장과의 대화: 순임금의 효성 (1)

만장 순임금이 농부로 살고 있었을 때 밭에 나가 하늘을 우러러 울부짖곤 했다는데 왜 그렇게 울부짖었던 건가요?

맹자 부모님에 대한 원망과 사랑의 감정 때문이었다네.

만장 부모님이 사랑해 주거든 기뻐하면서 그 사랑을 잊지 말고, 부모님이 미워하거든 더 노력하고 부모님에 대해 원망하는 마음을 가져서는 안 된다고 알고 있어요. 그럼 순임금은 부모님을 '원망'을 한 건가요?

맹자 (그렇겠니? 순임금인데? 하지만 한 번은 대답해 줘야 하는 문제이긴 하지.) 옛날에 증자의 제자 중에 공명고公明高라는 사람이 있었어. 그도 물론 후일 자기 제자를 길렀지. 그 제자 중에 장식長息이란 학생이 있었지. 장식이 어느 날 지금 자네가 한 질문과 비슷한 질문을 던졌다네. "순임금이 농부로 밭을 갈아 부모를 봉양한 것에 대해서는 제가 배웠습니다. 그런데 하늘을 향해, 그리고 부모를 향해 울부짖었다는 건 제가 잘 이해를 못하겠습니다." 그러자 공명고는 말했지. "그건 자네가 이해할 수 있는 일이 아니네."
공명고가 그렇게 말했던 까닭을 짐작해 보자면, 공명고는 부모에게 애달픈 효자의 마음은 부모가 자신에게 어떻게 대하든 그러거나 말거나 하는 자세일 수는 없다고 본 거네. 그러니까 자식으로서 '나는 최선을 다해 농사지어 부모를 봉양해서 자식 된 도리를 다할 뿐, 부모가 나를 사랑하지 않는 것이야 내가 신경 쓸 일이 아니지'라고 생각할 수는 없다는 게지.

요임금이 자신의 자녀 9남 2녀 전부, 그리고 여러 관료와 상당한 재산을 갖춰 보내서 순이 사는 곳에서 순을 섬기게 했지. 그러자 당시의 괜찮은 인물 중 상당수가 순을 찾아왔어. 요임금은 민심이 흘러가는 분위기를 봐서 그에게 왕위를 물려주려고 했다네. 엄청난 일이지 않나? 일개 농부에게 이런 일이? 그러나 정작 당사자인 순은 부모에게 거부당하고 있다는 사실 하나에 몰두해서 돌아갈 집이 없는 거리의 사람인 양 어쩔 줄 몰라 했다네.

사실 세상에서 괜찮다고 평가받는 사람들이 자기를 좋아해 주고 따르는 건 누구나 한 번쯤 누려 보고 싶은 일이잖나. 하지만 순은 이런 걸로 마음을 풀지 못했지. 또 미인하고 사랑에 빠지는 것도 사람들이 꽤 혹하는 일이지. 그러나 순은 요임금의 두 딸을 아내로 얻었으면서도 마음을 풀지 못했어. 크게 부자가 되는 것도, 엄청 높은 인물이 되는 것도 역시 세상 사람이 '나도 한 번쯤' 하고 바라는 일이지. 그래도 순은 세상을 다 가지고 세상 제일 높은 위치에 올랐음에도 이것들로 마음을 풀지 못했다네. 인기를 얻고, 미인을 얻고, 부자가 되고, 높은 자리에 오르고 했던 모든 것이 그의 마음이 짊어지고 있는 궁극의 근심을 풀어 주기에 부족했던 것이지. 오직 부모가 그를 받아들여 주는 것만이 그의 마음을 풀 수 있는 단 하나의 열쇠였다네.

대개 사람은 나이에 따라 마음을 쏟는 대상이 바뀌게 마련이거든. 이를테면, 어렸을 때는 부모가 최고야. 부모의 사랑을 받고 싶어 어쩔 줄 모르지. 조금 자라 이성에 눈 뜨면 예쁘고 멋진 이성이 최고야. 짝사랑하는 상대의 마음을 얻고 싶어 어쩔 줄 모르지. 그러다 결혼을 해서 처자식이 생기면 처자식이 최고가 돼. 이들과 행복하게 잘 사는 게 인생 최대의 목표가 되지. 직장에 다니게 되면 이번엔 상사 눈에 들고 싶어 안달을 하게 돼. 상사 마음을 얻지 못하고 상사의 인정을 받지 못하면 가슴 속에서 막 불이 나. 속이 다 타들어 가는 것 같지.

그래서 만세의 본이 될 만한 위대한 효도란 이렇게 마음이 옮겨 다니지 않고 평생 부모에게 마음을 쏟고 부모의 마음을 얻기 위해 열중하는 것을 말한다네. 나이 오십이 되도록 부모에게 열중하는 커다란 효성을 나는 저 위대한 순에게서 보았지 뭔가!

> 순임금은 효의 화신, 효의 대명사이다. 자기를 미워하는 부모를 끝까지 포기하지 않고, 부모의 마음을 얻기 위해서라면 천자의 자리 따위, 심하게 말해 헌신짝처럼 버릴 수 있는 게 순이었다. 오늘날의 시선으로 조금 이해하기 힘든 부분이다. 요즘이라도 효도가 안 해도 되거나 별일 아닌 건 전혀 아니지만, 그래도 효도가 순임금에게 그렇듯 무엇보다 중요한 가치를 지니는 단 하나의 일로 여겨지는 세상은 아니기 때문이다. 게다가 효도라고 하면 수직적 형태가 바로 떠올라 어린 사람에게는 강압적으로 느껴지기까지 한다. 부모는 시키기만 하고 자식은 따르기만 하는 형태가 대체로 효도의 좋은 예로 받아들여지기 때문이다.

그렇다면 맹자는 왜 이렇게 순의 효도를 높이 평가하고 있는 것일까? 유학에서는 인간이 끊으려야 끊을 수 없는 절대적 가치를 가지는 인간관계를 '부모-자식' 관계로 보고 있다. 이는 모든 관계의 핵심으로, 천륜天倫이라 불린다. 이 관계를 기본으로 해서 군-신 관계, 군-민 관계가 형성된다. 가족 모델의 확대가 국가 모델이 되는 것이다. 그래서 유학의 국가는 법률이 아니라 덕과 신뢰를 통해 다스려져야 한다. 그렇다면 나라의 최고 지도자가 갖추어야 할 가장 중요한 자질은 백성이 신뢰하고 기꺼이 따를 만한 '본보기'가 되는 품성을 갖추고 있느냐 하는 점이다. 효도는 이 지점에서 중요하다. 국가 가치의 핵심인 '효'를 이룬, 그것도 어리석고 아둔하며 악해서 착하디착한 아들을 한결같이 내치기만 하던 부모가 결국 감화되어 좋은 사람으로 변할 정도의 '효'를 이룬 왕이라면, 나라 안 누군들 마음으로부터 교화시키지 못할 사람이 없게 되는 것이다. 순임금은 국가 핵심 가치의 완전한 본보기였던 셈이다.

萬章問曰: 舜往于田, 號泣于旻天, 何爲其號泣也?

孟子曰: 怨慕也.

萬章曰: 父母愛之, 喜而不忘, 父母惡之, 勞而不怨. 然則舜怨乎?

曰: 長息問於公明高曰, 舜往于田, 則吾旣得聞命矣. 號泣于旻天, 于父母, 則吾不知也. 公明高曰, 是非爾所知也.

夫公明高以孝子之心, 爲不若是恝, 我竭力耕田, 共爲子職而已矣. 父母之不我愛, 於我何哉?

帝使其子九男二女, 百官牛羊倉廩備, 以事舜於畎畝之中. 天下之士多就之者, 帝將胥天下而遷之焉. 爲不順於父母, 如窮人無所歸.

天下之士悅之, 人之所欲也, 而不足以解憂, 好色, 人之所欲, 妻帝之二女, 而不足以解憂, 富, 人之所欲, 富有天下, 而不足以解憂, 貴, 人之所欲, 貴爲天子, 而不足以解憂. 人悅之好色富貴, 無足以解憂者, 惟順於父母, 可以解憂.

人少, 則慕父母, 知好色, 則慕少艾, 有妻子, 則慕妻子, 仕則慕君, 不得於君則熱中. 大孝終身慕父母. 五十而慕者, 予於大舜見之矣.

(9 - 2)

제자 만장과의 대화: 순임금의 효성 (2)

만장 『시경』 제풍齊風의 「남산」南山이란 시에 보면, "아내를 얻으려면 어떻게 해야 하나? 부모님께 꼭 허락을 받아야 하지"라는 구절이 있잖아요? 이 말대로라면 순임금처럼 하면 안 될 것 같은데요……. 순임금은 허락받지 않고 장가갔잖아요. 순임금은 왜 그런 거죠?

맹자 허락받으려고 말씀드리면 장가를 못 갈 판이니까 그렇지. 남녀의 혼인은 인륜지대사, 그러니까 인간사 중 중대사잖나. 그런데 말씀드리면 그 중요한 일이 깨져서 부모를 원망하게 될 테니까 말씀드리지 않았던 게지.

만장 순임금이 부모에게 알리지 않고 장가든 것은 이제 알겠습니다. 그런데 순임금은 그렇다 치고 요임금은 또 왜 순의 부모에게 아무 언질도 없이 상견례도 안 하고 딸들을 몰래 주듯 시집보낸 건가요?

맹자 요임금도 순의 부모에게 알려지면 이 혼사가 끝장이라는 걸 알았으니까 그랬지.

만장 그런데 선생님, 순임금의 일 중에서 제가 이해할 수 없는 일이 또 있어요. 순이 겪었던 모진 학대에 관한 내용인데요, 순의 부모와 형제는 순을 학대하다 못해 죽이려 했잖아요? 처음엔 방화로 죽이려 했죠. 선생님도 아시겠지만, 순의 부모가 순에게 창고 지붕 수리를 맡겨 놓고 그가 올라가자 사다리를 치워 버리고, 아버지인 고수는 창고에 불을 질렀잖아요. 다행히 순은 미리 준비한 넓은 삿갓을 낙하산 삼아 뛰어내려 살았지만 말이에요. 작전에 실패하자 이번엔 생매장을 준비했죠. 우물을 파라고 시켜 놓고는 순이 깊이 내려가니까 우물을 덮어 버렸어요. 순이 이때를 대비해서 미리 파 둔 구멍으로 빠져나온 줄도 모르고 말이죠.
순임금의 이복동생 상象은 정말이지 순이 의심의 여지없이 죽었다고 생각했어요. 그래서 "이런 일을 계획해서 순을 제거한 것은 모두 나의 공이지. 형의 재산은 부모님께 드리고, 무기와 악기와 가보로 삼을 만한 귀한 물건들은 내가 가져야지. 그리고 두 형수도 이제 모두 내 부인!" 이렇게 신나게 꿈꾸면서 순의 집에 들어갔는데, 이게 웬일? 순이 침상에 앉아 거문고를 타고 있었죠. 당황한 상은 일단 둘러댔어요. "가슴이 먹먹할 정도로 형님이 그립더라고요. 그래서……." 얼굴이 벌겋게 달아오르는 건 어쩔 수가 없었죠. 그 말을 들은 순이 상에게 이렇게 말해요. "이 신하와 백성을 네가 나를 도와 다스려 주면 좋겠구나!" 허, 참, 이게 무슨 말입니까? 참 이해가 안 가는 대목이죠. 순은 상이 자기를 죽이려 했다는 걸 몰랐나요?

맹자 왜 몰랐겠나? 그저 형으로서 순은 동생 상이 걱정하면 자기도 걱정하고, 상이 기뻐하면 자기도 기뻐했던 거지.

만장 그럼 순은 거짓으로 '기뻐하는 체'했던 건가요?

맹자 아니지. 거짓으로 '기뻐하는 체'라니. 이야기를 하나 들려줄까? 옛날에 어떤 사람이 정나라의 현명한 인물로 꼽히는 자산에게 살아 있는 물고기를 선물한 일이 있었네. 자산은 그걸 자기 집으로 가지고 가서 정원사에게 주면서 연못에 놓아 잘 기르라고 했지. 그런데 그 정원사가 그 물고기를 요리해서 잡아먹어 버렸어. 그러고는 자산에게 가서 "처음에 물고기를 연못에 놔주니까 얘가 좀 정신없는 듯 어리바리 움직이더라고요. 그러다가 조금 있으니까 몸이 좀 풀리고 적응이 됐는지 몸과 지느러미를 힘차게 움직이더니 깊은 물 속으로 헤엄쳐 사라져 버렸습니다요"라고 보고했다네. 이 말을 들은 자산은 "제 살 곳을 찾았구나! 제 살 곳을 찾았어!"라면서 기뻐했지. 정원사는 밖으로 나와 피식 웃으며 말했네. "누가 자산더러 지혜롭대? 내가 삶아서 요리해 먹어 버렸구먼, 뭐? 제 살 곳을 찾았다고? 웃기셔."
자산 이야기에서도 볼 수 있지만 논리적이고 합리적이면 배운 사람도 충분히 속일 수 있다네. 하지만 이치에 닿지 않는 것으로는 속이기 어렵지. 상이 '형님을 사랑하는 동생의 도리'를 내세워서 찾아왔으니 순이 진심으로 믿고 기뻐한 것이지. 이상할 거 없는 말이잖나? 그러니 왜 순이 거짓으로 기뻐하는 체했겠나?

만장은 맹자 앞에서 대놓고 '위선'을 말하고 있다. 진심과 진정성을 말하는 맹자에게 위선은 어떤 경우에도 선일 수 없다. 순임금이 대놓고 위선을 했다고? 있을 수 없는 일이다. 순은 또한 진심의 화신이다. 그래서 자기를 미워하다 못해 죽이려고까지 했던 부모의 마음을 결국 돌려놓을 수 있었던 것이다. 차마 부모를 놓지 못하는 효성이 진심 그 자체였기 때문이다.

그러나 만장의 의심은 타당하다. 사실 맹자의 설명보다 만장의 의심이 더 사리에 맞는 것 같다. 부모와 형제는 자기를 죽이고 싶을 만큼 미워했고, 그래서 결혼을 한다는 말조차 꺼낼 수 없다는 것을 순은 이미 잘 알고 있었다. 이런 사이가 좋은 말 한마디 나눴을 리 없고, 웃으며 식사 한 끼 제대로 했을 리가 없다. 그런데 자기가 그런 부모 형제의 손에 죽다 살아난 어느 날 자기에게 '가슴이 먹먹할 정도로 형님이 그리워서 찾아왔다'라고 말하는 동생의 말을 믿는다고? 동생이 형을 그리워하는 건 동기간 우애의 도리에 맞는 말이니까 기꺼이 진심이라고 믿는다고? 아무래도 무리가 있다.

그렇다면 만장 말대로 '위선'이었을까? 이후로 펼쳐지는 이야기를 보면 딱 위선이라고 보기에는 조금 석연찮은 면이 있다. 형님이 보고 싶어 왔다는 상에게 순은 '권력을 나눠 주겠다'라고 말한다. 상이 가지고 싶은 게 무엇이었는지 알고 있었다는 뜻이다. 위선이 아니라 진심으로 순에게는 상을 변화시킬 '필요'가 있었다. 위선은 언제고 미봉책일 수밖에 없다. 위선은 당하는 사람이 자기를 향한 웃음이 위선인 것을 곧장 알아채기 때문이다. 위선으로 자신을 대하고 있다는 것을 알아챈 상대는 싸움을 멈추지 않는다. 상이 싸움을 멈추지 않는 한 나라는 안정되지 않는다. 상을 정말 '사랑하는 동생'으로 생각하는 건 중요하지 않다. 중요한 건

'상이 정말로 변화되어 상이라는 위험 요소를 통제할 수 있는 것' 이다. 순은 그 목적을 위해 다음 장에서 다른 방향의 지혜로운 진심을 시도한다.

萬章問曰: 詩云, 娶妻如之何? 必告父母. 信斯言也, 宜莫如舜. 舜之不告而娶, 何也?

孟子曰: 告則不得娶. 男女居室, 人之大倫也. 如告, 則廢人之大倫, 以懟父母, 是以不告也.

萬章曰: 舜之不告而娶, 則吾既得聞命矣, 帝之妻舜而不告, 何也?

曰: 帝亦知告焉則不得妻也.

萬章曰: 父母使舜完廩, 捐階, 瞽瞍焚廩. 使浚井, 出, 從而揜之. 象曰, 謨蓋都君咸我績. 牛羊父母, 倉廩父母, 干戈朕, 琴朕, 弤朕, 二嫂使治朕棲. 象往入舜宮, 舜在床琴. 象曰, 鬱陶思君爾. 忸怩. 舜曰, 惟茲臣庶, 汝其于予治. 不識舜不知象之將殺己與?

曰: 奚而不知也? 象憂亦憂, 象喜亦喜.

曰: 然則舜僞喜者與?

曰: 否. 昔者有饋生魚於鄭子產, 子產使校人畜之池. 校人烹之, 反命曰, 始舍之圉圉焉, 少則洋洋焉, 攸然而逝. 子產曰, 得其所哉! 得其所哉! 校人出, 曰, 孰謂子產智? 予既烹而食之, 曰, 得其所哉, 得其所哉. 故君子可欺以其方, 難罔以非其道. 彼以愛兄之道來, 故誠信而喜之, 奚僞焉?

(9 - 3)

제자 만장과의 대화: 순임금의 효성 (3)

만장 상은 허구한 날 '어떻게 순을 죽이나' 하는 것만 일삼았죠. 그런데 순은 왕위에 오른 뒤 자기에게 그렇게 한 상을 죽이지 않고 그냥 추방하는 정도로 끝냈죠. 왜 그랬나요?

맹자 아니지. 상을 지역 국가 지도자로 삼았던 건데 추방했다고 말하는 사람들이 있는 게지.

만장 순임금은 왕위에 오르자 이전 요임금의 시대에 문제를 일으키고 나라를 혼란스럽게 하며 책임을 다하지 못해서 4대 악인이라 불렸던 자들을 유배 보내고 추방하고 사형시켰습니다. 이렇게 하자 세상이 모두 순임금에게 복종했죠. 세상에 평화는커녕 혼란과 무질서를 조장했던 자들을 처벌했기 때문입니다.
순임금의 동생인 상은 이들 4대 악인 못지않게 악한 사람이었는데 그를 유비有庳라는 지역 국가의 지도자로 세웠으니, 대체 유비 국민은 뭔 죄입니까? 사람을 아끼고 사랑하는 사람도 이렇게 행동합니까? 자기와 상관없는 타인이면 처벌하고 동생이면 지도자로 삼고 막 그럽니까?

맹자 설마 그렇겠나? 사람과 세상을 아끼고 사랑하는 가치가 마음에 잘 간직하고 실천하는 사람은 자기 동생에 대해서 분노를 감춰 두거나 서운함을 묵혀 두거나 하지 않네. 그저 아주 친밀하게 느끼고 사랑할 뿐이지. 친밀하게 느끼면 그 사람이 귀해지길 바라고, 사랑하면 그 사람이 부유해지길 바라지. 유비의 지도자로 세워 준 건 상을 귀하고 부하게 만들어 주려고 해서 그런 거네. 자기는 천하를 소유하고 있는데 동생은 그저 일반인이라면 동생을 친밀하게 느끼고 사랑한다고 할 수 있겠나?

만장 그런데 사람들 중에 동생을 추방했다고 보는 사람이 있는 건 어째서인가요?

맹자 그건 상이 그 나라에서 직접 국정을 운영할 수 없게 조치해 뒀기 때문이지. 순임금은 행정관을 보내서 국정 운영은 그에게 맡기고, 그 지역에서 징수하는 세금만 상에게 바치게 했지. 그래서 추방했다고 말하는 거네. 이런 형편인데 상이 어떻게 유비 지역 사람에게 포악하게 굴 수 있었겠나? 이렇게 조치해 두기는 했지만 순임금은 늘 동생이 만나 보고 싶어서 계속해서 상이 자기를 찾아오게 했어. "각 지역의 특산물로 바치는 세금을 낼 때가 아직 안 됐는데 정무를 핑계로 유비 지역 지도자를 접견했다"라는 기록이 바로 이걸 말하는 것이라네.

4대 악인이란 공공共工, 환도驩兜, 삼묘三苗 부족의 지도자, 곤鯀을 말한다. 공공은 관직명이고 환도는 이름이다. 공공과 환도는 당파를 지어 세상에 해악을 끼쳤고, 삼묘의 지도자는 천혜의 요새에 자리 잡고 복종하지 않았으며, 곤은 왕명을 거역하고 종족을 해쳤으며 치수 사업을 잘 못했다. 곤은 우임금의 아버지이다. 죄를 지은 이들에 대해 순임금은, 공공은 유주幽州로 유배 보내고, 환도는 숭산崇山으로 추방했으며, 삼묘의 지도자는 삼위三危에서 죽였고, 곤은 우산羽山에서 사형시키는 것으로 처벌했다.

'수신제가치국평천하'修身齊家治國平天下, 즉 자기를 닦고 집안을 바로잡고 나라를 다스리고 천하를 평정하는 것을 순차적으로 진행하는 것이 유학의 정치관이다. 그래서 가족을 버리고 가족에게 모질게 굴고서도 백성은 끌어안고 보살피는 훌륭한 지도자란 나올 수 없는 것이다. 상이 어떤 인물이건 동생을 버리고서 백성의 모범이 되는 성군이 될 수는 없다. 순임금은 상을 끌어안아야만 했다. 그러나 순임금은 상의 사람됨을 너무도 잘 알았다. 도저히 그에게 백성을 내줄 수 없었다. 그래서 묘책을 생각해 냈다.

그에게 땅을 떼 주어 지역 지도자로 삼아 명분을 살리되 그 지역 운영에 손을 대지 못하도록 중앙에서 관리를 파견하고, 그 대신 세금을 상에게 납부하게 함으로써 그 지역의 주인이 누구인지 분명히 하도록 한 것이다. 그렇게 하고도 마음을 놓지 않고 상이 했던 것과 똑같은 방법, 즉 상이 '형을 보고 싶은 마음에'라고 말했던 '형과 동생 간 우애의 도리'에 맞게 순임금도 '동생을 보고 싶은 마음에'라고 말하며 세상 모든 지성인의 긍정을 이끌어내고 상의 입을 막으면서 그가 유비 지역에 박혀 딴생각을 못하도록 끊임없이 자기 곁으로 불러들였다. 역시 같은 이유를 대며 직접 그 지역으로 내려가 형편을 살피기도 했다. 상이 도저히 딴생각을 할 수 없게 대처한 것이다. 물론 중앙에 두지 않고 지방으로 보냈고 제후가 통상 누리는 통치권, 조세권, 사법권 중 두 개를 허락하지 않았으니 '추방했다'라는 풍문이 돌기도 했다. 그러나 그런 소문 좀 있으면 어떠랴? 명분을 모두 채웠으므로 이렇게 맹자처럼 얼마든지 그건 오해라고 손사래를 치며 상대를 납득시킬 수 있는 것을!

물론 가족의 확대 모델로 국가를 보는 것이 오늘날에는 문제가 있다. 동생을 친밀하게 느끼고 사랑한다고 해서 동생에게 부와 권력을 나눠 주는 것을 지금은 '인지상정'이라 말하지 않고 '비리'라 말한다. 하지만 '동생' 자리에 '아들이나 딸' 혹은 '부모'를 넣어 보면 어떨까? 기업의 사장이 기업을 당연히 자기 자녀에게 물려줄 것으로 알고, 내가 가지고 있는 건물을 당연히 내 자식에게 상속해 주고, 내가 가지고 있는 지적 권력을 당연히 내 자식에게 상속해 주고, 자식이 돈을 많이 벌거나 성공하면 당연히 그것으로 부모 호강을 시켜 줘야 한다고 생각하고……. 이런 생각이 과연 당연할까? 꼭 그래야 하는 게 맞을까? 오래 지속된 이 가족 중심 개념은 생각보다 아주 깊게 깊게 우리 의식과 무의식 속에 뿌리박혀 있다. 표면적으로 드러난 거대한 정치 비리, 기업 상속 비리를 보며 제 자식만, 제 혈육만 챙기는 거 문제 있다고 손가락질하지만 자잘한 우리 일상은 어떤가? 가족주의에 자신을 비추어 냉정하게 비판하는 것은 고사하고 순임금만큼도 우리는 가족에게 객관적인 지혜를 사용하지 못하고 있는 건 아닐까?

萬章問曰: 象日以殺舜爲事, 立爲天子, 則放之, 何也?

孟子曰: 封之也, 或曰放焉.

萬章曰: 舜流共工于幽州, 放驩兜于崇山, 殺三苗于三危, 殛鯀于羽山, 四罪而天下咸服, 誅不仁也. 象至不仁, 封之有庳. 有庳之人奚罪焉? 仁人固如是乎? 在他人則誅之, 在弟則封之?

曰: 仁人之於弟也, 不藏怒焉, 不宿怨焉, 親愛之而已矣. 親之欲其貴也, 愛之欲其富也. 封之有庳, 富貴之也. 身爲天子, 弟爲匹夫, 可謂親愛之乎? 敢問或曰放者, 何謂也?

曰: 象不得有爲於其國, 天子使吏治其國, 而納其貢稅焉, 故謂之放, 豈得暴彼民哉? 雖然, 欲常常而見之, 故源源而來. 不及貢, 以政接于有庳, 此之謂也.

제자 함구몽(咸丘蒙)과의 대화: 순임금의 효성 (4)

함구몽 옛말에 “인격이 너무 훌륭한 지성인은 임금이 함부로 신하 삼을 수 없고 아비가 함부로 자식 삼을 수 없다”라고 하지 않습니까? 순임금이 왕위에 서자 요임금이 신하로서 각 지역 국가의 지도자를 거느리고 그에게 공식 인사를 올렸고, 순임금의 아버지인 고수가 신하로서 그에게 공식 인사를 올렸죠. 그러자 순임금이 아버지 고수가 자신에게 신하로서 인사를 올리는 것을 보고선 대단히 당황했다죠? 공자 선생님은 이때의 풍경에 대해 “부자 관계가 군신 관계가 되다니, 이때 세상이 아주 불안하고 위태로웠구나!”라고 하셨다는데, 정말로 이렇게 말씀하셨나요?

맹자 아니네. 그런 말이 떠돌긴 하는데, 이건 제대로 배운 지성인이 한 말이 아니라 제나라 동쪽에 사는 몰상식한 사람들이 한 말이라네. 순은 왕위에 올랐던 게 아니라 섭정을 했던 거지. 요임금이 늙어 노쇠해지니까 순이 대신 국정을 맡아서 운영했던 거지. 『서경』 우서 「요전」堯典은 이에 대해 “순이 섭정한 지 28년 만에 요임금이 별세하였다. 이에 백성은 부모의 상을 치르듯 삼년상을 치르고, 주변 모든 나라 모든 곳에서는 음악 연주와 오락을 중단했다”라고 기록하고 있네. 공자는 이 관계에 대해 분명히 말씀하셨지. “하늘에 두 개의 태양이 있을 수 없듯 백성에게 두 명의 왕은 있을 수 없다. 순이 이미 왕위에 올랐고 또 세상 모든 군주를 인솔하여 요임금의 삼년상을 치렀다면, 이건 왕이 두

명이었다는 것이다.”

함구몽 순이 요임금을 신하로 삼지 않았다는 건 제가 이제 알겠어요. 그럼 『시경』 소아 「북산」北山에 “온 하늘 아래 왕의 땅이 아닌 것 없고, 온 땅끝까지 왕의 신하 아닌 자가 없도다”라는 구절이 있잖아요. 여기에 비추어 순이 이미 천자가 되었는데 고수가 신하가 아니라는 건 어째서인가요?

맹자 이 시를 그렇게 해석하면 안 되지. 이 시는 나랏일이 너무 많고 힘들어서 부모를 제대로 봉양할 수 없음을 한탄하는 시라네. 그래서 이 시의 지은이는 ‘무슨 일이거나 다 왕의 일인데 왜 나만 똑똑하다고 이렇게 유난히 이 애를 쓰고 있는 것인가?’라는 말을 하고 있는 것이지. 자네, 시를 해석할 때는 글자에 얽매여 문장을 잘못 풀이해서는 안 되고, 문장에 얽매여 뜻을 잘못 이해해서는 안 되네. 자기 체험을 통한 이해를 바탕으로 애써 지은이의 의도를 헤아려야만 시를 이해할 수 있지. 자네처럼 말 그대로만 해석하면, 『시경』 대아 「운한」雲漢이란 시에서 “주나라의 남은 백성에게는 남겨진 자가 한 명도 없다”라는 구절은 주나라 백성이 한 사람도 남지 않았다는 뜻이 되지. 그게 말이 되나?

최고의 효도는 부모를 존경하는 것이고, 부모 존경의 최고봉은 왕이 되어 온 세상으로 부모를 봉양하는 것이라네. 고수는 왕의 아버지가 되었으니 가장 존경받는 위치에 선 것이고, 온 세상으로 봉양을 받게 되었으니 최고의 봉양을 누리게 된 것이지. 『시경』 대아 「하무」下武에 “항상 효도를 생각하니 효도가 세상의 법도가 되었네”라는 구절이 바로 순임금의 경우를 말한 거라네. 그리고 『서경』 우서 「대우모」

에 "순임금이 자식으로서 고수를 뵙되 항상 공경하고 조심스레 모시니 고수도 순임금의 효심을 믿고 따랐다"라는 내용이 있지. 이게 바로 아버지가 쉽게 자식 삼지 못한다는 것이라네.

부자 관계와 군신 관계에 대한 질의응답이다. 요임금과 순임금의 관계에서 섭정과 왕위 등극이 다른 개념이라는 것을 분명히 했고, 순임금과 고수의 관계에서 부자 관계가 군신 관계보다 우선한다는 것을 분명히 했다.

부수적으로, 시를 이해하는 방법에 대한 설명이 재미있다. 문자에 얽매여 문장의 뜻을 해쳐도 안 되고, 문장에 얽매여 지은이의 시에 담으려 했던 뜻을 해쳐도 안 된다는 것이다. 시를 이해하기 어려운 것은 바로 이 점 때문이다. 물론 시를 읽을 때는 글자를 읽어야 한다. 그러나 전체를 크게 파악해야 해서 그 안에 글자를 녹여야 하고, 전체를 시인의 의도 속에 녹여 내야 한다. 그래서 독자는 많은 읽기와 많은 체험이 필요하다. 자기 삶이 깊어야 타인의 깊이를 헤아릴 수 있기 때문이다. 시를 읽을 때는 자기의 모든 경험과 이해를 다해 항상 '시인이 궁극에 무엇을 말하려 했나?'를 헤아리려는 자세가 필요하다는 맹자의 충고는 오늘날 시를 읽는 모든 이에게도 유효하다.

咸丘蒙問曰: 語云, 盛德之士, 君不得而臣, 父不得而子. 舜南面而立, 堯帥諸侯北面而朝之, 瞽瞍亦北面而朝之. 舜見瞽瞍, 其容有蹙. 孔子曰, 於斯時也, 天下殆哉, 岌岌乎! 不識此語誠然乎哉?

孟子曰: 否. 此非君子之言, 齊東野人之語也. 堯老而舜攝也. 堯典曰,二十有八載, 放勳乃徂落, 百姓如喪考妣, 三年, 四海遏密八音. 孔子曰, 天無二日, 民無二王. 舜既爲天子矣, 又帥天下諸侯以爲堯三年喪, 是二天子矣.

咸丘蒙曰: 舜之不臣堯, 則吾既得聞命矣. 詩云, 普天之下, 莫非王土, 率土之濱, 莫非王臣. 而舜既爲天子矣, 敢問瞽瞍之非臣, 如何?

曰: 是詩也, 非是之謂也. 勞於王事, 而不得養父母也. 曰, 此莫非王事, 我獨賢勞也. 故說詩者, 不以文害辭, 不以辭害志. 以意逆志, 是爲得之. 如以辭而已矣, 雲漢之詩曰, 周餘黎民, 靡有孑遺. 信斯言也, 是周無遺民也. 孝子之至, 莫大乎尊親, 尊親之至, 莫大乎以天下養. 爲天子父, 尊之至也, 以天下養, 養之至也. 詩曰, 永言孝思, 孝思維則. 此之謂也. 書曰, 祗載見瞽瞍, 夔夔齊栗, 瞽瞍亦允若. 是爲父不得而子也.

(9 - 5)

제자 만장과의 대화: 요임금이 순에게 왕위를 물려준 일에 대하여

만장 요임금이 천하를 순에게 물려주었다고 하는데, 사실인가요?

맹자 아니, 그렇지 않네. 천자라고 해도 자기 마음대로 천하를 다른 이에게 줄 순 없는 법이네.

만장 그럼 순이 천하를 소유하게 된 건 누가 그에게 줘서 갖게 된 겁니까?

맹자 하늘이 준 거지.

만장 예? 하늘이요? 하늘이 주면, 그럼 하늘이 "내가 그대에게 천하를 주겠노라" 하면서 자세하게 설명도 해 주고 그렇게 그 나라를 다스리라고 명하는 건가요?

맹자 아니, 그럴 리가! 하늘은 말하지 않지. 그저 행위와 일로 보여 줄 뿐이지.

만장 행위와 일이요? 그렇게 보여 준다는 건 어떻게 하는 건가요?

맹자 천자가 하늘에 인재를 천거할 순 있어. 하지만 하늘이 그에게 천하를 주게 만들 순 없네. 마찬가지로 제후가 인재를 천자에게 천거할 수는 있지만 천자가 그에게 제후 자리를 주게 만들 순 없고, 대부가 제후에게 인재를 천거할 순 있지만 제후가 그를 대부로 삼게 만들 순 없는 법이라네. 옛날에 요임금이 순을 하늘에 천거하니까 하늘이 기꺼이 그를 받아들였고, 백성에게 소개하니까 백성이 기꺼이 그를 받아들였지. 그래서 하늘은 말을 하지 않고 행위와 일로 보여 줄 뿐이라고 말하는 것이라네.

만장 하늘에 천거하니까 하늘이 기꺼이 받아들이고 백성에게 소개하니까 백성이 받아들이는 게 하늘이 뜻을 드러내 보이는 방법이란 말씀이신 거네요. 그럼 하늘이 받아들이고 백성이 받아들이는 건 또 어떻게 알 수 있는 건가요?

맹자 일단 제사를 주관하게 하는 거지. 그래서 모든 신이 그 제사를 흠향한다면 이건 하늘이 그를 받아들인 것이라네. 그리고 국정 현안을 맡기는 거지. 그의 주도하에 일이 잘 처리되어 백성의 삶이 안정된다면 이건 백성이 그를 받아들인 거라네. 하늘이 그 자리를 주고, 백성이 그 자리를 주는 것이기 때문에 천자가 자기 마음대로 천하를 다른 사람에게 줄 수 없다고 말하는 것일세.

순이 요임금을 보좌한 게 무려 28년이었네. 이건 사람의 힘만으로는 할 수 없는 일, 하늘의 뜻인 거지. 요임금이 별세하자 순은 삼년상을 마치고 요임금의 아들이 무난히 즉위할 수 있도록 남쪽 변방 지역으로 낙향해 자리를 피해 주었어. 그런데 정무를 보고하러 오는 모든 지역 국가의 군주가 요임금의 아들에게 가는 게 아니라 죄다 순에게로 가는 게 아닌가? 또 민형사 사건으로 판결이 필요한 자들도 요임금의 아들이 아니라 순에게로 가고, 지도자의 덕을 찬양하는 노래를 부르는 자들도 요임금의 아들을 주인공으로 삼는 게 아니라 순을 주인공으로 삼아 노래를 불렀다네. 이 정도면 뭐 하늘의 뜻이라고 하고도 남지.

상황이 이렇게까지 되니까 그제야 순은 중앙으로 올라가서 천자의 자리에 올랐다네. 만약 이렇게 하지 않고, 순이 요임금의 궁궐에 살면서 요임금의 아들에게 눈치를 주고 위협했으면 그건 '찬탈'이지, 하늘이 준 거라고 절대 할 수 없지. 『서경』 주서 「태서」에 "하늘은 우리 백성이 보는 것을 통해 보고, 우리 백성이 듣는 것을 통해 듣는다"라는 구절이 있잖던가? 이 구절은 바로 이걸 말한 것이라네.

萬章曰: 堯以天下與舜, 有諸?

孟子曰: 否. 天子不能以天下與人.

然則舜有天下也, 孰與之?

曰: 天與之.

天與之者, 諄諄然命之乎?

曰: 否. 天不言, 以行與事, 示之而已矣.

曰: 以行與事示之者, 如之何?

曰: 天子能薦人於天, 不能使天與之天下, 諸侯能薦人於天子, 不能使天子與之諸侯, 大夫能薦人於諸侯, 不能使諸侯與之大夫. 昔者堯薦舜於天, 而天受之, 暴之於民, 而民受之. 故曰, 天不言, 以行與事, 示之而已矣.

曰: 敢問薦之於天, 而天受之, 暴之於民, 而民受之, 如何?

曰: 使之主祭, 而百神享之, 是天受之. 使之主事, 而事治, 百姓安之, 是民受之也. 天與之, 人與之. 故曰, 天子不能以天下與人.

舜相堯二十有八載, 非人之所能爲也, 天也. 堯崩, 三年之喪畢, 舜避堯之子於南河之南. 天下諸侯朝覲者, 不之堯之子而之舜, 訟獄者, 不之堯之子而之舜, 謳歌者, 不謳歌堯之子而謳歌舜. 故曰, 天也. 夫然後之中國, 踐天子位焉. 而居堯之宮, 逼堯之子, 是簒也, 非天與也. 太誓曰, 天視自我民視, 天聽自我民聽. 此之謂也.

(9 - 6)

제자 만장과의 대화: 가십과 진실 (1) — 현자 양위와 부자 계승

만장 우임금 때에 이르러 지도자의 수준이 안 좋아져서 뛰어난 능력을 지닌 사람에게 왕위를 전해 주지 않고 아들에게 전해 주었다고 사람들이 그러던데, 사실인가요?

맹자 아니, 전혀 그렇지 않지! 하늘이 뛰어난 사람에게 왕위를 주면 뛰어난 사람에게 물려주는 거고 하늘이 아들에게 주면 아들에게 물려주는 거라네. 옛날에 순임금이 하늘에 우를 천거하고(섭정을 맡겼단 얘기지) 17년 뒤에 세상을 떠났네. 우는 삼년상을 마치고 순임금의 아들이 무난히 즉위할 수 있도록 역시 시골로 낙향해 자리를 피해 주었어.

그런데 백성이 모두 우를 따르는 거야. 요임금이 별세한 뒤 요임금의 아들이 아니라 순을 따랐던 것처럼 말이지.

어쩔 수 없이 즉위해서 나라를 다스리던 우임금은 노쇠해지자 익益이란 인물을 하늘에 천거했네. 그리고 7년 뒤에 세상을 떠났어. 익은 마찬가지로 삼년상을 마치고 우임금의 아들이 무난히 즉위할 수 있도록 시골로 낙향해 자리를 피해 주었어. 그런데 이번엔 분위기가 좀 달랐네. 정무를 보고하러 오는 지역 국가 군주나 민형사 소송 건으로 판결이 필요한 자가 익에게 가지 않고 우리 임금의 아드님이시라며 우의 아들인 계啓에게로 간 거야. 지도자의 덕을 찬양하는 노래를 부르는 자들도 익이 아니라 계에 대한 찬양의 노래를 불렀어. "우리 임금의 아드님이시라네!"라면서 말이지.

요임금의 아들인 단주丹朱도 임금이 되기엔 여러모로 부족했고, 순임금의 아들도 부족했네. 그런 형편인데 순이 요임금을 도와 섭정하고 우가 순임금을 도와 섭정한 시간은 매우 길어서 이들 정치의 덕을 백성이 누린 기간이 길었고. 그런데 우임금 때는 이렇지 않았어. 우임금의 아들 계는 아버지 우가 설계한 길을 충분히 이어 갈 수 있을 만큼 능력이 출중했고, 익이 우임금을 도와 섭정한 기간은 상대적으로 꽤 짧았기 때문에 백성들이 익이 펼친 정치의 덕을 별로 누리지 못했지. 순과 우와 익이 섭정했던 기간과 그 아들들의 능력차가 모두 하늘의 뜻이라네. 이건 사람이 어떻게 할 수 있는 것이 아니지.

그렇게 하지 않아도 그렇게 되는 것을 하늘의 뜻이라고 하고, 일부러 오게 하지 않아도 찾아오는 것을 운명이라고 하네. 평범한 사람으로 태어나 천하를 손에 쥐는 왕이 되는 건 먼저 개인의 인품과 능력이 반드시 순임금이나 우임금의 수준이 되어야 하고, 여기에 더해 이전 지도자의 천거가 있어야 하지. 그래서 공자가 천하를 소유한 왕이 되지 못했던 거네.

대를 이어 왕이 되었는데, 하늘이 그만두게 하는 건 학정과 무능력이 반드시 걸임금과 주임금 수준이 되어야 하네. 그래서 익이나 이윤, 주공이 천하를 소유한 왕이 되지 못했던 것이지. 그러니까 이윤과 주공 대에는 혼란하긴 했어도 왕에게 그 자리를 이을 만한 능력이 있는 아들이 있었던 것일세.

이윤이 탕임금을 도와 그가 천하를 호령하는 왕이 되게 했는데, 탕임금이 별세한 뒤 약간 문제가 발생했네. 그 아들 태정太丁은 미처 즉위하지 못하고 죽었고, 외병外丙은 즉위한 뒤 2년 만에 사망했으며, 그 뒤를 이어 중임仲壬도 즉위하고 4년 만에 유명을 달리하게 된 거야. 그래도 아직 아들이 남아 있었어. 그가 태갑太甲이지. 그런데 태갑이 왕위에 오르자 아버지인 탕임금이 세워 놓은 법도를 모두 뒤집어엎으며 막 나가기 시작한 거야. 가뜩이나 신생국인 상나라는 이러면 순식간에 몰락할 수도 있었어. 재상인 이윤은 결단을 내렸지. 태갑을 탕임금의 묘가 있는 곳으로 3년간 추방한 거야. 추방당한 태갑은 잘못을 뉘우치고 깊이 반성하면서 자신을 갈고닦았다네. 그곳에서 훌륭한 임금의 길로 개과천선하는 시간 3년을 보내면서 그는 이윤이 자기에게 주는 교훈을 따르게 되었지. 그래서 다시 수도로 돌아오게 되었다네.

주공이 왕이 되지 못한 것도 하나라의 익의 경우와 상나라의 이윤의 경우와 마찬가지라고 할 수 있지. 공자는 이런 일에 대해 이렇게 정리하셨네. "요임금의 당나라와 순임금의 우나라는 뛰어난 인물에게 왕위를 선양한 경우이고, 하나라와 상나라와 주나라는 아들에게로 왕위가 계승된 경우이지만, 그 취지는 동일하다."

9-5와 9-6은 내용이 이어진다. 9-5는 요임금이 자기 혈육이 아닌 순이란 인물에게 왕위를 물려준 일에 대해 논의하고 있기 때문에 왕이 자기가 원하는 사람에게 나라를 물려줘도 되는 거냐는 뉘앙스의 질문으로 대화가 시작된다. 유학에서는 왕위 계승을 요와 순의 관계처럼 핏줄과 상관없이 능력 있는 자에게 물려주는 것을 최고로 친다. 이런 선양의 덕을 이용한 계략에 속아 넘어간 연나라 왕이 재상에게 나라를 물려주겠다고 했다가 나라가 혼란에 빠져 이웃 강대국인 제나라의 침략을 당하게 되었던 사건이 「공손추 하」 4-8(175쪽)에 등장한다. 「양 혜왕 하」 2-10(109쪽)의 설명도 참고하자.

나라의 규모가 커지고 운영이 복잡해지다 보니 당연히 선양의 전통은 오래갈 수 없었고, 역사는 왕조의 시대로 옮아가 우임금의 하나라부터 왕위의 부자상속이 시작되었다. 9-6은 그럼 선양이 아름다운 왕위 계승이라면 우임금이 능력자가 아닌 아들에게 왕위를 계승하게 해서 왕조 시대를 연 것은 문제가 있는 것 아니냐는 질문으로 시작된다.

맹자는 선양이든 아들 계승이든 결국 피통치자인 백성의 뜻으로 결정된 것이라면 둘 다 문제없다고 말한다. 민심을 얻어야 왕이 될 수 있다는 원칙만 분명하다면 괜찮다는 것이다. 그래서 9-6의

후반부에 아들 계승의 문제를 해결할 방책으로 재상 정치를 슬쩍 이야기하고 있다. 왕조는 아들이 아버지만큼, 혹은 뛰어난 인물만큼 훌륭하지 못할 경우에는 문제가 발생하게 않겠느냐는 질문을 받기 전에, 왕도 함부로 하지 못하는 재상이 있어 왕위를 이은 아들이 나라의 기틀을 흔들면 혹독하게 제왕 훈련을 시켜도 무방하다는 생각을 펼친다. 왕이 문제 있다고 그 자리를 '찬탈'하지만 않는다면 문제 있는 왕을 잠시 추방하는 것도 괜찮다는 것이다. 물 흐르듯 이야기가 자연스럽게 흘러가고 있지만 잠시 멈춰 서서 찬찬히 뜯어보면 상당히 도발적이고 흥미롭다.

萬章問曰: 人有言, 至於禹而德衰, 不傳於賢而傳於子. 有諸?

孟子曰: 否! 不然也! 天與賢, 則與賢, 天與子, 則與子. 昔者, 舜薦禹於天, 十有七年, 舜崩. 三年之喪畢, 禹避舜之子於陽城. 天下之民從之, 若堯崩之後, 不從堯之子而從舜也.

禹薦益於天, 七年, 禹崩. 三年之喪畢, 益避禹之子於箕山之陰. 朝覲訟獄者, 不之益而之啟, 曰, 吾君之子也. 謳歌者, 不謳歌益而謳歌啟, 曰, 吾君之子也.

丹朱之不肖, 舜之子亦不肖. 舜之相堯, 禹之相舜也, 歷年多, 施澤於民久.

啟賢, 能敬承繼禹之道. 益之相禹也, 歷年少, 施澤於民未久. 舜禹益相去久遠, 其子之賢不肖, 皆天也, 非人之所能爲也.

莫之爲而爲者, 天也, 莫之致而至者, 命也. 匹夫而有天下者, 德必若舜禹, 而又有天子薦之者, 故仲尼不有天下.

繼世以有天下, 天之所廢, 必若桀紂者也. 故益伊尹周公不有天下.

伊尹相湯, 以王於天下. 湯崩, 太丁未立, 外丙二年, 仲壬四年. 太甲顛覆湯之典刑, 伊尹放之於桐. 三年, 太甲悔過, 自怨自艾, 於桐處仁遷義. 三年, 以聽伊尹之訓己也, 復歸于亳.

周公之不有天下, 猶益之於夏, 伊尹之於殷也. 孔子曰, 唐虞禪, 夏后殷周繼, 其義一也.

(9 - 7)

제자 만장과의 대화: 가십과 진실 (2) – 이윤이라는 정치가에 대하여

만장 이윤이 탕임금에게 기가 막힌 요리를 해 바치면서 임금의 마음을 샀다고 사람들이 그러던데, 사실인가요?

맹자 아니, 전혀 그렇지 않네! 그게 될 법한 소린가? 이윤은 원래 신莘나라에서 농부로 살고 있었지. 요순 임금이 가르쳐 준 인간으로서 인간답게 살아가는 길을 즐기면서 말이야. 옳은 일이 아니고 가야 할 길이 아니면 세상 최고 연봉을 부른다 해도 신경도 안 썼고, 슈퍼카를 즐비하게 대준다 해도 거들떠도 안 봤지. 옳은 일이 아니고 가야 할 길이 아니면 아무리 작은 물건 하나라도 남에게 주는 법이 없었고, 받는 법도 없었다네.

탕임금(물론 아직 이때는 임금이 아니었지)이 처음 사람을 시켜 예물을 보내오며 초빙했을 때도 그는 무심히 말했지. "내가 탕의 예물을 받아 뭐 하겠는가? 그것보다야 내가 논밭을 일구며 그 안에서 요순 임금이 가르쳐 준 인간답게 살아가는 길에 골몰하며 즐거워하는 게 훨씬 낫지!"

탕도 포기하지 않았다네. 사람을 세 번 보내 세 번을 초빙했지. 그러자 이윤은 그 성의에 마음을 바꾸어 먹고는, "내가 논밭을 일구며 나 혼자 요순 임금이 가르쳐 준 인간답게 사는 길을 즐기며 살아가는 것보다 이 군주를 요순 임금과 같은 군주로 만드는 것이 훨씬 낫고, 이 백성을 요순 임금의 백성같이 만드는 게 훨씬 나으며, 내가 직접 그런 멋진 시대를 보는 것이 훨씬 낫지 않겠어? 하늘이 이 백성을 세상에서 살아가게 할 때 먼저 안 사람이 나중에 안 사람을 깨우쳐 주고, 먼저 깨달은 사람이 나중에 깨달은 사람을 깨우쳐 주게 했지. 나는 하늘이 낸 백성 중에 먼저 깨달은 자에 해당해. 그러니까 나는 앞으로 먼저 깨달은 이 올바른 길을 가지고 이 백성을 깨우쳐 주어야 하지. 내가 아니면 누가 이들을 깨우쳐 주겠어?"라며 선각자로서 그 책임을 다하기로 결심했다네.

그러고는 재상이 되어 온 세상 사람 누구든 훌륭한 정치의 혜택을 누리지 못하는 자가 있으면 마치 자기가 그를 밀쳐서 구덩이에 빠뜨린 것처럼 생각했지. 그가 천하 안정의 중차대한 임무를 자임한 것이 이 정도였어. 그래서 탕에게 가서 하나라 걸임금의 폭정을 끝장내고 백성을 구해 낼 것을 설득했다네.

나는 자기를 굽혀서 남을 바로잡았다는 말을 입때껏 들어본 적이 없네. 더구나 자기를 욕되게 해서 온 세상을 바로잡는다고? 가당치도 않지. 만세의 본보기가 되는 훌륭한 인물의 행동은 서로 똑같지 않아. 어떤 이는 중앙에서 멀리 떨어진 지방에 있기도 하고, 어떤 이는 군주 곁에 있기도 하며, 어떤 이는 정계를 떠나기도 하고, 또 어떤 이는 정계에서 떠나지 않기도 하지. 그러나 살펴보면 자기 자신을 깨끗하게 간직한다는 점에서는 모두 똑같지. 나는 이윤이 세상을 살기 좋은 곳으로 만들 요순 임금의 길을 가지고 탕에게 등용되기를 구했다는 말은 들어 봤지만 요리를 가지고 마음을 샀다는 말은 들어 보지 못했네. 『서경』 상서 「이훈」伊訓에 보면, "하늘이 하나라 걸임금에 대한 토벌을 그의 궁인 목궁牧宮에서 시작했을 때, 나 이윤은 훗날 상나라의 도읍이 되는 박 땅에서 시작했다"라는 구절이 있지. 이건 하나라의 멸망이 탕이 군대를 동원해서 정벌이 이루어진 딱 그날에 행해진 것이 아니라 이윤이 박 지역에서 백성을 돌보는 제대로 된 정치를 본격적으로 했을 때부터 시작되었다는 뜻이라네.

이 9-7부터 이어지는 세 개 장은 만세의 본이 될 만큼 훌륭하다고 알려진 인물들이 자기 양심을 팔았다고 볼 법한 일화를 다루고 있다. 이 일화들에 대한 질문은 사실 '목적이 수단을 정당화할 수 있는가'라는 질문의 변형이다. 맹자에게 원칙은 절대적이다. 목적이 아무리 훌륭해도 접근하는 수단이 잘못되는 순간 목적은 마지막 순간에 그 빛이 바래진다는 것이 맹자의 생각이다. 그래서 어떤 경우에도 목적이 수단을 정당화할 수 없고 수단도 정당해야 하는 것이다.

9-7에서는 이윤이 만약 탕임금의 입맛을 홀려 정계에 입문하게 되었다면, 9-8(366쪽)에서는 공자가 만약 임금의 총애를 받는 아첨꾼 신하들의 집에 머물러 그들의 인맥을 쓰려 했다면, 9-9(368쪽)에서는 백리해百里奚가 만약 양가죽 다섯 장에 자기를 팔아 왕실 제사용 동물을 사육하며 진 목공에게 접근했다면, 세상을 옳은 길로 되돌려 놓겠다는 그들의 포부를 믿을 수 있는지 묻는

다. 힘 있는 위치에 오르기 위해 얍삽한 방법으로 자기를 판 사람이 그 위치에 오른 뒤에 사사건건 바른말을 하며 윗사람에 맞서고 모든 것을 옳은 길로 돌려놓기 위해 진력할 수 있을까? 그건 어딘지 아귀가 맞지 않는 그림이다. 세상은 꿈을 품은 이들에게 일단 힘을 가져야 세상도 바꿀 수 있다고 꼬드기지만 힘을 얻는 방법이 무엇이었느냐 따라 쓸 수 있는 힘의 내용이 결정된다. 잘못된 수단은 결국 목적의 발목을 붙잡고 절대 놔주지 않는다는 건 조금만 생각해 보면 쉽게 이해할 수 있는 논리적 결론. 그래서 맹자는 굳이 떠도는 일화에 대해 일일이 변명하지 않고, 그게 왜 있을 수 없는 일인지 합리적인 근거를 대서 설명해 준다.

萬章問曰: 人有言, 伊尹以割烹要湯, 有諸?

孟子曰: 否! 不然! 伊尹耕於有莘之野, 而樂堯舜之道焉. 非其義也, 非其道也, 祿之以天下, 弗顧也, 繫馬千駟, 弗視也. 非其義也, 非其道也, 一介不以與人, 一介不以取諸人.

湯使人以幣聘之, 囂囂然曰, 我何以湯之聘幣爲哉? 我豈若處畎畝之中, 由是以樂堯舜之道哉? 湯三使往聘之, 旣而幡然改曰, 與我處畎畝之中, 由是以樂堯舜之道, 吾豈若使是君爲堯舜之君哉? 吾豈若使是民爲堯舜之民哉? 吾豈若於吾身親見之哉? 天之生此民也, 使先知覺後知, 使先覺覺後覺也. 予, 天民之先覺者也, 予將以斯道覺斯民也, 非予覺之而誰也? 思天下之民, 匹夫匹婦, 有不被堯舜之澤者, 若己推而內之溝中. 其自任以天下之重如此, 故就湯而說之, 以伐夏救民.

吾未聞枉己而正人者也. 況辱己以正天下者乎? 聖人之行不同也, 或遠或近, 或去或不去, 歸潔其身而已矣. 吾聞其以堯舜之道要湯, 未聞以割烹也. 伊訓曰, 天誅造攻自牧宮, 朕載自亳.

제자 만장과의 대화: 가십과 진실 (3) —공자에 대해 떠도는 일화에 대하여

만장 누가 그러는데……. 공자 선생님이 위衛나라에서는 임금의 총애를 받는 의원 옹저癰疽의 집에 머물렀고, 제나라에서는 내시인 척환瘠環의 집에 머무르셨다고 하더라고요. 그게 사실인가요?

맹자 아니, 전혀 그렇지 않네! 그게 말이 되는가? 말 만들기 좋아하는 사람들이 지어낸 소리야. 위나라에서는 안수유顔讎由의 집에 머무르셨다네. 그때 왕의 총애를 받고 있던 미자하彌子瑕란 인물의 아내가 공자 제자 자로의 아내와 형제간이었거든. 그러니까 미자하와 자로는 동서 간이 되는 거지. 나름대로 각별하다면 각별한 사이이기도 하니까 미자하가 자로에게 운을 띄웠어. "공자가 우리 집에 머무르면 위나라에서 장관 자리 정도는 제가 주선할 수 있는데 말입니다." 자로가 이 말을 공자 선생님에게 전했어. 그랬더니 공자 선생님은 이렇게 말씀하셨지. "그런 건 하늘의 뜻에 달려 있는 거라네."

공자 선생님은 이런 분이셔. 길이 아닌 길로 가며 무리하는 법이 없으시지. 관직에 나아갈 때 법도를 따라 나아가고 올바름에 따라 물러나셨다네. 그래서 관직을 얻고 못 얻고는 하늘의 뜻에 달려 있다고 하신 것이지. 임금에게 줄을 댈 수 있는 옹저와 척환 집에 머무른다면 이건 올바르지도 않고 하늘의 명도 아닌 것이라네.

공자 선생님이 노나라와 위나라에서 잘 받아들여지지 않아 결국 그 나라들을 떠나 다른 나라로 향할 때 송나라를 지나던 중 사마 환퇴司馬桓魋 때문에 위기를 겪으신 일이 있었지. 사마 환퇴가 길목을 지키고 있다가 공자 일행을 죽이려고 한 거야. 그때 공자 선생님은 지저분하고 낡은 옷으로 변장을 하고서 송나라를 빠져나가셨어. 이때 공자 선생님은 곤경을 당해 경황이 없는 가운데서도 진陳나라 임금의 신하인 사성정자司城貞子를 선택해 그 집에 머무셨다네. 중앙에 있는 공직자의 사람됨을 알려면 그 집에서 어떤 사람을 머무르게 하고 있는지를 보고, 타지에서 온 공직자의 사람됨을 알려면 그가 어떤 사람 집에 묵는지를 보면 된다고 나는 알고 있네. 누구의 집에 기숙하는지가 그 사람의 됨됨이를 드러내는 중요한 문제인데 공자 선생님이 만약 군주 곁에서 아첨으로 총애받는 옹저와 척환의 집에 머무셨다면 어떻게 공자님이 될 수 있겠나, 이 사람아!

"진나라 임금의 신하인 사성정자를 선택해 그 집에 머무셨다"의 원문인 "主司城貞子, 爲陳侯周臣"(주사성정자, 위진후주신)의 해석에 대해 의견이 분분하다. 사성정자가 송나라의 어진 대부라는 설도 있어, 두 구절을 떼어 '송나라에서는 사성정자의 집에 머무셨고, 진나라에 가서는 군주인 주周의 신하가 되었다'로 해석하기도 하는데, 공자가 진나라에서 벼슬한 일이 없으므로 이 접근은 무리가 있어 보인다. 사성정자가 송나라에서 벼슬을 하다가 진나라로 옮겨 가 거기서 벼슬을 해서 '진나라 군주 주의 신하가 된 사성정자'로 해석하는 것이 보편적이다. 그러나 진나라 임금 중에 그 이름을 가진 자가 없고 이때가 진 민공陳閔公의 시기와 겹치므로 '周'(주)를 '忠'(충)으로 보아 '진나라 군주의 충신인 사성정자'로 보는 해석도 있다.

萬章問曰: 或謂, 孔子於衛主癰疽, 於齊主侍人瘠環, 有諸乎?

孟子曰: 否! 不然也! 好事者爲之也. 於衛主顏讎由. 彌子之妻與子路之妻, 兄弟也. 彌子謂子路曰, 孔子主我, 衛卿可得也. 子路以告, 孔子曰, 有命. 孔子進以禮, 退以義, 得之不得, 曰有命. 而主癰疽與侍人瘠環, 是無義無命也.

孔子不悅於魯衛, 遭宋桓司馬將要而殺之, 微服而過宋. 是時孔子當阨, 主司城貞子, 爲陳侯周臣. 吾聞觀近臣, 以其所爲主, 觀遠臣, 以其所主. 若孔子主癰疽與侍人瘠環, 何以爲孔子?

(9 - 9)

제자 만장과의 대화: 가십과 진실 (4) —진(秦)나라의 백리해(百里奚)에 대하여

만장 진秦나라 목공穆公 때 브레인으로 활약했던 백리해 말이에요. 어떤 사람이 그러는데, 처음에 목공에게 접근할 길을 트려고, 왕실 제사용 동물 사육사에게 자기 자신을 양가죽 다섯 장에 팔아 거기에서 소 먹이는 일을 했다더라고요. 그게 사실인가요?

맹자 아니, 전혀 그렇지 않네! 그게 말이 되는가? 말 만들기 좋아하는 사람들이 지어낸 소리야. 백리해는 원래 우虞나라 사람이지. 백리해가 우나라 정계에 몸담고 있었을 때 진晉나라가 괵虢나라를 치려는 계획을 세웠어. 그런데 진나라가 괵나라를 치려면 우나라를 거쳐 가야만 했지. 그래서 진나라는 우나라에 엄청 귀한 보석과 구하기 힘든 슈퍼카를 선물하며 환심을 사서 괵나라 치러 갈 수 있게 길을 빌렸다네. 이때 우나라의 현명한 신하가 두 명 있었는데, 한 명은 궁지기宮之奇였고, 또 한 명은 바로 백리해였어. 진나라의 요청을 들은 궁지기는 임금에게 안 된다고 강하게 반대했어. 길을 빌려줬을 때 괵나라를 치고 순순히 돌아갈 리 없거든. 다음은 우나라 차례인 거지. 그러나 백리해는 선물을 갖고 싶어 안달 난 임금의 눈동자를 봤어. '아, 안 되겠구나!' 그래서 입 아프게 반대에 나서지 않고 그냥 자기 나라를 떠나 진秦나라로 갔지. 그때 그의 나이가 이미 70세였다네.

소 치는 일로 진 목공의 눈에 들려 하는 게 추잡한 짓이라는 걸 그가 몰랐다면 그를 지혜롭다고 할 수 있겠나? 반대 의견을 올려도 안 먹힐 걸 알고 반대 의견을 내지 않은 것이니 지혜롭지 않다고 말할 수 있겠나? 우나라가 곧 멸망할 걸 알고 먼저 그곳을 떠났으니 지혜롭지 않다고 말할 수는 없겠지. 이때 진나라에 등용되었는데, 목공이 함께 큰일을 도모해 볼 수 있는 사람인 걸 알고 그를 보좌했으니 지혜롭지 않다고 할 수 있겠나? 진나라를 도와서 그 군주를 천하에 드러내고 후세에 전해지게 했으니, 그가 현명하지 않고서 이런 일을 해낼 수 있겠는가? 자신을 팔아서 제 군주를 명군으로 만드는 것은 시골에서 자기 몸 하나 아끼는 사람조차도 하지 않는 짓인데, 현명하다고 이름난 백리해가 그런 짓을 했겠나, 이 사람아!

백리해는 사실 오고대부五羖大夫라는 별명으로 유명하다. 그러니까 그와 양가죽 다섯 장은 분명 관련이 있긴 있다. 백리해의 이야기는 여러 책에 등장하는데, 『사기』「상군열전」商君列傳, 『설원』說苑, 『전국책』, 『한시외전』漢詩外傳에서는 양가죽 다섯 장이 백리해가 자기를 판 몸값이라고 되어 있고, 『사기』「진본기」秦本紀에서는 백리해의 속죄금이라고 되어 있어 약간 차이가 있다. 물론 등용된 이야기도 조금씩 다르다. 『사기』「상군열전」에서는 진 목공을 만나고 싶어 했으나 노자가 없어 진나라 여행객에게 자기를 팔아 진나라로 가서 소 치는 일을 하며 기회를 보고 있다가 1년 뒤에 발탁되었다고 하고, 『설원』에서는 진 목공의 명으로 소금을 운반해야 했던 상인들에게 양가죽 다섯 장에 팔려 소금을 싣고 가다가 그의 소가 아주 잘 관리된 모습을 본 진 목공에게 소를 관리하는 비법을 말하면서 발탁된 것으로 나온다. 백리해 이야기로는 『사기』「진본기」의 내용이 제일 유명한데, 거기에는 우나라가 진晉나라에 멸망당한 뒤 백리해가 진晉나라 헌공의 딸이 진 목공에게 시집갈 때 남종으로 따라가게 되었고, 그때 탈출해서 초나라로 도망가서 소 치고 말 먹이며 살고 있었다. 진 목공이 그가 인재라는 소문을 듣고 초나라에 그 사실을 들키지 않게 도주한 노비를 붙잡아 간다는 명목으로 염소 가죽 다섯 장을 그의 속전으로 치르고 은밀히 나라로 불러들여 크게 등용했다고 적혀 있다.

어떤 이야기가 사실이건 맹자는 '자기를 판다'는 건 있을 수 없다는 입장이다. 나이 칠십 먹은 노인이 그렇게 비루한 방법으로 자신을 팔 리도 없고, 그렇게 자신을 판 사람에게 군주가 높은 자리를 맡겼을 리도 없으며, 그렇게 높은 자리에 올랐다 해도 군주를 크게 빛나는 사람으로 만드는 건 논리적으로 맥락이 닿을 수 없다는 것이다. 유명한 사람에게는, 특히 인생길을 돌고 돌아 큰 인물이 된 사람에게는 숱한 일화가 따라다닌다. 이야기는 재미있지만 결국 가십에 지나지 않고 가십에 흔들리다 보면 정작 그 사람이 세상에 세운 큰 기둥은 놓치기 십상이다. 그래서 맹자는 이야기에 혹하지 말고 핵심을 보라고 말해 주고 있다.

萬章問曰: 或曰, 百里奚自鬻於秦養牲者, 五羊之皮, 食牛, 以要秦穆公, 信乎?

孟子曰: 否! 不然. 好事者爲之也. 百里奚, 虞人也. 晉人以垂棘之璧與屈產之乘, 假道於虞以伐虢. 宮之奇諫, 百里奚不諫. 知虞公之不可諫而去, 之秦, 年已七十矣.

曾不知以食牛干秦穆公之爲汙也, 可謂智乎? 不可諫而不諫, 可謂不智乎? 知虞公之將亡, 而先去之, 不可謂不智也. 時擧於秦, 知穆公之可與有行也, 而相之, 可謂不智乎? 相秦而顯其君於天下, 可傳於後世, 不賢而能之乎? 自鬻以成其君, 鄕黨自好者不爲, 而謂賢者爲之乎?

만장 하

10

萬章下

(10 - 1)

맹자 왈: 훌륭한 인물들의 품격

맹자 백이는 한마디로 길이 아니면 가질 않은 사람입니다. 그는 올바르지 않은 색은 아예 보질 않았고, 올바르지 않은 요상한 음악은 아예 듣질 않았어요. 섬길 만한 지도자가 아니면 섬기지 않았고, 다스릴 만한 백성이 아니면 상종을 하지 않았죠. 나라가 바른길로 가고 있으면 관계에 진출해 나랏일을 하고 나라가 엉망이면 물러났어요. 막 나가는 정치가 횡행하는 곳이나 막 나가는 사람이 살고 있는 공간에는 거기에 참고 머물러 있질 못했습니다. 더불어 사는 것에 대한 기본적인 배려와 질서를 모르는 촌사람과 함께 있는 걸 마치 멋지게 예복을 차려입고 진흙땅에 주저앉아 있는 것처럼 생각했어요. 상나라 마지막 왕인 주왕 때에는 혼란한 정국을 참지 못하고 북쪽 바닷가에 물러나 살면서 세상이 정화되기를 기다렸답니다. 그래서 백이의 이런 삶의 자세를 들으면, 탐욕스러운 사람은 청렴해지고 나약한 사람은 뜻을 세우게 되었습니다.

이윤은 한마디로 세상에 스스로 책임감을 느꼈던 사람입니다. 그는 누구를 섬긴들 군주가 아니겠으며, 누구를 다스린들 백성이 아니겠느냐고 하면서 바른 세상에서도 관직에 진출해서 일하고 혼란한 세상에서도 관직에 진출해서 일했습니다. 그는 이렇게 말했죠. "하늘이 이 백성을 세상에서 살아가게 할 때 먼저 안 사람이 나중에 안 사람을 깨우쳐 주고, 먼저 깨달은 사람이 나중에 깨달은 사람을 깨우쳐 주게 했지. 나는 하늘이 낸 백성 중에 먼저 깨달은 자에 해당해. 그러니까 나는 앞으로 먼저 깨달은 이 올바른 길을 가지고 이 백성을 깨우쳐 주어야 하지." 그는 온 세상 사람 누구든 훌륭한 정치의 혜택을 누리지 못하는 자가 있으면 마치 자기가 그를 밀쳐서 구덩이에 빠뜨린 것처럼 생각했어요. 그가 천하 안정의 중차대한 임무를 자임한 것이 이 정도였습니다.

유하혜는 한마디로 나만 잘하면 괜찮다는 사람입니다. 추잡한 군주를 부끄러워하지 않았고, 관직이 아무리 낮아도 사양하지 않았죠. 관직에 나아가서는 자기의 뛰어난 능력을 조금도 숨기지 않았고 반드시 올바른 방법으로 일을 처리했어요. 사람들이 그를 승진에서 누락시켜도 원망하지 않았고, 곤경에 처해도 걱정하지 않았죠. 더불어 사는 것에 대한 기본적인 배려와 질서를 모르는 촌사람과 함께 있을 때도 아주 여유 있게 즐기면서 굳이 떠나려 하지 않았어요. 그의 생각은 이런 거였죠. '너는 너고, 나는 나지. 네가 내 옆에서 옷을 훌렁 벗어 젖히고 무례의 끝판을 보여 준다 한들 내가 더러워지겠어?' 그래서 이런 유하혜의 삶의 자세를 들으면, 인색한 사람은 관대해지고 야박한 사람은 후해지게 되었습니다.

공자는 한마디로 언제 어디서든 가장 적절하게 판단하고 행동한 사람입니다. 공자는 제나라를 떠날 때는 밥을 지으려고 물에 담갔던 쌀을 건져서 가지고 갈 정도로 급하게 떠났습니다. 그러나 고국인 노나라를 떠날 때는 "발걸음이 차마 나아가질 않는구나"라며 더디게 더디게 움직이셨죠. 이

것이 고국을 떠나는 바른 자세이기 때문입니다. 빨리 떠날 만하면 빨리 떠나고, 오래 머물 만하면 오래 머물고, 은둔할 만하면 은둔하고, 관직에 나갈 만하면 관직에 나가니, 이런 분이 바로 공자십니다.

그러니까 이들은 모두 인류가 존경하고 따를 만한 탁월한 인성을 보인 분인데, 그중에서 백이는 청렴결백을 대표하고, 이윤은 책임감을 대표하며, 유하혜는 온화함을 대표하고, 공자는 시기적절을 대표하는 약간의 차이와 특성이 있다고 하겠습니다. 이 네 분 가운데 공자는 특별히 '집대성'한 분, 그러니까 이 모든 특성을 한데 모아 더 크게 완성한 분이라고 할 수 있지요.

집대성이란 음악으로 예를 들자면, 오케스트라가 연주할 때 악기별로 주제 선율 연주를 시작하고 그 위에 다른 악기들의 연주를 쌓으면서 화음을 이루어 마치는 것과 같아요. 악기는 각각 자기의 주제 선율이 있지요. 훌륭한 연주란 각각의 선율이 제 소리를 내며 연주되어야 하지만 각각의 소리가 쌓였을 때 서로 아름답게 섞여 하나의 소리가 되어야 하기도 하죠. 이렇게 각각의 악기가 자기의 주제 선율을 시작해서 제대로 된 소리로 잘 연주해 가는 것을 '지혜'라고 할 수 있어요. 그리고 그렇게 시작된 연주를 조화로운 길로 이끌고 하나의 소리로 만들어 하나의 곡으로 끝내는 걸 '완성'이라고 할 수 있지요.

지혜와 완성을 활쏘기로 비유해 볼까요? 지혜란 건 이를테면 '기술'이고, 완성이란 건 이를테면 '힘'이에요. 100미터 떨어진 과녁을 향해 활을 쏜다고 생각해 봅시다. 과녁까지

활이 날아와 꽂히게 하는 건 힘이에요. 그렇지만 적중하는 건 힘으로 하는 게 아니죠.

맹자의 표현으로 보면 청렴결백, 책임감, 온화함은 악기별 주제 선율이라고 할 수 있고 시기적절은 이 네 가지가 녹아 들어간 완성이라고 할 수 있다. 백이, 이윤, 유하혜 모두 하나의 뛰어난 인품의 대명사로 불려도 좋을 만큼 탁월한 사람들이다. 그들 특유의 주제 선율이 있었던 것이다. 그러나 하나만 선택하면 그것이 극단으로 흘러 부작용을 낳게 마련이다. 그래서 당시 백이를 배워 극단으로 흐른 사람들이 세상을 피해 숨는 은둔자가 되고, 이윤을 배워 극단적으로 흐른 사람들이 공명을 추구하는 지식인이 되고, 유하혜를 배워 극단적으로 흐른 사람들이 이래도 흥 저래도 흥 그저 사람 좋은 사람이란 평가만 받으면 그만인 향원鄕園, 즉 동네의 위선자가 되는 폐단을 보였다고 한다. 공자의 뛰어남은 '시중'時中에 있다. 앞의 세 사람의 장점을 모두 지니고 시기와 상황에 맞게 가장 알맞은 덕을 꺼내 실천한 사람이라는 것이다. 각 악기마다 자기의 주제 선율을 제대로 이해하고 표현해 아름답게 연주하는 것도 굉장히 중요하지만 오케스트라 연주의 완성도는 그 악기들이 어떻게 하나의 소리로 녹아드느냐 하는 데 있다. 자기를 잃지 않으면서도 하나가 되어야 하는 것이다. 공자의 집대성이란 그가 바로 이 능력을 갖췄다는 의미이다.

활쏘기에서 가장 중요한 것은 과녁에 적중하는 것이다. 과녁에 적중하려면 동시에 두 가지 능력이 다 필요하다, 중앙으로 날아가는 것과 과녁에 끝까지 날아가서 결국 꽂히는 것. 둘 중 하나만 있으면 과녁에 적중하는 건 불가능하다. 백이, 이윤, 유하혜 모두 중앙을 향해 화살을 날렸다. 그러나 그것이 가서 꽂히려면 이 시작을 끝까지 밀고 나가는 힘이 필요하다. 가다 말면 그것이 중앙으로 가고 있었는지 어땠는지 정확히 알 수 없기 때문이다. 공자는 시기와 상황에 알맞게 때로 청렴결백으로, 때로 책임감으로, 때로 온화함으로 정확히 과녁의 중앙을 맞춰서 지혜의 핵심을 터뜨렸다. 지혜의 완성을 보인 것이다. 맹자가 스스로 추구했고, 지도자들에게 요구했으며, 지금 우리에게도 권하고 있는 것이 바로 이것이다. 탁월하되 치우쳐 다른 덕을 놓치는 일 없이 모두 갖추어 상황과 시기에 알맞게 실현하는 것, 즉 집대성.

孟子曰: 伯夷, 目不視惡色, 耳不聽惡聲. 非其君不事, 非其民不使. 治則進, 亂則退. 橫政之所出, 橫民之所止, 不忍居也. 思與鄕人處, 如以朝衣朝冠, 坐於塗炭也. 當紂之時, 居北海之濱, 以待天下之淸也. 故聞伯夷之風者, 頑夫廉, 懦夫有立志.

伊尹曰: 何事非君, 何使非民? 治亦進, 亂亦進. 曰, 天之生斯民也, 使先知覺後知, 使先覺覺後覺. 予, 天民之先覺者也, 予將以此道覺此民也. 思天下之民, 匹夫匹婦, 有不與被堯舜之澤者, 若己推而內之溝中, 其自任以天下之重也.

柳下惠, 不羞汙君, 不辭小官. 進不隱賢, 必以其道. 遺佚而不怨, 阨窮而不憫. 與鄕人處, 由由然不忍去也. 爾爲爾, 我爲我, 雖袒裼裸裎於我側, 爾焉能浼我哉? 故聞柳下惠之風者, 鄙夫寬, 薄夫敦.

孔子之去齊, 接淅而行. 去魯, 曰, 遲遲吾行也, 去父母國之道也. 可以速而速, 可以久而久, 可以處而處, 可以仕而仕, 孔子也.

孟子曰: 伯夷, 聖之淸者也, 伊尹, 聖之任者也, 柳下惠, 聖之和者也, 孔子, 聖之時者也. 孔子之謂集大成. 集大成也者, 金聲而玉振之也. 金聲也者, 始條理也, 玉振之也者, 終條理也. 始條理者, 智之事也, 終條理者, 聖之事也. 智, 譬則巧也, 聖, 譬則力也. 由射於百步之外也, 其至, 爾力也, 其中, 非爾力也.

(10 - 2)

위나라 사람 북궁기(北宮錡)와의 대화: 주나라의 녹봉 제도에 관하여

북궁기 주나라의 서열, 녹봉의 등급을 알 수 있을까요?

맹자 자세한 건 잘 몰라요. 후대의 제후들이 원칙 없이 자신들 유리한 대로 제도를 운영하면서 주나라 제도가 알려지면 자기에게 불리하니까 자료와 기록을 모두 없애 버렸거든요. 하지만 대략적인 것은 제가 예전에 배워서 알고 있죠. 정리해 보면 다음과 같습니다.

계급 서열

1. 천자, 공公, 후侯, 백伯, 자子와 남男. 자와 남은 동급. 이상 5개 등급.
2. 제후국 내 서열: 군주(공후백자남), 경卿, 대부大夫, 상사上士, 중사中士, 하사下士. 이상 6개 등급.

계급별 토지 규모

1. 천자(사방 1,000리), 공과 후(사방100리), 백(70리), 자와 남(50리).
2. 사방 50리 미만 부용국附庸國은 제후국의 관할로 함.
3. 천자 직할 지역의 경, 대부, 상사에 대한 토지 분배: 경

은 후, 대부는 백, 상사는 자와 남에 준함.

토지 규모별 제후국 귀족의 봉급

1. 공과 후가 군주인 대국(토지 사방 100리): 군주는 경의 10배, 경은 대부의 4배, 대부는 상사의 2배, 상사는 중사의 2배, 중사는 하사의 2배. 하사는 서민으로 관직에 있는 사람과 동일한 봉급(참고: 봉급은 충분히 농사 소득을 대신할 만한 수준).
2. 백이 군주인 버금 대국(토지 사방 70리): 군주는 경의 10배, 경은 대부의 3배, 대부는 상사의 2배, 상사는 중사의 2배, 중사는 하사의 2배. 하사는 서민으로 관직에 있는 사람과 동일한 봉급(참고: 봉급은 충분히 농사 소득을 대신할 만한 수준).
3. 자와 남이 군주인 소국(토지 사방 50리): 군주는 경의 10배, 경은 대부의 2배, 대부는 상사의 2배, 상사는 중사의 2배, 중사는 하사의 2배. 하사는 서민으로 관직에 있는 사람과 동일한 봉급(참고: 봉급은 충분히 농사 소득을 대신할 만한 수준).

그런데 앞에서 말한 '서민으로 관직에 있는 사람과 동일한 봉급'은 기준이 농사 소득이기 때문에 절대적이라고 할 수 없어요. 원칙적으로 한 농부에게 5,000평의 토지를 지급해 주게 되어 있는데, 땅이 기름진 정도와 농부의 역량에 따라 소출이 식구 수를 기준으로 최대 9명에서 최소 5명을 먹여 살릴 수 있는 양까지 현실적으로 5단계의 차등이 생깁니다.

실제 봉급에는 차등이 생길 수밖에 없어요.

北宮錡問曰: 周室班爵祿也, 如之何?

孟子曰: 其詳不可得聞也. 諸侯惡其害己也, 而皆去其籍. 然而軻也, 嘗聞其略也. 天子一位, 公一位, 侯一位, 伯一位, 子男同一位, 凡五等也. 君一位, 卿一位, 大夫一位, 上士一位, 中士一位, 下士一位, 凡六等.

天子之制, 地方千里, 公侯皆方百里, 伯七十里, 子男五十里, 凡四等. 不能五十里, 不達於天子, 附於諸侯, 曰附庸. 天子之卿, 受地視侯, 大夫受地視伯, 元士受地視子男.

大國, 地方百里, 君十卿祿, 卿祿四大夫, 大夫倍上士, 上士倍中士, 中士倍下士, 下士與庶人在官者同祿, 祿足以代其耕也.

次國, 地方七十里, 君十卿祿, 卿祿三大夫, 大夫倍上士, 上士倍中士, 中士倍下士, 下士與庶人在官者, 同祿. 祿足以代其耕也.

小國, 地方五十里, 君十卿祿, 卿祿二大夫, 大夫倍上士, 上士倍中士, 中士倍下士, 下士與庶人在官者, 同祿. 祿足以代其耕也.

耕者之所獲, 一夫百畝. 百畝之糞, 上農夫食九人, 上次食八人, 中食七人, 中次食六人, 下食五人. 庶人在官者, 其祿以是爲差.

(10 - 3)

제자 만장과의 대화: 친구 사귀는 방법

만장 선생님, 친구 사귀는 방법 좀요. 어떻게 사귀어야 제대로 사귀는 건가요?

맹자 자기 나이 많은 거 내세우지 말고, 자기 지위 대단한 거 내세우지 말고, 자기 형제자매 잘나가는 거 내세우지 말고서 사귀어야 하지. 벗을 사귄다는 건 그 사람 내면의 아름다움을 벗하는 것이거든. 그래서 내세우는 게 있어서는 안 되는 거지.

예전에 노나라에 맹헌자孟獻子라는 사람이 있었는데, 그의 집안은 노나라 실세 중의 실세였어. 그에게는 다섯 명의 친구가 있었네. 악정구樂正裘랑 목중牧仲이랑 또……. 나머지 세 명은……. 그러니까 아, 잊어버렸다. 뭐 어쨌건, 맹헌자는 이 다섯 명이랑 친구를 했는데 이들 중에 맹헌자의 집안을 신경 쓴 사람은 아무도 없었지. 만약 이 다섯 사람 중에 맹헌자의 집안을 신경 쓴 사람이 있었다면 맹헌자는 이들과 친구하지 않았을 것이네.

나라에서 힘깨나 쓴다는 집안만 그런 게 아니야. 작은 나라의 군주 중에서도 그런 사람이 있었다네. 비費나라의 혜공惠公이란 군주는 이렇게 말했지. "내가 자사는 스승님으로 모시고, 안반顔般은 친구로 대하고, 왕순王順과 장식長息은 아랫사람으로 부리지"라고 말일세. 군주라고 그 나머지 사람이 모두 신하이기만 한 것은 아닌 거지.

작은 나라의 군주만 그런 것도 아니지. 큰 나라 군주라 해도 그렇게 한 경우가 있었다네. 진晉나라 평공平公의 경우인데, 평공은 현명하다고 소문났던 해당亥唐이란 인물과 만날 때, 해당이 들어오라면 들어가고, 앉으라면 앉고, 먹으라면 먹었다네. 해당이 젓가락 갈 곳도 없는 허름한 식탁을 차려 내도 평공은 배부르게 먹지 않은 적이 없었어. 거친 음식이 목구멍을 좀체 넘어가지 않아도 평공은 '그가 차려 준 음식인데!' 하며 감히 삼키고 삼켜 배부르게 먹지 않을 수 없었던 거지. 하지만 이뿐이었다네. 그렇다고 해서 그와 하늘이 내린 군주의 자리를 함께 하지도 않았고, 국정 운영을 함께 하지도 않았으며, 군주의 봉급을 함께 하지도 않았다네. 이건 지식인이 현명한 이를 알아보고 존경하는 방식이고, 나라의 지도자로서 현명한 이를 알아보고 존경하는 방식은 달라야지.

나라의 지도자로서 현명한 이를 알아보고 대우하는 것은 요임금이 순에게 하듯 하는 거라네. 순이 요임금을 알현하면 요임금은 사위인 순을 별궁에 머물게 하고, 순에게 잔치를 베풀어 대접하기도 하고 순이 베푼 잔치에 가서 대접 받기도 하면서 번갈아 주인과 손님이 되었지. 이게 바로 왕으로서 일반 서민과 벗하는 방법이라네. 아랫사람으로서 윗사람을 공경하는 것을 '귀한 이를 귀히 여김'이라 하고, 윗사람으로서 아랫사람을 공경하는 것을 '현명한 이를 존경함'이라고 하는데, 귀한 이를 귀하게 여기는 것이나 현명한 이를 존경하는 것이나 그렇게 하는 뜻으로 볼 때 둘은 결국 같은 거라네.

친구는 '내면의 아름다움'을 사귀는 것이라는 말이 인상적이다. 그래서 친구는 어떤 경우에도 대등해야 한다. 하지만 실제로는 그 사람의 외적인 조건을 많이 보게 된다. 부자인지 부모님 직업은 뭔지 능력이 있는지 등등. 하다못해 외모가 출중하기라도……. 그래서 내가 그 사람에게 받을 수 있는 게 많을 때 그 사람 친구가 되려 한다. 그런데 그렇게 사귀면 서로 대등할 수가 없다. 아주 자연스럽게 모종의 상하 관계가 설정된다. 상하 관계가 되어 버리면 친구의 가장 중요한 일, '상대의 삶이 좋은 방향으로 나갈 수 있도록 날카롭게 지적해 주는 일'을 할 수 없게 된다. 내면의 아름다움을 갖춘 사람을 벗해야 하는 까닭이 바로 저 인생에 꼭 필요한 바른 지적질, 즉 책선責善이 필요해서인데, 대등하지 않은 관계가 어떻게 지적질을 할 수 있겠는가?

맹자는 여기에 하나 더 추가한다. 윗사람으로서 아랫사람을 사귀는 방법. 사실 아랫사람으로서 윗사람을 사귀는 방법에 대해서는 침묵하고 있다. 맹자의 처지가 그랬기 때문일 것이다. 군주가 알아주어야 세상에 자기의 철학을 펼쳐 보일 수 있고, 그것도 군주가 먼저 몸을 낮추어 손 내밀어 주는 관계여야 했다. 그래야 군주에게 끌려다니는 것이 아니라 군주를 끌고 갈 수 있었기 때문이다. 대체로 귀한 이를 귀히 여기는 건 쉽다. 그러나 현명한 이를 존경하는 것은 쉽지 않다. 이건 표면적으로 신분제가 사라졌다고 믿고 있는 요즘 사회에서도 그렇다. 어떻게든 위아래가 설정되기 때문이다. 아래에서 위를 올려다보는 건 쉽지만 위에서 아래를 올려다보는 건 방향 자체가 어려운 구도이다. 두 방향에서 모두 올려다볼 수 있을 때 우리는 서로를 옳은 길로 인도하고 그렇게 세상까지 옳은 길로 끌고 가는 유익한 '벗'이 될 수 있다.

萬章問曰: 敢問友.

孟子曰: 不挾長, 不挾貴, 不挾兄弟而友. 友也者, 友其德也, 不可以有挾也.

孟獻子, 百乘之家也. 有友五人焉, 樂正裘, 牧仲, 其三人, 則予忘之矣. 獻子之與此五人者友也, 無獻子之家者也. 此五人者, 亦有獻子之家, 則不與之友矣.

非惟百乘之家爲然也. 雖小國之君亦有之. 費惠公曰, 吾於子思, 則師之矣, 吾於顔般, 則友之矣, 王順長息, 則事我者也.

非惟小國之君爲然也, 雖大國之君亦有之. 晉平公之於亥唐也, 入云則入, 坐云則坐, 食云則食. 雖疏食菜羹, 未嘗不飽, 蓋不敢不飽也. 然終於此而已矣. 弗與共天位也, 弗與治天職也, 弗與食天祿也, 士之尊賢者也, 非王公之尊賢也.

舜尙見帝, 帝館甥于貳室, 亦饗舜, 迭爲賓主. 是天子而友匹夫也. 用下敬上, 謂之貴貴, 用上敬下, 謂之尊賢. 貴貴尊賢, 其義一也.

(10 - 4)

제자 만장과의 대화: 권력자의 예물과 교제 요청을 받는 자세

만장 예물이 오고 가는 공식적인 의례를 통해 사귐을 트는 건 어떤 마음가짐으로 해야 하나요?

맹자 '공손함'으로 해야지.

만장 그런데 상대편에서 보내온 예물을 거절하면 공손하지 못하다고 하잖아요. 어째서 그렇게 말하는 건가요?

맹자 그건 지위가 높은 사람이 예물을 내려 줬는데 그 예물을 받는 사람이 이걸 받는 게 옳은 건지 어떤지 따져 본 뒤에 받은 거잖나. 그 때문에 공손하지 못하다고 하는 거지. 그러니 거절하지 말아야 하네.

만장 그럼 말로 거절하지 말고 마음속으로 거절하면요? 속으로만 '저 사람이 백성에게서 옳지 못한 방법으로 저 재물을 얻었지' 생각하고, 말로는 다른 이유를 대서 사양하면, 그래도 안 되나요?

맹자 그가 법도에 맞게 나와 사귀고 예의를 갖추어 나를 대접하면, 공자께서도 이런 경우엔 받으셨지.

만장 그럼 예를 들어 지금 성문 밖에서 강도질로 먹고 사는 깡패가 나에게는 법도에 맞게 사귀고 예의를 갖추어 대접해 온다면 그가 강도질한 물건을 받아도 되나요?

맹자 (애 보게?) 안 되지! 『서경』 주서 「강고」康誥에 "사람을 죽여 물건을 빼앗고도 뻔뻔하게 죽음을 두려워하지 않는다면 모든 사람이 다 미워하고 싫어한다"라는 말이 있지. 이런 사람은 교화할 필요도 없이 죽여야 하지. 이는 은나라가 하나라로부터 이어받았고, 주나라가 은나라로부터 이어받은 것으로 바뀐 적이 없는 법령이네. 그리고 지금도 뚜렷하게 지켜지고 있는데, 어떻게 그런 것을 받을 수 있겠나?

만장 오늘날 군주들이 백성에게서 착취하는 건 강도질이나 진배없잖아요. 그런데 만약 그가 예의를 잘 갖추어 사귐을 청해 온다면 이런 건 제대로 배운 지성인이라도 받는다니, 이건 대체 무슨 말씀이신가요?

맹자 그럼 자네가 생각하기에, 만약 세상을 바르게 다스릴 참지도자가 나온다면 지금의 각 나라 군주를 모조리 싸잡아 죽일 것 같은가, 아니면 일단 교화해 보고 그래도 고치지 않으면 그때 가서 죽일 것 같은가? 자기 것이 아닌데 자기 것으로 갖는 것을 모두 '도둑질'이라고 말하는 것은 그런 종류의 일을 극단적으로 확장해 말하는 것일세. 공자께서 노나라에서 관직에 있을 당시 노나라에서는 엽각獵較이 유행이었네. 이를테면 '내기 사냥' 같은 거? 그러니까 아무래도 미풍양속은 아니지. 그렇지만 공자께서도 그걸 하셨어. 사람들하고 어울려야 하니까. 내기 사냥도 하는데 윗사람이 내려 준 예물이야 당연히 받아도 되고도 남지.

만장 그럼 공자께서 관직에 계셨던 건 올바른 길을 실현하려 하셨던 게 아닌가요?

맹자 (으응?) 당연히 올바른 길을 실현하는 데 매진하셨지.

만장 올바른 길을 실현하는 데 매진하시는 분이 왜 내기 사냥에 끼신 건가요?

맹자 공자께서는 먼저 장부를 만들어서 제사 때 사용되는 제기와 제수를 바로잡으셨다네. 그렇게 해서 구하기 어려운 사방 각지의 음식을 제수로 올리지 않게 하셨어. 내기 사냥이란 게 제사에 쓸 제물을 다투는 목적이 컸는데, 이제 그럴 필요가 없게 되었으니까 내기 사냥은 자연스레 사라지는 수순을 밟았지.

만장 왜 나라가 그 모양이어도 바로 관직을 버리지 않고 그렇게 계셨던 건가요?

맹자 가능성에 투자하신 거지. 제대로 된 정치가 시행

될 수 있을 것 같은 가능성이 보이면 시도해 보셨어. 그러다가 끝내 군주들이 거부해서 안 되면 그제야 떠나신 거지. 그래서 한곳에서 3년 이상 머무신 적이 없으셨어. 그리고 관직 진출도 다 동일한 이유는 아니고 세 가지 경우의 수가 있다고 볼 수 있다네. 먼저 올바른 정치가 행해질 가능성이 있겠다고 판단되는 경우, 그리고 군주가 예의를 다해 접대해서 교제가 가능하겠다고 판단되는 경우, 마지막으로 군주

가 현명한 이를 존경하는 사람인 듯하다고 판단되는 경우에 관직에 나가셨어. 이를테면 노나라 계환자季桓子의 경우가 올바른 정치가 행해질 가능성이 있다고 보았기 때문에 관직에 나가신 경우에 해당하고, 위나라 영공靈公의 경우는 예의를 갖춘 교제가 가능하겠다고 보아서, 위나라 효공孝公의 경우는 그가 현명한 사람을 잘 대우한다고 보아서 관직에 나가신 경우에 해당한다네.

예물이 오고 가는 공식적인 의례를 통한 사귐에 대해 이 글에서는 주로 지도자가 일반인을 등용하기에 앞서 공직자의 신분으로 그와 교제를 시작하는 것을 가지고 이야기를 나누고 있다. 주제도 주제이지만 이 장에서 눈길이 가는 것은 스승과 제자 사이의 대화 모습이다. 만장의 질문은 막힘이 없다. 의심스러운 건 돌려 말하지 않고 곧장 질문한다. 맹자는 물론 수많은 학자의 존경의 대상인 공자에 대해서도 예외가 없다. 이런 제자의 질문에 대해 맹자는 어떻게 그렇게 말할 수 있느냐, 어떻게 그렇게 볼 수 있느냐며 꾸짖거나 책망하는 일 없이 그저 순순히 대답해 줄 뿐이다. 스승과 제자는 끊임없이 숨김없이 의심나는 건 모조리 묻고 대답하며 함께 고민하는 관계라는 걸 두 사람의 대화를 통해 알 수 있다.

만장이 던지는 질문은 배운 걸 곧이곧대로 믿고 따르는 사람에게 낯설지 않다. 그때나 지금이나 세상은 작은 물건을 훔치고, 사람 한둘 죽인 사람은 도둑이나 살인자로 호된 처벌을 받지만 억 소리로도 부족할 만큼 엄청난 돈을 훔치고, 학살이라 부를 만큼 엄청난 사람을 죽인 사람은 사회의 지배층으로서 존경을 받고 숱한 권리를 누리고 평범한 사람 위에 군림한다. 만장은 이나저나 도둑놈 아니냐고 묻고 있는데 그 질문은 상당히 타당해 보인다. 그러나 만장의 말대로 움직이면 기업이든 공직이든 출사표를 던질 수가 없게 된다. 썩지 않은 곳에서만 일해야 하고 혹 그런 곳을 찾아 일하다가도 추잡한 모습을 보면 사표를 내야 하는 것이다. 맹자는 그 점을 지적한다. 그 부패한 곳이 사회와 나라를 디자인하고 운영하는 주체라면 고쳐 볼 수 있는 데까지는 고쳐 봐야 하지 않겠느냐고. 공자가 바로 그 예에 해당된다. 잘못 가고 있는 부분을 짚어 딱 그것만 문제 삼을 게 아니라 더 크게 보고 시스템을 제대로 정비하면 저절로 고쳐질 수도 있다는 것이다. 그 대신 그렇게 하려면 나와 그 기관 간의 관계 설정부터가 중요하다는 점을 아울러 지적하고 있다. 맹자처럼 지배와 피지배가 신분으로 나누인 시대가 아닌 민이 주인인 민주 시대를 살아가는 우리, 그렇다면 평범한 우리 모두 생각의 뿌리에는 만장과 같은 문제의식을 가지고 행동은 맹자처럼 현실에 뛰어들어 바로잡는 쪽으로 도전해야 하지 않을까? 그렇게 지배층의 도둑놈 같은 속성을 호되게 물고 늘어져 조금씩 조금씩 고쳐 갈 수 있지 않을까.

萬章問曰: 敢問, 交際何心也?

孟子曰: 恭也.

曰: 卻之卻之爲不恭, 何哉?

曰: 尊者賜之, 曰其所取之者, 義乎不義乎, 而後受之. 以是爲不恭, 故弗卻也.

曰: 請無以辭卻之, 以心卻之, 曰其取諸民之不義也, 而以他辭無受, 不可乎?

曰: 其交也以道, 其接也以禮, 斯孔子受之矣.

萬章曰: 今有禦人於國門之外者, 其交也以道, 其餽也以禮, 斯可受禦與?

曰: 不可. 康誥曰, 殺越人于貨, 閔不畏死, 凡民罔不譈. 是不待教而誅者也. 殷受夏, 周受殷, 所不辭也. 於今爲烈, 如之何其受之?

曰: 今之諸侯, 取之於民也, 猶禦也. 苟善其禮際矣, 斯君子受之, 敢問何說也?

曰: 子以爲有王者作, 將比今之諸侯而誅之乎? 其教之不改而後誅之乎? 夫謂非其有, 而取之者, 盜也, 充類至義之盡也. 孔子之仕於魯也, 魯人獵較, 孔子亦獵較. 獵較猶可, 而況受其賜乎?

曰: 然則孔子之仕也, 非事道與?

曰: 事道也.

事道奚獵較也?

曰: 孔子先簿正祭器, 不以四方之食供簿正.

曰: 奚不去也?

曰: 爲之兆也. 兆足以行矣, 而不行, 而後去. 是以未嘗有所終三年淹也. 孔子有見行可之仕, 有際可之仕, 有公養之仕也. 於季桓子, 見行可之仕也, 於衛靈公, 際可之仕也, 於衛孝公, 公養之仕也.

(10 - 5)

맹자 왈: 먹고살기 위해 공직자가 된다면 큰 직책을 피하라

공직에 진출하는 게 먹고살기 위해서는 아니지만 때로 먹고살기 위해서 공직에 나가야 하는 경우가 있습니다. 결혼하는 게 집안을 돌보기 위해서는 아니지만 때로 집안을 돌보려고 결혼을 하는 경우도 있죠. 먹고살려고 공직에 나간다면 직급이 낮은 자리로 가야 하고, 월급이 적은 데로 가야 합니다. 그러니까 9급이나 7급 공무원쯤?
공자께서 젊었을 때 창고 관리자로 일했던 적이 있어요. 그땐 "난 내 회계일이나 정확하게 하는 데 신경 쓸 뿐이다"라고 말씀하셨죠. 창고 관리자 외에 가축 담당자로 일했던 적도 있는데, 그땐 "난 내가 맡은 가축들이 잘 자라게 하는 데 신경 쓸 뿐이다"라고 말씀하셨어요. 낮은 자리에 있으면서 자기 입김도 닿지 않는 높은 자리의 일을 신경 쓰는 건 잘못입니다. 마찬가지로 국정 운영에 참여하고 있는데 바른 정치를 행하지 못하는 건 부끄러운 일입니다.

> 높은 급수의 공무원이 되면 원하든 원하지 않든 나라의 운영에 큰 영향을 미치게 된다. 그러니 학벌 좋다고 능력 있다고 검사, 판사, 외교관, 장관 이런 거 해서는 안 된다는 말이다. 공무원이 되어 '먹고사니즘'을 말하고 싶다면 국민에게 누를 최소한으로 끼칠 수 있는 일을 골라 그 잡무를 처리하며 근근이 사는 삶을 선택해야 한다는 것이다. 맞는 말이면서 영향력 없는 말이다. 공부 잘하면 좋은 직업을 갖는다는 게 우리나라의 상식적인 공식이다. 공부를 잘하건 말건 먼저 그 직업이 사람과 사회에 어떤 영향을 미치는지 파악하고 내가 그 책임감을 잘 감당할 수 있을지 어떨지부터 파악해서 그게 아니거든 성적과 이력이 넘쳐도 그 자리에 가는 건 아니라고 말한다면 누가 그 충고를 새겨들을까? 그러나 정말 이런 충고에 조금이라도 귀를 기울이는 분위기가 이 나라에 자리 잡는다면 세상이 조금은 나아지지 않을까 생각해 보게 되는 것도 사실이다.

孟子曰: 仕非爲貧也, 而有時乎爲貧, 娶妻非爲養也, 而有時乎爲養. 爲貧者, 辭尊居卑, 辭富居貧. 辭尊居卑, 辭富居貧, 惡乎宜乎? 抱關擊柝. 孔子嘗爲委吏矣, 曰, 會計當而已矣. 嘗爲乘田矣, 曰, 牛羊茁壯長而已矣. 位卑而言高, 罪也. 立乎人之本朝, 而道不行, 恥也.

(10 - 6)

제자 만장과의 대화: 등용되지 않은 지식인이 받아도 되는 후원

만장 하급 귀족 지식인이 다른 나라에 갔을 때 관직에 들지 않았으면 그 나라 군주에게 예우 차원의 지원을 받지 않는다던데, 그건 왜 그렇죠?

맹자 감히 못하는 거지. 군주가 자기 나라를 잃으면 다른 나라로 망명해 지내면서 거기 군주에게 예우 차원의 각종 지원을 받는 것은 법도에 맞지. 급이 같으니까. 그럼 하급 지식인 계층이 망명 군주가 지원받듯 그렇게 다른 나라 군주에게 지원받는 게 법도에 맞겠나? 아니지. 급이 다르잖나.

만장 그럼 군주가 급식 지원을 해 주는 건요? 그건 받나요?

맹자 그건 받지.

만장 왜죠? 그걸 받는 건 왜 타당한가요?

맹자 군주가 떠도는 백성에게 기본적으로 최소한의 먹을 걸 제공하는 건 당연한 거니까.

만장 급식 지원은 받고 예우 차원의 지원은 안 받는 건 어째서인가요?

맹자 감히 못 받는 거지.

만장 전 감히 여쭙겠어요. 감히 못 받는 건 왜죠?

맹자 9급직이든 하다못해 계약직이라도 어쨌든 일을 하는 거잖아. 그래서 봉급을 받지. 봉급은 위에서 내려 주는 공식적 지원인 거야. 그런데 일도 하지 않으면서 봉급을 받는다고? 그건 주제를 모르는 거야.

만장 군주가 급식 지원을 해 주는 건 받는다셨잖아요. 그럼 그 지원은 늘 계속 받아도 되나요?

맹자 계속? 핵심은 '계속'이 아니지. 옛날에 노나라 군주가 자사 선생님에게 자주 문안 인사를 하면서 고기 선물을 가져왔더랬지. 자사 선생님은 그걸 별로 탐탁잖아 하셨어. 그러다 결국에는 손을 내저으면서 심부름 온 사람을 대문 밖으로 내보내고는 임금 계신 쪽을 향해서 사례 인사를 하고서 안 받으셨다네. 그러고는 이렇게 말씀하셨지. "군주가 나를 가축 기르듯이 대하고 있다는 걸 이제야 알겠구먼!" 그 뒤로는 하인들이 하사품을 가지고 자사에게 오는 일이 없었지. 뛰어나고 현명한 이를 제대로 나라에 등용해서 쓰지도 못하고 게다가 그런 인재를 제대로 대우하지도 못한다면 그걸 인재를 사랑하고 인재에 열을 올리고 있다고 볼 수 있겠나?

만장 그럼 군주가 제대로 배우고 성숙한 지성인을 대우하는 건 어떻게 해야 제대로 하는 거라고 할 수 있나요?

맹자 처음에 군주의 명으로 하사품을 내릴 때 그때 그 훌륭한 인재가 제대로 예를 차려서 사례 인사를 하고 받는 거지. 그다음부터는 명을 받은 심부름꾼이 군주를 대신해

시시때때로 가져오는 게 아니라 곡식이든 고기든 창고를 맡고 있는 담당자에게 맡겨서 때가 되면 알아서 보내게 해야 하는 거야. 자사 선생님의 경우, 군주가 삶은 고기를 하인을 시켜 보내와서 자꾸 자기에게 번거롭게 예를 차려 인사하게 하니까 그건 지성인을 대우하는 바른 방법이 아니라고 보신 거지.

자꾸 요임금 얘기를 해서 미안하네만, 그래도 이게 제일 좋은 예라서……. 요임금의 경우, 순이 인재라는 걸 알아보고는 순이 사는 곳으로 자기 아들 아홉 명을 그에게 보내 그를 섬기게 하고, 두 딸은 그에게 시집보내고, 여러 관료와 상당한 재산도 갖춰 보내 순이 일단 자기 삶의 터전에서 그들과 익숙해지면서 자기 정치 역량을 시험해 볼 수 있게 했잖나. 그렇게 한 뒤에 중앙으로 불러올려 나랏일의 중책을 맡게 했고. 이것이 바로 지도자가 아주 뛰어난 인재를 제대로 높이는 태도라고 하는 거지.

사士 계층, 즉 신분상 서민 바로 위의 계층으로 서민과 거의 다를 바가 없지만 지식으로 자신의 위치를 새롭게 자리매김해 가고 있던 지식인 계층을 맹자는 일단 신분 질서상의 대우에서는 일반 백성과 같은 위치로 놓는다. 그러나 바로 앞에 나오는 내용에서도 볼 수 있듯 실제 받아야 하는 대우는 다르게 설정하고 있다. 왜냐하면 이들은 나라를 끌고 갈 '인재'이기 때문이다. 일로만 보자면 일 없이 봉급을 받을 수 없지만, 인재의 측면으로 보자면 귀찮게 자주 사례하게 하는 것조차도 군주가 해서는 안 되는 행동이 된다. 맹자가 말하는 인재란 '내가 부릴 사람'이 아니라 '나와 나라의 비전을 만들어 갈 사람'이기 때문이다. 자기가 오라면 오고 가라면 가는 사람에게 우리는 기업과 사회와 나라 등의 '비전'을 물으며 그의 의견을 경청하지 않는다. 그래서 맹자는 이렇게 신하인 듯 신하 아닌 대우를 설정하고 있는 것이다.

萬章曰: 士之不託諸侯, 何也?

孟子曰: 不敢也. 諸侯失國, 而後託於諸侯, 禮也. 士之託於諸侯, 非禮也.

萬章曰: 君餽之粟, 則受之乎?

曰: 受之.

受之何義也?

曰: 君之於氓也, 固周之.

曰: 周之則受, 賜之則不受, 何也?

曰: 不敢也.

曰: 敢問, 其不敢, 何也?

曰: 抱關擊柝者, 皆有常職, 以食於上. 無常職而賜於上者, 以爲不恭也.

曰: 君餽之, 則受之, 不識可常繼乎?

曰: 繆公之於子思也, 亟問, 亟餽鼎肉. 子思不悅. 於卒也, 摽使者, 出諸大門之外, 北面稽首再拜而不受. 曰, 今而後, 知君之犬馬畜伋. 蓋自是臺無餽也. 悅賢不能擧, 又不能養也, 可謂悅賢乎?

曰: 敢問, 國君欲養君子, 如何斯可謂養矣?

曰: 以君命將之, 再拜稽首而受. 其後廩人繼粟, 庖人繼肉, 不以君命將之. 子思以爲, 鼎肉, 使己僕僕爾亟拜也, 非養君子之道也. 堯之於舜也, 使其子九男事之, 二女女焉, 百官牛羊倉廩備, 以養舜於畎畝之中, 後擧而加諸上位. 故曰, 王公之尊賢者也.

(10 - 7)

제자 만장과의 대화: 정당하게 등용되어야 뜻을 펼칠 수 있다

만장 왜 지도자를 찾아가 만나 보지 않으시는 건가요? 무슨 특별한 뜻이 있으신 건가요?

맹자 흔히 서울에 사는 사람을 '도시 신하'라고 하고 교외에 사는 사람을 '시골 신하'라고 하는데 말이 신하지 모두 일반인을 가리키는 거야. 일반인은 공식적인 절차를 거쳐 신하가 되지 않는 한 감히 군주를 만나지 않는 것이 예법이라네.

만장 일반인은 군주가 부르면 가서 부역을 해야 하잖아요. 군주가 보고 싶다고 그를 불렀는데도 가서 만나지 않는 것은 어째서인가요?

맹자 가서 부역을 하는 것은 서민의 의무에 맞는 행동인 거고, 가서 만나는 것은 서민의 의무에 맞지 않는 행동이라서 그런 거지. 그리고 한번 생각해 보게. 군주가 그를 왜 만나고 싶어 하겠나?

만장 그가 아는 게 많고, 아주 현명해서죠.

맹자 그가 아는 게 많기 때문이라고 한다면, 천자도 스승은 함부로 부르지 못하는 법이야. 그런데 하물며 제후 정도가? 가당키나 하나? 그가 아주 현명해서라고 한다면, 나는 말일세, 입때껏 아주 현명한 사람을 오라 가라 해서 만났단 애기를 들어 보질 못했네. 노나라 목공穆公이 자사 선생님을 자주 만났는데, 목공이 한번은 이렇게 물었지. "옛날에 꽤 덩치가 있는 나라의 군주들이 지식인과 벗했다고 하니,

어떻습니까?" 자사는 영 마뜩잖았어. 그래서 대꾸했지. "옛 사람들의 말은 군주가 지식인을 스승으로 섬겼다는 말이지, 어찌 벗했다고 말한 것이겠습니까?" 자사 선생님이 마뜩잖았던 이유는, '지위로 치면 그대는 군주고 나는 신하이니 어떻게 감히 군주와 벗하겠는가? 내면의 성숙도로 치면 그대가 나를 섬겨야 하니, 어떻게 나와 벗하겠나?' 이런 거 아니겠나? 이렇게든 저렇게든 '벗'은 불가능하다는 거야. 상당히 큰 나라의 군주가 '벗'하는 것도 불가능했는데 하물며 오라고 '부른다'고? 있을 수도 없는 일이네.

지위가 높다고 아무렇게나 누구나 부를 수 있는 게 아니야. 부르는 것도 법도가 있는 법일세. 예전에 제나라 경공이 사냥을 할 때 사냥을 나가서 사냥터 관리인을 부른 일이 있었네. 경공은 그를 깃발로 불렀지. 그런데 그가 안 오는 거야. 그래서 그 사람을 죽이려고 했다네. 공자님은 사냥터 관리인의 이야기를 들으시고는, "뜻있는 사람은 의로움을 위해 도랑이나 골짜기에 자기 시체가 버려질 각오를 하고, 용감한 사람은 싸우다가 자기 목을 잃을 각오를 한다"라면서 크게 칭찬하셨더랬지. 그의 무엇을 칭찬하신 것이겠는가? 자기를 부르는 정당한 방법이 아니면 가지 않았던 점, 그러니까 힘보다 법과 원칙을 두려워한 점을 칭찬하신 것이지.

만장 그럼 사냥터 관리인을 부를 때는 어떻게 불러야 하는데요?

맹자 짐승 가죽으로 만든 고깔로 불러야 하지. 일반인을 부른다면 붉은 통비단으로 만든 깃발을 써야 하고, 하급 귀족 계층을 부를 때는 방울이 달린 깃발을, 고위층을 부를 때는 새의 깃털로 장식한 깃발을 써야 하는 것이네. 고위층을 부르는 방법으로 사냥터 관리인을 불렀으니, 관리인은 죽으면 죽었지 감히 가지 않았던 거지. 하급 귀족 계층을 부르는 방식으로 일반인을 부른다면 일반인이 어떻게 감히 갈 수 있겠나? 더구나 별것 아닌 사람을 부르는 방식으로 아주 뛰어난 인재를 부른다면 어떻게 그런 부름에 응답해 나아갈 수 있겠는가 말일세!

아주 뛰어난 인재를 만나고 싶으면서 격에 맞지 않는 방식을 택한다면 그건 방 안으로 들어가려 하면서 문을 닫아 버리는 것이나 마찬가지라 할 수 있지. 올바른 방식으로 가치를 실현하는 것은 사람이 걸어가야 할 길이고, 공동체가 인정한 합당한 질서와 방식이란 사람이 출입하는 문일세. 오직 진정한 지성인만이 이 길을 통해 걸을 수 있고, 이 문을 통해 출입할 수 있지. 『시경』 소아 「대동」大東이란 시에 이런 구절도 있지 않던가. "큰길이 숫돌같이 평평하고, 화살같이 곧바르네. 이는 바로 지성인이 걷는 길이요, 일반인이 우러러보는 것이로다."

만장 그런데 공자께서는 군주가 부르면 기사가 차에 시동을 걸기도 전에 먼저 달려가셨잖아요. 그럼 공자께서 잘못하신 건가요?

맹자 (또 공자……. 너답다!) 공자께서는 당시에 관직에 계셨잖니. 공자 개인을 부른 것이 아니라 관직 담당자로서 부르니까 그렇게 가신 거지.

萬章曰: 敢問, 不見諸侯, 何義也?

孟子曰: 在國曰市井之臣, 在野曰草莽之臣, 皆謂庶人. 庶人不傳質爲臣, 不敢見於諸侯, 禮也.

萬章曰: 庶人, 召之役, 則往役. 君欲見之, 召之, 則不往見之, 何也?

曰: 往役, 義也, 往見, 不義也. 且君之欲見之也, 何爲也哉?

曰: 爲其多聞也, 爲其賢也.

曰: 爲其多聞也, 則天子不召師, 而況諸侯乎? 爲其賢也, 則吾未聞欲見賢而召之也. 繆公亟見於子思曰, 古千乘之國以友士, 何如? 子思不悅, 曰, 古之人有言曰, 事之云乎, 豈曰友之云乎? 子思之不悅也, 豈不曰, 以位, 則子君也, 我臣也, 何敢與君友也? 以德, 則子事我者也, 奚可以與我友? 千乘之君, 求與之友, 而不可得也, 而況可召與?

齊景公田, 招虞人以旌, 不至, 將殺之. 志士不忘在溝壑, 勇士不忘喪其元. 孔子奚取焉? 取非其招不往也.

曰: 敢問, 招虞人何以?

曰: 以皮冠. 庶人以旃, 士以旂, 大夫以旌. 以大夫之招, 招虞人, 虞人死不敢往. 以士之招, 招庶人, 庶人豈敢往哉? 況乎以不賢人之招, 招賢人乎? 欲見賢人, 而不以其道, 猶欲其入, 而閉之門也. 夫義, 路也, 禮, 門也. 惟君子能由是路, 出入是門也. 詩云, 周道如砥, 其直如矢. 君子所履, 小人所視.

萬章曰: 孔子, 君命召, 不俟駕而行. 然則孔子非與?

曰: 孔子當仕有官職, 而以其官召之也.

(10 - 8)

만장에게 준 가르침: 거슬러 올라가 벗을 사귀는 것에 대하여

'벗하다'는 것에 대해 이야기해 볼까? 지역 사회에서 인정하는 훌륭한 지식인이라야 지역 사회에서 인정받는 훌륭한 지식인과 벗할 수 있고, 나라에서 인정받는 훌륭한 지식인이라야 나라에서 인정받는 훌륭한 지식인과 벗할 수 있으며, 세상에서 손꼽히는 훌륭한 지식인이라야 역시 세상에서 손꼽히는 훌륭한 지식인과 벗할 수 있는 거라네. 만약 세상에서 손꼽히는 훌륭한 지식인과 벗하고도 부족함을 느끼면 그땐 또 위로 거슬러 올라가 옛날 뛰어난 사람을 논하지. 그의 시를 읽고 그의 책을 읽으면서 그 사람을 모른대서야 되겠나? 이 때문에 그 시대를 논한다네. 이를 '거슬러 올라가 벗을 사귀는 것'이라고 하지.

벗하는 것도 체급이 맞아야 할 수 있다. 그리고 그렇게 모든 뛰어난 이와 벗하고도 무언가 아쉽다 느끼면 옛 훌륭한 이들의 기록을 찾아 읽는다. 그런데 맹자는 여기서 그냥 그 내용만 알아서는 제대로 이해한 것이라 할 수 없다는 점을 지적한다. 그 저자와 그가 살던 시대에 대해 이해해야 비로소 그의 저술 내용이 입체적으로 와닿기 때문이다. 오늘날 우리의 공부 방법에도 상당히 도움을 줄 수 있는 접근법이다. 이런 수준으로 옛사람에게 접근한다면 그를 '벗 삼았다'라고 말할 수 있다. '상우'尙友, 즉 거슬러 올라가 벗을 사귄 것이다. 맹자는 이 이야기를 하며 은근히 자기가 그러한 멋진 사람임을 내비치고 있다. 끊임없이 요순을 말하는 그는 이미 이 세상의 뛰어난 지식인과 벗하는 수준을 넘어서서 거슬러 올라가 옛사람과 친구 하는 사람인 셈이니까.

孟子謂萬章曰: 一鄕之善士, 斯友一鄕之善士, 一國之善士, 斯友一國之善士, 天下之善士, 斯友天下之善士. 以友天下之善士, 爲未足, 又尙論古之人. 頌其詩, 讀其書, 不知其人, 可乎? 是以論其世也, 是尙友也.

(10 - 9)

제 선왕과의 대화: 혈연 고위직의 책임 vs. 발탁된 고위직의 책임

제 선왕 장관급 이상의 직책을 가진 자의 책임이란 어떤 겁니까?

맹자 정확히 어떤 장관급 이상을 말씀하시는 건가요?

제 선왕 장관급 이상이면 다 같은 장관급 이상이지 무슨 차이가 있나요?

맹자 네, 물론 있죠. 혈연으로 주어진 고위직이 있고, 능력으로 주어진 고위직이 있으니까요.

제 선왕 그럼 혈연으로 주어진 고위직에 대해 들어 봅시다.

맹자 지도자가 나라를 망칠 정도의 큰 잘못을 저지르면 그는 정확히 그 문제를 지적해야 합니다. 거듭 지적을 하는데도 고치지 않으면 그 지도자를 내치고 지도자를 바꾸는 게 그의 책임이지요.

제 선왕 (눈빛이 흔들리며 얼굴이 벌게져 부들부들!) …….

맹자 (왕이 곧 폭발하기 직전인 것을 보더니) 아뇨, 제 말씀을 이상하게 생각하지 말고 들어 주세요. 왕께서 물어보시니까 제가 감히 사실 그대로 똑바르게 대답하지 않을 수 없어서 말씀드린 겁니다.

제 선왕 (심호흡을 하고 감정을 수습하고서) 그럼 이번엔 능력으로 주어진 고위직에 대해 들어 봅시다.

맹자 지도자가 일반적인 잘못을 저지르면 그는 정확히 그 문제를 지적해야 합니다. 거듭 지적을 하는데도 고치지 않으면 그 지도자 곁을 떠나는 게 그의 할 일입니다.

제 선왕이 화를 내는 것도 이해가 된다. 저렇게 대놓고 말하는데 어떤 지도자인들 달게 들을 수 있을까? 이때는 신분제 사회이기 때문에 왕과 혈연을 바탕으로 한 고위직 인사와 혈연은 없으나 능력을 인정받아 고위직에 임명된 인사가 있었다. 맹자는 여기서 지도자의 잘못이 지속될 경우 그를 왕위에서 내칠 책임이 혈연을 바탕으로 고위직에 있는 사람에게 있다고 말하고 있다. 능력으로 등용된 인물의 경우는 그의 책임이 잘못을 열심히 지적하고 안 고쳐지면 그 곁을 떠나는 데서 그친다. 둘의 차이는 혈연의 경우 '나라를 망칠 정도의 큰 잘못'에 대해 지적하고, 능력의 경우 '일반적 잘못'을 지적한다는 데 있다. 임금과 신하 관계의 본질은 '의로움'이기 때문에, 신하는 끊임없이 올바름을 임금에게 요구할 책임과 의무를 갖고, 임금이 지속적으로 그에 응답하지 않을 경우 더 이상 관계를 지속할 이유가 없어서 떠나가는 것이다. 다만 혈연의 신하는 의로움 외에 '혈연'이란 끊을 수 없는 끈이 있기 때문에 더 큰 책임을 진다. 왕조의 멸망은 또한 집안의 멸망이기도 하므로 나라가 망하기 전에 왕위를 바꾸어 위태로운 나라를 안정시킬 책임을 지는 것이다.

지금 우리나라는 명목상 평등의 시대, 더 이상 신분제가 없는 사회이지만 실제 모습은 이때와 크게 다른 것 같지 않다. 이 나라의 상층부에 자리한 사람들의 최대 화두는 '대물림'이다. 기업이든 학계든 어디든 혈연을 벗어나지 못한다. 일단 좋은 자리는 혈연 차지다. 자녀는 말할 것도 없고 친척까지 모두 한자리씩 하고 있다. 그렇다면 맹자의 말은 오늘날에도 얼마든지 유효하다. 지도자가 잘못 가고 있는 나라든 기업이든 학계든 어디든 돌직구를 날릴 가장 큰 책임은 바로 혈연으로 자리에 오른 사람에게 있는 것이다. 그들은 자기는 좋은 것 다 차지하고 나쁜 건 모두 능력으로 입사한 이에게 떠넘기라고 그 자리에 있는 게 아니다. 제일 앞줄에 서서 문제를 지적하고 바로잡으며, 심지어 장長의 잘못이 반복적이고 심각할 경우 그를 물러나게 하고 법적 조치를 취할 책임을 져야 한다. 그래야 그나마 평등의 시대를 좀먹으며 그 자리를 차지한 죄를 조금이나마 씻을 수 있을 것이다.

齊宣王問卿. 孟子曰: 王何卿之問也?

王曰: 卿不同乎?

曰: 不同. 有貴戚之卿, 有異姓之卿.

王曰: 請問貴戚之卿.

曰: 君有大過則諫, 反覆之而不聽, 則易位.

王勃然變乎色.

曰: 王勿異也. 王問臣, 臣不敢不以正對.

王色定, 然後請問異姓之卿.

曰: 君有過則諫, 反覆之而不聽, 則去.

고자 상

11

告子上

(11 - 1)

고자(告子)와의 대화: 사람의 본성 (1)

고자 이를테면 사람의 본성이란 버들가지와 같고, 사람의 옳은 도리란 그 버들가지로 만든 그릇과 같습니다. 사람의 본성으로 사람을 아끼고 사랑하거나 사람의 옳은 도리를 행하는 것은 버드나무를 굽히고 엮어 그릇을 만드는 것과 같은 거죠.

맹자 그대는 버들가지의 본래 성질 그대로 그릇을 만들 수 있습니까? 버들가지를 꺾고 휘고 상하게 해야 그릇을 만들 수 있지요. 만일 상하게 해야 그릇을 만들 수 있다고 한다면, 사람이 사람을 사랑하고 사람으로서 옳은 도리를 행하는 것도 사람의 본성을 다치게 해야만 가능하겠네요? 나 원, 세상 사람들을 끌어다가 사람을 사랑하는 마음과 사람의 옳은 도리를 사람이 못할 짓으로 만드는 건 바로 그대의 이론일 것이오!

그 유명한 '본성' 논쟁이 진행되는 부분이다.

告子曰: 性, 猶杞柳也, 義, 猶桮棬也. 以人性爲仁義, 猶以杞柳爲桮棬.

孟子曰: 子能順杞柳之性而以爲桮棬乎? 將戕賊杞柳而後以爲桮棬也. 如將戕賊杞柳而以爲桮棬, 則亦將戕賊人以爲仁義與? 率天下之人而禍仁義者, 必子之言夫!

(11 - 2)

고자와의 대화: 사람의 본성 (2)

고자 본성이란 여울물과 같습니다. 동쪽으로 터놓으면 동쪽으로 흐르고, 서쪽으로 터놓으면 서쪽으로 흐르지요. 사람의 본성도 선함과 선하지 않음의 구분이 없어요. 마치 물이 동서로 정해진 방향이 없는 것과 같죠.

맹자 분명 물에는 동쪽이든 서쪽이든 정해진 방향이 없죠. 하지만 위아래의 방향성이라면 어떨까요? 사람의 본성이 선한 것은 물이 아래로 흐르는 성질을 가지고 있는 것과 같아요. 사람이면 누구나 선함을 지니고 있고, 물이면 어떤 물이든 아래로 흐르는 성질을 가지고 있죠. 만약 지금 누군가 물을 빡 내려치면 물이 튀어 올라서 이마 위로까지 솟구칠 수 있고. 물길을 막아 억지로 역류하게 하면 산을 거슬러 오르게 할 수도 있겠죠. 그런데 이게 물의 본성이겠습니까? 외부에서 조작해서 그렇게 된 것이죠. 사람이 선하지 않은 행동을 할 수도 있습니다만 이 역시 본성이 외부의 영향을 받아 그런 것입니다.

告子曰: 性猶湍水也, 決諸東方則東流, 決諸西方則西流. 人性之無分於善不善也, 猶水之無分於東西也.

孟子曰: 水信無分於東西, 無分於上下乎? 人性之善也, 猶水之就下也. 人無有不善, 水無有不下. 今夫水, 搏而躍之, 可使過顙, 激而行之, 可使在山, 是豈水之性哉? 其勢則然也. 人之可使爲不善, 其性亦猶是也.

(11 - 3)

고자와의 대화: 사람의 본성 (3)

고자 타고난 것을 본성이라고 합니다.

맹자 타고난 것을 본성이라고 하는 것은, 그러니까 흰색을 흰색이라고 하는 것과 같은 겁니까?

고자 네, 그렇습니다.

맹자 그럼 흰 깃털의 흰색이 흰 눈의 흰색과 같고, 흰 눈의 흰색이 백옥의 흰색과 같습니까?

고자 네, 그렇죠.

맹자 그렇다면 개의 본성이 소의 본성과 같고, 소의 본성이 사람의 본성과 같단 말입니까?

告子曰: 生之謂性.

孟子曰: 生之謂性也, 猶白之謂白與?

曰: 然.

白羽之白也, 猶白雪之白, 白雪之白, 猶白玉之白與?

曰: 然.

然則犬之性, 猶牛之性, 牛之性, 猶人之性與?

(11 - 4)

고자와의 대화: 사람의 본성 (4)

고자 제가 보기에 인간의 본성은 식욕과 성욕입니다. 그대가 본성이라 말하는, 사람을 사랑하는 마음과 사람에 대한 옳은 도리는 굳이 따지자면 이렇다고 할 수 있죠. 사람을 아끼고 사랑하는 마음은 인간 내부에 있고, 사람의 옳은 도리는 인간 외부에 있다고요.

맹자 왜 그렇죠? 왜 사람을 아끼고 사랑하는 마음은 내부에 있고, 사람의 옳은 도리는 외부에 있다고 보는 건가요?

고자 어떤 사람이 나보다 나이가 많을 때 내가 그를 어른 대접하는 것은 그가 나보다 나이가 많아서이지 내가 미리 어른 대접하는 마음을 가지고 있었던 게 아니죠. 이를테면 내가 어떤 걸 보고 '저거 흰색'이라고 말한다면 그건 그게 바깥으로 보기에 흰색이어서 흰색이라 하는 것과 같은 것입니다.

맹자 물론 백마를 희다고 하는 것과 백인을 희다고 하는 것은 다를 게 없는 거 맞습니다. 하지만 늙은 말에 대한 나이 대접과 연로한 어르신에 대한 나이 대접에 차이가 없는 것입니까? 둘에 대해 우리가 같은 반응을 보입니까? 다시 말해, 나이가 많다는 외부적인 사실에 사람의 옳은 도리가 있습니까, 아니면 나이가 많은 이를 어른 대접하는 내면적 경향에 사람의 옳은 도리가 있습니까?

고자 (흐음…….) 그럼 다른 예를 들어 볼게요. 여기 어떤 아이가 있습니다. 그 아이가 내 동생이면 예뻐하고, 나도 모르는 다른 나라 사람의 동생이면 그렇게 예뻐하지 않죠. 이건 철저히 내가 기준인 겁니다. 그렇기 때문에 아끼고 사랑하는 마음은 내부에 있다고 한 거예요.

그런데 또 보세요. 외국인인데 연장자예요. 그래도 우리는 그를 어른 대접하죠. 우리 집안의 연장자도 물론 어른 대접하고요. 이건 '연장자'라는 걸 기준으로 도리를 다한 기쁨을 누리는 겁니다. 그러니까 사람의 옳은 도리는 외부에 있다고 한 것이죠.

맹자 그렇다면 이건 어떤가요? 불고기는 보편적으로 좋아들 합니다. 그래서 다른 나라 사람이 불고기를 좋아하는 것이나 내가 불고기를 좋아하는 것이나 다를 게 없죠. 세상 모든 것에는 다 이런 면이 있는데요, 불고기 자체가 맛있는 음식이라 좋아하는 것이라면 불고기를 좋아하는 것도 그 요인이 본성이 아니라 외부에 있다고 봐야 하는 건가요?

분열과 전쟁의 시대, 당연히 왜 인간은 이렇게 괴롭게 죽고 죽이며 살아야 하는가 어떻게 이 혼란을 정리할 수 있는가에 대해 사람들은 고민할 수밖에 없었다. 먼저 승기를 잡기 위한 정치철학 외에도 몇백 년을 이어 가고 있는 전쟁의 시대를 만들어 낸 인간이란 존재 자체에 대한 논쟁도 활발히 진행되었다. 당시 유행했던 본성론의 종류는 이 편 11-6(414쪽) 제자 공도자와의 대화에서 더 자세히 다루어지고 있다.

11-1에서 여기까지는 고자의 본성론만을 다루고 있다. 고자는 식욕과 성욕처럼 태어나면서 생을 위해 부여받은 속성을 본성이라고 보는 입장이다. 그래서 인간의 본성에는 선도 없고 악도 없다고 생각한다. 그나마 생명을 존재하게 하는 따스한 생명력인 사랑으로서의 인仁은 본성으로 봐줄 수 있다. 하지만 의義, 즉 사람의 옳은 도리는 외부의 상황에 따라 판단이 달라지는 문제이므로 선과 악은 어떻게 보아도 인간 외부에 있다고 보는 것이다. 그

러나 맹자는 인간을 인간이게 하는 것은 인간다움에 있다고 보고, 그래서 인간다움의 핵심인 사람을 아끼고 사랑하는 마음과 사람의 옳은 도리를 선택하고 행하는 능력이 인간에게 본성으로 주어져 있다는 입장이다. 물론 식욕와 성욕도 본성으로 인정한다. 하지만 이것만이 본성이라고 하면 인간을 인간이게 하는 본성은 아무것도 없다는 뜻이 되기 때문에 동물과 인간이 공통으로 갖는 식욕와 성욕 등의 본성과 함께 인간은 인간만이 갖는 인과 의의 선한 본성도 갖고 태어난다는 것이다.

이런 입장 차이 때문에 고자는 인간을 인간답게 하는 윤리적 요소가 인간을 억지로 교육해야 실천 가능한 것이라고 보았고, 맹자는 그것들이 본성 자체의 선함에서 나오는 것이라 억지로 노력하지 않아도 발견하고 성장시키기만 하면 얼마든지 실천 가능한 것이라고 보았다.

告子曰: 食色, 性也. 仁, 內也, 非外也. 義, 外也, 非內也.

孟子曰: 何以謂仁內義外也?

曰: 彼長而我長之, 非有長於我也. 猶彼白而我白之, 從其白於外也, 故謂之外也.

曰: 異於白馬之白也, 無以異於白人之白也. 不識長馬之長也, 無以異於長人之長與? 且謂長者義乎, 長之者義乎?

曰: 吾弟則愛之, 秦人之弟則不愛也. 是以我爲悅者也, 故謂之內. 長楚人之長, 亦長吾之長, 是以長爲悅者也, 故謂之外也.

曰: 耆秦人之炙, 無以異於耆吾炙. 夫物則亦有然者也, 然則耆炙亦有外與?

(11 - 5)

맹계자(孟季子)와 제자 공도자의 대화: 사람의 본성 (5)

맹계자 왜 사람의 옳은 도리가 인간의 내부에 있다고 하는 겐가?

공도자 내 안에 있는 공경을 행하는 것이기 때문에 내부에 있다고 하는 것이지.

맹계자 마을 어른이 큰형보다 한 살 더 많으면 누구를 공경하는가?

공도자 형을 공경하지.

맹계자 그럼 함께 있을 때 술은 누구에게 먼저 따르는가?

공도자 마을 어른에게 먼저 따르지.

맹계자 자, 보게. 공경은 형에게 하고, 어른 대접은 마을 어른에게 하잖나. 그럼 사람의 옳은 도리는 외부에 있는 거지 내면에서 나오는 게 아니질 않은가!

공도자 (헉!) …….

말문이 막힌 공도자가 스승인 맹자에게 달려갔다. 그리고 이 모든 이야기를 했다.

맹자 다음에 또 이런 문제로 토론이 붙으면 이렇게 말해 주게. 작은아버지를 공경하는가, 아니면 동생을 공경하는가? 그럼 그는 작은아버지를 공경한다고 답할 거야. 자네는 다시 이렇게 묻게. 동생이 제사 때 시동尸童이 되어 제사의 주인인 어른을 대리하고 있다면 누구를 공경하겠느냐고 말이야. 그는 그때는 동생을 공경한다고 답할 테지. 그럼 또 이렇게 묻게. "작은아버지를 공경한다며?" 답은 이럴 거야. "그거야 동생이 지금은 제사를 받는 어른을 대리하는 위치에 있으니까 그렇지." 그럼 자네도 이렇게 말해 주게. "나도 마찬가지일세. 평소에 공경하기는 형을 공경하지만 상황에 따라 잠깐 마을 어른에게로 공경이 향했던 거네"라고 말일세.

공도자 아, 그럼 되겠군요!

공도자는 다시 맹계자를 찾아가 연장전을 시작했다. 스승님이 가르쳐 준 대로 다 진행됐는데, 마지막에 틀어졌다.

맹계자 그러니까 작은아버지를 공경해야 하면 작은아버지를 공경하고, 아우를 공경해야 하면 아우를 공경하는 거잖나. 그럼 똑같은 결론인 거지. 공경해야 하는 상황에 따라 공경하는 것이니까 사람의 옳은 도리는 외부에 있는 거지 내면에서 나오는 게 아닐세.

공도자 겨울에는 뜨거운 온수를 마시고, 여름에는 차가운 냉수를 마시지. 그럼 식욕도 내부가 아니라 외부에 있다는 것이겠구먼그래.

앞 장 11-4와 이어지는 내용이다. 사람의 옳은 도리를 행하는 것은 분명히 외부 상황과 관계가 있다. 내 행위의 대상이 내 바깥에 존재하기 때문이다. 그래서 맹계자는 계속 공경의 대상에 따라 공경하는 것이니 공경이 본성이 아니라 외부에 있는 것이라고 주장하는 것이고, 맹자와 공도자는 공경의 대상은 외부에 있지만 공경하는 마음은 나에게서 나오는 것이니 공경이 내부에 있다고 주장하는 것이다. 맹계자는 대상과 관계를 맺고 판단을 해서 행동을 하는 '나'를 놓치고 있다. 공경의 마음을 꺼내는 것은 어떻든 결국 '나'다. 여름과 겨울에 따라 원하는 물의 종류는 바뀔 수 있지만 물을 원하는 주체는 결국 '나'인 것처럼 말이다.

孟季子問公都子曰: 何以謂義內也?

曰: 行吾敬, 故謂之內也.

鄕人長於伯兄一歲, 則誰敬?

曰: 敬兄.

酌則誰先?

曰: 先酌鄕人.

所敬在此, 所長在彼, 果在外, 非由內也.

公都子不能答, 以告孟子.

孟子曰: 敬叔父乎, 敬弟乎? 彼將曰敬叔父. 曰, 弟爲尸, 則誰敬? 彼將曰敬弟. 子曰, 惡在其敬叔父也? 彼將曰在位故也. 子亦曰, 在位故也. 庸敬在兄, 斯須之敬在鄕人.

季子聞之曰: 敬叔父則敬, 敬弟則敬, 果在外, 非由內也.

公都子曰: 冬日則飮湯, 夏日則飮水, 然則飮食亦在外也.

(11 - 6)

제자 공도자와의 대화: 사람의 본성 (6)

공도자 인간의 본성에 대해 여쭙고 싶어요. 본성에 대해 이런저런 논의가 많은데 잘 모르겠더라고요. 제가 들은 건

세 가지에요.

1. 본성은 선함도 없고 선하지 않음도 없다.
2. 본성은 선할 수도 있고 선하지 않을 수도 있다. 그렇기 때문에 훌륭한 지도자가 집권하면 백성도 선함 쪽으로 쏠리고, 폭군이 집권하면 백성도 포악함 쪽으로 쏠린다.
3. 선한 본성을 지닌 이도 있고, 선하지 않은 본성을 지닌 이도 있다. 그렇기 때문에 훌륭한 지도자가 아무리 좋은 정치를 펼쳐도 흉악한 범죄를 저지르는 흉악범이 있고, 천륜을 저버린 아버지 아래서도 그런 아버지를 버리지 않는 착하고 훌륭한 아들이 태어나며, 나라를 망쳐 먹는 매국노가 있는 집안에 나라를 위해 그에 맞서는 불굴의 애국자가 있기도 한 것이다.

그런데 스승님께서는 또 '본성은 선하다'라고 말씀하시잖아요. 그럼 이 세 가지 이론이 모두 틀린 건가요?

맹자 하늘로부터 타고난 바탕으로 말하자면 선하다고 할 수 있지. 이것이 바로 내가 말하는 '본성이 선하다'라는 것이야. 사람들이 선하지 않은 행동을 하는 것은 본성의 죄가 아니야. 사람들은 모두 네 가지 마음을 가지고 있어. 불쌍한 걸 보면 가슴 아파할 줄 아는 마음, 옳지 않는 일을 하면 부끄러워할 줄 아는 마음, 상대를 깍듯하게 대하고 존중할 줄 아는 마음, 옳고 그름을 판단할 줄 아는 마음, 바로 이것이지.

불쌍한 걸 보면 가슴 아파할 줄 아는 마음은 사람을 아끼고 사랑하는 마음인 인仁에 속하고, 옳지 않은 일을 하면 부끄러워할 줄 아는 마음은 사람이 행해야 할 옳은 도리인 의義에 속하며, 상대를 깍듯하게 대하고 존중할 줄 아는 마음은 사람을 대한 적절한 배려와 존중의 자세인 예禮에 속하고, 옳고 그름을 판단할 줄 아는 마음은 분별력인 지智에 속한다네. 이 네 가지 기본 자질인 인의예지는 바깥에서 교육 같은 걸 통해 나에게로 들어오는 것이 아니라 내가 원래부터 가지고 있는 것인데, 사람들이 다만 생각을 하지 못할 뿐이야. 그래서 '구하면 얻고 버리면 잃는다'라고 말한 것이지. 이 때문에 사람들 사이에는 자질에 차이가 있는 것처럼 보이게 돼. 다섯 배 이상 차이가 나기도 하고 심하면 몇 배인지조차 모를 정도로 달라지지. 『시경』 대아 「하늘이 백성을 낳다」蒸民라는 시에 보면, "하늘이 백성을 이 세상에 낳으면서 모든 사물에는 나름의 법칙이 있게 하셨네. 사람들은 윤리에 대한 감각이 있는지라 이 아름다운 내면의 가치를 좋아하는 도다"라는 구절이 있지 않은가. 공자께서는 이 시를 보시고는 이렇게 감탄하셨지. "이 시를 지은 사람은 진정 하늘이 내린 바른길을 아는 자로다! 그러니 모든 사물에는 반드시 나름의 법칙이 있고, 그래서 사람들은 윤리에 대한 감각이 있어 이 아름다운 내면의 가치를 좋아한다고 노래했구나."

불쌍한 걸 보면 가슴 아파할 줄 아는 마음은 측은지심이고, 옳지 않은 일을 하면 부끄러워할 줄 아는 마음은 수오지심이며, 상대를 깍듯하고 지극하게 대할 줄 아는 마음은 공경지심恭敬之心이고, 옳고 그름을 판단할 줄 아는 마음은 시비지심이다. 이 사단은 「공손추 상」 3-6(146쪽)에도 등장한다.

公都子曰: 告子曰, 性無善無不善也. 或曰, 性可以爲善, 可以爲不善. 是故文武興, 則民好善, 幽厲興, 則民好暴. 或曰, 有性善, 有性不善. 是故以堯爲君, 而有象, 以瞽瞍爲父, 而有舜, 以紂爲兄之子且以爲君, 而有微子啓王子比干. 今曰性善, 然則彼皆非與?

孟子曰: 乃若其情, 則可以爲善矣, 乃所謂善也. 若夫爲不善, 非才之罪也. 惻隱之心, 人皆有之, 羞惡之心, 人皆有之, 恭敬之心, 人皆有之, 是非之心, 人皆有之. 惻隱之心, 仁也, 羞惡之心, 義也, 恭敬之心, 禮也, 是非之心, 智也. 仁義禮智, 非由外鑠我也, 我固有之也, 弗思耳矣. 故曰, 求則得之, 舍則失之. 或相倍蓰而無算者, 不能盡其才者也. 詩曰, 天生蒸民, 有物有則. 民之秉夷, 好是懿德. 孔子曰, 爲此詩者, 其知道乎! 故有物必有則, 民之秉夷也, 故好是懿德.

(11 - 7)

맹자 왈: 좋은 것, 아름다운 것은 누구나 좋아하나니

풍년에는 젊은이들이 너그럽고 착한 마음을 보이는 경우가 많고, 흉년에는 젊은이들이 난폭하게 구는 경우가 많습니다. 이건 하늘이 원래 내려 준 본성이 서로 달라서가 아니라, 그저 환경이 그들 마음을 나쁘게 바꾸어 놓아서 그런 겁니다.

예를 들어, 지금 여기 보리 씨가 있어요. 그 씨를 뿌리고 흙으로 덮어 주는데, 땅이 같고 심은 시기도 같다면 싹이 나서 쑥쑥 자라다가 하지쯤 되면 모두 여물죠. 간혹 여무는 정도가 차이가 나는 경우가 있는데 그건 토지의 비옥도가 다르고, 비와 이슬이 내리는 정도가 다르고, 사람이 수고한 정도가 달라서 생긴 것이지요.

그러니까 같은 종류는 모두 서로 비슷하게 마련이에요. 그런데 왜 유독 사람에 대해서만 그걸 의심하십니까? 너무 훌륭해서 우러러만 보이는 성인들도 나와 똑같이 '사람'이에요. 그래서 옛날에 한 지혜자는 이런 말을 했었죠. "발 치수를 정확히 모르고 신발을 지어도 나는 최소한 그것이 삼태기가 되지 않을 거라는 건 안다." 신발 모양이 서로 다 비슷한 건 세상 사람의 발 모양이 다 같기 때문이에요.

입맛도 그래요. 맛있다는 음식은 대개 모두 맛있다고 느끼죠. 역대급 셰프 역아易牙는 바로 그 입맛을 정확히 안 사람이죠. 입맛이 사람마다 다르다 해도 만약 개나 말의 입맛과 우리 입맛이 다른 정도로 달랐다면 어떻게 최고의 셰프라는 존재가 있을 수 있겠어요? 세상 사람들이 모두 그 셰프 식당에 굳이 예약을 잡고 꼭 먹어 보려 하는 것은 사람들 입맛이 서로 비슷하기 때문이죠.

귀도 마찬가지예요. 사람들은 모두 전설의 음악가 사광師曠의 음악을 좋아하고 그를 최고의 작곡가로 치죠. 이건 세상 사람들의 귀가 서로 비슷하기 때문이에요. 눈이라고 다르겠어요? 전설적인 미인 자도子都를 보고 그가 잘생겼다는 걸 모르는 사람이 없어요. 자도가 잘생겼는지 모르겠다고 하는 사람은 눈이 없는 거죠.

그래서 맛있는 건 누구에게나 맛있고, 좋은 음악은 누구에게나 좋고, 아름다운 얼굴은 누구에게나 아름다운 거라고들 합니다. 그런데 마음만 유독 안 그러겠어요? 마음이 똑같이 옳게 여기는 것이 무엇이겠습니까? 바로 하늘의 만물에 부여한 이치이고 사람이 행해야 할 올바른 도리입니다. 훌륭한 성인이란 우리 마음이 똑같이 옳게 여기는 것을 먼저 터득한 사람일 뿐이에요. 그러니까 이치와 올바른 도리가 우리 마음을 기쁘게 하는 것은 맛있는 고기가 우리 입을 즐겁게 하는 것과 같은 것이지요.

이 장은 앞 장 11-6과 이어진다. 앞 장에서 제자 공도자는 당시에 유행하던 본성론 세 가지에 대해 말하면서 맹자가 줄곧 주장해온 '성선'性善에 대해 질문한다. 성선은 바꾸어 말하면 인간에게 윤리가 천성적으로 주어진 영역이라는 주장이라고 볼 수 있다. 사람이라면 누구나 상대를 아끼고 사랑할 줄 알고, 무엇이 옳은 것인지에 대한 감각과 실천할 힘을 가지고 있어 타고난 본성이 선하다는 성선론이니, 이에 따르면 윤리는 사회적 필요로 만들어져 교육으로 학습해서 갖게 되는 것이 아니라 원래 그 씨앗이 나면서부터 주어진 게 되는 것이다. 맛있는 거 먹으면 좋고 예쁜 사람 보면 괜히 옆에 있고 싶고 하는 식욕과 성욕처럼, 따뜻하고 아름답고 지혜로운 사람을 보면 그렇게 되고 싶고 왠지 행복한 느낌을 받는 것도 본능이라는 주장에 고개가 끄덕거려지는 것도 사실이다. 그런데 윤리를 이처럼 본성에 새기고 태어나는 인간이 현실에서는 왜 서로 뺏고 죽이며 고통을 주지 못해 안달인가? 여기에 대한 답을 맹자는 다음 장인 11-8에서 말한다.

孟子曰: 富歲, 子弟多賴, 凶歲, 子弟多暴, 非天之降才爾殊也, 其所以陷溺其心者然也. 今夫麰麥, 播種而耰之, 其地同, 樹之時又同, 浡然而生, 至於日至之時, 皆熟矣. 雖有不同, 則地有肥磽, 雨露之養, 人事之不齊也. 故凡同類者, 擧相似也, 何獨至於人而疑之? 聖人與我同類者.故龍子曰, 不知足而爲屨, 我知其不爲蕢也. 屨之相似, 天下之足同也.

口之於味, 有同耆也. 易牙先得我口之所耆者也. 如使口之於味也, 其性與人殊, 若犬馬之與我不同類也, 則天下何耆皆從易牙之於味也? 至於味, 天下期於易牙, 是天下之口相似也.

惟耳亦然. 至於聲, 天下期於師曠, 是天下之耳相似也. 惟目亦然. 至於子都, 天下莫不知其姣也. 不知子都之姣者, 無目者也.

故曰, 口之於味也, 有同耆焉, 耳之於聲也, 有同聽焉, 目之於色也, 有同美焉. 至於心, 獨無所同然乎? 心之所同然者, 何也? 謂理也, 義也. 聖人先得我心之所同然耳. 故理義之悅我心, 猶芻豢之悅我口.

(11 - 8)

맹자 왈: 인간이 악한 건 잘못된 성장 탓, 본성은 선한 것

제나라 도성 부근에는 우산牛山이라는 산이 있는데 지금은 민둥산이라 볼품이 없죠. 하지만 그 산은 원래 나무가 울창한 것이 참 아름다웠습니다. 다만 제나라처럼 큰 나라 도성의 교외에 있어서 나무꾼들이 자주 들락거리니 나무가 어떻게 견뎌 내겠습니까? 물론 나무가 밤낮으로 자라고 비와 이슬이 적셔 주니 계속 새로 싹이 나긴 나죠. 하지만 소와 양을 또 거기에 방목해서 걔들이 다 뜯어 먹는데 저렇게 민둥민둥해질 수밖에요. 그 모습을 보고 사람들은 원래 저 산에는 좋은 재목이 없었다고 말하지만 이것이 어찌 산의 본성이겠습니까?

사람 안에 있는 것도 마찬가지입니다. 사람을 사랑하고 아끼는 마음과 사람으로 올바르게 행하려는 마음이 왜 없겠습니까? 그 타고난 좋은 마음을 놓쳐 버린 것이 나무에 도끼질을 해서 매일매일 베어 내는 것과 같으니, 그러고서는 도저히 아름다울 수 없는 것이지요. 물론 그 타고난 좋은 마음은 밤낮으로 자라고 새벽의 맑은 기운으로 적셔지는 것이 있을 테지요. 그러나 무언가를 좋아하고 싫어하는 것이, 즉 선악을 바라보는 시선이 다른 사람과 비슷한 점이 거의 없는 것은 낮 동안 하는 짓이 그 마음을 억눌러 사라지게 하기 때문입니다. 이렇게 억눌러 사라지게 하는 일이 반복되면 차분한 밤에 자라난 착한 마음은 보존될 수 없고, 밤사이 자라난 착한 마음이 보존될 수 없으면 곧 짐승과 다를 것이 없게 됩니다. 사람들은 그의 짐승 같은 행위만 보고 그에게 처음부터 좋은 마음이란 없었다고 생각하지만 이것이 어떻게 그 사람의 본성이겠습니까?

정말이지 잘만 길러 주면 잘 자라지 않는 것은 없습니다. 그러나 마찬가지로 제대로 길러 주지 못하면 어떤 것이든 사라지고 말죠. 공자께서 "잘 붙잡으면 보존되고 놓으면 잃어버려서 나고 드는 데 정해진 때가 없고 어디로 가는지도 알 수가 없다는 건 오직 사람의 마음을 두고 한 말일 것입니다"라고 하신 말씀은 참으로 의미심장합니다.

선한 본성을 가지고 태어나지만 그것은 씨앗이라는 가능성일 뿐

이미 다 자란 완성체로 주어지는 것이 아니기 때문에 환경이 그 씨앗을 지지하고 성장시켜 주지 못하면 그 가능성은 가능성으로 끝나 버리고 만다. 그래서 인간은 본성이 선함에도 불구하고 세상에 악이 만연한 것이다. 그래서 교육과 환경이 중요하다.

이 장은 별도로 '우산장'牛山章이라고도 불리는데, 이 '우산장'을 읽을 때마다 나태주 시인의 「풀꽃」이란 시가 떠오른다.

> 자세히 보아야 예쁘다.
> 오래 보아야 사랑스럽다.
> 너도 그렇다.

세상의 낙인은 무서운 것이다. 물론 그만한 행동을 해서 그렇기도 하겠지만 죄를 저지른 사람들을 볼 때마다 이런 생각이 든다. 저들이 좋은 환경에서 태어났더라면, 사랑이란 걸 받으며 성장했다면, 희망을 말해 주는 좋은 어른들을 만났더라면, 내일을 위한 기회를 제공받았더라면, 그랬어도 저런 오늘을 맞았을까? 당장 지은 죄에 책임을 지고 치러야 하는 죗값보다 무서운 것은 '원래 민둥산, 원래 볼 것이라고는 없는 못난 산'이라는 낙인이다. 오늘의 죄로 내일까지 없애 버리는 것이다. 이런 세상에 대해 맹자는 한 번만 다시 생각해 줄 것을 요청한다. 그의 선한 본성이 자랄 수 있게 조금만 도와준다면, 그의 선한 본성이 짓밟히지 않게 조금만 숨 쉴 틈을 준다면 달라질 수 있을 것이라고. 원래 민둥산인 산은 없다고. 인간이 욕망 때문에 서로를 살육하는 전쟁의 시대에 기어이 인간에게 희망을 걸었던 맹자의 마음이 나태주 시인의, 저 하나는 별것 없지만 때가 되면 대지를 뒤덮고야 마는 '풀꽃'처럼 아름답다.

孟子曰: 牛山之木嘗美矣, 以其郊於大國也, 斧斤伐之, 可以爲美乎? 是其日夜之所息, 雨露之所潤, 非無萌櫱之生焉, 牛羊又從而牧之, 是以若彼濯濯也. 人見其濯濯也, 以爲未嘗有材焉, 此豈山之性也哉?

雖存乎人者, 豈無仁義之心哉? 其所以放其良心者, 亦猶斧斤之於木也, 旦旦而伐之, 可以爲美乎? 其日夜之所息, 平旦之氣, 其好惡與人相近也者幾希, 則其旦晝之所爲, 有梏亡之矣. 梏之反覆, 則其夜氣不足以存. 夜氣不足以存, 則其違禽獸不遠矣. 人見其禽獸也, 而以爲未嘗有才焉者, 是豈人之情也哉?

故苟得其養, 無物不長, 苟失其養, 無物不消. 孔子曰, 操則存, 舍則亡. 出入無時, 莫知其鄕, 惟心之謂與!

(11 - 9)

맹자 왈: 환경의 중요성

지도자가 지혜롭지 않은 건 하나도 이상한 일이 아닙니다. 세상 쉽게 자라는 생물이 있다고 칩시다. 그런 생물도 볕은 하루만 쪼여 주고 열흘 동안 추위 속에 내버려둔다면 도무지 살아남을 수가 없는 법이죠.

제가 지도자를 만나는 날도 별로 없는데, 제가 물러나고 나면 지금 약간 볕을 쪼였을까 말까 한 그의 곁에 추위와 같은 자들이 들이닥칩니다. 제가 그에게 약간 선량한 마음의 싹을 틔워 줬다고 해도 뭘 어떡하겠습니까?

바둑으로 예를 들어 보면요, 바둑이라는 게 오락으로 별거 아닌 기술이죠. 그래도 정신을 집중하고 마음을 다 쏟지 않으면 제대로 익힐 수가 없어요. 이세돌 같은 고수에게 두 사람을 가르치게 했어요. 자, 한 사람은 온 정신을 다 집중해서 이세돌의 가르침을 들어요. 그런데 또 한 사람은 한 귀로는 이세돌의 강의를 들으면서 마음 한편으로는 딴생각을 해요. 그러니까 '이따가 오락실 가서 인형 뽑기 해야지. 이번에는 지난번에 뽑기 실패했던 피카츄를 꼭 뽑고 말거야!'라는 뭐 그런 생각들을 막 하는 거에요. 그럼 함께 배우고 있지만 결과는 같을 수 없죠. 이게 두 사람의 지능이 차이가 나서입니까? 그렇지 않죠.

孟子曰: 無或乎王之不智也. 雖有天下易生之物也, 一日暴之, 十日寒之, 未有能生者也. 吾見亦罕矣, 吾退而寒之者至矣, 吾如有萌焉何哉? 今夫弈之爲數, 小數也, 不專心致志, 則不得也. 弈秋, 通國之善弈者也. 使弈秋誨二人弈, 其一人專心致志, 惟弈秋之爲聽. 一人雖聽之, 一心以爲有鴻鵠將至, 思援弓繳而射之. 雖與之俱學, 弗若之矣. 爲是其智弗若與? 曰非然也.

(11 - 10)

맹자 왈: 더 중요한 것과 덜 중요한 것을 판단해 선택하기

생선 요리도 제가 좋아하는 것이고, 곰 발바닥 요리도 제가 좋아하는 것이에요. 그러나 두 가지를 다 먹을 수 없다면 저는 생선 말고 곰 발바닥을 선택할 겁니다. 삶도 제가 원하는 것이고 올바름도 제가 원하는 것이에요. 그러나 두 가지를 다 가질 수 없다면 저는 삶 말고 올바름을 선택할 겁니다. 물론 저는 삶을 원해요. 하지만 삶보다 더 간절히 원하는 것이 있기 때문에 구차하게 삶을 얻으려고 하지 않는 것이죠. 저도 죽는 게 싫어요. 죽는 거 좋아하는 사람이 어디 있겠어요? 하지만 죽음보다 훨씬 더 싫은 게 있기 때문에 죽을지도 모르는 환난이 닥쳐도 피하지 않는 겁니다.

만약 사람들이 삶보다 더 간절히 원하는 것이 없다면 살기 위해 무슨 방법이든 다 쓸 테죠. 그리고 사람들이 죽음보다 훨씬 더 싫은 게 없다면 죽을지도 모르는 환난을 피하기 위해 무슨 짓이든 다 할 것입니다. 그런데 이렇지 않은 사람들이 있죠. 그들은 살 수 있는 방법을 알면서도 그 방법을 쓰지 않고, 환난을 피할 수 있는 방법을 알면서도 그 방법을 쓰지 않아요. 그런 모습을 통해 삶보다 더 간절히 원할 만한 게 있고, 죽음보다 훨씬 더 싫어할 만한 게 있다는 걸 알 수 있습니다. 다만 일반인보다 아주 뛰어나고 현명한 사람만 이런 마음이 있는 걸까요? 아니죠. 사람이면 누구나 이런 마음을 가지고 있어요. 그저 아주 뛰어나고 현명한 사람은 그 마음을 잃지 않았을 뿐인 거죠.

여기 며칠 굶은 사람이 있다고 해 봅시다. 그 사람은 지금 밥 한 그릇, 국 한 그릇이라도 먹어야 살 수 있어요. 아니면 죽음이 곧 덮치게 생겼습니다. 이런 상황이라고 해도 누군가 먹을 걸 주면서 쯧쯧거리고 꾸짖으면서 주면 그건 노숙인이라 해도 받지 않고, 발로 차서 주면 거지라 해도 그런 건 받을 가치가 없다고 여깁니다.

그런데 이상하죠. 억대 연봉을 주면 이게 규범에 맞는 건지 정당한 건지 묻지도 따지지도 않고 받아요. 억대 연봉 받아 뭐 하게요? 부자 동네 가서 끝내주게 멋진 집을 사고, 미녀들을 실컷 거느리고, 나에게 굽신거리며 내 돈 좀 어떻게 받아 볼까 하는 주변의 돈 없는 사람들에게 돈 주려고요? 조금 전엔 그 밥 한 그릇 안 먹으면 죽을지도 모르는 상황인데도 그런 밥은 차라리 안 먹겠다고 안 받다가 이제는 고작 좋은 집에 좀 살아 보겠다고 그 돈을 받고, 아까는 죽음도 불사하고 모욕적인 밥 안 받다가 이제는 고작 미녀들 좀 거느려 보겠다고 그걸 받고, 전에는 죽는 한이 있어도 자기를 지킨다며 안 받다가 이제는 고작 자기 주변의 돈 없는 사람들에게 떵떵거리며 돈 좀 주겠다고 그걸 받네요. 이게 뭔가요……. 이런 짓 좀 그만둘 수는 없는 겁니까? 이런 걸 보고 본래의 선한 마음을 잃었다고 하는 것입니다.

더 중요한 것, 더 소중한 것을 판단하고 선택할 줄 아는 것, 이것이 인간이 배워야 하는 이유이고 성숙해야 하는 이유일 것이다. 눈앞의 욕망에 달떠 있을 때 이 본문을 읽으면 '그래, 그런 거지. 이거 다 있어서 뭐 하겠어'라며 갑자기 바람 빠진 풍선처럼 피식 웃음이 나곤 한다. 정작 그 돈 없으면, 그 밥 못 먹으면 죽을 상황에서도 몇 푼 아닌 돈과 별것 아닌 밥에는 자존심을 세우면서, 그거 없어도 사는 큰 액수 앞에서는 자존심도 자아도 내던져 버리는 인간의 부질없는 욕망이라니……. 없으면 죽는 필수품 앞에 세우던 자존심이, 없어도 그만인 사치품에 한 줌 깃털처럼 사뿐히 날아가는 인간의 어리석음, 우습다는 말로 다 표현이 될까?

孟子曰: 魚我所欲也, 熊掌亦我所欲也, 二者不可得兼, 舍魚而取熊掌者也. 生亦我所欲也, 義亦我所欲也, 二者不可得兼, 舍生而取義者也. 生亦我所欲, 所欲有甚於生者, 故不爲苟得也. 死亦我所惡, 所惡有甚於死者, 故患有所不辟也.

如使人之所欲, 莫甚於生, 則凡可以得生者, 何不用也? 使人之所惡, 莫甚於死者, 則凡可以辟患者, 何不爲也? 由是則生而有不用也, 由是則可以辟患而有不爲也. 是故所欲有甚於生者, 所惡有甚於死者. 非獨賢者有是心也, 人皆有之, 賢者能勿喪耳.

一簞食, 一豆羹, 得之則生, 弗得則死. 嘑爾而與之, 行道之人弗受, 蹴爾而與之, 乞人不屑也. 萬鍾則不辨禮義而受之. 萬鍾於我何加焉? 爲宮室之美, 妻妾之奉, 所識窮乏者得我與? 鄕爲身死而不受, 今爲宮室之美爲之. 鄕爲身死而不受, 今爲妻妾之奉爲之, 鄕爲身死而不受, 今爲所識窮乏者得我而爲之. 是亦不可以已乎? 此之謂失其本心.

(11 - 11)

맹자 왈: 급선무는 '마음'을 회복하는 것 (1)

사람을 아끼고 사랑하며 사람답게 살려는 마음은 인간이 본래 가지고 태어나는 마음이고, 사람의 올바른 길은 사람이면 누구나 걸어야 하는 길입니다. 그 길을 놔두고 그 길로 걷지 않고, 그 마음을 놓치고도 되찾을 줄 모르니, 아, 무슨 이런 안타까운 경우가 있습니까!

집에서 기르는 개나 고양이를 잃어버리면 마음을 졸이며 찾으러 다니면서 자기 마음을 잃어버리고서도 찾을 줄을 몰라요. 공부한다는 게, 학문한다는 게 뭐 대단한 걸 찾는 게 아닙니다. 그저 그 잃어버린 자기 마음을 찾는 것이지요.

> 개나 고양이에게 쏟는 애정만큼만 내가 '사람으로 태어나 사람다운가?' '사람으로 태어나 사람답게 살고 있는가?'란 질문에 쏟아도 세상은 놀랍게 아름다워질 것이다. 입시와 입사와 승진을 위해서가 아니라 내가 잃어버린 나의 사람다움을 찾기 위해 공부한다면 세상은 모두 함께 더불어 살 만한 곳이 될 것이다.

孟子曰: 仁, 人心也, 義, 人路也. 舍其路而弗由, 放其心而不知求, 哀哉! 人有雞犬放, 則知求之, 有放心, 而不知求. 學問之道無他, 求其放心而已矣.

(11 - 12)

맹자 왈: 급선무는 '마음'을 회복하는 것 (2)

만약 지금 당신이 무명지, 그러니까 넷째 손가락이 굽어서는 펴지지 않는 문제를 갖고 있다고 해 볼게요. 사실 이건 대단히 아프거나 할 일을 못하거나 하는 중대한 어려움은 아니지요. 하지만 어떤 의사가 그런 손가락을 잘 고친다는 소문을 듣는다면 거기가 얼마나 먼 곳이든 심지어 외국이라 해도 아마 기어이 갈 거예요. 손가락이 남과 다른 모양이라는 게 여간 신경 쓰이지 않기 때문이죠.

손가락이 남과 좀 다른 건 신경 쓸 줄 알면서 마음이 남과 다른 건 왜 신경 쓸 줄 모를까요? 이런 걸 바로 '일의 경중을 모른다'라고 하는 거죠.

孟子曰: 今有無名之指, 屈而不信, 非疾痛害事也. 如有能信之者, 則不遠秦楚之路. 爲指之不若人也. 指不若人, 則知惡之, 心不若人, 則不知惡. 此之謂不知類也.

(11 - 13)

맹자 왈: 급선무는 '마음'을 회복하는 것 (3)

오동나무나 가래나무는 좋은 목재죠. 그래서 사람들은 그 묘목이 생기면 이 나무들을 잘 키워 낼 줄 알아요. 그런데 자기 자신은 도무지 잘 기를 줄을 모르네요. 어떻게 자기 자신을 아끼는 게 오동나무나 가래나무 아끼는 것만도 못한 걸까요? 생각하지 않아서 그래요. 너무 생각을 안 하는 거죠.

孟子曰: 拱把之桐梓, 人苟欲生之, 皆知所以養之者. 至於身, 而不知所以養之者, 豈愛身不若桐梓哉? 弗思甚也.

(11 - 14)

맹자 왈: 급선무는 '마음'을 회복하는 것 (4)

사람의 몸에는 여러 부분이 있어요. 그 부분을 차별해서 어떤 건 아끼고 어떤 건 함부로 하는 사람은 없죠. 사람들은 자기 신체의 모든 부분을 다 아껴요. 그래서 다 관리하죠. 큰 부위든 작은 부위든 관리하지 않는 부위가 없어요. 다만 잘 돌보고 있는지 아닌지는 따져 볼 수 있죠. 그걸 어떻게 알 수 있을까요? 경중을 따져 보는 거예요.

신체에는 더 중요한 부위가 있고 덜 중요한 부위가 있죠. 큰 기관도 있고, 작은 기관도 있고요. 그런 걸 살펴 적절히 관리해야 합니다. 그래야 작은 기관을 살피다가 큰 기관을 상하게 하거나 천한 걸 돌보다가 귀한 걸 망가뜨리는 일이 없을 수 있어요. 별것 아닌 사소한 걸 기르는 사람은 소인小人이 되고, 크고 귀한 걸 기르는 사람은 대인大人이 됩니다.

여기 어떤 원예사가 있다고 해 봅시다. 그가 좋은 목재인 오동나무나 가래나무는 놔두고 별 쓸모없는 대추나무나 가시나무를 기른다면 그 사람은 참 형편없는 정원사죠. 사람도 마찬가지예요. 손가락 하나 온전하자고, 다리 하나 멀쩡하자고 생명 전체를 위협하는 선택을 하고서도 자기가 무슨 선택을 했는지 모른다면 그건 진짜 어리석은 사람이죠.

먹고 마시는 일은 생명 유지를 위해 꼭 필요한 일이죠. 그러나 먹고 마시는 데만 몰두하는 사람을 사람들은 천박하게 여겨요. 그가 작고 사소한 것은 살피고 돌볼 줄 알면서 정작 크고 중요한 것은 잊고 있기 때문이죠. 먹고 마시는 데 몰두하는 인간이 거기 몰두하는 것만으로 깊은 생각과 옳은 길을 추구하려는 뜻을 길러져 훌륭한 인간, 즉 대인이 될 수 있다면, 입과 배가 어찌 먹고 마셔 몸을 유지하는 일을 하는 정도의 기관이겠습니까?

孟子曰: 人之於身也, 兼所愛. 兼所愛, 則兼所養也. 無尺寸之膚不愛焉, 則無尺寸之膚不養也. 所以考其善不善者, 豈有他哉? 於己取之而已矣. 體有貴賤, 有小大. 無以小害大, 無以賤害貴. 養其小者, 爲小人, 養其大者, 爲大人. 今有場師, 舍其梧檟, 養其樲棘, 則爲賤場師焉. 養其一指, 而失其肩背, 而不知也, 則爲狼疾人也.

飮食之人, 則人賤之矣, 爲其養小以失大也. 飮食之人, 無有失也, 則口腹豈適爲尺寸之膚哉?

(11 - 15)

제자 공도자와의 대화: 급선무는 '마음'을 회복하는 것 (5)

공도자 다 똑같은 사람인데 왜 누구는 위대한 지성인이 되고, 누구는 하찮고 자잘한 사람이 되는 건가요?

맹자 '나'라는 존재에서 주어진 것 중 선한 마음과 생각을 따라 살아가면 위대한 지성인이 되고, 먹고사는 데 매몰돼서 살아가면 하찮고 자잘한 사람이 되는 거라네.

공도자 그럼 다 똑같은 사람인데 누구는 선한 마음과 생각을 중심축으로 놓고 살아가고 또 누구는 먹고사는 데 전전긍긍하며 살아가는 건 또 왜 그런 건가요?

맹자 눈이나 귀 같은 신체 기관은 생각을 못하는 기관이니까 신체 바깥에 있는 물건이나 일을 만나게 되면 거기 가려지게 마련이지. 그래서 그런 외부 환경과 계속 부딪히면 거기 끌려다니게 된다네. 하지만 마음이란 기관은 다르지. 마음은 생각하는 기관이라네. 생각을 하면 와서 부딪히는 환경의 실체나 핵심을 파악할 수 있지. 물론 생각을 하지 않으면 파악할 수 없고. 이건 하늘이 우리 모두에게 준 것인데, 먼저 이 크고 중요한 것을 나란 사람의 삶의 축으로 세우면 작은 감각기관이 삶을 흔들어 놓는 일이 없게 되지. 이렇게 되면 위대한 지성인이 되는 거라네.

11-10(424쪽)부터 여기 11-15까지 읽다 보면 인간의 어리석음에 대해 생각하게 된다. 무엇이 중요한지 무엇이 급선무인지 무엇을 선택해야 하는지 결정적인 순간에 망쳐 버리고 마는 어리석음. 선한 본성을 잃고 싶지 않으면 인간은 지적인 능력을 개발해야 한다. 판단하고 선택해야 하기 때문이다. 인과 의를 지키고 싶다면 반드시 '지'智가 필요하다. 그래서 인간의 선한 본성에는 '지'도 포함된다. 감성만 본성의 영역이 아니라 이성도 본성의 영역이다. 맹자에 의하면 '본능에 충실해'란 말에는 '너의 이성으로 잘 판단해'란 뜻도 포함되는 것이다. 꽤 흥미로운 부분이다.

公都子問曰: 鈞是人也, 或爲大人, 或爲小人, 何也?

孟子曰: 從其大體爲大人, 從其小體爲小人.

曰: 鈞是人也, 或從其大體, 或從其小體, 何也?

曰: 耳目之官, 不思而蔽於物. 物交物, 則引之而已矣. 心之官則思, 思則得之, 不思則不得也. 此天之所與我者, 先立乎其大者, 則其小者弗能奪也. 此爲大人而已矣.

(11 - 16)

맹자 왈: 하늘이 부여한 지위 vs. 인간이 부여한 지위

하늘이 부여한 지위가 있고, 사람이 부여한 지위가 있습니다. 사람을 아끼고 사랑하는 것, 사람으로서 올바른 길을 걷는 것, 사람과의 관계에서 내 진심을 다하는 것, 사람에게 신뢰를 지키는 것, 선한 것을 즐거워해서 게을리하지 않는 것, 이런 것이 하늘에서 부여한 지위입니다. 장관이나 총리,

기관장, 부서장, 이런 것은 사회에서 인간이 부여한 지위이고요.
옛날, 사람으로서 산다는 것이 무엇인지 알았던 사람들은 하늘이 부여한 지위를 제대로 이행해 내는 데에 힘을 다했고, 그렇게 하는 중에 자연스럽게 그의 인격과 실력의 성장에 따라 사람이 부여한 일과 지위가 따라왔습니다. 그런데 지금 사람들은 하늘이 부여한 인간으로서의 지위를 열심히 연마해서 사람이 부여하는 지위를 얻으려 하죠. 그리고 사람이 부여하는 지위를 얻고 나면 하늘이 부여한 인간으로서의 지위를 내버려요. 이건 아주! 엄청! 매우! 어이없게 잘못된 것이죠. 이런 경우, 결국은 인간이 부여한 지위마저도 반드시 잃게 됩니다.

孟子曰: 有天爵者, 有人爵者. 仁義忠信, 樂善不倦, 此天爵也, 公卿大夫, 此人爵也. 古之人, 修其天爵, 而人爵從之, 今之人, 修其天爵, 以要人爵. 既得人爵, 而棄其天爵, 則惑之甚者也, 終亦必亡而已矣.

(11 - 17)

맹자 왈: 하늘이 준 존귀 vs. 사람이 준 존귀

존귀하게 되고 싶은 건 사람이면 누구나 똑같이 갖는 마음이죠. 그런데 재미있는 건, 그 존귀가 이미 사람 한 명 한 명에게 다 있다는 거예요. 다만 그걸 생각지도 않고 있을 뿐이죠.
남이 귀하게 만들어 준 것은 진짜 귀한 게 아니에요. 줄을 잘

서서 어떤 실력자가 나를 좋은 자리에 낙하산으로 꽂아 주잖아요? 그럼 내 생사여탈권은 그 사람에게 있는 거예요. 수틀리면 언제든 그 사람이 다시 날 그 자리에서 치워 버릴 수 있어요.

『시경』 대아 「이미 취하고」既醉라는 시에 보면, "술로 취하고, 덕으로 배불렀네"라는 구절이 있잖아요. 이건 타인을 생각할 줄 아는 사람다운 마음과 사람으로서 올바른 도리를 추구하는 자세가 내면에 풍성해 이미 만족이 차고 넘쳐서 맛나고 기름진 음식으로 가득한 남의 식탁을 부러워하지 않고, 훌륭한 명성과 널리 알려진 명예가 자신에게 있기 때문에 높은 지위를 나타내는 남의 화려한 예복을 부러워하지 않는 자세를 노래한 것이에요.

孟子曰: 欲貴者, 人之同心也. 人人有貴於己者, 弗思耳. 人之所貴者, 非良貴也. 趙孟之所貴, 趙孟能賤之. 詩云, 既醉以酒, 既飽以德. 言飽乎仁義也, 所以不願人之膏粱之味也. 令聞廣譽施於身, 所以不願人之文繡也.

(11 - 18)

맹자 왈: 사랑의 힘

타인을 생각할 줄 아는 사랑은 잔인을 이겨요. 물이 불을 이기는 것처럼요. 다만 지금 사랑을 실천하는 자들은 물 한 잔으로 유조차에 붙은 불을 끄려는 것과 같은 모양새예요. 당연히 불이 안 꺼지죠. 그런데 불이 안 꺼지는 걸 보고는 물이 불을 이기지 못한다고 말해요. 이건 또 아주 열렬하게 잔인을 펀드는 짓이죠. 결국에는 자기들이 한 작은 사랑도 기어이 망해 버리고 말게 됩니다.

孟子曰: 仁之勝不仁也, 猶水勝火. 今之爲仁者, 猶以一杯水, 救一車薪之火也. 不熄, 則謂之水不勝火. 此又與於不仁之甚者也. 亦終必亡而已矣.

(11 - 19)

맹자 왈: 좋은 씨앗도 잘 키워야 좋은 것이 된다

유기농으로 잘 키운 재료로 만든 슬로푸드는 더할 나위 없이 좋은 음식이죠. 그렇지만 제대로 조리하지 못해서 망쳐 버리면 정크푸드만 못해요. 어찌 되었건 음식은 당장의 허기를 면하고 지금 쓸 에너지를 공급해야 하니까요. 타인을 생각하는 사람다운 마음도 마찬가지예요. 이것 역시 마음에 씨앗이 있는 것도 중요하지만 제대로 잘 가꿔서 필요할 때 적절하게 사용될 수 있어야 하지요.

孟子曰: 五穀者, 種之美者也. 苟爲不熟, 不如荑稗. 夫仁亦在乎熟之而已矣.

(11 - 20)

맹자 왈: 결과보다 중요한 것은 기본기

양궁 금메달리스트가 양궁을 가르칠 때 무엇에 핵심을 두어 가르칠까요? 과녁을 맞히는 것? 아니죠. 활을 제대로 가득 당기는 법을 가르쳐요. 기본기라고 하죠. 그러니까 배우는 사람도 반드시 활을 제대로 가득 당기는 법에 뜻을 두어야 합니다.
건축가가 건축 설계를 가르칠 때 무엇에 핵심을 두어 가르칠까요? 보기 좋은 건물을 구상하는 거요? 아니죠. 측량을 정확히 해서 구현하는 방법, 즉 측량 기기를 정확히 제대로 활용하는 방법을 가르쳐요. 그러니까 건축을 배우는 사람도 측량의 중요성과 측량 기기 활용에서 시작해야 하는 거죠.

11-16(432쪽)부터 여기 11-20까지는 바른 가치를 확립하는 것과 그 가치를 바탕으로 실제 삶을 살아가며 성장하는 일의 중요성을 말하고 있다. 기본기가 잘 갖추어진 사람은 위기의 순간에 흔들리지 않는다. 나는 흔들리지만 '습관'은 흔들리지 않기 때문이다. 기본기의 중요함은 여기에 있다. 기본기를 쌓는 과정은 조금도 재미있지 않다. 눈에 보이는 결과물이 없기 때문이다. 보기 좋은 글씨를 쓰고 싶은데 붓 쓰는 기본기를 익히라며 내내 선 긋기나 시키고, 신나는 곡을 연주하고 싶은데 기본기를 익히라며 연습곡을 몇십 분씩 시키고, 아름다운 그림을 그리고 싶은데 구도를 익히라며 데생만 죽어라 시킨다. 그러나 이 기본기가 나중에 저력이 된다. 어떤 상황에서도 정확한 선을 긋고 정확한 소리를 내고 정확한 틀을 잡아내서 전체의 완성도를 결정짓는 힘이 되는 것이다. 개인의 성장도 마찬가지다. 삶의 방향성이라는 기본이 튼실한 뿌리를 내리지 못하면 지금 화려한 오늘을 누리고 있더라도 그것은 환경이 흔들리는 순간에 무너져 내릴 수 있는 사

상누각일 뿐이다. 그리고 기본을 확립했거든 그 힘으로 삶과 세상이라는 모진 비바람을 겪어 내며 기어이 성장해야만 한다. 그래야 내가 세운 기본이 어떤 것인지 세상이 알 수 있고, 나의 선택이 틀리지 않았다는 것을 스스로 알 수 있다. 이 상호 작용 속에서 건강한 자아상을 갖게 되는 것이다.

孟子曰: 羿之教人射, 必志於彀. 學者亦必志於彀, 大匠誨人, 必以規矩. 學者亦必以規矩.

고자 하

12

告子下

(12 - 1)

임(任)나라 아무개와 제자 옥려자(屋廬子)의 대화: 경중 비교의 논리

아무개 예를 지키는 것과 먹고사는 것 중에 뭐가 더 중요한가요?

옥려자 예를 지키는 게 더 중요하죠.

아무개 그럼 성생활과 예를 지키는 것 중에 뭐가 더 중요한가요?

옥려자 예를 지키는 게 더 중요하죠.

아무개 그럼 이런 경우는 어떤가요? 예를 지켜서 먹고살려면 굶어 죽어요. 예를 신경 쓰지 않고 먹고살려면 먹고살 수 있고요. 그런데도 꼭 예를 지켜야 하나요? 결혼식을 제대로 치르자면 색시를 못 얻어요. 결혼식 따위 안 치르면 색시를 얻을 수 있고요. 그런데도 꼭 결혼식을 제대로 해야 하나요?

옥려자 …….

대답을 못했던 옥려자는 이튿날 맹자 고향 추나라로 가서 맹자를 만났다.

맹자 그게 뭐 어렵다고……. 뭐든 높이를 잴 때 먼저 똑같이 바닥에 세우는 것부터 시작해야지, 그렇지 않고 머리끝만 재면 쪼만한 나무토막도 바닥을 어디로 해서 세우느냐에 따라 63빌딩보다 더 높게 만들 수 있지 않겠나? 또 금속이 깃털보다 무겁다는 건 일반적인 상식이지. 하지만 구리 반지 하나랑 한 트럭 가득 되는 깃털을 두고 무게를 재면서 그 상식이 통하길 바라면 그게 말이 되겠나?

목숨이 경각에 달린 먹고사는 일과 당장 급하지 않은 예의를 비교하면, 먹고사는 일이 그저 중하다 뿐이겠는가? 후손을 얻느냐 못 얻느냐가 달린 성생활과 당장 급하지 않은 예의를 비교하면, 이 경우도 대체 둘이 비교가 되겠나? 가서 이렇게 되물어 보게나. "형 목에 칼을 들이대서 뺏으면 먹고살 수 있고, 그렇게 안 하면 먹고살 수 없다고 하면, 그대는 먹고살기 위해 인륜이라는 예를 저버리고 형 목에 칼을 들이댈 건가요? 또 몰래 남의 집에 들어가 기다리고 있다가 그 집 처자를 납치해 오면 색시를 얻을 수 있고, 그렇게 안 하면 색시를 못 얻는다고 하면, 그래도 그대는 색시를 얻기 위해 사람 사이의 규범인 예를 저버리고 남의 집 처자를 납치해 올 건가요?"

임나라 사람은 무게 추로 장난을 쳤다. 무게가 다른 것의 경중을 함께 논하는데 어떻게 바른 답이 나올 수 있겠는가? 임나라 사람의 옳지 않은 질문을 깨우쳐 주는 맹자의 답이 재치 넘친다. 그렇지, 기준선을 달리해서 높이를 재면 나뭇가지 하나를 555미터 롯데월드타워보다 높게 만들 수 있지!

任人有問屋廬子曰: 禮與食孰重?

曰: 禮重.

色與禮孰重?

曰: 禮重.

曰: 以禮食則飢而死, 不以禮食則得食, 必以禮乎? 親迎則不得妻, 不親迎則得妻, 必親迎乎?

屋廬子不能對.

明日之鄒, 以告孟子.

孟子曰: 於答是也, 何有? 不揣其本而齊其末, 方寸之木, 可使高於岑樓.

金重於羽者, 豈謂一鉤金與一輿羽之謂哉?

取食之重者, 與禮之輕者而比之, 奚翅食重? 取色之重者, 與禮之輕者而比之, 奚翅色重? 往應之曰, 紾兄之臂而奪之食, 則得食, 不紾, 則不得食, 則將紾之乎? 踰東家牆而摟其處子, 則得妻, 不摟, 則不得妻, 則將摟之乎?

(12 - 2)

조나라 군주 동생 조교(曹交)와의 대화: 누구나 요순이 될 수 있다

조교 사람이면 누구나 요임금, 순임금이 될 수 있다고 하는데, 그렇습니까?

맹자 네, 그렇습니다.

조교 제가 알기로, 문왕은 키가 2미터쯤 되고, 탕왕은 180센티미터쯤 된다고 하는데, 저는 188센티미터쯤 돼요. 그런데 이렇다 할 업적을 이룬 것도 없이 밥만 축내고 있으니 어떡하면 좋죠?

맹자 (이 무슨……. 뜬금없이 웬 키?) 키가 무슨 상관이 있겠습니까? 그분들처럼 하기만 하면 됩니다. 이렇게 설명해 볼까요? 여기 병아리 한 마리도 들어 올리지 못하는 사람이 있다고 하면, 그 사람은 약골이죠. 그런데 그가 경차 한 대쯤 들어 올릴 수 있다고 하면 그 사람은 장사가 되는 겁니다. 힘이란 그가 들어 올리는 실체로 증명되는 것이죠. 누군가 역도 금메달리스트가 들었던 무게의 역기를 들어 올린다면 그 사람 역시 그 금메달리스트가 되는 것 아니겠습니까? 감당하지 못할 것 같다고 사람들은 걱정하곤 합니다. 그러나 실은 지레 포기하고 하지 않는 것일 뿐입니다.
어른과 걸을 때 천천히 걸어서 어른 뒤를 따라가는 것을 공손한 자세라고 하죠. 반대로 빨리 어른을 앞질러 가는 것을 공손하지 못한 자세라고 하고요. 천천히 걷는 것이 사람들에게 불가능한 일이겠습니까? 그냥 하지 않는 거죠. 요임금과 순임금이 제시한 바른 삶의 길이란 효도와 공손함일 뿐입니다.
그대가 성군 요임금의 옷을 입고 요임금의 말을 외고 요임금의 행동을 한다면 그대가 바로 성군 요임금이 되는 겁니다. 마찬가지로 그대가 히틀러의 옷을 입고 히틀러의 말을 외고 히틀러의 행동을 한다면 그대가 바로 히틀러가 되는 거고요.

조교 (아, 감동!) 선생님, 제가 추나라 군주를 뵈려고 하는데, 그러면 이곳에 호텔 방 하나 얻을 수 있을 것 같아요. 여기 그렇게 머물면서 선생님 문하에서 배우고 싶은데, 괜찮을까요?

맹자 아, 그러실 필요까지야……. 인생의 올바른 길이란 16차선 도로처럼 넓은 것이랍니다. 어찌 알기 어렵겠습니까? 사람들이 그저 찾지 않을 뿐이지요. 그대가 돌아가서 찾기만 한다면 스승은 얼마든지 있을 겁니다.

조교의 질문이 아무래도 수준이 낮다. 사람은 누구나 성인이 될 수 있다는 말에, 자기 키가 문왕과 탕왕과 비슷하니 자기도 그렇게 훌륭해져야 하는데 자신은 아직 그렇지 못하다고 말하다니……. 도대체 키가 비슷한 것과 인격적 성취를 어떻게 같이 놓고 비교할 생각을 한 것일까? 그래서 일단 맹자는 차분히 설명을 해 준다. 삶을 성인처럼 가꾸면 성인이 되는 것이라고. 그 친절한 설명에 조교는 맹자의 제자가 되고자 한다. 하지만 맹자는 극구 사양한다. 천하 영재를 얻어 가르치는 것이 지식인의 세 번째 즐거움이라고 말한 맹자였으니 그 심정이 이해되지 않는 바도 아니다.

曹交問曰: 人皆可以爲堯舜, 有諸?

孟子曰: 然.

交聞文王十尺, 湯九尺, 今交九尺四寸以長, 食粟而已, 如何則可?

曰: 奚有於是? 亦爲之而已矣. 有人於此, 力不能勝一匹雛, 則爲無力人矣, 今曰擧百鈞, 則爲有力人矣. 然則擧烏獲之任, 是亦爲烏獲而已矣. 夫人豈以不勝爲患哉? 弗爲耳.

徐行後長者, 謂之弟, 疾行先長者, 謂之不弟. 夫徐行者, 豈人所不能哉? 所不爲也. 堯舜之道, 孝弟而已矣. 子服堯之服, 誦堯之言, 行堯之行, 是堯而已矣, 子服桀之服, 誦桀之言, 行桀之行, 是桀而已矣.

曰: 交得見於鄒君, 可以假館, 願留而受業於門.

曰: 夫道, 若大路然, 豈難知哉? 人病不求耳, 子歸而求之, 有餘師.

제자 공손추와의 대화: 부모를 사랑할 때와 원망할 때

공손추 스승님, 그런데요, 고자高子가 그러는데, 『시경』 소아 「갈까마귀」小弁란 시는 인격이 덜 된 사람이 지은 시래요.

맹자 왜?

공손추 원망하고 있어서요.

맹자 고 영감 시 보는 방식 거 참 깝깝하네. 고지식하기는……. 여기 어떤 사람이 있는데 생판 모르는 외국인이 갑자기 총을 꺼내서 그 사람을 겨누면 자기는 웃으면서 그러지 말라고 여유 있게 타이를 테지. 왜 여유가 있겠나? 남이니까 그렇지. 그럼 이번엔 형이 그 사람에게 총을 겨눴다고 해 보세. 그럼 이러면 안 된다고 간절함에 눈물까지 줄줄 흘리면서 말리겠지. 왜 이렇게 간절한 마음으로 말리겠나? 혈육이니까 그렇지. 「갈까마귀」란 시에 원망이 담겨 있는 건 부모에 대한 사랑 때문이라네. 부모를 사랑하는 건 사람됨의 기본이자 사람다움 그 자체이지. 아무리 생각해도 고 영감이 시 해석은 참 고지식하게 한단 말이지, 깝깝해!

그럼 여기서 읽어 봐야 할 시 「갈까마귀」.

날개짓하는 저 갈까마귀 弁彼鸒斯
떼지어 날아 돌아오네 歸飛提提
사람들은 다 잘 지내는데 民莫不穀

나만 홀로 근심하도다 我獨于罹
하늘에 무슨 죄 지었는고 何辜于天
내 죄가 무엇인가 我罪伊何
마음의 시름이여 心之憂矣
이를 어찌할거나 云如之何

뽕나무와 가래나무도 維桑與梓
반드시 공경하는데 必恭敬止
우러러볼 분 오직 아비이며 靡瞻匪父
의지할 분 오직 어미인 것을 靡依匪母
터럭으로도 이어지지 않으며 不屬于毛
마음속에도 걸리지 않는가 不離于裏
하늘이 나를 낳긴 낳았으나 天之生我
내가 태어난 때가 어디에 있단 말인가 我辰安在

총 8연으로 된 시이지만 이 토론을 이해할 수 있도록 1연과 3연만 떼어 왔다. 이 시에 대해서는 두 가지 설이 있다. 첫째, 주나라 유왕幽王이 포사褒姒라는 여인에게 빠져 그 여인의 아이를 태자로 삼으려고 원래 태자인 의구宜臼와 의구를 낳은 비를 폐위하자 의구의 스승이 애통한 마음을 담아 지은 것이라는 설. 둘째, 주나라 선왕宣王 때 윤길보尹吉甫라는 이름난 신하가 후처를 맞아들여 아들을 낳자, 후처가 본처의 아들을 모함했고 윤길보가 결국 본처의 아들을 쫓아내자 쫓겨난 아들이 서러운 마음으로 지은 것이라는 설. 그러나 둘 다 부모에게 버림받은 자녀의 이야기라 이 본문을 이해하기에는 조금도 어려움이 없다.

공손추 그럼 『시경』 국풍 「훈훈한 바람」凱風이란 시는요? 이 시에서는 왜 원망하지 않죠?

맹자 「훈훈한 바람」은 거기서 나오는 부모의 잘못이 대단한 게 아니잖나. 「갈까마귀」는 부모의 잘못이 아주 크고 말이지. 부모의 잘못이 매우 큰데도 원망을 안 하면 관계가 더 멀어지고, 부모의 잘못이 별것 아닌데도 원망을 하면 서로 입도 뻥긋할 수 없는 관계가 되는 거라네. 관계가 더 멀어지는 것도 불효고, 서로 입도 뻥긋할 수 없는 관계가 되는 것도 불효지. 공자께서는 이렇게 말씀하셨다네. "순임금은 정말 대단한 효자입니다. 쉰이 되어도 어버이를 사모했다니까요."

또 한 편 읽어 봐야 할 시 「훈훈한 바람」.

남쪽의 훈훈한 바람 凱風自南
저 가시나무 새싹에 불어오네 吹彼棘心
파릇파릇 어린 새싹들에 棘心夭夭
고생하셨을 어머니 母氏劬勞

남쪽의 훈훈한 바람 凱風自南
저 앙상한 가지에 불어오네 吹彼棘薪
어머니 지혜롭고 선하신데 母氏聖善
우리 자녀는 착한 이 없도다 我無令人

찬 샘이 있으니 爰有寒泉

바로 저 준읍浚邑 아래라지	在浚之下
자식이 일곱인데	有子七人
어머니만 고생하시는가	母氏勞苦

곱고 예쁜 꾀꼬리여	睍睆黃鳥
그 소리 아름답구나	載好其音
자식이 일곱인데	有子七人
어머니 마음 위로해 드리지 못하는구나	莫慰母心

이 시는 자식을 일곱 둔 어머니가 남편이 죽은 뒤 다른 남자를 만나 개가하려고 하자 아들들이 어머니를 원망하지 않고 자기들의 부족한 효성을 자책하는 마음을 드러낸 시이다. 그렇지. 홀로 아들 일곱을 키운 어머니가 새로운 사랑을 만나겠다는 게 저 시대에도 무슨 큰 잘못일 순 없지!

公孫丑問曰: 高子曰, 小弁, 小人之詩也.

孟子曰: 何以言之?

曰: 怨.

曰: 固哉, 高叟之爲詩也! 有人於此, 越人關弓而射之, 則己談笑而道之, 無他, 疏之也. 其兄關弓而射之, 則己垂涕泣而道之, 無他, 戚之也. 小弁之怨, 親親也. 親親, 仁也. 固矣夫, 高叟之爲詩也!

曰: 凱風, 何以不怨?

曰: 凱風, 親之過小者也, 小弁, 親之過大者也. 親之過大而不怨, 是愈疏也, 親之過小而怨, 是不可磯也. 愈疏, 不孝也, 不可磯, 亦不孝也. 孔子曰, 舜其至孝矣, 五十而慕.

묵가 학자 송경(宋牼)과의 대화: 이익과 옳음 사이에서

송경이 초나라로 가던 길에 맹자를 만나게 되었다.

맹자 선생께서는 어디로 가시는 겁니까?

송경 진秦나라와 초나라 사이에 전쟁이 벌어질 거라고 들었어요. 그래서 내가 초나라 왕을 만나 전쟁을 그만두게 설득하려고 합니다. 초나라 왕이 신통찮게 들으면 진나라로 가서 왕을 만나 설득해 볼 거고요. 두 왕 중에 한 명은 내 말을 들어주겠지요.

맹자 제가 선생님께서 말씀하실 자세한 내용은 묻지 않을게요. 그러나 요지는 알고 싶은데요. 어떻게 설득하실 생각이십니까?

송경 나는 전쟁을 하는 게 이익 될 게 없다는 걸 말하려고 해요.

맹자 아, 그렇군요. 선생의 뜻은 훌륭합니다만 선생의 문제 제기 방식은 좋지 않습니다. 선생께서 이익을 가지고 진나라와 초나라 왕을 설득하신다면, 그들은 이익에 혹해서 거대한 군대를 해산할 것입니다. 그러면 거기 소속되었던 군인들은 해산을 반기면서 이익에 혹하게 될 것입니다. 신하가 이익을 생각해서 군주를 섬기고, 아들이 이익을 생각해서 부모를 섬기며, 아우가 이익을 생각해서 형을 섬긴다면 어떻게 될까요? 이렇게 되면 이 모든 관계가 결국 사람을 아끼고 사랑하는 사람다운 마음이나 사람으로서 옳게 살아가겠다는 마음이 아니라 서로 콩고물이라도 좀 떨어지길 바라며 서로를 대하는 사이가 될 테죠. 이렇게 되고도 망하지 않는 경우는 없습니다.
선생께서 사람이 사람을 아끼고 사랑하는 마음과 사람으로서 옳게 살아가는 도리를 가지고 두 왕을 설득하고, 두 왕도 이 가치에 마음이 끌려 그 거대한 군대를 해산하면, 거기 소속된 군인들도 해산을 반기면서 이 가치에 시선을 던지겠죠. 신하가 사람다운 사랑과 올바른 도리를 마음에 품고 군주를 섬기며, 자식이 사람다운 사랑과 올바른 도리를 마음에 품고 부모를 섬기며, 아우가 사람다운 사랑과 올바른 도리를 마음에 품고 형을 섬기게 되면 어떻게 될까요? 이렇게 되면 이 모든 관계가 이익을 버리고 사람다운 사랑과 올바른 도리를 마음에 품고 서로를 대하게 될 테죠. 이렇게 하고도 천하의 마음을 얻지 못하는 자는 없었습니다. 이런데 왜 선생께서는 하필 '이익'을 말씀하려 하십니까?

「양 혜왕 상」 1-1(48쪽)과 매우 비슷한 내용이다. 송경은 묵자 계열의 송나라 학자로, 묵가는 공격적인 전쟁을 반대하고 모든 사람이 살 만한 세상을 만들기 위해 사랑을 주장했으므로 맹자와 이 부분에서는 크게 어긋날 것이 없었다. 그러나 다만 반전의 목적으로 '이익'을 주장하는 것이 맹자의 마음에 들지 않았다. 사람이 사람을 사랑하며 평화롭게 사는 데에 왜 굳이 '이익'을 말하는 것인가? 물론 각 나라 지도자를 설득할 때는 당연히 송경의 '이익'이 유리할 것이다. 그러나 전쟁이 끝나면 바로 전후 복구가 이루어져야 한다. 그리고 이 전후 복구의 방향성이 이후 국가의 방향성이 된다. 여기에는 맹자의 '인 · 의'가 필요하다. 맹자는 지금

송경에게 '인 · 의'의 가치를 포함하는 이익의 개념 확대를 요구하고 있는 것이 아닐까?

宋牼將之楚, 孟子遇於石丘.

曰: 先生將何之?

曰: 吾聞秦楚構兵, 我將見楚王說而罷之. 楚王不悅, 我將見秦王說而罷之, 二王我將有所遇焉.

曰: 軻也, 請無問其詳, 願聞其指. 說之將何如?

曰: 我將言其不利也.

曰: 先生之志則大矣, 先生之號則不可. 先生以利說秦楚之王, 秦楚之王悅於利, 以罷三軍之師, 是三軍之士, 樂罷而悅於利也. 爲人臣者, 懷利以事其君, 爲人子者, 懷利以事其父, 爲人弟者, 懷利以事其兄. 是君臣父子兄弟, 終去仁義, 懷利以相接, 然而不亡者, 未之有也.

先生以仁義說秦楚之王, 秦楚之王悅於仁義, 而罷三軍之師, 是三軍之士, 樂罷而悅於仁義也. 爲人臣者, 懷仁義以事其君, 爲人子者, 懷仁義以事其父, 爲人弟者, 懷仁義以事其兄, 是君臣父子兄弟, 去利, 懷仁義以相接也. 然而不王者, 未之有也. 何必曰利?

(12 - 5)

제자 옥려자와의 대화: 지성인의 상황 판단

맹자가 추나라에 머물 때 임나라 군주의 동생 계임季任이 국정 대리인이 되어 맹자에게 예의를 차려 선물을 보내며 교제를 청해 왔다. 그러나 맹자는 선물만 받고 답례는 하지 않았다.

맹자가 제나라의 평륙平陸 지역에 머물고 있을 때 저자儲子라는 자가 총리가 되어 맹자에게 예의를 차려 선물을 보내며 교제를 청해 왔다. 이때도 맹자는 선물만 받고 답례는 하지 않았다.

나중에 맹자가 추나라에서 임나라로 가게 된 일이 있었는데, 그때 맹자는 계임을 만나 보았다. 그러나 평륙에서 제나라 도성으로 갔을 때는 저자를 만나 보지 않았다. 이 두 사건을 지켜보던 제자 옥려자의 입가에 의미심장한 미소가 번졌다.

옥려자 (오, 이거 까다로운 문제를 배워 볼 기회를 아주 제대로 얻었는데!) 선생님, 선생님께서는 임나라에 가셨을 땐 계임을 만나 보시고 제나라 도성에 가서는 저자를 만나 보지 않으셨어요. 저자가 국정 대리인보다 급이 낮은 총리여서 그러신 건가요?

맹자 아니, 아닐세. 『서경』 주서 「낙고」洛誥에 보면 이런 내용이 있지. "윗사람에게 올리는 선물에는 예의가 잘 갖추어져야 한다. 선물이 아무리 많고 좋아도 예의가 갖추어지지 못하면 이건 선물을 올리지 않은 셈이 된다. 선물에 마음을 담지 않았기 때문이다." 내가 저자를 만나지 않은 건 그가 선물에 예의를 다하지 못했기 때문이라네.

옥려자가 이 설명을 듣고 시원스레 해소된 의구심에 기뻐했다. 이 모습을 본 누군가 물었다.

누군가 왜 좋아하시죠? 무슨 말씀인가요?

옥려자 계임은 국정 대리인의 지위에 있었기 때문에 추나라에 갈 수 없었어요. 하지만 저자는 평륙에 가려면 갈 수 있었거든요. 그런데 안 가고 선물만 보낸 거예요. 그래서 그러신 거죠.

孟子居鄒, 季任爲任處守, 以幣交, 受之而不報. 處於平陸, 儲子爲相, 以幣交, 受之而不報. 他日由鄒之任, 見季子, 由平陸之齊, 不見儲子.

屋廬子喜曰: 連得間矣.

問曰: 夫子之任見季子, 之齊不見儲子, 爲其爲相與?

曰: 非也. 書曰, 享多儀, 儀不及物曰不享, 惟不役志于享. 爲其不成享也.

屋廬子悅. 或問之. 屋廬子曰: 季子不得之鄒, 儲子得之平陸.

(12 - 6)

제나라 사람 순우곤과의 대화: 현자의 유익과 예우의 상관관계

순우곤 명예와 공적을 앞세우는 사람은 세상을 구제하는 데 뜻을 둔 사람이고 명예와 공적을 뒤로하는 사람은 자기를 선하게 지키고자 하는 사람입니다. 선생님께서는 제나라에서 명예직이기는 해도 꽤 높은 직함을 가지셨는데, 위로 임금을 보좌하고 아래로 백성의 삶을 개선하는 데에 명예와 공적을 쌓지 못하고 그만두고 떠나셨습니다. 타인을 사랑하는 사람다움을 추구하는 사람은 원래 이렇습니까?

맹자 백이는 낮은 자리에 있으면서 자신의 현명으로 못난 이를 섬기지 않았던 사람입니다. 이윤은 성군이라는 탕왕에게도 다섯 번 자기를 어필했고, 폭군이라는 걸왕에게도 다섯 번 자기를 어필했던 사람입니다. 또 유하혜는 더러운 군주를 거절하지 않았고 작은 관직도 사양하지 않았던 사람입니다. 세 인물이 각자 선택한 길은 달랐지만 목표는 한 가지였지요. 그 한 가지란 무엇일까요? 바로 '타인을 제대로 사랑하는 사람다움'입니다. 제대로 배운 지성인은 바로 이것을 목표로 할 뿐입니다. 뭘 굳이 같아야만 하겠습니까?

순우곤 노나라 목공 때에 지혜롭다고 소문이 자자한 인물이 많았죠. 그런데도 노나라는 매우 약해져서 땅을 막 빼앗겼잖아요? 현명한 사람이 나라에 아무 유익할 것 없는 게 바로 이렇다니까요!

맹자 모르시는 말씀! 백리해의 경우를 보세요. 우나라는 그를 등용하지 않아서 망했고 진秦나라 목공은 그를 등용해서 천하에 이름을 날렸죠. 현명한 이를 등용하지 않으면 나라가 아예 망해요. 국력이 약해져서 땅 좀 뺏기는 걸로 끝나지 않는다니까요!

순우곤 (흠…….) 옛날부터 그랬지만 뛰어난 명창이 사는 곳은 그 창 소리에 마을 사람들도 창에 능숙해지고, 실력 좋은 가수가 사는 곳은 그 노랫소리에 동네 사람들도 노래 실력이 좋아집니다. 대단한 효부가 사는 곳에서는 그 행실에 지역 사람들도 효성이 지극해지고요. 안에 뭐가 있으면 반드시 밖으로 드러나게 마련입니다. 어떤 일을 했는데 그 성과가 나타나지 않는 경우를 저는 아직 보지 못했습니다. 이 세상에 뛰어난 지혜자가 없다고 보는 건 이런 까닭입니다. 만약 있다면 제가 분명 알았을 테지요.

맹자 공자께서 노나라 법무부 장관이 되었을 때 그분이 제안한 국정 운영 이론과 정책이 받아들여지지 않았습니다. 곧이어 국가 의례인 제사가 있었는데 그 행사를 마치고 예법에 따라 응당 나누어 주어야 하는 제사 고기를 나누어 주지 않았어요. 그러자 공자께서는 예복도 벗지 않은 채 나라를 떠나가셨죠. 모르는 사람들은 고기를 안 줘서 그렇다고 떠들었고, 뭘 좀 아는 사람들은 나라가 무례했기 때문이라는 걸 알았죠. 하지만 사실, 공자께서는 이전부터 떠날 마음이 있었는데 고국인 만큼 지도자의 과실이 드러나지 않는 작은 잘못을 구실 삼아 떠나고 싶으셨던 겁니다. 구차하게 아무 이유도 없이 문득 떠나는 것도 역시 길이 아니고요. 학식과 인품이 겸비된 사람의 행동은 평범한 사람이 정확하게 알기 어렵죠.

순우곤은 제나라 출신의 변설가다(283쪽 참고). 그는 전문적인 지식인이 과연 나라에 어떤 유익을 줄 수 있는가 의심스러워했다. 맹자가 제나라에서 아주 대우를 받지 못한 것도 아닌데 자기의 최선을 다해서 나라에 도움을 준 것 같지 않았기 때문이다. 맹자는 이에 대한 답으로 '예우'禮遇를 말한다. 자신을 어떻게 예우하느냐에 따라서 자신이 그 나라에서 어떤 일을 할지가 결정된다는 것이다. 즉 전문 지식인의 역할은 전문 지식인 스스로 결정하는 것이 아니라 나라 지도자의 자세와 대우에 따라 결정된다는 말이다.

맹자가 백성을 생각한다면 지도자가 적절하게 대우해 주지 않더라도 희생을 감수하면서 최선을 다해야지 너무 예우에 집착하는 것 아닌가 생각할 수 있다. 그러나 맹자가 대우 받기를 좋아해서 예우의 수준을 보고 그 나라에서의 자기 역할을 결정하는 것이 아니다. 맹자가 어느 나라에서건 하려는 일은 그 나라의 질서를 바로 세우는 일이기 때문에 그런 것이다. '예'란 질서와 규범을 의미한다. 질서라는 축을 세워서 나라를 바로잡으려 하는 사람이 첫 단추부터 자기가 세우려는 그 축이 무너진 위치로 출발한다면 결국 잘못 끼운 단추처럼 엉망이 되어 버릴 것이기 때문이다. 예로 다스리는 '예치'禮治는 공자의 정명론正名論과 같은 것인데, 정명이란 자기 직분과 위치에서 해야 할 역할을 바로잡는 것을 말한다. 그래서 정명에서 역할은 스스로 결정하는 것이 아니라 결정되어 주어지는 것이다. 공직에서는 자기 위치에서 할 일이 아닌 일을 하면 아무리 희생하며 최선을 다해서 성공시켜도 자기가 손댄 그 일 하나가 특수한 사례가 될 뿐 모든 영역의 질서를 바로잡는 결과를 볼 수 없다. 시작점 자체가 규범과 질서에서 벗어난 것이기 때문이다. 그래서 맹자도 공자도 예우, 즉 자신이 해야 할 역할에 대한 공적 지위가 무너지면 함부로 일하지 않았다.

淳于髡曰: 先名實者, 爲人也, 後名實者, 自爲也. 夫子在三卿之中, 名實未加於上下而去之, 仁者固如此乎?

孟子曰: 居下位, 不以賢事不肖者, 伯夷也. 五就湯, 五就桀者, 伊尹也. 不惡汙君, 不辭小官者, 柳下惠也. 三子者不同道, 其趨一也. 一者何也? 曰仁也. 君子亦仁而已矣, 何必同?

曰: 魯繆公之時, 公儀子爲政, 子柳子思爲臣, 魯之削也滋甚. 若是乎, 賢者之無益於國也.

曰: 虞不用百里奚而亡, 秦穆公用之而霸. 不用賢則亡, 削何可得與?

曰: 昔者, 王豹處於淇, 而河西善謳, 緜駒處於高唐, 而齊右善歌, 華周杞梁之妻, 善哭其夫, 而變國俗. 有諸內, 必形諸外. 爲其事而無其功者, 髡未嘗覩之也. 是故無賢者也. 有則髡必識之.

曰: 孔子爲魯司寇, 不用. 從而祭, 燔肉不至, 不稅冕而行. 不知者, 以爲爲肉也. 其知者, 以爲爲無禮也. 乃孔子則欲以微罪行, 不欲爲苟去. 君子之所爲, 衆人固不識也.

(12 - 7)

맹자 왈: 시대 정신의 쇠퇴에 대하여

춘추오패春秋五霸, 즉 춘추 시대에 천하를 제패했던 '빅5' 제후들은 옛 세상의 질서를 바로잡았던 '3대 건국 군주', 즉 하나라 우왕과 상나라 탕왕, 주나라 문왕·무왕에게 죄지은 자들입니다. 그리고 오늘날 각 제후는 춘추오패에게 죄지은 자들이고, 오늘날 제후국의 고위층은 자기 제후에게 죄지은 자들입니다. 왜 그럴까요?

천자에게는 자신이 임명한 제후들이 자기 백성과 땅을 잘 다스리고 있는지 방문해서 살필 권리가 있고, 제후에게는 천자를 뵙고 맡은 바 소임을 보고할 의무가 있습니다. 이렇게 오고 가는 건 사실 그 가는 길에 백성의 생활을 직접 눈으로 보고 살펴서 부족한 것을 채워 주려고 하기 위함이지요. 천자가 어떤 제후국을 방문했는데, 그 나라 영토가 잘 개척되었고 산업이 잘 자리를 잡아서 백성이 먹고살 만하며, 연장자가 존중받고 현명한 이가 존경받는 등 교육도 잘되어 있으며, 인재 발탁을 게을리하지 않아 뛰어난 자가 적재적소에서 나랏일을 맡아 보고 있으면, 천자는 상을 줍니다. 영토를 더 늘려 주는 것이죠. 그런데 반대로 산업은 황폐해서 백성의 삶이 보장되지 않으며, 나이 든 이는 무력하다고 버려지고 현명한 이는 내팽개쳐져 있으며, 세금만 미친 듯이 긁어 가는 자들이 나랏일에 한자리씩 차지하고 있으면 벌을 내립니다.

제후가 천자에게 보고하는 임무를 한 번 건너뛰면 그 지위를 깎습니다. 두 번 건너뛰면 영토를 깎아요. 세 번 건너뛰면 군대를 동원해서 제후를 갈아 치웁니다. 이 때문에 같은 무력행사라도 천자가 하는 전쟁은 응징이지 싸움이 아닙니다. 반면 제후가 하는 전쟁은 싸움이지 응징이 될 수 없고요. 그런데 춘추오패는 서로 규합하여 다른 제후를 징벌했습니다. 마치 응징할 위치에 있는 것처럼 말입니다. 그래서 제가 이들을 일컬어 옛 세상의 질서를 수립한 '3대 건국 군주'의 죄인이라고 한 것입니다.

춘추오패 중 가장 크게 위세를 떨쳤던 인물은 제나라 환공입니다. 그는 규구葵丘에서 군주들의 동맹을 이끌어 국가운영윤리규약을 체결했지요. 그 내용은 다음과 같아요.

1. 불효하는 자는 죽인다. 차기 군주를 정했으면 바꾸지 않는다. 첩을 처로 올리지 않는다.
2. 현명한 이를 높이고 인재를 육성한다. 덕이 높은 이를 표창한다.
3. 노인을 공경하고 어린이를 사랑한다. 손님과 나그네를 잘 대접한다.
4. 하급 귀족의 관직은 세습시키지 않는다. 관직은 겸임

시키지 않는다. 적재적소에 필요한 지식인을 반드시 얻는다. 상급 귀족을 함부로 죽이지 않는다.

5. 제방을 특정 지역에 유리하게 쌓지 않는다. 식량이 부족한 곳이 없도록 양곡 수출입을 막지 않는다. 신하에게 땅을 떼 주었으면 맹주에게 반드시 보고한다.

그리고 최종적으로 "동맹에 참여한 우리는 이 규약에 동의하고 맹세한 뒤에 이를 준수하여 상호 우의를 증진한다"라고 서약했어요.

그런데 보세요. 지금 제후들은 이 다섯 가지 조항을 다 어겼잖아요? 그래서 오늘날 제후는 춘추오패에게 죄지은 자들이라고 말한 겁니다.

군주가 이미 드러내 보인 악한 마음을 실현해 주는 것은 작은 죄라고 할 수 있어요. 군주 내부에 있는 악한 씨앗을 먼저 발견하고 그걸 이끌어 내서 현실에 실현해 주는 게 진짜 큰 죄이지요. 오늘날 고위층은 죄다 군주가 뭐라 하기도 전에 이미 군주 마음의 악한 씨앗을 보고 지레 그걸 실현해 줘요. 그래서 오늘날 고위층은 자기 제후에게 죄를 지은 자들이라고 말하는 거지요.

천자가 제후국을 돌아보는 것을 순수巡狩, 제후가 천자에게 업무 보고를 하는 것을 술직述職이라 한다. 관련 설명이 「양 혜왕 하」 2-4(91쪽)에 나온다.

孟子曰: 五霸者, 三王之罪人也, 今之諸侯, 五霸之罪人也, 今之大夫, 今之諸侯之罪人也. 天子適諸侯曰巡狩, 諸侯朝於天子曰述職. 春省耕而補不足, 秋省斂而助不給. 入其疆, 土地辟, 田野治, 養老尊賢, 俊傑在位, 則有慶, 慶以地. 入其疆, 土地荒蕪, 遺老失賢, 掊克在位, 則有讓.

一不朝, 則貶其爵, 再不朝, 則削其地, 三不朝, 則六師移之. 是故天子討而不伐, 諸侯伐而不討, 五霸者, 摟諸侯以伐諸侯者也, 故曰, 五霸者, 三王之罪人也.

五霸, 桓公爲盛. 葵丘之會諸侯, 束牲載書而不歃血. 初命曰, 誅不孝, 無易樹子, 無以妾爲妻. 再命曰, 尊賢育才, 以彰有德. 三命曰, 敬老慈幼, 無忘賓旅. 四命曰, 士無世官, 官事無攝, 取士必得, 無專殺大夫. 五命曰, 無曲防, 無遏糴, 無有封而不告. 曰, 凡我同盟之人, 既盟之後, 言歸于好. 今之諸侯, 皆犯此五禁, 故曰, 今之諸侯, 五霸之罪人也.

長君之惡其罪小, 逢君之惡其罪大. 今之大夫, 皆逢君之惡, 故曰, 今之大夫, 今之諸侯之罪人也.

(12 - 8)

노나라 신하 신자(愼子)와의 대화: 괜한 전쟁은 재앙일 뿐

노나라에서 신자를 장군으로 임명하려 했다. 제나라에 대한 전쟁을 준비하는 것이어서 맹자가 이를 비판했다.

맹자 백성을 가르쳐 교화시키지 않고 군령으로 통제하며 무조건 전쟁에 동원하는 것을 '백성을 재앙에 빠뜨리는 것'이라고 합니다. 백성을 재앙에 빠뜨리는 것은 위대한 성군이 다스리는 시대에 있을 수 없는 짓입니다. 제나라와 한 번 싸워 잃었던 영토를 수복해 낸다 해도 안 될 일입니다.

신자 (발끈해서) 하! 무슨 말씀인지 저는 도통 이해하지 못하겠습니다!

맹자 그러신가요? 그럼 분명하게 말씀드리죠. 천자의 땅은 사방 천 리입니다. 천 리가 못 되면 제후를 제대로 대우할 수가 없죠. 제후의 땅은 사방 백 리입니다. 백 리가 못 되면 종묘의 문서에 적힌 예법 제도를 지킬 수가 없죠. 주공이 노나라의 군주로 임명되어 땅을 떼어 받았을 때 노나라가 사방 백 리였습니다. 땅이 부족해서가 아니라 백 리로 절제했던 것입니다. 강태공이 제나라 군주로 임명되어 땅을 떼어 받았을 때도 역시 사방 백 리였습니다. 이 역시 땅이 부족해서가 아니라 백 리로 절제했던 것입니다.

지금 노나라는 사방 백 리 되는 땅의 다섯 배 정도 되지요. 그대가 생각하기에 천하를 통일해서 왕이 되는 이가 나타난다면 노나라는 땅을 떼일 쪽에 속하겠습니까, 아니면 땅을 더 받을 쪽에 속하겠습니까? 그저 땅만 저쪽 걸 떼어다가 이쪽에 주는 것도 세상의 평화가 질서와 공존 속에 놓여 있다는 것을 아는 사람이라면 하지 않을 것입니다. 그런데 하물며 사람을 죽이면서까지 땅을 더하려는 짓을 하겠습니까? 제대로 배운 사람이 군주를 섬긴다는 건 군주가 마땅히 걸어야 할 길을 걸으며 질서와 공존 속에서 평화를 이루는 데에 뜻을 두도록 힘쓰는 걸 의미합니다.

맹자의 반전反轉 논리가 잘 드러나 있다. 당시에는 각국이 영토를 놓고 서로 간 끝없는 전쟁을 일삼고 있었다. 맹자는 그런 국가들에 묻는다. "그 땅이 꼭 필요합니까?" 백성을 죽이면서까지 그 땅이 필요한 이유가 대체 뭐냐고 근본적으로 질문한다. 꼭 필요

한 땅을 풍족하고 평화롭게 가꾸면 백성과 충분히 더불어 행복하지 않겠냐는 것이다.

魯欲使愼子爲將軍. 孟子曰: 不教民而用之, 謂之殃民. 殃民者, 不容於堯舜之世. 一戰勝齊, 遂有南陽, 然且不可.

愼子勃然不悅曰: 此則滑釐所不識也.

曰: 吾明告子. 天子之地方千里, 不千里, 不足以待諸侯. 諸侯之地方百里, 不百里, 不足以守宗廟之典籍. 周公之封於魯, 爲方百里也, 地非不足, 而儉於百里. 太公之封於齊也, 亦爲方百里也, 地非不足也, 而儉於百里. 今魯方百里者五, 子以爲有王者作, 則魯在所損乎? 在所益乎? 徒取諸彼以與此, 然且仁者不爲, 況於殺人以求之乎? 君子之事君也, 務引其君以當道, 志於仁而已.

(12 - 9)

맹자 왈: '좋은 신하'란?

요즘 신하들은, "나는 군주를 위해서 산업을 확장하고 국고를 채우는 일을 아주 잘 해낼 수 있다"라고 말합니다. 요즘 소위 말하는 '좋은 신하'는 예전의 질서 있던 시대로 치자면 '백성을 해치는 자'죠. 군주가 바른길로 가지 않아 사람과 세상을 아끼고 사랑하는 데에 뜻을 두지 않고 있는데도 그를 부유하게 해 주잖아요? 그건 히틀러를 부유하게 해 주는 짓이나 같아요.

그리고 "나는 군주를 위해 동맹국과 조약을 맺고 전쟁을 하면 반드시 승리하는 일을 아주 잘 해낼 수 있다"라고도 하죠. 이 때의 소위 말하는 '좋은 신하' 역시 예전 세상이 제대로 돌아가던 때로 치면 '백성을 해치는 자'입니다. 군주가 바른길로 가지 않아 사람과 세상을 아끼고 사랑하는 데에 뜻을 두지 않고 있는데도 그를 위해 무리하게 전쟁을 하잖아요? 그건 히틀러를 도와주는 짓이나 같아요.
지금과 같은 길을 가면서 지금의 망가진 가치 기준을 고치지 않는다면 비록 천하를 다 준다 해도 하루도 그 자리를 제대로 지키지 못하고 망하고야 말 겁니다.

> 이 편의 12-7(457쪽)부터 이 장 12-9까지는 시대정신이 쇠퇴해서 지도자와 관료가 스스로 백성을 지키는 자가 아닌 나라의 주인이라고 착각하고 백성을 학대하며 전쟁에 열을 올리는 상황을 비판하고 있다. 백성을 죽이지 않으려면, 백성을 함부로 부리지 않으려면 나라의 지도자와 관료는 자문해야 한다. '나는 누구의 지도자인가?' '왜 이 위치에 서 있는가?' 그러지 않으면 무력과 국가 자원을 합법적으로 사용할 수 있는 그들의 위치는 부와 권력을 위해 되레 백성을 너무나 쉽게 죽음으로 몰고 간다.

463 孟子曰: 今之事君者曰, 我能爲君辟土地, 充府庫. 今之所謂良臣, 古之所謂民賊也. 君不鄕道, 不志於仁, 而求富之, 是富桀也.
我能爲君約與國, 戰必克. 今之所謂良臣, 古之所謂民賊也. 君不鄕道, 不志於仁, 而求爲之強戰, 是輔桀也. 由今之道, 無變今之俗, 雖與之天下, 不能一朝居也.

주나라 사람 백규(白圭)와의 대화: 정당한 세금의 규모

백규 나는 세금을 20분의 1세로 하고 싶어요. 어떤가요?

맹자 선생의 방법은 후진국에서나 쓸 법한 방법입니다. 어떤 대도시에 그릇 가게가 한 곳만 있다면 어떻겠습니까? 괜찮을까요?

백규 안 되죠. 수요에 비해 그릇이 턱없이 부족하죠.

맹자 후진국은 산업이 발달하질 않아서 소득이 별로 없습니다. 먹고살기만도 급급하니까 문화적으로도 발달하지 않아서 건축도 그렇고, 나라의 각종 의례나 제도도 그렇고, 각종 사회 규범이 잘 갖추어지질 않았죠. 외교적 측면도 별로 발달하지 않아 수교국도 적고요. 그래서 행정 부처도 세분되어 있지 않고 배정된 인원도 적습니다. 한마디로 살림살이가 크지 않아요. 그러니 20분의 1세로도 국가 운영이 가능하죠.
그러나 지금 그걸 우리 중국에 적용하자고 하면 예법을 버려야 하니 이건 인륜을 버리는 셈이고, 또 여러 부처의 다양한 인재를 버려야 하니 인재 양성과 지식인 계층을 포기하는 셈입니다. 그럼 어떻게 되겠습니까? 그릇만 부족해도 나라가 난리가 나는데 나라를 나라답게 운영해 갈 인재와 지식인 계층이 없어지면 그 혼란은 더 말할 필요도 없겠지요. 사람을 아끼고 사랑하기로 이름난 지도자가 일정한 세금 규모를 정했다면 그건 착취가 아니라 그게 정당한 수준이

어서 그런 겁니다. 무작정 적게만 걷으면 규모가 이미 틀 잡힌 수요를 어떻게 충당하지요? 그 세금 규모보다 적게 거두는 건 후진국일 테고, 그 세금 규모보다 많이 거두는 건 폭군이 지배하는 나라일 테지요.

백규는 재산 모으는 재주가 비상한 사람이었다.

白圭曰: 吾欲二十而取一, 何如?

孟子曰: 子之道, 貉道也. 萬室之國, 一人陶, 則可乎?

曰: 不可, 器不足用也.

曰: 夫貉, 五穀不生, 惟黍生之. 無城郭宮室宗廟祭祀之禮, 無諸侯幣帛饔飧, 無百官有司, 故二十取一而足也. 今居中國, 去人倫, 無君子, 如之何其可也?

陶以寡, 且不可以爲國, 況無君子乎? 欲輕之於堯舜之道者, 大貉小貉也, 欲重之於堯舜之道者, 大桀小桀也.

(12 - 11)

주나라 사람 백규와의 대화: 치수 사업의 기본

백규 제가 치수 사업을 우임금보다 더 잘하지 싶은데요.

맹자 어이쿠, 너무 나가셨네요. 우임금의 치수는 자연스러운 물길을 따른 것이었지요. 그래서 우임금은 물이 사방의 바다로 빠져나가게 했어요. 그런데 지금 선생은 이웃 나라를 물받이로 삼고 있잖아요. 물이 역류하는 것을 홍수라고 하죠. 홍수는 사람들 삶을 해치는 큰 물난리예요. 내 나라 사람뿐 아니라 인간을 걱정하고 아끼는 사람이라면 싫어할 일입니다. 그대가 너무 나갔다는 말, 이해되시죠?

『한비자』韓非子 「유로」喩老 편에 보면, 백규가 제방을 순시하다가 작은 구멍을 막아 물의 재난이 없었다는 기록이 있다. 아마도 백규는 제방을 쌓는 방식으로 수해를 막았던 것 같다.

白圭曰: 丹之治水也, 愈於禹.

孟子曰: 子過矣. 禹之治水, 水之道也. 是故禹以四海爲壑. 今吾子以鄰國爲壑. 水逆行, 謂之洚水. 洚水者, 洪水也, 仁人之所惡也. 吾子過矣.

(12 - 12)

맹자 왈: 신의의 중요성

지성인에게 신의가 없다면 무엇을 제대로 할 수가 있겠습니까?

孟子曰: 君子不亮, 惡乎執?

(12 - 13)

제자 공손추와의 대화: 착한 것을 좋아하는 사람의 가치

노나라에서 악정자를 등용해 정치를 맡기려 한다는 소식을 맹자가 들었다.

맹자 와! 내가 그 소식을 듣고 기뻐서 잠을 다 설쳤지, 뭔가!

공손추 오! 악정자가 그 정도인가 보죠? 악정자는 결단력이 있는 사람인가요?

맹자 아니.

공손추 그럼 지혜롭고 생각이 깊은가요?

맹자 그다지.

공손추 아는 게 많아요?

맹자 별로.

공손추 그럼 대체 뭣 때문에 기뻐서 잠까지 못 주무신 거예요?

맹자 그 아이가 착한 걸 좋아하거든.

공손추 착한 걸 좋아하는 것만으로도 충분한 건가요?

맹자 착한 걸 좋아하면 천하를 다스리고도 남지. 노나라 정도야, 뭐. 정말로 착한 걸 좋아하면 온 세상 사람이 천리를 마다하지 않고 그 사람에게로 올 거네. 그렇게 와서 착한 일을 말해 줄 테지. 착한 걸 진짜로 좋아하지 않는 거라면 사람들이 곧 떠들어 댈 거야. "저이가 잘난척쟁이라는 걸 내 진즉 알아봤지." 거만이 잔뜩 낀 표정과 목소리는 사람을 천 리 밖으로 밀어내지. 나라를 제대로 운영할 학식이 있는 지식인은 천 리 밖에서 발걸음을 멈추고, 남을 모함이나 하고 권력자의 눈치나 슬슬 보며 비위나 맞추는 사람이 그에게 몰려올 테지. 모함하고 아첨하고 비위나 맞추는 사람들과 함께 지내면서 아무리 제대로 나라를 다스리고 싶어 한들 그게 되겠나? 어림 반 푼어치도 없지.

윗사람의 자격이란, 착한 걸 좋아하기만 하면 된다. 이렇게 쉽다. 그런데 현실에서 좋은 윗사람을 만나기가 참 어렵다. 아랫사람들은 자기 윗사람에 대해 종종 이렇게 말한다. "저이가 잘난척쟁이라는 걸 내 진즉 알아봤지." 그렇다면 착한 걸 좋아하는 사람보다 착한 걸 좋아하는 척하는 사람이 훨씬 더 많은 것이다. 그런데 우린 종종 정말 착한 사람들을 보면 또 이렇게 말한다. "그렇게 착해 빠져서 이 험한 세상 어떻게 살려고 그래!" 그런 식으로 착한 걸 좋아했던 사람이 착한 걸 좋아했던 마음을 포기시키고 끝장내 버리기까지 한다. 그러면서 우리는 우리의 윗사람이 정말 착한 걸 좋아하는 사람이길 바란다. 아랫사람의 공을 빼앗지 않고, 공정하게 승진시키고, 공정하게 임금을 지불하며, 어떤 외부의 입김에도 굴하지 않고 아랫사람을 능력만으로 대우해 주는 그런 사람 말이다. 이제 우리의 이 정신없는 일상에서 모순의 순환을 끝내야 하지 않을까?

魯欲使樂正子爲政.

孟子曰: 吾聞之, 喜而不寐.

公孫丑曰: 樂正子強乎?

曰: 否.

有知慮乎?

曰: 否.

多聞識乎?

曰: 否.

然則奚爲喜而不寐?

曰: 其爲人也好善.

好善足乎?

曰: 好善優於天下, 而況魯國乎? 夫苟好善, 則四海之內, 皆將輕千里而來, 告之以善. 夫苟不好善, 則人將曰, 訑訑, 予旣已知之矣. 訑訑之聲音顔色, 距人於千里之外. 士止於千里之外, 則讒諂面諛之人至矣. 與讒諂面諛之人居, 國欲治, 可得乎?

(12 - 14)

제자 진자(陳子)와의 대화: 세상에 나아갈 때와 물러날 때

진자 옛날에 인품과 학식이 뛰어난 지성인들은 어떤 경우에 세상에 나섰나요?

맹자 세상에 나간 경우가 세 가지, 물러난 경우가 세 가지 있네. 그런데 나아가고 물러나는 게 맞물려 있으니 결국 세 가지인 셈이군.

최선은 자신을 불러 공경스러운 태도로 예의를 다 갖추어 맞아들이고, 자신이 개선책이나 의견을 내면 곧 실제 행정에 반영되는 경우라네. 이 경우엔 부름에 응하지. 그러다가 예우는 여전하지만 자신의 각종 제안은 먹혀들지 않으면 떠난다네.

차선은 자신의 각종 제안이 받아들여지지 않을 걸 알아도 자신에 대해 공경스러운 태도로 예의를 다 갖추어 맞아들이는 경우라네. 이렇게 해도 부름에 응하지. 그러다가 예우가 시원찮아지면 떠난다네.

차차선은 너무 가난해서 먹을 게 없어서 아침도 굶고 저녁도 굶고 허기가 져서 문밖출입도 불가능한 상태일 때, 이 소식을 군주가 듣고, "내가 크게는 그의 방법대로 나라에 실행하지 못하고 또 그의 제언을 따를 수도 없지만, 내가 다스리는 곳에서 굶주리게 내버려둔다면 이건 나의 수치다"라면서 그를 빈곤에서 구제해 주려고 관직 하나 마련해 주면 그건 받는다네. 하지만 이 경우엔 그 자리의 봉급이 겨우 입에 풀칠이나 할 수 있을 정도여야 하지.

陳子曰: 古之君子, 何如則仕?

孟子曰: 所就三, 所去三. 迎之致敬以有禮, 言將行其言也, 則就之, 禮貌未衰, 言弗行也, 則去之. 其次, 雖未行其言也, 迎之致敬以有禮, 則就之, 禮貌衰, 則去之. 其下, 朝不食, 夕不食, 飢餓不能出門戶. 君聞之曰, 吾大者不能行其道, 又不能從其言也, 使飢餓於我土地, 吾恥之. 周之, 亦可受也, 免死而已矣.

(12 - 15)

맹자 왈: 걱정과 근심이 사람을 살게 한다는 역설

금수저를 부러워하지 마세요. 성군의 상징 순임금은 그냥 농부였다가 발탁되었고, 상나라 때 훌륭한 정승으로 이름이 높았던 부열傅說이란 사람은 막일꾼에서 등용되었어요. 은나라 말엽 충신으로 유명한 교격膠鬲은 어시장에서, 제나라 환공을 춘추 시대 일인자로 만들어 준 관중은 감옥에서, 초나라의 이름난 정승인 손숙오孫叔敖는 어느 바닷가 구석에서, 진秦나라 목공이 위세를 떨치게 해 준 백리해는 숨어 살던 저잣거리에서 각각 등용되었습니다.

자, 보세요, 하늘이 이 사람들에게 앞으로 큰 임무를 내려 주려고 하면서 먼저 그 심지를 고달프게 하고, 육체를 괴롭히며, 굶주림을 겪게 하고, 가난을 견디게 하며, 시도하는 일마다 다 안 되고 어그러지는 사태를 경험하게 하죠. 이건 마음을 분발시키고 참을성을 길러 그가 해내지 못했던 것들을 더 많이 더 잘 할 수 있게 해 주려는 것이에요.

사람은 항상 잘못을 저지른 뒤에야 제대로 고치게 돼요. 마음에 괴로움을 느끼고 생각이 한계에 부딪힌 뒤에야 분발해서 확장을 이뤄 내죠. 자신의 부족함으로 일이 어그러져서 자신에 대한 질책이 상대의 얼굴에 나타나고 목소리에 드러난 뒤에야 깨닫게 되고요.

국가도 그래요. 나라 안에는 법도를 지켜 모범이 되는 관료와 보필하는 행정 실무를 제대로 감당하는 관리가 없어서 군주를 불편하게 하는 입바른 소리가 들리지 않으며, 나라 밖에는 적대하는 나라나 걱정거리가 없어 평안한 경우, 그런 나라는 항상 망해요. 이런 경우를 보고 우리는 깨닫게 되죠. 걱정과 근심이 사람을 살게 하고, 안일과 즐거움이 사람을 죽게 한다는 걸.

걱정스럽고 근심스러운 상황을 좋아하는 사람이 누가 있을까? 그러나 걱정과 근심이 사람을 살게 하고, 안일과 즐거움이 사람을 죽게 한단다. 하늘이 누군가에게 큰 임무를 맡기려 하면 먼저 심지를 고달프게 하고, 육체를 괴롭히며, 굶주림을 겪게 하고, 가난을 견디게 하며, 시도하는 일마다 다 안 되고 어그러지는 사태를 경험하게 한단다. 그래야 마음이 분발되고 참을성이 길러져 이전에 해내지 못했던 일을 해낼 수 있는 그릇이 된단다. 맹자의 우환憂患 사상이다. 지금 힘든 시기를 건너고 있다면, 일마다 뜻대로 되지 않아 마음 상하고 있다면, 조금쯤 기대해 보자. 하늘이 곧 내게 더 크고 찬란한 일을 맡기고 이루게 할 것이라고!

孟子曰: 舜發於畎畝之中, 傅說擧於版築之間, 膠鬲擧於魚鹽之中, 管夷吾擧於士, 孫叔敖擧於海, 百里奚擧於市.

故天將降大任於是人也, 必先苦其心志, 勞其筋骨, 餓其體膚, 空乏其身, 行拂亂其所爲. 所以動心忍性, 曾益其所不能.

人恒過, 然後能改, 困於心, 衡於慮, 而後作, 徵於色, 發於聲, 而後喩. 入則無法家拂士, 出則無敵國外患者, 國恒亡. 然後知生於憂患, 而死於安樂也.

(12 - 16)

맹자 왈: 가르치지 않음도 가르침의 한 방법

가르치는 방법은 매우 다양하죠. 내가 탐탁하게 여기지 않아 가르쳐 주지 않는 것, 이것 역시 가르치는 방법 중 하나입니다!

孟子曰: 教亦多術矣, 予不屑之教誨也者, 是亦教誨之而已矣.

진심 상

13

盡心上

(13 - 1)

맹자 왈: 마음을 다하라

자기 마음을 다하는 사람은 사람의 본성을 알게 됩니다. 사람의 본성을 알게 되면 하늘의 이치를 알게 되지요. 자기 마음을 보존하여 사람의 본성을 기르는 것이 하늘의 이치를 제대로 구현하는 방법입니다. 요절하든 장수하든 개의치 않고 자기 심신을 수양해서 하늘의 이치를 따르는 것이 하늘의 뜻을 제대로 받드는 길입니다.

첫 장부터 마음과 본성에 대해 다루고 있는 이 「진심」 상하 편은 맹자 철학 사상의 주요 내용을 다루고 있다. 성리학의 기본 이론인 심성론心性論을 촉발한 맹자의 심법心法을 이 편에서 살펴볼 수 있다. 하늘이 사람에게 내려 준 것이 본성이고, 그 본성은 마음의 작용을 통해서 알 수 있다. 즉 자기 마음을 다하면 하늘을 알 수 있게 된다. 이것이 맹자 철학의 핵심이다.

孟子曰: 盡其心者, 知其性也. 知其性, 則知天矣. 存其心, 養其性, 所以事天也. 殀壽不貳, 修身以俟之, 所以立命也.

(13 - 2)

맹자 왈: 하늘의 뜻을 아는 사람의 삶

세상의 모든 것, 일어나는 모든 일은 하늘의 이치 안에서 빚어집니다. 그러므로 올바른 방향으로 순리대로 받아들여야 합니다. 그렇기 때문에 하늘의 이치, 그러니까 하늘의 뜻을 아는 사람은 위험한 담장 아래 서지 않는 법입니다. 위험할 줄 알면서도 그 아래 서는 것은 하늘은 명한 적 없는데 내가 스스로 위험을 불러들여 당하는 것이니까요. 올바른 길을 힘을 다해 걷다가 죽는 것은 하늘의 이치를 올바로 따른 것이지만 죄를 지어 법의 심판을 받아 죽는 것은 하늘의 이치를 올바로 따른 것이 아닙니다.

孟子曰: 莫非命也, 順受其正. 是故知命者, 不立乎巖牆之下. 盡其道而死者, 正命也. 桎梏死者, 非正命也.

(13 - 3)

맹자 왈: 내 내부에 있는 것과 내 외부에 있는 것

구하면 얻어지고 놔 버리면 잃어버리는 것이 있어요. 이런 건 능동적으로 구할수록 그걸 얻는 데 도움이 되죠. 내 내부에 있는 것을 구하는 일이 그렇습니다.
구하는 데 법도가 있고 얻는 데 하늘의 뜻이 작용해야 하는 것도 있어요. 이런 건 능동적으로 구한다고 그걸 얻는 데 도움이 되지 않죠. 내 외부에 있는 것을 구하는 일이 그렇습니다.

'구하면 얻어지고 놔 버리면 잃는다'라는 취지로 본성과 마음에 대하여 언급하는 내용은 「고자 상」 11-6(414쪽), 11-8(420쪽)에서도 볼 수 있다.

孟子曰: 求則得之, 舍則失之, 是求有益於得也, 求在我者也. 求之有道, 得之有命, 是求無益於得也, 求在外者也.

(13 - 4)

맹자 왈: 나를 아끼는 마음으로 타인을 아낄 것

사실 세상 만물은 모두 이미 나에게 갖추어져 있어요. 역지사지의 눈으로 세상 만물을 보면 이해하지 못할 게 없죠. 그러니 자기를 돌아보아 모두에 진실했으면 이보다 더 큰 즐거움이 없답니다. 내 마음에 견주어 타인의 마음을 힘써 헤아려 행동하면, 사람으로서 사람을 아끼고 사랑해서 세상에 평화를 빚어내는 궁극의 경지에 도달하는 길에 아주아주 가까워집니다.

내 마음에 견주어 타인의 마음을 힘써 헤아리는 건 '서'恕이다. 『논어』「이인」里仁 편에서 공자가 제자인 증자에게 "나의 길은 하나의 이치로 관통한다"라고 말했을 때 증자는 그 말씀을 다른 제자들에게 풀어주면서 공자의 도는 충忠과 서恕라고 하는 장면이 나온다. '충'은 진실함이고 '서'는 사랑으로 풀 수 있다. 「위령공」衛靈公 편에서 공자가 제자인 자공에게 풀이해 준 '서'의 개념을 보면, '내가 당하고 싶지 않은 일은 남에게도 하지 않는다'라는 것으로, '남을 배려하고 아끼는 자세'이기 때문이다.

孟子曰: 萬物皆備於我矣. 反身而誠, 樂莫大焉. 強恕而行, 求仁莫近焉.

(13 - 5)

맹자 왈: 진리는 끝내 알지 못하는 어중이떠중이

실천은 하는데 왜 하는지 명확한 근거를 모르고, 반복적으로 익히기는 하는데 자세히 살펴보지를 않아요. 평생 그렇게 살면서도 그 원리가 되는 진리는 끝내 알지 못하는 어중이떠중이가 참 많아요.

孟子曰: 行之而不著焉, 習矣而不察焉, 終身由之, 而不知其道者, 衆也.

(13 - 6)

맹자 왈: 부끄러움을 알아야 사람이지 (1)

사람이면서 부끄러움을 몰라서는 안 됩니다. 부끄러운 마음이 없는 것을 부끄럽게 여기면 부끄러워할 일이 없게 될 것입니다.

孟子曰: 人不可以無恥. 無恥之恥, 無恥矣.

(13 - 7)

맹자 왈: 부끄러움을 알아야 사람이지 (2)

부끄러워할 줄 안다는 건 사람에게 정말 중요한 덕목입니다. 임기응변으로 교활하게 속이는 자는 부끄러워하는 마음을 쓸 데가 없죠. 다른 사람처럼 부끄러워할 줄 아는 마음이 없는 것을 부끄러워할 줄 모른다면 어떻게 그를 사람이라고 할 수 있겠습니까?

부끄러움을 안다는 건 인간으로서의 올바른 도리를 안다는 것을 뜻하기 때문이다. 부끄러움을 모르게 되면 사람다운 사람의 가능성이 사라져 버린다. 그래서 부끄러워할 줄 아는 자세는 인간에게 매우 중요하다.

孟子曰: 恥之於人大矣. 爲機變之巧者, 無所用恥焉. 不恥不若人, 何若人有?

(13 - 8)

맹자 왈: 세상의 지위나 힘과는 상관없이 자기 신념을 가질 것

옛날의 뛰어나고 현명한 지도자들은 선한 것, 옳은 것, 바르면서 유능한 것에 마음을 쏟느라 자기 지위나 힘 따위는 염두에 두지 않았습니다. 그러니 옛날의 뛰어난 지식인이라고 왜 안 그랬겠습니까? 자신이 선택한 올바른 길을 즐기느라 사람들의 지위나 힘 따위는 생각도 하지 않고 살았죠. 그렇기 때문에 권세 있는 자는 공경을 다하고 예의를 다하지 않으면 그런 훌륭한 지식인을 자주 만나 볼 수 없었습니다. 만나는 것도 자주 못 했는데 어떻게 그를 자기 아랫사람으로 삼을 수 있었겠습니까?

孟子曰: 古之賢王, 好善而忘勢. 古之賢士, 何獨不然? 樂其道而忘人之勢. 故王公不致敬盡禮, 則不得亟見之. 見且猶不得亟, 而況得而臣之乎?

(13 - 9)

송구천(宋句踐)과의 대화: 남을 설득하기 위해 갖추어야 하는 자세

맹자 그대는 각 나라를 찾아다니며 지도자에게 그대의 정치 구상을 주장해서 설득하는 걸 좋아하지요? 지도자를 잘 설득하는 방법을 알려 드릴까요? 욕심 없이 느긋한 자기만족적 자세가 핵심이에요. 남이 알아줘도 느긋한 여유를 잃지 않고, 남이 몰라줘도 느긋한 여유를 잃지 않는 거지요.

송구천 어떻게 하면 그렇게 욕심 없이 느긋한 자세를 견지할 수 있나요?

맹자 바람직한 덕성을 숭상하고 올바른 도리를 기꺼워하면 욕심 없이 느긋한 자세를 가질 수 있어요. 그래서 올바른 지식인은 아무리 곤궁해져도 올바른 도리를 잃지 않고 아무리 출세해도 올바른 길을 떠나지 않죠. 곤궁해도 올바른 도리를 잃지 않기 때문에 자기 자신을 지켜 낼 수 있고, 출세해도 올바른 길을 떠나지 않기 때문에 사람들이 실망하지 않는 것입니다.

옛날 훌륭한 사람은 뜻을 펼칠 기회를 얻으면 그 혜택을 세상 사람들이 누렸어요. 그리고 그런 기회를 얻지 못하면 자기를 더욱 갈고닦아 세상이 자기를 알게 했지요. 곤궁해지면 자기 자신을 더욱 발전시키는 시간으로 삼고, 출세하면 온 세상을 정신적으로나 물질적으로나 살기 좋은 곳으로 가꾸어 갔답니다.

저 힘과 권력을 가진 사람 눈에 기필코 들고 말리라는 욕심이 없으면 행동에 여유가 생길 수 있다. 내 안의 그런 여유는 바깥에서 볼 때는 자신감으로 비친다. 당신의 인정이 필요하긴 하지만 그래도 그 인정을 위해 나 자신을 내려놓지는 않을 거라는 자신감. 자기를 떠받들어 줄 아랫사람이 아니라 일을 해낼 아랫사람이 필요한 윗사람이라면 그런 소신 있는 자신감을 지닌 아랫사람을 선발할 것이다. 「진심 하」 14-34(540쪽)와 연결해 읽어 보면 좋겠다. 송구천에 대해서는 정보가 없어 어떤 사람인지 정확히 알 수 없다.

孟子謂宋句踐曰: 子好遊乎? 吾語子遊. 人知之, 亦囂囂, 人不知, 亦囂囂.

曰: 何如斯可以囂囂矣?

曰: 尊德樂義, 則可以囂囂矣. 故士窮不失義, 達不離道. 窮不失義, 故士得己焉, 達不離道, 故民不失望焉. 古之人, 得志, 澤加於民, 不得志, 脩身見於世. 窮則獨善其身, 達則兼善天下.

(13 - 10)

맹자 왈: 지성인이란 달리 본보기가 없어도 자기 자신을 바루는 사람

모범을 보이는 훌륭한 지도자를 만나야만 사람답게 살려는 노력을 시작하는 사람은 그저 평범한 일반인입니다. 뛰어나고 기개 있는 지성인은 그런 영웅적인 지도자가 없더라도 스스로 분발해서 올바르게 사는 길을 개척해 나가지요.

孟子曰: 待文王而後興者, 凡民也. 若夫豪傑之士, 雖無文王猶興.

(13 - 11)

맹자 왈: 돈에 눈이 돌아가지 않아야

삼성과 롯데의 재산을 갖다 주더라도 별것 아닌 것인 양 담담히 보아 넘기는 사람은 정말이지 보통 사람이 쉬이 넘볼 수 없는 수준의 사람입니다.

孟子曰: 附之以韓魏之家, 如其自視欿然, 則過人遠矣.

(13 - 12)

맹자 왈: 국민의 공감을 얻는다는 것

모두가 편안히 잘 사는 나라를 만들려는 청사진이 국민 전반의 공감을 얻는다면, 국민은 그 인프라를 쌓기 위해 필요한 노동력을 스스로 기꺼이 제공할 것입니다. 나라와 국민 전체의 목숨을 살리기 위해 희생이 필요하다는 것을 모두가 납득했다면, 국민은 기꺼이 스스로 죽음을 감수할 것입니다.

孟子曰: 以佚道使民, 雖勞不怨, 以生道殺民, 雖死不怨殺者.

(13 - 13)

맹자 왈: 국민이 좋아하는 지도자 vs. 국민에게 스며드는 지도자

강한 카리스마와 힘을 내세우는 지도자의 국민은 기뻐하고 즐거워합니다. 뛰어난 인품과 지혜, 사람에 대한 사랑으로 다스리는 지도자의 국민은 덤덤하고 여유 있게 삶에 대한 만족감을 갖지요. 강한 카리스마로 자기를 드러내 보이는 지도자는 인위적으로 정책을 펼치는 면이 있어 국민이 그 결과를 쉽게 볼 수 있기 때문이고, 사랑 안에 지혜를 녹여 내는 올바른 지도자는 드러내지 않아도 만물을 제각각 살게 하는 자연의 이치처럼 자연스럽고 순하게 국정을 운영하기 때문입니다.

올바른 지도자의 국민은 죽임을 당하는 일이 있어도 지도자를 원망하지 않고, 반대로 자기들 삶이 윤택해져도 그게 지도자의 공이라고 생각하지 않아요. 그래서 사람들은 매일 옳은 길로 선한 길로 옮겨 가면서도 누가 그렇게 만들었는지 알지 못합니다.

올바른 리더는 그가 지나는 곳은 사람들이 스스로 변화되고, 그가 머무는 곳은 정신적으로나 물질적으로나 모든 것이 신기할 정도로 잘 바로잡히죠. 윗사람이나 아랫사람이나 모두 천지자연의 이치와 함께 삶을 영위하니 이것이 어찌 소소한 도움이라고 할 수 있겠습니까?

> 특별하고 화려한 것은 눈에 띈다. 평범하고 일상적인 것은 눈에 띄지 않는다. 그래서 사람들은 잘 알지 못한다, 일상을 일상이게

해 주는 정치가 얼마나 어려운 것인지를. 그리고 정치가는 잘 안다, 보여 주기 식의 업적과 정치쇼에 사람들이 입으로는 욕하면서도 얼마나 쉽게 혹하는지를. 유가儒家에서는 일상성과 평범성을 매우 높은 가치로 친다. 일상적이고 평범해야 삶에 무리 없이 스며들 수 있기 때문이다. 다스리지 않는 다스림으로 유명한 순임금의 정치는 그래서 최상의 정치가 된다. 조금도 화려하지 않게 백성의 일상을 지키고 유지시켰기 때문이다. 이런 정치는 이런 정치를 상실했을 때만 가치를 알게 되기 쉽다. 그래서 조금 위험하기도 하다. 잃은 뒤에 아무리 애달파해도 망가진 정치는 복구가 어려운 것이므로…….

孟子曰: 霸者之民, 驩虞如也, 王者之民, 皞皞如也. 殺之而不怨, 利之而不庸, 民日遷善, 而不知爲之者. 夫君子所過者化, 所存者神, 上下與天地同流, 豈曰小補之哉?

(13 - 14)

맹자 왈: 좋은 가치로 나라를 이끄는 일의 중요성

485 인간애가 담긴 언변보다는 인간애의 실천에 따른 공감이 국민의 마음에 더 깊숙이 파고듭니다. 좋은 법과 제도를 통해 다스리기보다 좋은 가치를 가르쳐 이끌면 더 많은 국민이 따라옵니다.

좋은 법과 제도를 통해 다스리면 국민이 두려움을 갖지만,
좋은 가치를 가르쳐 이끌면 국민이 사랑합니다.
좋은 법과 제도를 통해 다스리면 국민이 세금을 바치지만,

좋은 가치를 가르쳐 이끌면 국민이 마음을 바칩니다.

孟子曰: 仁言, 不如仁聲之入人深也. 善政, 不如善教之得民也. 善政民畏之, 善教民愛之, 善政得民財, 善教得民心.

(13 - 15)

맹자 왈: '타고난 앎'이란?

사람이 배우지 않고도 잘하는 것은 '타고난 재능'이고, 생각하지 않고도 아는 것은 '타고난 앎'입니다. 어린아이는 누구나 자기 부모를 사랑할 줄 알죠. 그리고 자라서는 자기보다 나이 많은 사람을 공경할 줄 알고요. 부모를 친밀하게 느끼고 사랑하는 것이 사람을 사랑하는 마음의 출발점이 되고, 어른을 공경하는 것이 사람으로서 해야 할 올바른 도리의 출발점이 됩니다. 이건 다른 이유가 있어서가 아니라 이것이 세상 사람 누구나 갖는, 그리고 겪는 환경이기 때문입니다.

타고난 재능을 뜻하는 '양능'良能과 타고난 앎을 뜻하는 '양지'良知의 개념이 등장하는 장이다. 이 양능과 양지가 있으므로 선한 본성의 실현이 가능한 것이다.

孟子曰: 人之所不學而能者, 其良能也, 所不慮而知者, 其良知也. 孩提之童, 無不知愛其親者, 及其長也, 無不知敬其兄也. 親親, 仁也, 敬長, 義也, 無他, 達之天下也.

(13 - 16)

맹자 왈: 순임금의 야인 시절

순임금은 깊은 산 속에서 살았을 때 나무와 돌과 함께 지내고 사슴과 멧돼지와 친구 해서 산에서 사는 사람과 별반 다른 점이 없었습니다. 그러나 굳이 다른 점이 있다면, 훌륭한 말을 듣거나 훌륭한 행실을 보게 되면 그걸 곧장 자기 것으로 삼아 그리로 매진하는 것이 마치 큰 강줄기를 터뜨린 듯 엄청난 기세로 내달아 아무도 막을 수가 없었다는 점을 들 수 있겠네요.

孟子曰: 舜之居深山之中, 與木石居, 與鹿豕遊, 其所以異於深山之野人者幾希. 及其聞一善言, 見一善行, 若決江河, 沛然莫之能禦也.

(13 - 17)

맹자 왈: 바르게 사는 건 별일이 아니다

하지 말아야 할 일을 하지 말고, 바라지 말아야 할 것을 바라지 말 것. 이거면 됩니다.

孟子曰: 無爲其所不爲, 無欲其所不欲, 如此而已矣.

(13 - 18)

맹자 왈: 어려움이 주는 유익

덕과 지혜와 기술과 지식을 가지고 있는 사람은 항상 재난과 환난 가운데 놓이게 됩니다. 리더의 사랑을 못 받는 아랫사람이나 아버지의 사랑을 못 받는 서자는 마음이 항상 불안하고 걱정 근심이 깊기 때문에 되레 사리에 통달하게 됩니다.

이런 아이러니라니요……!

孟子曰: 人之有德慧術知者, 恒存乎疢疾. 獨孤臣孽子, 其操心也危, 其慮患也深, 故達.

(13 - 19)

맹자 왈: 인품의 4등급

사람은 인품에 따라 4등급을 나눠 볼 수 있어요.

1. 사람에게 소속된 사람: 어디 소속되면 그 조직의 리더만 보는 사람으로, 그가 하자는 대로만 해서 예쁨을 받는다.
2. 사私가 아니라 공公을 보는 사람: 지도자나 리더나 아니라 그 나라 혹은 조직의 안위를 먼저 생각하고 그것을 자기 할 일로 안다.
3. 사람에게 통제당하지 않는 사람: 하늘의 이치로 세상을

안정시키는 것을 자기 임무로 삼아 일정한 위치를 얻어서 세상에 자기 뜻을 펼칠 만하면 행동하고 그렇지 않으면 기꺼이 은거한다.

4. 사람을 기꺼이 사랑하는 사람: 자기를 갈고닦아 바르게 해서 타인도 세상도 바르게 만든다.

孟子曰: 有事君人者, 事是君則爲容悅者也. 有安社稷臣者, 以安社稷爲悅者也. 有天民者, 達可行於天下而後行之者也. 有大人者, 正己而物正者也.

(13 - 20)

맹자 왈: 세 가지 즐거움

제대로 배운 지성인에게는 세 가지 즐거움이 있어요. 이 즐거움에 세상이 알아주는 걸출한 정치 지도자가 되는 건 들어 있지 않죠. 그럼 그 세 가지 즐거움이 뭔지 볼까요?

1. 부모가 모두 살아 계시고, 형제가 무탈한 것.
2. 우러러 하늘에 부끄럼 없고, 아래로 사람에게 부끄럼 없는 것.
3. 아주 뛰어난 영재를 얻어 교육하는 것.

보세요. 진짜배기 지성인의 즐거움 가운데 세상이 알아주는 걸출한 정치인이 되는 건 없다니까요!

인성 및 지성을 가르치고 길러 주는 것을 '교육'教育이라고 하는데, 이 유명한 '교육'이라는 단어가 맹자의 여기 이 본문에서 유래되었다. 지성인의 세 가지 진짜배기 즐거움을 뜻하는 '군자삼락'君子三樂 혹은 '삼락'三樂이란 한자 성어 역시 여기에서 나왔다. 짧은 문장에 오늘날까지 크게 활용되는 유명한 단어가 두 개나 담겨 있다. 맹자 스승님의 능력이 이 정도!

孟子曰: 君子有三樂, 而王天下不與存焉. 父母俱存, 兄弟無故, 一樂也, 仰不愧於天, 俯不怍於人, 二樂也, 得天下英才而教育之, 三樂也. 君子有三樂, 而王天下不與存焉.

(13 - 21)

맹자 왈: 나라의 지도자가 진짜 바라야 할 일

영토를 확장하고 백성 숫자를 늘리는 것, 이것은 지도자의 욕망입니다. 그러나 즐거움으로 삼는 일은 아닙니다. 지도자의 즐거움은 세상의 중심에 서서 온 세상 사람에게 안정을 주는 데 있죠. 하지만 이것 역시 본질이라고 할 수는 없습니다. 지도자의 본질이란 무슨 대단한 일을 한다고 늘어나고, 찌그러져 산다고 줄어드는 게 아닙니다. 이미 분수로 정해져 있죠.

지도자의 본질은 인간을 사랑하는 마음, 올바른 도리의 실천 의지, 공동체를 위한 질서와 배려, 바른 판단을 위한 지혜가 마음속에 뿌리를 내리는 것입니다. 이러한 내면이 형태를 입으면 깨끗하면서도 덕스러운 모습이 얼굴에도 몸에도, 그리고 손과 발에까지 드러나게 되지요. 그래서 그가 움직이는 중에 굳이 말하지 않아도 사람들이 보고 그의 충실한 내면을 알게 됩니다.

孟子曰: 廣土衆民, 君子欲之, 所樂不存焉. 中天下而立, 定四海之民, 君子樂之, 所性不存焉. 君子所性, 雖大行不加焉, 雖窮居不損焉, 分定故也. 君子所性, 仁義禮智, 根於心, 其生色也, 睟然見於面, 盎於背, 施於四體, 四體不言而喻.

(13 - 22)

맹자 왈: 존경받는 인물의 마음을 얻는 것의 중요성

지조와 절개의 대명사 백이는 상나라의 폭군 주왕을 피해 북쪽 바닷가에 숨어 살았는데, 사람됨이 훌륭한 문왕이 뜻을 펼치기 시작했다는 소문을 듣고, "아, 그에게로 가야겠다! 듣자 하니, 그 사람이 늙은이를 잘 돌보아 준다고 하네"라며 자리를 털고 일어났습니다. 그리고 전설의 재상 강태공도 주왕을 피해 동해 가에 숨어 살았는데 문왕이 뜻을 펼치기 시작했다는 소문을 듣고는, "아, 그에게로 가야겠다! 듣자 하니, 그는 늙은이를 잘 돌봐 준다고 하네"라며 역시 자리를 털고 일어났고요. 세상에 노인을 잘 돌보아 주는 자가 있다면 사람을 아끼고 사랑하는 세상을 추구하는 사람들이 모두 그를 자신이 돌아가 의탁할 곳으로 삼을 것입니다.

노인을 잘 돌본다는 건 무엇일까요? 국민의 생업을 안정시키는 것을 말합니다. 바른 근로 조건의 본업으로 일단 가족의 기본적인 의식주를 해결하고, 정직한 노동으로 안정된 삶을 가꾸는 것의 중요성을 가르쳐 자신의 부지런함으로 알뜰하게 생활을 꾸리게 하면 노인이 돌봄을 받을 수 있게 됩니다.

문왕이 노인을 잘 돌본다고 백이와 강태공이 말한 까닭은 그가 기본적인 생업과 토지 제도를 잘 제정했고, 건강한 노동으로 알뜰하게 사는 삶을 가르쳤고, 교육을 통해 어른을 돌보는 자세를 갖게 했기 때문입니다. 나이 든 사람은 따뜻하게 입어야 체온이 잘 유지되고 고기를 먹어야 기운이 달리지 않죠. 이렇게 보살핌 받지 못하는 걸 '춥고 배고프다'고 말합니다. 문왕이 다스리는 나라에서는 춥고 배고픈 노인이 없었다는 건 바로 이걸 말하는 것입니다.

孟子曰: 伯夷辟紂, 居北海之濱, 聞文王作, 興曰, 盍歸乎來! 吾聞西伯善養老者. 太公辟紂, 居東海之濱, 聞文王作, 興曰, 盍歸乎來! 吾聞西伯善養老者. 天下有善養老, 則仁人以爲己歸矣.

五畝之宅, 樹牆下以桑, 匹婦蠶之, 則老者足以衣帛矣. 五母雞, 二母彘, 無失其時, 老者足以無失肉矣. 百畝之田, 匹夫耕之, 八口之家可以無飢矣.

所謂西伯善養老者, 制其田里, 敎之樹畜, 導其妻子, 使養其老. 五十非帛不煖, 七十非肉不飽. 不煖不飽, 謂之凍餒. 文王之民, 無凍餒之老者, 此之謂也.

(13 - 23)

맹자 왈: 국민의 삶을 먼저 부유하게 해 주는 일의 중요성

산업과 토지를 잘 정비하고 세금을 적게 거둔다면 국민을 부유하게 만들 수 있습니다. 흥청망청 먹고 놀지 않고 질서 있게 소비한다면 돈과 재화가 남아돌게 되겠죠.
다들 돈돈 하며 사는 세상에서 친구가 급전이 필요하다고 문득 연락해 왔을 때 선뜻 내줄 수 있는 건 여유가 있기 때문이에요. 훌륭한 지도자가 선보이는 훌륭한 정치란 사람의 일상을 풍요롭게 해 주어서 그들이 먹고사는 데만 매달리지 않아도 되게 하는 거예요. 먹고사는 것이 더 이상 전전긍긍할 문제가 되지 않는다면 사람들은 분명 타인과 타인의 삶을 아끼고 사랑하는 데에 신경을 쓰게 되겠죠.

孟子曰: 易其田疇, 薄其稅斂, 民可使富也. 食之以時, 用之以禮, 財不可勝用也. 民非水火不生活, 昏暮叩人之門戶, 求水火, 無弗與者, 至足矣. 聖人治天下, 使有菽粟如水火. 菽粟如水火, 而民焉有不仁者乎?

(13 - 24)

맹자 왈: 단계를 밟아 성장하다 보면 어느새

공자께서는 동산東山에 올라 보고 노나라가 작다고 생각하셨고, 태산泰山에 올라보고 천하가 작다고 느끼셨죠. 그런 거예요. 저 큰 바다를 본 사람에게는 어지간한 물은 이제 물처럼도 안 보이고, 너무 대단하고 훌륭한 사람의 문하에서 배운 사람은 어지간한 이론은 말처럼도 안 느껴지죠.
물을 관찰하는 데는 방법이 있어요. 물결을 보아야 하죠. 아주 큰물이 눈에 다 담기지 않을 때 물결을 보면 그것이 흘러가고 있다는 것을 알 수 있어요. 흘러가는 것은 어디든 닿지 않는 곳이 없죠. 저 멀리 있어 직접 볼 수 없는 해와 달은 밝은 빛이 있어요. 그래서 빛을 용납하는 곳이면 어디나 반드시 비춰 주죠. 밝은 빛을 지닌 것은 비춰 주지 않는 게 없다는 걸 알 수 있어요.
흐르는 물이란 자기 앞에 웅덩이가 놓여 있다면 그 웅덩이를 다 채우고야 흘러가는 습성을 가지고 있습니다. 참다운 지성인이 인간의 옳은 길에 뜻을 두는 것도 그래요. 성장의 단계 단계마다 충실히 채우며 나아가서 내면에 쌓인 것이 넘쳐 밖으로 드러나는 수준이 되어야만 언제든 어떤 일에든 그 길을 적용할 수 있는 높은 수준에 도달하게 되는 겁니다.

제자백가의 다양한 이론이 넘쳐나는 시대였지만 맹자는 그런 것들과 싸울 것도 없고 신경 쓸 것도 없다고 말한다. 높은 경지를 본 사람은 굳이 잗다란 좋은 말에 혹하지 않는다는 것이다. 다만 옳은 길을 선택하게 되었거든 부족한 부분을 성실히 채워 가며 꾸준히 걸어가는 진정성과 끈기를 갖추어야 한다. 외부가 나를 흔들 수 없다. 흔들리는 건 나 자신일 뿐이다. 선택했거든 확신을 가지고 집요한 자세로 파고들어야 한다.

孟子曰: 孔子登東山而小魯, 登太山而小天下. 故觀於海者, 難爲水, 遊於聖人之門者, 難爲言. 觀水有術, 必觀其瀾. 日月有明, 容光必照焉. 流水之爲物也, 不盈科不行. 君子之志於道也, 不成章不達.

(13 - 25)

맹자 왈: 도덕군자와 도둑군자의 차이

새벽에 알람이 울리면 일어나서 내내 덕이 되는 일에 힘쓰는 사람은 도덕군자이고, 새벽에 알람이 울리면 일어나서 내내 득이 되는 일에 힘쓰는 사람은 도둑군자입니다. 도덕군자와 도둑군자의 차이가 궁금하십니까? 별거 아니에요. 남에게 덕 되는 일에 몰두하느냐, 나에게 득 되는 일에 몰두하느냐의 차이일 뿐입니다.

孟子曰: 雞鳴而起, 孶孶爲善者, 舜之徒也. 雞鳴而起, 孶孶爲利者, 蹠之徒也. 欲知舜與蹠之分, 無他, 利與善之間也.

(13 - 26)

맹자 왈: 무조건적인 중간은 양극단과 마찬가지

양주는 '자기 자신만 위할 것'을 주장하기 때문에 자기 몸의 털 하나 뽑아서 내주면 세상이 그 덕을 보게 된다고 해도 그렇게 하지 않았습니다. 반대로 묵적은 '모든 사람을 평등하게 사랑할 것'을 주장하기 때문에 자기 정수리부터 발꿈치까지 다 닳아 없어지더라도 세상만 그 덕을 볼 수 있다면 그렇게 했습니다.

이 두 극단 사이에 자막子莫이란 사람이 있었어요. 그는 무조건 중간을 선택했죠. 중간은 극단에 비해 올바른 선택에 가까워 보이죠. 그러나 내용을 따져 보지도 않고 무조건 중도를 선택하면 이 또한 하나의 극단이 되어 버리죠. 무조건 한 가지 길만 고집하는 걸 싫어하는 이유는 그것이 인간이 걸어야 할 올바른 길을 해치기 때문이에요. 그 하나를 위해 다른 모든 걸 없애 버리니까요.

상황이 어찌 됐건 무조건 중간을 선택하는 걸 '자막집중'子莫執中이라고 한다. 시기와 상황을 고려하지 않는 무조건적 중간은 또 하나의 극단이다. 공자가 성인인 까닭은 바로 '균형감각'을 중요시하되 항상 시기와 상황을 따져 균형점을 잡아 냈기 때문이다.

孟子曰: 楊子取爲我, 拔一毛而利天下, 不爲也. 墨子兼愛, 摩頂放踵利天下, 爲之. 子莫執中, 執中爲近之, 執中無權, 猶執一也. 所惡執一者, 爲其賊道也, 擧一而廢百也.

(13 - 27)

맹자 왈: 허기와 갈증의 폐해

배고픈 사람에게 뭘 먹인들 맛이 없겠으며, 목마른 사람에게 뭘 마시게 한들 달지 않겠습니까? 이래서야 먹거리와 마실 거리의 제대로 된 맛을 알 수가 없죠. 허기와 갈증이 입맛을 해치니까요. 허기와 갈증의 폐해가 왜 입과 배에만 있겠습니까? 사람 마음에도 역시 이런 폐해가 있습니다. 지위도 없고 돈도 없어 갈증과 허기를 겪더라도 그것이 마음을 해치지 않게 할 수 있다면 남들처럼 잘나가지 못하더라도 근심하지 않을 것입니다.

孟子曰: 飢者甘食, 渴者甘飮, 是未得飮食之正也, 飢渴害之也. 豈惟口腹有飢渴之害? 人心亦皆有害. 人能無以飢渴之害爲心害, 則不及人, 不爲憂矣.

(13 - 28)

맹자 왈: 유하혜의 사람됨

유하혜는 아무리 입이 떡 벌어지는 높은 자리를 제안받아도 자기 원칙과 신념을 바꾸지 않았습니다.

孟子曰: 柳下惠, 不以三公易其介.

(13 - 29)

맹자 왈: 우물을 팔 때 가장 중요한 것

뜻을 품고 무언가를 한다는 것은 비유하면 우물을 파는 것과 같아요. 10미터를 팠든 20미터를 팠든 물이 솟는 원천까지 닿지 않았다면 그건 다 쓸모없는 짓이죠. 우물 파기는 결국 실패인 거예요.

孟子曰: 有爲者, 辟若掘井, 掘井九軔, 而不及泉，猶爲棄井也.

(13 - 30)

맹자 왈: 선한 본성대로 다스린다는 것

원래 인간의 본성은 선합니다. 요임금과 순임금은 인류에 다시없이 훌륭한 성군이셨죠? 이분들은 본성 그대로를 행하셨을 뿐입니다. 그다음 성군인 탕왕과 무왕은 열심히 노력하고 수양해서 본성을 터득해 나라를 다스린 분이고요. 춘추 시대를 제패했던 춘추오패는 노력과 수양 없이 성군들의 결과물을 대충 빌려다가 정치를 했죠. 오랫동안 빌리고서 안 돌려주니까 나중엔 그게 자기 것이 아니라는 것 자체를 까먹었어요.

孟子曰: 堯舜性之也, 湯武身之也, 五霸假之也. 久假而不歸, 惡知其非有也.

(13 - 31)

제자 공손추와의 대화: 어리석은 윗사람을 바로잡는 방법

공손추 은나라 탕왕 때의 뛰어난 재상이었던 이윤은 탕왕의 뒤를 이어 왕위에 오른 태갑이 올바른 도리를 따르지 않고 멋대로 국정을 운영하니까 그냥 두고 볼 수 없다며 그를 탕왕의 무덤이 있는 동 지역으로 추방했잖아요? 그러자 백성이 완전 기뻐했죠. 추방당한 태갑이 거기서 뉘우치고 마음을 고쳐먹자 이윤은 그를 다시 복귀시켰어요. 그러자 백성은 또 완전 기뻐했죠. 훌륭한 현자가 아랫사람이 됐는데 지도자가 지지리도 못났다면 진짜 그 지도자를 내칠 수 있는 건가요?

맹자 이윤처럼 사심 없이 정말 공公을 위한 마음만으로 판단할 수 있다면 가능하지. 만약 이윤 같은 마음이 아니라면 그건 '찬탈', 그러니까 반역을 일으켜 불법적으로 자리를 빼앗는 것이라네.

公孫丑曰: 伊尹曰, 予不狎于不順. 放太甲于桐, 民大悅. 太甲賢, 又反之, 民大悅. 賢者之爲人臣也, 其君不賢, 則固可放與?

孟子曰: 有伊尹之志則可, 無伊尹之志則簒也.

(13 - 32)

제자 공손추와의 대화: 지식인의 가치

공손추 선생님, 『시경』 위풍 「박달나무를 베며」伐檀란 시를 보면 "공밥을 먹지 않는다네"라는 구절이 있잖아요? 그런데 공부에 매진하는 지식인 부류는 왜 직접 생업에 뛰어들어 먹고살지 않는 거죠?

맹자 생각해 보게. 어떤 나라에 제대로 배운 지식인이 살고 있어서 그 나라 지도자가 그를 나랏일에 채용하잖아? 그럼 그 나라는 안정되고 부유해지고, 그래서 그 지도자의 권위는 높아지고 빛나게 되지. 그 나라 젊은이들이 이 지식인을 존경해서 따르게 되잖아? 그럼 부모님께 효도하고 형제자매 간엔 우애 있으며, 다른 사람과의 관계에서 진심을 다하고 미덥게 행동하게 되지. 공밥을 안 먹는 걸로 치면 이

만한 경우가 또 있나? 그렇잖은가?

公孫丑曰: 詩曰, 不素餐兮. 君子之不耕而食, 何也?

孟子曰: 君子居是國也, 其君用之, 則安富尊榮, 其子弟從之, 則孝弟忠信. 不素餐兮, 孰大於是?

(13 - 33)

제나라 왕자 점(墊)과의 대화: 지식인이 일삼아야 할 일은?

왕자 점 굳이 따지자면 일반인은 아닌데 그렇다고 지위가 있지도 않은 지식인 계층은 무엇을 일삼아야 합니까?

맹자 뜻을 고상하게 해야 합니다.

왕자 점 뜻을 고상하게 하다니요? 무엇이 뜻을 고상하게 하는 것인가요?

맹자 사람을 아끼고 사랑하는 것과 사람의 올바른 도리를 지키는 것입니다. 한 명이라도 죄 없는 사람을 죽이는 것은 사람을 아끼고 사랑하는 것이 아닙니다. 그리고 자기 것이 아닌데 갖는 것은 사람이 올바른 도리를 지키는 행동이 아닙니다. 사람을 사랑하는 마음으로 사람으로서 걸어야 할 올바른 길을 걸으며 살아야 합니다. 이런 자세가 갖추어지면 더 큰 자리, 더 높은 위치의 일도 감당할 준비가 된 것이지요.

王子墊問曰: 士何事?

孟子曰: 尙志.

曰: 何謂尙志?

曰: 仁義而已矣. 殺一無罪, 非仁也, 非其有而取之, 非義也. 居惡在? 仁是也. 路惡在? 義是也. 居仁由義, 大人之事備矣.

(13 - 34)

맹자 왈: 진짜 의로움이란?

진중자는 마음의 결벽증이 심한 사람이라 올바른 방법이 아닌 방법이라면 강대국인 제나라를 준다고 해도 받지 않을 것을 거라고 사람들이 다들 믿습니다. 그런데 이건 그저 편의점 도시락 하나 거절하는 정도의 작은 의로움이죠. 왜냐하면 사람에게 부모 자식 간, 군신 간, 상하 간의 도리를 지키는 것, 그러니까 윤리 도덕을 지키는 것보다 더 큰 의로움은 없는데, 진중자는 자기의 청렴을 지키자고 이 모든 관계의 윤리를 저버렸기 때문이에요. 작은 도리를 지켰다고 해서 더 큰 도리에 대해서도 그렇게 하리라고 과연 덜컥 믿어 버려도 괜찮을까요?

 진중자는 「등 문공 하」 6-10(255쪽)에 등장한 인물이다.

孟子曰: 仲子, 不義與之齊國而弗受, 人皆信之. 是舍簞食豆羹之義也. 人莫大焉亡親戚君臣上下. 以其小者, 信其大者, 奚可哉?

(13 - 35)

제자 도응(桃應)과의 대화: 공과 사가 충돌할 때

도응 이런 상황을 가정해 봤어요. 순임금은 왕이고, 고요는 사법부 총괄 책임자예요. 그런데 순임금의 아버지인 고수가 사람을 죽였어요. 그럼 어떤 그림이 전개됐을까요?

맹자 법에 따라 체포하는 그림이 전개됐겠지.

도응 순임금이 안 말리시나요?

맹자 순임금이 어떻게 말려? 법과 원칙이 있는데.

도응 그럼 순임금은 뭘 하시죠?

맹자 왕위를 헌신짝 버리듯 버리시겠지. 그리고 아버지 고수랑 아무도 찾을 수 없는 저 먼 바닷가 벽지에 숨어 들어가서 아버지랑 즐겁게, 왕이었던 것 따위는 잊고 즐겁게 사시겠지.

법은 국가 지도자 위에 존재한다. 지도자는 바뀔 수 있지만 나라의 틀은 바뀔 수 없는 것이기 때문이다. 다만 순임금이 국가 지도자라는 책임보다 부모에 대한 효를 더 중시하는 개념은 좀 더 생각해 보아야 할 문제이다.

桃應問曰: 舜爲天子, 皋陶爲士, 瞽瞍殺人, 則如之何?

孟子曰: 執之而已矣.

然則舜不禁與?

曰: 夫舜惡得而禁之? 夫有所受之也.

然則舜如之何?

曰: 舜視棄天下, 猶棄敝蹝也. 竊負而逃, 遵海濱而處, 終身訢然, 樂而忘天下.

(13 - 36)

맹자 왈: 환경의 중요성

맹자가 제나라의 시골인 범范 지역에 있다가 도성으로 올라왔는데, 멀리서 제나라 왕자가 보였다.

맹자 이야! 역시 사람은 사는 곳이 중요해. 환경이 사람의 분위기를 바꾸고 식생활과 양육 방식이 발육과 체형을 바꿔 놓는단 말이지. 환경은 정말 중요해, 암 그렇고말고! 왕자도 결국은 다 사람 자식인데 저리 달라진다니!
왕자가 사는 집이며 타는 차며 사용하는 물건이며 입는 옷가지가 사람들과 다를 것도 없는데, 저런 분위기를 내는 것은 환경 탓이지. 왕자만 돼도 그런데 하물며 세상에서 가장 넓은 집인 사람을 아끼고 사랑하는 마음속에 사는 사람은 어떻겠어?
노나라의 군주가 송나라에 가서 그 성문에 이르러 "이리오

너라!"라고 했을 때 문지기가 "예!" 하고 나왔다가 "으응? 이 사람은 우리 임금이 아닌데 어쩜 목소리가 이렇게 우리 임금하고 비슷할 수가 있지?"라며 깜짝 놀랐더랬지. 왜 그렇게 목소리가 닮게 됐을까? 답은 사실 간단해. 둘 다 임금이잖아. 환경이 비슷한 탓인 거지.

孟子自范之齊, 望見齊王之子. 喟然歎曰: 居移氣, 養移體, 大哉居乎! 夫非盡人之子與?

孟子曰: 王子宮室車馬衣服, 多與人同, 而王子若彼者, 其居使之然也. 況居天下之廣居者乎? 魯君之宋, 呼於垤澤之門. 守者曰, 此非吾君也, 何其聲之似我君也? 此無他, 居相似也.

(13 - 37)

맹자 왈: 형식 이전에 마음이 필요하나니

먹여 주기만 하고 사랑하지 않는 건 그를 돼지 취급하는 것입니다. 사랑하기만 하고 공경하지 않으면 그를 애완동물 취급하는 것이고요. 공경하는 마음은 정중하게 사귐을 청하는 선물을 보내기 전에 이미 갖추고 있어야 하지요. 지도자가 지식인을 대할 때 공경하는 형식만 있고 그의 의견을 귀담아듣고 정책에 반영하는 실질이 없다면 지식인은 그런 헛된 예우에 얽매여서는 안 됩니다.

孟子曰: 食而弗愛, 豕交之也, 愛而不敬, 獸畜之也. 恭敬者, 幣之未將者也. 恭敬而無實, 君子不可虛拘.

(13 - 38)

맹자 왈: 사람이 자신의 잠재력을 구현하려면?

사람의 몸은 하늘이 준 것이니 그 자체로 하늘의 이치입니다. 그런데 오직 학문과 수양, 그를 통한 지혜가 극치에 다다른 사람만이 그 몸에 잠재된 것을 온전히 구현할 수 있습니다.

孟子曰: 形色, 天性也, 惟聖人, 然後可以踐形.

(13 - 39)

제자 공손추와의 대화: 삼년상에 대하여

제나라 선왕이 부모상을 짧게 치르고 싶어 했다.

공손추 일년상이라도 아예 안 하는 것보다는 낫지 않나요?

맹자 이 사람 참, 누가 자기 형의 팔을 비틀고 있는데 "일단 좀 살살 비트세요"라고 말할 사람이네. 효도와 공경의 윤리를 가르쳐야지. 왜 삼년상이 부모상의 기본이 된 건지를 알게 해야 할 뿐이네.

한 왕자의 생모인 후궁이 죽었다. 이럴 땐 원래 어머니의 위치가 왕인 아버지에게도 눌리고 왕후에게도 눌리기 때문에 그 아들이 상복을 입을 수가 없다. 그러나 왕자의 스승이 왕자를 위해 몇 달만이라도 상복을 입을 수 있게 해 달라고 청했다.

공손추 이런 경우는 어떤가요?

맹자 이건 삼년상을 채우고 싶어도 그렇게 할 수 없는 경우라네. 이럴 때는 상복을 단 하루 더 입더라도 그만두는 것보다는 낫지. 앞서의 경우는 막는 사람도 없는데 안 하겠다는 것 아닌가.

齊宣王欲短喪.

公孫丑曰: 爲朞之喪, 猶愈於已乎?

孟子曰: 是猶或紾其兄之臂, 子謂之姑徐徐云爾, 亦教之孝弟而已矣.

王子有其母死者, 其傅爲之請數月之喪. 公孫丑曰: 若此者, 何如也?

曰: 是欲終之而不可得也. 雖加一日愈於已, 謂夫莫之禁, 而弗爲者也.

(13 - 40)

맹자 왈: 다섯 가지 교육 방식

제대로 배운 지식인이 사람을 가르치는 방식으로 다섯 가지 정도 말씀드릴 수 있어요.

1. 적시에 내리는 비가 초목을 쑥쑥 성장시키듯 가르치는 경우
2. 인품을 이루어 주는 경우
3. 재능을 경지에 이르게 하는 경우
4. 물음에 답해 주는 경우
5. 가르침을 남겨, 직접 대면하여 배우지 않아도 스스로 학습하게 하는 경우

孟子曰: 君子之所以教者五, 有如時雨化之者, 有成德者, 有達財者, 有答問者, 有私淑艾者. 此五者, 君子之所以教也.

(13 - 41)

제자 공손추와의 대화: 눈높이 교육이 능사는 아니다

공손추 인간이 걸어야 할 올바른 길은 너무 높고 아름다워서 마치 하늘에 오르는 것 같아 도무지 엄두가 나질 않습니다. 사람들이 어쩌면 갈 수 있을지도 모르겠다고 생각할 수 있는 수준으로 조정해서 날마다 힘쓰게 하는 게 더 낫지 않을까요?

맹자 위대한 장인이 솜씨 없는 공인을 가르치자고 도구 사용법을 바꾸거나 버리지 않고, 궁술의 대가가 초보 궁수를 가르치자고 활시위 당기는 법을 바꾸지 않네. 진정한 지성인은 배울 사람을 이끌기는 하지만 능력을 피워 주기까지 하지는 않네. 다만 자신이 그 경지의 본을 보여 주지. 그렇게 도리에 합당하게 우뚝 서 있으면 능력 있는 자가 그를 따라오는 거라네.

公孫丑曰: 道則高矣, 美矣, 宜若登天然, 似不可及也. 何不使彼爲可幾及, 而日孶孶也?

孟子曰: 大匠不爲拙工改廢繩墨, 羿不爲拙射變其彀率. 君子引而不發, 躍如也. 中道而立, 能者從之.

(13 - 42)

맹자 왈: 바른 지성인이 세상에 대해 취해야 할 자세

세상이 올바른 길로 가고 있으면 지성인은 세상에 나가 올바른 길을 세상에 펼쳐지고, 세상이 올바른 길로 가고 있지 않으면 지성인은 세상을 등지고 그 길을 지켜 내는 사람이 됩니다. 이건 제가 아는 사실입니다만, 올바른 길을 가면서 힘 있는 자에게 영합한다는 말은 아직 들어 본 적이 없습니다.

孟子曰: 天下有道, 以道殉身, 天下無道, 以身殉道. 未聞以道殉乎人者也.

(13 - 43)

제자 공도자와의 대화: 질문자의 올바른 자세

공도자 등나라 임금의 동생인 등경滕更이 선생님의 문하에 있었잖습니까? 제가 보기엔 그가 예우를 받아야 할 위치에 있지 않나 싶었는데 선생님께서는 그의 질문에 답을 하지 않으셨죠. 어째서 그렇게 하셨나요?

맹자 자기 신분 귀한 거 믿고 질문하는 거, 자기 똑똑한 거 믿고 질문하는 거, 자기 나이 많은 거 믿고 질문하는 거, 자기 업적 있는 거 믿고 질문하는 거, 나랑 친분 있는 거 믿고 질문하는 거, 이런 질문에는 난 대답하지 않는다네. 등경은 이 중에서 두 가지에 걸렸지.

아마도 자기 신분 귀한 거, 그리고 자기 똑똑한 거에 걸렸던 것 같다. 배우려면 철저히 배우는 자의 자세를 갖추어야 한다.

公都子曰: 滕更之在門也, 若在所禮. 而不答, 何也?

孟子曰: 挾貴而問, 挾賢而問, 挾長而問, 挾有勳勞而問, 挾故而問, 皆所不答也. 滕更有二焉.

(13 - 44)

맹자 왈: 사람의 행동을 지켜보면……

그만두면 안 되는 걸 그만두는 사람은 그만두지 못하는 게 없습니다. 후하게 대해야 할 데에 박하게 대하는 사람은 박하게 대하지 않는 것이 없습니다. 맹렬하게 나아가는 사람요? 그런 사람은 물러나는 것도 아주 빠르죠.

孟子曰: 於不可已而已者, 無所不已, 於所厚者薄, 無所不薄也. 其進銳者, 其退速.

(13 - 45)

맹자 왈: 혈육에 대한 사랑에서 만물에 대한 사랑까지

제대로 배운 지성인은 만물을 사랑하죠. 하지만 만물에 대한 사랑은 인간에 대한 사랑과 다릅니다. 인간에 대한 사랑은 혈육에 대한 사랑과 다르고요. 혈육에 대한 친밀한 사랑이 인간에 대한 너그러운 사랑으로 이어지고, 인간에 대한 너그러운 사랑이 만물에 대한 보편적 사랑으로 이어지는 겁니다.

孟子曰: 君子之於物也, 愛之而弗仁, 於民也, 仁之而弗親. 親親而仁民,仁民而愛物.

(13 - 46)

맹자 왈: 급선무에 대한 감각

진정한 지혜를 가진 사람은 알지 못할 것이 없지만 아주 긴급하고 중대한 일부터 힘을 쏟습니다. 진정한 사랑을 가진 사람은 사랑하지 못할 대상이 없지만 혈육과 훌륭한 이에 대한 사랑이 먼저라는 것을 알아 그들부터 제대로 사랑하는 데에 힘을 쏟습니다.

요임금과 순임금이 지혜를 아무데나 쓰지 않은 것은 먼저 힘쓸 아주 급하고 중대한 일, 즉 급선무가 있었기 때문이고, 요임금과 순임금이 아무에게나 사랑을 베풀지 않은 것은 혈육과 훌륭한 사람을 깊이 사랑하는 것이 아주 급하고 중대한 것이라 보아 거기에 힘을 쏟았기 때문입니다.

제 부모를 위한 삼년상도 제대로 치러 내지 못하면서 먼 친척을 위한 상복에는 예민하게 굴며 따지고, 식사할 때는 입을 쩍쩍 벌리며 밥을 욱여넣고 국물을 질질 흘리면서 고기를 이로 끊어 먹는 건 예절에 어긋난다고 지적한다면 어떻겠습니까? 이건 힘을 어디에 쏟아야 하는지를 도무지 모르는 거죠.

孟子曰: 知者無不知也, 當務之爲急, 仁者無不愛也, 急親賢之爲務. 堯舜之知而不遍物, 急先務也, 堯舜之仁不遍愛人, 急親賢也. 不能三年之喪, 而緦小功之察, 放飯流歠, 而問無齒決, 是之謂不知務.

진심 하

14

盡心下

(14 - 1)

제자 공손추와의 대화: 영토 확장 전쟁의 어리석음

맹자 양나라 혜왕은 정말 참 무정하고 미련한 사람인 듯! 따뜻하고 현명한 심장을 가진 사람은 자기가 사랑하는 사람을 대하는 방식을 자기가 사랑하지 않는 사람에게까지 적용하는데, 무정하고 미련한 사람은 자기가 사랑하지 않는 사람을 대하는 방식을 자기가 사랑하는 사람까지 적용하지.

공손추 예? 무슨 말씀이세요?

맹자 혜왕은 그놈의 땅 좀 넓히자고 자기 백성을 들쑤셔 전쟁으로 몰아넣었다가 크게 패했다네. 그렇게 지고는 보복을 하려고 했는데, 못 이길까 걱정이 되는 거야. 그래서 자기가 사랑하는 아들을 그 설욕전에 내몰아 희생시켰지. 이게 바로 자기가 사랑하지 않는 사람을 대하는 방식을 자기가 사랑하는 사람까지 적용한 것이 아니고 뭐겠나?

孟子曰: 不仁哉, 梁惠王也! 仁者以其所愛, 及其所不愛, 不仁者以其所不愛, 及其所愛.

公孫丑問曰: 何謂也?

梁惠王以土地之故, 糜爛其民而戰之, 大敗. 將復之, 恐不能勝, 故驅其所愛子弟, 以殉之. 是之謂以其所不愛, 及其所愛也.

(14 - 2)

맹자 왈: 의로운 전쟁은 존재하지 않나니

『춘추』에는 의로운 전쟁에 관한 내용이 없습니다. 그저 저 나라가 이 나라보다 낫다는 정도가 있을 뿐이죠. '정벌'征이란 위가 아래를 치는 거예요. 대등한 나라끼리는 서로 '정벌'하지 못합니다.

'征'(정)이 바로잡는다는 의미이기 때문이다. 뒤에 나오는 14-4(517쪽)에 설명이 나온다.

孟子曰: 春秋無義戰. 彼善於此, 則有之矣. 征者, 上伐下也, 敵國不相征也.

(14 - 3)

맹자 왈: 비판적 독서의 자세

『서경』을 비판적 시각으로 읽지 못하고 있는 그대로 다 믿을 거면 차라리 『서경』이 없는 게 나아요. 저 같은 경우, 『서경』 주서 「무성」武成 편은 몇 단락만 신뢰해요. 「무성」 편은 주나라를 세운 무왕이 은나라의 폭군인 주왕을 정벌한 내용을 담고 있는데요, 거기 보면 "적 중 선두에 있던 자들이 무기를 자기편으로 향하게 해서 자기네 군인들을 공격해 자기 나라를 패배시켰다. 그 과정에서 얼마나 많은 사람이 죽었는지 핏물에 주인 잃은 무기들이 떠다닐 정도였다"라는 구절이 있죠. 생각해 보세요, 사람을 아끼고 사랑하는 사람은 온 세상에 그를 대적할 사람이 없는 법인데, 그런 사람이 무정하고 난폭한 사람을 정벌하는 과정에서 어떻게 핏물에 주인 잃은 무기들이 떠다닐 정도로 무시무시한 살상이 있었겠어요?

『서경』은 공자학당의 교과목으로 공자가 제자들에게 가르쳤던 6경經 중 하나이다. 『장자』 잡편雜篇 「천하」天下 편에 보면, "유가는 『시경』으로써 뜻을 계도했고, 『서경』으로써 정치를, 『예』로써 행실을, 『악』으로써 화합을, 『역』으로써 음양의 이치를, 『춘추』로써 명분을 계도했다"라는 내용이 보인다. 공자의 학풍을 이은 맹자에게 『서경』은 대단히 중요한 책이었던 것이다. 실제로 그 중요성을 증명이라도 하듯 『맹자』에서 숱하게 인용되고 있기도 하다. 그럼에도 맹자는 이런 파격적인 선언을 한다. 아무리 중요한 책이라 해도 비판적인 읽기를 하지 못한다면 그 책은 없는 것이 차라리 낫다고 말이다. 학자의 제1금기는 무비판적 수용이다. 어떤 위대한 이의 책이든 말이든 그 권위에 무릎 꿇어 무조건 "네, 네" "그럼요, 그럼요" 해서는 안 된다. 맹자가 맹자일 수 있게 한 저력은 바로 이런 합리성과 비판 정신에서 기인한 것이 아닐까?

孟子曰: 盡信書, 則不如無書. 吾於武成, 取二三策而已矣. 仁人無敵於天下, 以至仁伐至不仁, 而何其血之流杵也?

맹자 왈: 전쟁을 잘하는 자는 나라의 큰 죄인

어떤 사람이 “나는 전술에 능하고 나는 전쟁을 잘합니다!”라고 말한다면, 그 사람은 큰 죄를 짓는 겁니다. 나라의 지도자가 사람을 아끼고 사랑하는 가치를 높이 사면 세상에 그에게 맞서는 사람이 사라지게 됩니다. 남쪽 지방을 정벌하러 가면 북쪽 지방의 혼란한 나라 사람들이 서운해하고, 동쪽 지방을 정벌하러 가면 서쪽 지방의 혼란한 나라 사람들이 서운해해면서 “왜 우리나라부터 정벌하러 오지 않으시고……”라고 합니다. 주나라를 건국한 무왕은 전차 300대와 무장군인 3,000명으로 혼란의 끝으로 달려가던 은나라를 정벌하러 가서 그곳 백성에게 다음과 같이 말했죠. “두려워 말라. 나는 그대들을 편안히 살게 해 주려는 것이지 적으로 치려는 것이 아니다!” 그러자 은나라 백성들은 기꺼이 땅에 머리를 조아렸습니다.
‘정벌’征伐의 ‘征’(정)은 ‘바로잡다’라는 뜻이에요. 각 나라 사람이 모두 자기들을 바로잡아 주기를 바란다면 싸우고 피 흘리고 죽이는 전쟁을 할 필요가 뭐 있겠습니까?

孟子曰: 有人曰, 我善爲陳, 我善爲戰, 大罪也. 國君好仁, 天下無敵焉. 南面而征, 北狄怨, 東面而征, 西夷怨, 曰, 奚爲後我? 武王之伐殷也, 革車三百兩, 虎賁三千人. 王曰, 無畏! 寧爾也. 非敵百姓也. 若崩厥角稽首. 征之爲言, 正也. 各欲正己也, 焉用戰?

(14 - 5)

맹자 왈: 배우는 것은 한계가 있어, 결국 스스로 익혀야 한다

나무를 가지고 온갖 것을 만드는 장인이 그 기술을 배우고 싶어 하는 사람에게 자기가 사용하는 자나 직각자나 컴퍼스 등 각종 측정 도구를 사용해 물건들을 만드는 법을 가르쳐 줄 수는 있어요. 하지만 사물의 완성도를 가늠하는, 몸으로 익힌 미세한 감각은 가르쳐 줄 수 없습니다.

『장자』에도 비슷한 이야기가 나온다. 외편外編 「천도」天道 편에 등장하는 제나라 환공과 수레바퀴 장인인 편扁이 나눈 대화가 그렇다. 하루는 제나라 환공이 대청 위에서 책을 읽고 있었는데, 대청 아래 바닥에서 수레바퀴를 만들고 있던 편이 그 모습을 보더니 일을 멈추고 환공에게 물었다. "황송하옵니다만 지금 읽고 계신 것은 무엇이옵니까?" "성인의 말씀이니라." "그 성인은 살아 계십니까?" "이미 돌아가셨다." "그러시면 임금님께서 읽고 계신 것은 옛사람의 찌꺼기라는 말씀이군요." "과인이 책을 읽고 있는데 어찌 수레바퀴 직공 주제에 함부로 참견하고 드는가? 무슨 그럴싸한 설명이 있으면 살려 주겠지만 그렇지 않으면 사형에 처하겠노라." 이에 편이 대답했다. "소인은 소인의 경험에서 그리 생각한 것이옵니다. 수레바퀴를 깎을 때, 조금이라도 헐렁하면 바큇살이 빠지기 쉽고 반대로 조금이라도 빡빡하면 정확히 삽입되지 않습니다. 헐렁하지도 빡빡하지도 않게 하는 것은 순전히 손으로 알고 마음으로 응하는 것이지, 말로 할 수 있는 것이 아닙니다. 비결은 말로 표현할 수 없는 바로 그 부분에 있는 법입니다. 소인은 그 비결을 소인의 자식에게 말로 전수하지 못하고, 소인의 자식도 소인에게서 그것을 말로 배우지 못합니다. 그래서 소인은 칠십이 된 이날까지도 늙도록 수레바퀴를 깎고 있는 것입니다. 옛사람도 그것을 전하지 못한 채로 돌아가셨습니다. 그래서 임금님께서 읽고 계시는 것이 옛사람의 찌꺼기일 뿐이라고 말씀드린 것입니다."

공부는 결국 나와의 싸움이다. 모든 배움을 자신의 삶에 반영해서 스스로 경험하며 나에게 맞게 만드는 작업을 거치지 않으면 그 공부는 아무리 많이 했더라도 여전히 그저 책에 있고 스승에게 있는 것일 뿐이다.

孟子曰: 梓匠輪輿能與人規矩, 不能使人巧.

(14 - 6)

맹자 왈: 야인도 통치자도 원래 그랬던 것처럼 어울렸던 순임금

순임금은 시골에서 보통 사람으로 살아갈 때 나물 반찬에 밥 먹는 일상을 보면 꼭 그렇게 평생 살아갈 사람 같았죠. 그런데 온 세상을 다스리는 최고 통치자가 되었어요. 그래서 화려한 고급 옷을 입고 음악을 즐기며 두 아내의 보살핌을 받게 되었는데, 이때도 꼭 그렇게 살아왔던 사람처럼 자연스럽게 살았어요.

순임금의 대단한 점이 바로 이것이다. 극에서 극으로 가는 급작스러운 신분 상승에도 전혀 동요가 없었다는 것. 그래서 그는 자신이 선택한 가치를 평범한 삶에서는 평범한 삶에 그대로 적용하고, 왕이 되어서는 백성과 함께하는 삶 속에 적용할 수 있었다.

孟子曰: 舜之飯糗茹草也, 若將終身焉. 及其爲天子也, 被袗衣, 鼓琴, 二女果, 若固有之.

(14 - 7)

맹자 왈: 복수를 부르는 살인의 어리석음

나는 이제야 남의 부모를 죽이는 것이 얼마나 큰일인지를 알게 되었어요. 내가 남의 아버지를 죽이면 그 사람도 나의 아버지를 죽일 테고, 내가 남의 형을 죽이면 그 사람도 내 형을 죽일 테죠. 그렇다면 아버지와 형을 딱 내 손으로 죽인 것은 아니지만 제 손으로 죽인 거나 마찬가지인 셈 아니겠습니까?

이즈음 자기 혈육을 죽인 사람에 대한 잔인한 복수 사건으로 지역 사회가 들썩였던 것 같다.

孟子曰: 吾今而後知殺人親之重也. 殺人之父, 人亦殺其父, 殺人之兄, 人亦殺其兄. 然則非自殺之也, 一間耳.

(14 - 8)

맹자 왈: 시대정신의 쇠퇴

옛날에 국경에 검문소를 두었던 건 국경을 출입하는 자들이 일으키는 포악한 사건 사고를 막기 위해서였는데, 지금 국경에 검문소를 두는 건 국경을 출입하는 자들에게 포악한 짓을 하기 위해서네요. 참……! (국경 출입을 빌미로 돈을 뜯어내고 있는 것 말입니다.)

孟子曰: 古之爲關也, 將以禦暴, 今之爲關也, 將以爲暴.

(14 - 9)

맹자 왈: 결국 자기 자신이 본을 보이지 않으면……

자신이 함부로 살면서 가족은 함부로 살지 않기를 바랄 수 없습니다. 남을 함부로 부리면 결국 자기 가족조차 따르지 않게 됩니다.

孟子曰: 身不行道, 不行於妻子, 使人不以道, 不能行於妻子.

(14 - 10)

맹자 왈: 빈틈없는 사람

이익을 챙기는 데 빈틈없는 사람은 최악의 경기 불황에도 숨 막히는 일이 없고, 내면의 건강에 빈틈없는 사람은 질서라고는 없는 최악의 세상에도 정신이 흔들리지 않습니다.

孟子曰: 周于利者, 凶年不能殺, 周于德者, 邪世不能亂.

(14 - 11)

맹자 왈: 명예를 좋아하는 사람 vs. 단순히 욕심만 많은 사람

명예를 좋아하는 사람이 "도지사 자리 같은 것 줘도 안 한다"라고 할 수는 있어요. 하지만 진짜 그럴 만한 위인이 못 되잖아요? 그럼 편의점 도시락처럼 작은 게 걸렸을 때 다 들통나요. 양보하기 싫어하는 게 눈에 보이거든요.

孟子曰: 好名之人, 能讓千乘之國. 苟非其人, 簞食豆羹見於色.

(14 - 12)

맹자 왈: 원칙과 질서가 건강한 국가 운영에 미치는 영향

인품과 지혜가 탁월하고 뛰어난 인재를 국가 지도자가 신임하지 않으면 나라 안 인재는 씨가 마르게 됩니다. 서로 간 배려에 입각한 질서와 법도가 없으면 상하 관계가 혼란해집니다. 그리고 나라에 제대로 된 정책 운영이 없으면 국고가 비게 됩니다.

孟子曰: 不信仁賢, 則國空虛. 無禮義, 則上下亂. 無政事, 則財用不足.

(14 - 13)

맹자 왈: 힘으로 가질 수 있는 위치는 한계가 있다

사람의 가치와 이를 실현할 지혜를 지니지 못하고서도 나라의 지도자가 되는 경우는 있습니다. 그러나 그런 능력이 없으면서 세계의 판세를 손에 쥐고 세상에 바른 틀을 제시하는 지도자가 된 경우는 없습니다.

孟子曰: 不仁而得國者, 有之矣, 不仁而得天下, 未之有也.

(14 - 14)

맹자 왈: 나라에서 가장 귀한 것

나라에서 국민이 가장 귀하고, 나라의 정통성이 그다음이고, 지도자는 중요성이 가장 덜한 것입니다. 그래서 국민의 마음을 얻는 자는 정통성 있는 지도자가 되고, 지도자의 마음을 얻는 자는 장차관급 인사가 되고, 장차관급 인사에게 마음을 얻는 사람은 그 소속 고위직에 임명될 수 있습니다. 지도자든 장차관급 인사든 나라의 정통성을 해치면 그 사람은 교체됩니다. 그 정통성을 유지하기 위해 각종 형식적 틀을 다 지켰는데도 나라가 정치 경제적으로 계속 쇠약해져서 국민의 불만이 높아지고 분명히 쇄신이 요구되는 시기가 되면 나라의 정통성 자체도 허물어 새로이 할 수 있는 겁니다.

나라의 모든 것은 다 바뀔 수 있다. 그러나 국민은 바뀔 수 없다. 그래서 나라의 주인은 국민 한 사람 한 사람이 되는 것이다. 민본民本의 사상. 왕이 곧 나라이던 시대에 맹자는 나라의 실질적인 주인이 누구인지 간파했다. 무엇으로도 대체할 수 없는 것이 궁극의 주인일진대 그렇다면 나라를 구성하는 요소 중에서 바꿀 수 없는 것이 무엇일까? 맹자는 이 질문에서 '백성'을 발견했던 것이다.

孟子曰: 民爲貴, 社稷次之, 君爲輕. 是故得乎丘民而爲天子, 得乎天子爲諸侯, 得乎諸侯爲大夫. 諸侯危社稷, 則變置. 犧牲旣成, 粢盛旣潔, 祭祀以時, 然而旱乾水溢, 則變置社稷.

(14 - 15)

맹자 왈: 훌륭한 인물들이 시간과 공간을 넘어 사람들에게 끼치는 영향

인품과 지혜가 탁월한 성인은 아무리 오랜 시간이 흘러도 인류의 스승입니다. 백이와 유하혜가 이런 사람이죠. 지조를 지키며 대쪽같이 살았던 백이의 삶에 대해 들으면, 탐욕스러운 사람인 경우는 청렴해지고 나약한 사람인 경우는 뜻을 세우게 되었습니다. 그리고 어떤 시대든 어떤 지도자든 품어 주며 세상을 위해 자기 재주를 기꺼이 내놓았던 유하혜에 대해 들으면, 인색한 사람인 경우는 관대해지고 야박한 사람인 경우는 후해졌습니다.

수백 수천 년 전에 뜻을 세우고 세상을 상대했던 것을 수백 수천 년 뒤에 태어난 사람들이 듣고, 삶을 반성하고 뜻을 세우게 되었지요. 성인이 아니고서야 이렇게 할 수 있겠습니까? 전해 오는 이야기만 들어도 이런데 하물며 직접 곁에서 배우고 영향을 받은 사람이야 더 말할 것 있겠습니까?

백이와 유하혜의 이런 특징에 대한 자세한 내용은 「만장 하」 10-1 (374쪽) 참조.

孟子曰: 聖人, 百世之師也, 伯夷柳下惠是也. 故聞伯夷之風者, 頑夫廉, 懦夫有立志, 聞柳下惠之風者, 薄夫敦, 鄙夫寬. 奮乎百世之上, 百世之下, 聞者莫不興起也. 非聖人而能若是乎? 而況於親炙之者乎?

(14 - 16)

맹자 왈: 사람이 걸어야 할 길

'仁'(인)은 '人'(인), 즉 '사람답다'라는 뜻입니다. 사람이 사람다운 덕을 지니는 것, 이것이 '道'(도), 즉 사람이 걸어야 할 길입니다.

孟子曰: 仁也者, 人也. 合而言之, 道也.

(14 - 17)

맹자 왈: 지식인이 고국을 떠나는 자세 vs. 타국을 떠나는 자세

공자께서 고국인 노나라를 떠날 때는 "발걸음이 차마 나아가질 않는구나"라며 더디게 더디게 움직이셨죠. 이것이 고국을 떠나는 바른 자세이기 때문입니다. 그러나 제나라를 떠날 때는 밥을 지으려고 물에 담갔던 쌀을 건져서 가지고 갈 정도로 급하게 떠나셨죠. 다른 나라를 떠날 때는 이렇게 해야 옳은 자세이기 때문입니다.

孟子曰: 孔子之去魯, 曰, 遲遲吾行也. 去父母國之道也. 去齊, 接淅而行. 去他國之道也.

(14 - 18)

맹자 왈: 공자가 진(陳)나라와 채(蔡)나라 사이에서 고생한 까닭

공자께서 초나라로 가기 위해 진나라와 채나라 사이를 지날 때 먹을 것이 떨어져 굶주리고 수행하는 제자들은 병까지 들어 신음하는, 아주 힘들고 절망적인 상황을 겪으셨더랬죠. 이건 진나라와 채나라 지도자나 정치인이 별로 좋은 사람들이 아니어서 공자께서 그들과 교류하지 않았기 때문에 발생한 일이었습니다.

孟子曰: 君子之戹於陳蔡之間, 無上下之交也.

(14 - 19)

맥계(貉稽)와의 대화: 주변의 비난에 흔들리지 마세요

맥계 저는 사람들에게 되게 욕을 먹고 있어요. 속상해요.

맹자 그래도 뭐 나쁠 건 없어요. 원래 지식인은 구설에 많이 오르는 법이죠. 『시경』 패풍 「측백나무 배」柏舟라는 시에 보면, "근심스러운 마음 가득함이여, 옹졸한 인간들의 미움 때문이라네"라는 구절이 있죠. 이건 공자님의 경우에 해당해요. 그리고 대아 「길게 뻗은」緜이란 시를 보면, "그들의 불만을 다 없애지는 못했지만 또한 그 명성을 잃지는 않았다네"라는 구절이 있어요. 이건 문왕의 경우에 해당한답니다. (그러니 옳은 길을 가고 있다면 마음을 굳게 먹고 주변의 비난에 흔들리지 마세요.)

비난은 참으로 견디기 어려운 것이다. 뒤에 나오는 14-37(543쪽)에 보면 지역 사회의 위선자인 '향원'鄕原에 대한 이야기가 나온다. 공자는 이 지역 사회의 위선자를 정말로 싫어했다. 이들이 선과 악의 기준을 흐려 놓기 때문이다. 이들은 아무에게도 욕을 먹지 않는다. 기준을 가지고 행동하는 것이 아니라 평판을 위해 움직이기 때문이다. 자기 기준과 신념을 가지고 행동하다 보면 나와 뜻을 함께하는 사람도 만나지만 나와 어긋나고 나를 비난하는 사람도 만나게 마련이다. 이성적으로는 알지만 실제로 욕을 먹고 비난을 듣게 되면 서운하고 속이 상한다. 나쁜 사람에게든 착한 사람에게든 무조건 칭찬을 듣고 싶고 어디에서든 환영받는 사람이 되고 싶다. 공자와 맹자는 바로 이런 욕구를 경계해야 한다고 말한다. 그 욕구를 제어하지 못하면 진짜로 옳은 것, 진짜로 선한 것을 추구하는 삶을 살 수 없다고 말이다. 맥계에 대해서는 별로 알려진 것이 없다.

貉稽曰: 稽大不理於口.

孟子曰: 無傷也. 士憎兹多口. 詩云, 憂心悄悄, 慍于群小. 孔子也. 肆不殄厥慍, 亦不隕厥問. 文王也.

(14 - 20)

맹자 왈: 자기도 모르는 주제에

현명한 사람은 자기가 공부하고 깨달은 밝은 이치로 남을 밝혀 주는데, 허 참, 요즘에는 어리석은 사람이 자신의 컴컴함으로 남을 밝혀 주겠다고 하네요……!

孟子曰: 賢者以其昭昭, 使人昭昭, 今以其昏昏, 使人昭昭.

(14 - 21)

제자인 고자(高子)에게: 마음도 쓰지 않으면 잡초가 우거진다네

산속에 난 오솔길을 보게. 그런 길도 사람들이 한동안 그리로만 다니면 넓은 길이 된다네. 그러나 또 한동안 사용하지 않으면 금세 잡초가 자라 길을 막아 버리지. 지금 그대 마음엔 그런 잡초가 우거져 길을 막고 있다네.

孟子謂高子曰: 山徑之蹊間, 介然用之而成路. 爲間不用, 則茅塞之矣. 今茅塞子之心矣.

(14 - 22)

제자 고자와의 대화: 무언가를 비교할 때 주의할 점

고자 선생님, 제 생각엔 우임금의 음악이 문왕의 음악보다 나은 것 같아요.

맹자 무슨 근거로?

고자 우임금 음악 연주 때 쓰는 종의 고리가 다 닳아 있거든요.

맹자 그걸론 충분하지 않지. 성문 앞에 땅이 패도록 난 바퀴 자국을 좀 보게. 그게 단지 차 두 대 때문에만 그리된 것이겠나?

고자는 문왕 음악 연주 때 사용하는 종의 고리는 멀쩡한데 우임금 음악 연주 때 쓰는 종의 고리는 다 닳은 걸 보고 문왕의 음악보다 우임금 음악을 사용한 사람이 아주 많다는 뜻으로 해석했다. 시간 변수를 고려하지 않은 것이다. 우임금은 하나라 때 인물이고 문왕은 은나라 말기 인물이다. 즉 시간 차이가 나도 너무 난다. 상식적으로도 문왕 음악을 연주하는 악기가 상대적으로 새것일 수밖에 없다.

맹자는 성문 앞 도로의 파임 현상을 예로 들어 이 허점을 짚어 주었다. 성문은 검문을 해야 하기 때문에 한 번에 차 한 대밖에는 통과시키지 않는다. 그렇다면 이 병목 현상을 오래 겪은 성문 앞 도로는 아무리 새로 포장을 해도 깊게 파일 수밖에 없다. 시간 변수를 고려해야 한다는 것이다.

高子曰: 禹之聲, 尙文王之聲.

孟子曰: 何以言之?

曰: 以追蠡.

曰: 是奚足哉? 城門之軌, 兩馬之力與?

(14 - 23)

제자 진진과의 대화: 상황이 비슷하다고 똑같이 대처하면

진진 사람들이 모두 선생님께서 다시 한 번 국영 창고를 열어 구제 사업을 펼치자고 나라에 건의하실 것이라고 기대하고 있습니다만……. 아마도 다시 그러시긴 어렵지 싶기도 하고…….

맹자 그렇지. 그건 풍부馮婦나 하는 짓이지. 풍부라고 아나? 진晉나라에 풍부라는 사람이 있었는데, 맨손으로 호랑이를 때려잡는 용사였다네. 그런데 뭔 결심을 했는지 공부를 해서 꽤 괜찮은 지식인이 되었지. 그러던 어느 날 그가 야외로 나가게 됐는데 마침 그때 여러 사람이 호랑이를 쫓고 있었다네. 쫓기던 호랑이가 산모퉁이를 등지고서 포효하며 공격할 자세를 취하자 아무도 감히 달려들지 못했지. 그 순간 저 멀리에 풍부가 있는 걸 본 거야. 사람들은 기뻐서 달려갔어. 풍부도 "까짓것!" 하면서 차에서 내려 팔을 걷어붙였지. 사람들은 열광했어. 하지만 그와 함께 있던 화이트칼라들은 "그렇지, 제 버릇 어디 가겠어?" 하는 표정으로 비웃었다네.

제나라에 흉년이 들었을 당시 나누었던 대화이다. 호랑이는 제나라 왕을 가리키고, 풍부는 맹자를 가리킨다. 풍부는 호랑이 잡는 일을 한참이나 쉬었고 나이까지 들었으니 되레 호랑이에게 당할 공산이 크다. 과거에 했다고 과거와 다른 상황인 오늘도 그때처럼 할 수 있는 건 아니다. 맹자는 그 점을 지적하고 있다. 맹자가 그래도 왕에게 인정을 받고 있을 때는 국영 창고를 열어 굶주린 백성을 구제하자고 건의해 볼 수 있었지만, 맹자는 끝내 제나라의 정식 관직에 등용되지 못했다. 그런 상황에서 나라의 정책에 끼어들어 왕에게 훈수를 두는 건 호랑이도 잡지 못하고 사람마저 다치게 할 수도 있다. 맹자는 이 점을 고려하고 있는 것이다. 그러나 호랑이에게 당할 수도 있는 사람들을 위해 팔을 걷어붙이는 풍부의 마음은 함께 있던 지식인에 비해 훨씬 아름답다. 호랑이를 잡아 주지도 못하고 잡을 묘책을 내지도 못하면서 풍부만 비웃고 있는 지식인들, 지식인이 그런 존재라면 나라에 전문적인 지식인이 있은들 사람들에게 무슨 도움이 되겠는가?

齊饑. 陳臻曰: 國人皆以夫子將復爲發棠. 殆不可復.

孟子曰: 是爲馮婦也. 晉人有馮婦者, 善搏虎, 卒爲善士. 則之野, 有衆逐虎, 虎負嵎, 莫之敢攖. 望見馮婦, 趨而迎之. 馮婦攘臂下車, 衆皆悅之, 其爲士者笑之.

(14 - 24)

맹자 왈: 본성 vs. 운명

입이 맛난 걸 좋아하고, 눈이 예쁜 걸 좋아하고, 귀가 좋은 소리를 좋아하고, 코가 향기를 좋아하고, 팔다리가 편안하게 쉬는 걸 좋아하는 건 본성이지요. 하지만 원한다고 해서 맛난 거, 예쁜 거, 좋은 소리, 좋은 향기, 편안, 이런 걸 다 가질 순 없어요. 이런 걸 가지려면 지위라든가 재산이라든가 처지라든가 하는 다른 조건이 필요해요. 운명이 개입되어 있는 거죠. 그래서 제대로 배운 지성인은 이걸 본성이라고 하지 않아요.

부모와 자식은 친밀하고 따뜻한 사랑으로 맺어지고, 윗사람과 아랫사람은 올바른 목표를 추구하는 것으로 맺어지고, 손님과 주인은 배려와 규범으로 맺어지고, 현명한 자는 지혜의 화신이 되고, 인류의 본이 되는 성인은 우주 자연이 품고 있는 이치의 화신이 되는 것은 당연하지만 현실은 그렇지 못해서 산산조각 나 있는 경우도 많죠. 환경 운이나 사람 운이 따라 주어야 하니까요. 즉 운명이 관계되는 사안인 거죠. 하지만 사랑과 올바름과 지혜와 자연의 순한 이치에 대한 감각은 또한 개개인에 내재되어 있는 선한 본성이기도 하니까 배우고 수양하면 이 어그러진 관계를 다시 바로 세울 수 있어요. 그래서 제대로 배운 지성인은 이걸 운명이라고 하지 않아요.

孟子曰: 口之於味也, 目之於色也, 耳之於聲也, 鼻之於臭也, 四肢之於安佚也, 性也. 有命焉, 君子不謂性也.

仁之於父子也, 義之於君臣也, 禮之於賓主也, 智之於賢者也, 聖人之於天道也, 命也. 有性焉, 君子不謂命也.

(14 - 25)

제나라 사람 호생불해(浩生不害)와의 대화: 착하다는 것, 미덥다는 것

호생불해 선생님의 제자인 악정자는 어떤 사람입니까?

맹자 선한 사람이고, 미쁜 사람이죠.

호생불해 착하다는 건 뭘 말하는 건가요? 미쁘다는 건 또 뭘 말하는 거고요?

맹자 남이 '아, 저렇게 되고 싶다'라고 바랄 만한 것을 '착함'이라고 해요. 그 착함을 자기 것으로 지니고 있는 것이 '미쁨', 그러니까 '미더움'이라 하고요. 지니고 있는 것을 넘어 꽉 채우고 있는 것을 '아름다움'이라고 하고, 꽉 채우는 것을 넘어 빛이 나는 걸 '위대함'이라고 하며, 자신의 위대함을 넘어 타인까지 영향을 미쳐 감화시키는 것을 '성스러움'이라고 하고, 성스러우면서 측량하기 어려운 경지에 다다른 것을 '신묘함'라고 하지요.
악정자는 착함과 미더움 사이쯤에 있고, 나머지 경지보다는 아래에 있어요.

악정자와 관련된 이야기는 「고자 하」 12-13(466쪽)에 등장한다. 노나라에서 악정자를 등용하려 한다는 소문을 듣고 맹자가 매우 기뻐하자 제가인 공손추가 그렇게 기뻐하는 까닭을 물었는데 그 때 맹자에 악정자에 대해 했던 말이 바로 '착한 것을 좋아하는 사람'이라는 칭찬이었다.

浩生不害問曰: 樂正子, 何人也?

孟子曰: 善人也, 信人也.

何謂善? 何謂信?

曰: 可欲之謂善, 有諸己之謂信. 充實之謂美, 充實而有光輝之謂大, 大而化之之謂聖, 聖而不可知之之謂神. 樂正子, 二之中, 四之下也.

맹자 왈: 이단에 빠졌더라도 돌아오면 그만

묵적에게서 도망치면 꼭 양주에게로 돌아가고, 양주에게서 도망치면 꼭 유학으로 돌아오더라고요. 돌아오면 받아주면 그만이에요.

지금 양주·묵적 비판자들은 꼭 도망간 돼지를 쫓는 사람 같아요. 이미 돼지우리에 돌아왔으면 그만인데, 그걸 또 쫓아가 다리를 묶어 놓으려 한다니까요.

가는 사람 잡지 않고, 오는 사람 막지 않으면 그만이다. 앞서의 두 길이 잘못되었다는 것을 알고 올바른 길을 찾아 돌아왔거든 받아 주면 된다. 이미 우리에 들어왔는데 굳이 다시 도망갈까 봐 발을 묶어 둘 필요는 없다. 이렇게 마음과 생각이 좀아 터져서야 사람이 걸어야 할 크고 올바른 길을 제대로 감당할 수 있겠는가? 꽤 공격적으로 양주·묵적과 사상을 놓고 싸웠던 맹자이지만 그는 질문도 의심도 거세하고 무조건 외우고 따르게 하는 교조주의 졸생이가 아니었다.

孟子曰: 逃墨必歸於楊, 逃楊必歸於儒. 歸, 斯受之而已矣. 今之與楊墨辯者, 如追放豚, 旣入其苙, 又從而招之.

(14 - 27)

맹자 왈: 적절한 세금의 규모

나라에서 부과하는 세금은 크게 세 가지가 있습니다. 봄에 실과 옷감에 부과하는 세금, 가을에 수확에 부과하는 세금, 겨울에 징발해 가는 노동력. 그런데 제대로 된 지도자라면 이 중 한 가지로 경상비를 해결할 생각을 해야 합니다. 그리고 나머지 두 가지는 느슨하게 해서 백성들의 삶을 펴 줘야 하죠. 이 중에 두 가지를 욕심내잖아요? 그럼 백성은 삶이 망가지기 시작합니다. 일은 일대로 하는데 먹을 게 없는 거죠. 이 세 가지를 다 갖다 쓰잖아요? 그럼 백성은 목숨을 부지하기 위해 가족도 버리고 뿔뿔이 흩어져 부랑자가 됩니다.

孟子曰: 有布縷之征, 粟米之征, 力役之征. 君子用其一, 緩其二. 用其二而民有殍, 用其三而父子離.

(14 - 28)

맹자 왈: 국가 지도자가 나라의 보배로 여겨야 할 것

국가 지도자의 보배는 세 가지입니다. 영토, 국민, 국정 운영. 지도자가 재물을 보배로 여기잖아요? 그럼 반드시 아주 큰 위기를 겪게 됩니다.

바로 앞 장인 14-27과 이어지는 내용이다. 국가 지도자가 세금에

혈안이 되면 국민은 살 수가 없다. 국가 지도자는 지도자인 동안 공公이 사私를 덮어야 한다. 하지만 대개 '사'가 '공'을 덮는다. 나라의 모든 것이 다 내 것인 것처럼 느껴져서 함부로 쓰는 것이다. 이렇게 되면 나라의 진짜 주인인 국민은 되레 학대당하는 형세가 되어 버려 나라의 기초가 흔들리게 된다.

孟子曰: 諸侯之寶三, 土地, 人民, 政事. 寶珠玉者, 殃必及身.

(14 - 29)

문하생과의 대화: 재승덕박(才勝德薄)의 위험성

맹자가 제자들과 함께 있을 때 누군가 한때 맹자의 문하생이었던 분성괄盆成括이 제나라에서 공직자가 되었다는 소식을 전해 왔다.

맹자 분성괄이 얼마 못 살 것 같은데……. 곧 죽지 싶어.

얼마 지나지 않아 정말로 분성괄이 살해당했다. 문하생 중 하나가 이 소식을 듣고 맹자에게 달려왔다.

문하생 선생님, 선생님은 분성괄이 살해당할 걸 어떻게 아셨어요?

맹자 으응, 그 녀석이 재주는 좀 있는 편인데, 진정한 리더가 되는 바른길은 제대로 배우지 못했어. 그럼 인품이 재주를 누르지 못해서 약간의 재주를 믿고 함부로 굴다가 미움을 받아 화를 입지.

盆成括仕於齊.

孟子曰: 死矣, 盆成括!

盆成括見殺. 門人問曰: 夫子何以知其將見殺?

曰: 其爲人也, 小有才, 未聞君子之大道也, 則足以殺其軀而已矣.

(14 - 30)

도둑으로 몰린 맹자학당 사람들

맹자가 등나라에 가서 상궁上宮이란 관사에 머무르고 있었다. 그곳 창틀에 만들다 만 신발이 놓여 있었는데, 주인이 그걸 가져가려고 와 보니 신발이 사라지고 없었다. 의심받기 딱 좋은 상황이었다. 아니나 다를까 사람들의 추궁이 시작되었다.

어떤 사람 이럴 수가 있습니까? 선생님을 따라온 사람 중 누군가 신을 숨긴 것 같은데요?

맹자 그러니까 선생께선 우리 제자들이 신이나 훔치러 왔다고 생각하시는 겁니까?

어떤 사람 그거야 그렇진 않겠죠. 선생님이 학당을 열고 배우려는 자를 가르칠 때 가는 사람 잡지 않고 오는 사람 막지 않으시잖습니까. 배우려는 마음을 가지고 오는 사람이면 누구나 받아 주시니까요. 그래서 혹 그중에는 인성이 덜된 사람도 있지 않을까 하는 거죠…….

孟子之滕, 館於上宮. 有業屨於牖上, 館人求之弗得.

或問之曰: 若是乎從者之廋也?

曰: 子以是爲竊屨來與?

曰: 殆非也. 夫子之設科也, 往者不追, 來者不距. 苟以是心至, 斯受之而已矣.

(14 - 31)

맹자 왈: 인간애와 올바른 도리를 실천하는 삶

사람은 모두 남에게 차마 모질게 하지 못하는 마음을 가지고 있습니다. 이 마음을 넓혀서 차마 모질게 하는 부분까지 가닿게 하는 것이 '사람을 아끼고 사랑하는 마음'입니다. 사람은 모두 사람이면 하지 않는 일이 있습니다. 이 마음을 넓혀서 그가 하는 모든 일에 가닿게 하는 것이 '사람으로서의 올바른 도리'입니다.

사람이 남을 해치지 않으려는 마음을 가득 채워 나갈 수 있다면 사람에 대한 사랑이 써도 써도 마르지 않을 것이고, 사람이 남의 벽을 뚫고 담을 넘어 남의 것을 욕심내서는 안 된다는 마음을 가득 채워 나갈 수 있다면 사람으로서의 바른 도리가 써도 써도 마르지 않을 것입니다. 사람이 남에게 "야, 너!" "너 이 자식" 하는 모욕적인 언사를 당하지 않으려는 마음을 가득 채워 나갈 수 있다면 가는 곳 어디든 사람으로서의 올바른 도리가 행해질 것입니다.

지성인이 어떤 상황에서 누군가와 말을 섞어서는 안 되는데 말을 섞는다면 이건 말로 상대의 마음을 끌어 이익을 보려는 것이고, 말을 나눠야 하는데 말을 하지 않는다면 이건 말하지 않는 것으로 상대의 마음을 끌어 이익을 보려는 것입니다. 이런 자는 모두 벽을 뚫고 담을 넘어 옳지 않은 방법으로 제 것 아닌 이익을 취하는 부류죠.

孟子曰: 人皆有所不忍, 達之於其所忍, 仁也, 人皆有所不爲, 達之於其所爲, 義也. 人能充無欲害人之心, 而仁不可勝用也, 人能充無穿踰之心, 而義不可勝用也. 人能充無受爾汝之實, 無所往而不爲義也. 士未可以言而言, 是以言餂之也, 可以言而不言, 是以不言餂之也. 是皆穿踰之類也.

(14 - 32)

맹자 왈: 자기 앞가림도 못하면서

평범한 말로 깊은 뜻을 담아낸다면 그건 훌륭한 말이에요. 핵심은 간결한데 적용의 범위는 넓다면 그건 훌륭한 원리이고요. 제대로 배운 지성인의 말은 쉽고 일상적이지만 사람으로서 걸어야 할 길이 그 안에 다 담겨 있죠. 그리고 그가 붙잡고 지키는 것은 자기 자신인데 그것으로 세상이 평화로워져요.
사람들의 문제는 여기 있어요. 다들 자기 밭은 놔두고 남의 밭을 김매고 있죠. 남에게 요구하는 건 무겁고, 자신이 책임지는 건 가벼워요. 이게 문제죠.

"너나 잘하세요"라는 그 유명한 대사가 귓가에 들려오는 듯!

孟子曰: 言近而指遠者, 善言也, 守約而施博者, 善道也. 君子之言也, 不下帶而道存焉. 君子之守, 修其身而天下平.

人病舍其田而芸人之田, 所求於人者重, 而所以自任者輕.

(14 - 33)

맹자 왈: 선한 본성 그대로를 살아 내는 삶

요임금과 순임금은 하늘이 부여한 선한 본성 그대로를 살아 내신 분들이에요. 탕왕과 무왕은 묻혀 있던 선한 본성을 열렬히 수양해서 회복하신 분들이고요. 어떤 상황에서도 동작과 용모와 몸가짐이 흐트러지지 않고 법도에 맞는 것은 잘 수양한 내부의 덕이 밖으로 드러나는 것 중 최고의 형태이지요.

죽은 이를 위해서 곡하고 슬퍼하는 것은 살아 있는 사람에게 보이려고 하는 행동이 아닙니다. 올바른 덕을 행하고 예를 어기지 않는 것은 출세하기 위해서가 아니고요. 말을 반드시 미덥게 하는 것은 사람에게 나의 행위가 바르다는 것을 알리기 위해서가 아니에요. 지성인은 당연한 것을 행하고 결과는 하늘에 맡길 뿐입니다.

孟子曰: 堯舜, 性者也, 湯武, 反之也. 動容周旋中禮者, 盛德之至也. 哭死而哀, 非爲生者也, 經德不回, 非以干祿也, 言語必信, 非以正行也. 君子行法, 以俟命而已矣.

(14 - 34)

맹자 왈: 높은 지위에 있는 사람을 설득하고 싶거든

높은 지위에 있는 사람을 설득할 일이 있거든 그 사람을 하찮은 사람 보듯이 해야 해요. 그 사람 위세에 압도당하면 안 됩니다.

그를 하찮게 보는 건 어렵지 않아요. 그 사람의 거대한 집, 나는 출세하고 성공해도 그런 것 갖지 않을 겁니다. 산해진미 가득한 식탁이며 잔뜩 거느린 여자며 그런 것 역시 취미 없고요. 온갖 비싼 술과 비싼 오락거리, 주차장에 즐비한 슈퍼카, 이런 것도 별로예요. 아무리 성공해도 내가 손 뻗지 않을 것이죠. 자, 보세요. 저 사람에게 있는 건 죄다 내가 마음 두지 않는 것이에요. 그리고 내게 있는 건 올바른 인간의 길, 아름답고 평화로운 세상을 만드는 길 같은 가치 있고 훌륭한 것이죠. 그러니 내가 뭣 때문에 저 높은 지위에 있는 사람에게 기가 죽겠습니까?

孟子曰: 說大人, 則藐之, 勿視其巍巍然. 堂高數仞, 榱題數尺, 我得志弗爲也, 食前方丈, 侍妾數百人, 我得志弗爲也, 般樂飲酒, 驅騁田獵, 後車千乘, 我得志弗爲也. 在彼者, 皆我所不爲也, 在我者, 皆古之制也. 吾何畏彼哉?

(14 - 35)

맹자 왈: 욕심을 적게 하는 훈련의 유익

마음을 기르는 방법으로는 욕심을 적게 하는 게 최고예요. 욕심이 적으면 마음에 올바르지 않은 구석이 있다 하더라도 그게 얼마 되지 않을 거예요. 욕심이 많다면 마음에 괜찮은 구석이 있다 하더라도 그게 얼마 안 될 테죠.

앞 장 14-34와 연결되는 내용이다. 또 「진심 상」 13-9(481쪽)에서 송구천이란 인물에게 나라의 지도자들에게 어필할 수 있는 방법으로 제시했던 '여유로운 자세'와도 연결된다. 욕심은 자아를 잃게 만든다. 아무리 똑똑해도, 아무리 능력이 있어도 욕심이 자아를 뒤덮는 순간 나의 욕망을 채워 줄 자원을 지닌 타인에게 부림을 당하는 존재가 되어 버린다.

孟子曰: 養心莫善於寡欲. 其爲人也寡欲, 雖有不存焉者, 寡矣, 其爲人也多欲, 雖有存焉者, 寡矣.

(14 - 36)

제자 공손추와의 대화: 보편성과 특수성

공자 제자인 증자의 아버지 증석은 고욤나무 열매를 좋아했다. 그래서 증자는 고욤나무 열매를 차마 먹지 못했다.

공손추 회와 불고기가 맛있나요, 고욤 열매가 맛있나요?

맹자 그야 회랑 불고기지!

공손추 좀 이상해요. 증자 선생의 아버지께서 회랑 불고기도 좋아하셨을 것 아니에요? 그럼 아버지께서 좋아하신 걸로는 다 마찬가지인데, 왜 증자께선 회랑 불고기는 드시면서 고욤나무 열매를 안 드신 거죠?

맹자 회와 불고기는 누구나 좋아해서 특별할 게 없는 음식이지만, 고욤나무 열매를 한 사람만 좋아했던 특별한 음식이니까. 이름을 휘諱하는, 그러니까 존귀한 이의 이름을 함부로 안 부르는 원칙과 같은 거라네. 이름은 휘하지만

성은 휘하지 않지. 왜? 성은 누구에게나 공통된 거지만 이름은 그 사람 혼자만 지닌 특별한 거니까.

曾晳嗜羊棗, 而曾子不忍食羊棗.

公孫丑問曰: 膾炙與羊棗孰美?

孟子曰: 膾炙哉!

公孫丑曰: 然則曾子何爲食膾炙而不食羊棗?

曰: 膾炙所同也, 羊棗所獨也. 諱名不諱姓, 姓所同也, 名所獨也.

(14 - 37)

제자 만장과의 대화: 사이비를 싫어하는 까닭

만장 공자께서 진陳나라에 계셨을 때, "아, 내 나라로 돌아가야겠구나! 노나라에 있는 내 문하의 제자들은 포부는 아주 큰데 행동이 좀체 따라가질 못해서, 진취적이긴 하지만 자기 처음의 부족함을 제대로 수습하지 못하네"라고 하셨죠. 공자께선 진나라에 계시면서 왜 노나라의 뜻만 크고 행동은 못 따라가는 제자들을 생각하신 건가요?

맹자 공자께서는 균형 감각을 가지고 항상 바른길을 선택할 수 있는 사람과 함께하지 못할 바엔 꼭 포부가 크거나 꼬장꼬장한 샌님과 함께하겠다고 하셨다네. 포부가 큰 사람은 진취적이고, 꼬장꼬장한 샌님은 소신 때문에 하지 않는 일이 있지. 공자께서 왜 균형 감각을 가지고 항상 올바른 길을 선택할 수 있는 사람을 바라지 않으셨겠나? 하지만 원한다고 반드시 얻을 수 있는 건 아니지. 그래서 차선책을 생각하신 거라네.

공손추 포부가 크다는 게 구체적으로 어떤 건지 말씀해 주실 수 있을까요?

맹자 이를테면 금장, 증석, 목피 같은 사람이 공자께서 말씀하신 포부만 큰 사람이지.

공손추 왜 그렇죠?

맹자 뜻은 커 가지고 만날 “옛 훌륭한 사람은! 옛 훌륭한 사람은!”이라고 엄청난 비교급을 갖다 대지만, 그 사람들 행동을 살펴보면 어림없거든. 포부가 큰 사람을 못 얻는다면 깨끗하지 않은 걸 달갑지 않게 여기는 사람과 함께하겠다고 하셨지. 꼬장꼬장한 샌님 말이야. 이 사람들이 차차선인 거지.

이들과는 다르게 일반 사람이 혹하기 쉬운 종류의 인간이 있지. 바로 향원鄕原, 즉 지역 사회의 위선자라네. 공자께서는 말씀하셨지. “내 집 문 앞을 지나면서 내 집에 들어오지 않아도 내가 조금도 서운해하지 않을 자가 바로 지역 사회의 위선자다. 이들은 도덕을 망치는 자다!”

공손추 어떤 사람이 지역 사회의 위선자인 건가요?

맹자 이들은 포부만 큰 사람을 이렇게 비난하지. “왜 그렇게 뜻만 큰가? 말은 행동을 못 따라가고 행동은 말을 못 따라가면서 곧 죽어도 ‘옛 훌륭한 사람은! 옛 훌륭한 사람은!’만 찾으면 다인가?” 그리고 꼬장꼬장한 샌님에게 이렇게 화살을 날린다네. “왜 그렇게 혼자만 고고한 척 남들을 외면하는가?” 그러고는 “이 세상에 태어났으면 이 세상 사람으로 살면서 남들에게 좋고 훌륭하다는 말을 들으면 그

걸로 됐지!"라고 말하지. 그리고 자기 본모습을 깊숙이 몰래 감추고서 세상에 아첨해서 명성을 얻는 자, 이런 이가 바로 지역 사회의 위선자라네.

만장 한 지방 사람이 모두 참 좋은 사람이라고 칭찬한다면 어딜 가든 참 좋은 사람이란 칭찬이 따라붙을 텐데, 공자께서는 왜 이런 이가 도덕을 망치는 자라고 하신 건가요?

맹자 이런 이는 비난하려 해도 비난할 게 없어. 공격하려 해도 공격할 점이 없고. 이게 무슨 뜻인 줄 아나? 세상의 흐름에 영합하고 더러운 세상에 그대로 녹아들었다는 거라네. 이들은 평소에 마치 충실하고 미더운 것처럼 살면서 청렴하고 깨끗한 것처럼 행동하면서 대중이 모두 좋아해 주고 환호하면 스스로 그게 옳다고 생각하지. 그러나 올바른 길이란 이런 것이 아니라네. 세상이야 뭐라든 절대 옳은 것과 절대 그른 것이 분명히 있고, 그중 옳은 것을 선택해야만 하지. 그러니 어떻게 이들과 함께 그 길을 걸을 수 있겠나? 그래서 도덕의 적이라고 하신 것이라네.

공자께선 말씀하셨지. "나는 같은 듯하지만 다른 것, 곧 사이비似而非를 싫어해요. 내가 가라지를 싫어하는 건 그게 벼와 혼동될까 걱정해서이고, 말재주 좋은 이를 싫어하는 건 그가 세 치 혀로 올바름의 기준을 농락할까 걱정해서이며, 말을 많이 하는 사람을 싫어하는 건 그의 빈말이 신의를 망가뜨릴까 걱정해서이고, 저급한 유행가를 싫어하는 건 그것이 아악의 품위를 손상할까 걱정해서이며, 자주색을 싫어하는 건 그것이 빨강의 기준을 흩뜨려 놓을까 걱정해서이고, 지역 사회의 위선자를 싫어하는 건 그가 도덕의 기준에 균열을 낼까 걱정해서이지요." 제대로 배운 지성인의 할 일은 모든 분야에 걸쳐 올바른 기준을 회복하는 것뿐이라네. 기준이 바루어지면 평범한 사람이 착함과 올바름에 대한 감각을 갖게 되지. 이렇게 평범한 사람이 착함과 올바름에 반응하게 되잖아? 그럼 빗나간 것과 악한 것이 사라지게 된다네.

萬章問曰, 孔子在陳曰, 盍歸乎來! 吾黨之士狂簡, 進取, 不忘其初. 孔子在陳, 何思魯之狂士?

孟子曰: 孔子不得中道而與之, 必也狂獧乎! 狂者進取, 獧者有所不爲也. 孔子豈不欲中道哉? 不可必得, 故思其次也.

敢問何如斯可謂狂矣?

曰: 如琴張曾晳牧皮者, 孔子之所謂狂矣.

何以謂之狂也?

曰: 其志嘐嘐然, 曰, 古之人, 古之人! 夷考其行而不掩焉者也. 狂者又不可得, 欲得不屑不潔之士而與之, 是獧也, 是又其次也. 孔子曰, 過我門而不入我室, 我不憾焉者, 其惟鄕原乎! 鄕原, 德之賊也.

曰: 何如斯可謂之鄕原矣?

曰: 何以是嘐嘐也? 言不顧行, 行不顧言, 則曰, 古之人, 古之人! 行何爲踽踽涼涼? 生斯世也, 爲斯世也, 善斯可矣. 閹然媚於世也者, 是鄕原也.

萬子曰: 一鄕皆稱原人焉, 無所往而不爲原人, 孔子以爲德之賊, 何哉?

曰: 非之無擧也, 刺之無刺也. 同乎流俗, 合乎汙世, 居之似忠信, 行之似廉潔, 衆皆悅之, 自以爲是, 而不可與入堯舜之道, 故曰德之賊也.

孔子曰, 惡似而非者: 惡莠, 恐其亂苗也, 惡佞, 恐其亂義也, 惡利口, 恐其亂信也, 惡鄭聲, 恐其亂樂也, 惡紫, 恐其亂朱也, 惡鄕原, 恐其亂德也. 君子反經而已矣. 經正, 則庶民興, 庶民興, 斯無邪慝矣.

(14 - 38)

맹자 왈: 나, 맹자는 공자의 뜻과 업을 이을 것을 자임하나니!

요임금과 순임금으로부터 은나라를 세운 탕왕에 이르기까지 시간 간격이 500년 정도 됩니다. 순임금이 등용한 훌륭한 인재인 우와 고요皐陶는 두 성군을 직접 보고 알았고, 탕왕 같은 경우는 듣고 배워서 알았고요.
탕왕에서 주나라의 기초를 다진 문왕에 이르기까지 시간 간격이 500년 정도 됩니다. 탕왕을 도왔던 훌륭한 신하 이윤과 내주萊朱는 탕왕을 직접 보고 알았고, 문왕 같은 경우는 듣고 배워서 알았죠.
문왕에서 공자에 이르기까지 시간 간격이 또 500년 정도 됩니다. 문왕을 도왔던 뛰어난 신하 태공망太公望과 산의생散宜生은 문왕을 직접 보고 알았고, 공자 같은 경우는 듣고 배워서 알았어요.
공자로부터 지금까지는 시간 가격이 100년 정도 돼요. 공자라는 성인의 시대로부터 시간적 거리가 지금처럼 가까웠던 적이 없고, 그 성인이 살던 곳으로부터의 공간적 거리가 이렇게 가까웠던 적이 없었죠. 그런데도 그분을 직접 보고서 아는 자가 없어요. 그렇다면 듣고 배워서 아는 자도 없게 되지 않을까요?

공자의 사상을 이어 갈 사람이 없을 것을 걱정한 말이면서 동시에 맹자가 자신의 역할을 자임한 내용이다. 『맹자』라는 책의 마지막 장으로 마침표를 아주 제대로 찍는 느낌이다. 유가에서는 자신들의 도통道統을 정리하며 정통성을 확보하는 말을 자주 하는 편인데 맹자의 이 본분에서 그 단초가 보인다.

孟子曰: 由堯舜至於湯, 五百有餘歲. 若禹皐陶, 則見而知之, 若湯, 則聞而知之. 由湯至於文王, 五百有餘歲. 若伊尹萊朱, 則見而知之, 若文王, 則聞而知之. 由文王至於孔子, 五百有餘歲. 若太公望散宜生, 則見而知之, 若孔子, 則聞而知之. 由孔子而來至於今, 百有餘歲. 去聖人之世, 若此其未遠也, 近聖人之居, 若此其甚也. 然而無有乎爾, 則亦無有乎爾!

참고문헌

이 책을 번역하는 데 주로 참고한 서적은 다음과 같다.

『맹자집주』孟子集註, 주희朱熹

『맹자언해』孟子諺解

『맹자주소』孟子注疏, 조기趙岐의 주, 손석孫奭의 소.

『맹자정의』孟子正義, 초순焦循

『맹자요의』孟子要義, 정약용丁若鏞

『맹자역주』孟子譯註, 양백준楊伯峻, 중화서국中華書局

『맹자사설』孟子師說, 황종희黃宗羲, 이혜경 주해, 한길사, 2011.

『맹자사실록』孟子事實錄, 최술崔述, 박준원 옮김, 지만지, 2010.

『맹자고의』孟子古義, 이토 진사이伊藤仁齋, 최경렬 옮김, 그린비, 2016.

『맹자와 양혜왕』, 남회근, 설순남 옮김, 부키, 2015.

『맹자와 공손추』, 남회근, 설순남 옮김, 부키, 2014.

『맹자와 등문공, 고자』孟子與滕文公, 告子, 남회근南懷瑾, 동방출판사東方出版社, 2015.

『맹자와 진심』, 남회근, 설순남 옮김, 부키, 2017.

『맹자집주』, 성백효 역주, 전통문화연구회, 1995.

『맹자』, 김학주 역주, 서울대학교 출판문화원, 2013.

『맹자론』, 신동주, 인간사랑, 2006.

『한글 맹자』, 신창호, 판미동, 2015.

The Works of Mencius, James Legge, Dover Publications, 1970.

맹자의 말들
: 내일을 밝히는 난세의 철학

2025년 2월 24일 초판 1쇄 발행

옮긴이
임자헌

펴낸이 조성웅
펴낸곳 도서출판 유유
등록 제406-2010-000032호(2010년 4월 2일)

주소 경기도 파주시 돌곶이길 180-38, 2층 (우편번호 10881)

전화 031-946-6869
팩스 0303-3444-4645
홈페이지 uupress.co.kr
전자우편 uupress@gmail.com

페이스북 facebook.com/uupress
트위터 twitter.com/uu_press
인스타그램 instagram.com/uupress

편집 정민기, 이경민
디자인 이기준
조판 한향림
마케팅 전민영

제작 제이오
인쇄 (주)재원프린팅
제책 다온바인텍
물류 책과일터

ISBN 979-11-6770-116-9 04150
979-11-6770-083-4 (세트)

임자헌의 가까운 고전

고전이 세대를 거듭하며 읽힌 책, 수많은 독자의 검증을 거쳐 살아남은 책이라는 사실은 모르는 이가 없다. 허나 제아무리 고전이라도 읽히지 않으면 무슨 의미가 있을까? 심지어 가까이 하기엔 너무 먼 책을 우리는 고전이라 부르기에 이르렀다.

심리학을 공부하고 미술 잡지 기자를 거쳐 고전학자가 된 임자헌 선생은 엄숙주의와 케케묵은 용어를 버리고 고전에 과감히 접근했다. 가장 급진적으로 그러나 원문의 참뜻에 가장 가까이 다가가, 난생처음 고전을 끝까지 재미있게 읽도록 옮기고 짧은 평을 붙였다. 그리하여 다 읽고 나면 "이 책이 이런 책이었어?"라는 말이 자연스레 입에서 흘러나올 것이다. 드디어 우리는 '임자헌의 가까운 고전'을 통해 비로소 원뜻과 가깝고, 우리 현실과 가까운 고전을 맛볼 수 있게 되었다.